山西省"1331"工程

山西省社科院历史研究所与山西工商学院工商管理优势特色学科建设合作项目

山西与"一带一路"

玉石之路—丝绸之路—茶叶之路

高春平 牛三平 高广达 著

图书在版编目（CIP）数据

山西与"一带一路"：玉石之路—丝绸之路—茶叶之路 / 高春平，牛三平，高广达著 . --太原：山西人民出版社，2019.6
ISBN 978-7-203-10827-6

Ⅰ.①山… Ⅱ.①高…②牛…③高… Ⅲ.①"一带一路"—地方文化—山西 Ⅳ.①G127.25

中国版本图书馆 CIP 数据核字（2019）第 087290 号

山西与"一带一路"：玉石之路—丝绸之路—茶叶之路

| 著　　者：高春平　牛三平　高广达 |
| 责任编辑：郭向南 |
| 复　　审：武　静 |
| 终　　审：蒙莉莉 |
| 装帧设计：谢　成 |

| 出 版 者：山西出版传媒集团·山西人民出版社 |
| 地　　址：太原市建设南路 21 号 |
| 邮　　编：030012 |
| 发行营销：0351-4922220　4955996　4956039　4922127（传真） |
| 天猫官网：https：// sxrmcbs.tmall.com　电话：0351-4922159 |
| E - mail：sxskcb@ 163.com　发行部 |
| 　　　　　sxskcb@ 126.com　总编室 |
| 网　　址：www.sxskcb.com |

| 经 销 者：山西出版传媒集团·山西人民出版社 |
| 承 印 厂：山西出版传媒集团·山西人民印刷有限责任公司 |
| 开　　本：787mm×1092mm　1/16 |
| 印　　张：30 |
| 字　　数：490 千字 |
| 印　　数：1—2000 册 |
| 版　　次：2019 年 6 月　第 1 版 |
| 印　　次：2019 年 6 月　第 1 次印刷 |
| 书　　号：ISBN 978-7-203-10827-6 |
| 定　　价：98.00 元 |

如有印装质量问题请与本社联系调换

高春平　1963年生，中共党员，现为山西省社科院历史研究所所长，入选三晋英才。兼任中国明史学会常务理事、国家出版基金评审委员会评审专家、中共山西省委组织部党建研究会特邀专家、山西省晋商文化研究中心常务副主任、山西省历史学会副会长，山西大学、山西师范大学、山西工商学院客座教授。1987年硕士毕业于山西大学历史系，分配到山西省社科院。1993、2000年两次破格晋升职称。1994年到2000年借调省委组织部基层办、研究室（组织史办）从事整顿农村后进党支部和中共山西省组织史编写工作。2000年10月到2014年4月在长治市郊区区委挂职锻炼，任分管农业的副书记。2004年5月任山西省社科院历史研究所副所长，2015年抽调到山西省纪委惩防体系办公室。

曾任电视剧《一代廉吏于成龙》历史顾问，先后18次受省级以上表彰。在明代监察制度、晋商、山西抗战史、基层党建研究方面发表论文138篇，专著10余部，参编12部，合计1000余万字。其中《抗战时期党的群众路线缘何深入民心》《晋商王文素及其〈新集通证古今算学宝鉴〉》《明代政府官员双轨监察机制研究》《明代中后期的晋籍官员》《明代尚方宝剑制度究竟是怎么回事》《清代缘何热衷派遣钦差大臣》等文被《红旗文摘》《中国人民大学报刊复印资料》《人民论坛》《文摘报》转载。相继出版《山西通史·明清卷》《山西抗战口述史》《晋商学》《国外珍藏晋商资料汇编》《晋商案例研究》《新晋商案例研究》《公仆刘开基》《于成龙与山西古今廉政文化研究》《晋商与明清山西城镇化研究》

《临汾——中国法治文化的发源地》等。

近年来，承担山西省政府"关于山西省构建与资源型经济相适应的现代金融体系研究报告与政策建议""山西省构建社会主义核心价值观研究""山西抗战全史""山西农业农村发展回顾与思考""历史上如何选拔县（令）委书记""晋商与万里茶道申遗研究"等重大课题。现主持两项国家社科资金项目"抗战工程"《晋冀鲁豫根据地史》和10卷本《山西抗战志》。2009年荣获省五一劳动奖章，2013年获山西省首批"四个一批"人才，2014年被省委省政府授予山西省"劳动模范"光荣称号。

牛三平　山西工商学院董事长兼院长，副教授，十三届全国人大代表、农工党中央委员、中国民办教育协会高等教育专业委员会副理事长、农工党山西省委副主任、山西省民办教育协会会长、山西省中华职教社副主任。从事民办高等教育30余年，将一所补习性质的学校发展成一所全国知名、颇具特色的民办本科高等院校。在高等教育方面实践经验丰富、理论深刻，特别是在通才教育方面有独到的见解，先后承担多项全国教育科学规划研究课题，出版《谈通才教育》等专著，在省级以上期刊发表多篇教育理论文章。

高广达　1990年生，中共党员，2009年考入厦门大学，2014年获工学学士和金融学学士双学位，同年考取赴美公派留学生，2016年硕士毕业于美国宾夕法尼亚大学设计学院规划系。在《经济问题》发表《博弈论视角下厦门平潭双岛竞合关系分析》等文章，现就职于中国城市规划设计研究院。

西周晋侯鸟尊——山西省博物馆镇馆之宝

周代小三联璜玉组佩。2005年绛县横水墓地出土。最大玉璜长8.4厘米，宽2.2厘米。

陶寺观象台复原彩图

高平焦河炎帝庙壁画

拜占庭金币

太原徐显秀墓中出土的一枚金镶嵌蓝宝石戒指

黄河老牛湾

万荣后土祠

唐韩干画的《粟特商人贩马图》（张庆捷先生提供）

《罗马时代的节日游行》（沃特豪斯画）

代县阿育王塔

丝绸之路上的埃及亚历山大港风景

大同云冈石窟

敦煌石窟《胡商被劫图》

忻州九原岗壁画《天马擒恶虎图》

昭林六骏之第四骏——"飒露紫"（2016年高春平摄于宾夕法尼亚大学博物馆）

昭林六骏之第五骏——"拳毛䯄"，现存于宾夕法尼亚大学博物馆

国内现存的少数唐代木建筑之一五台山南禅寺

身着潞绸的万历皇帝

民国初年标有晋商茶路的挂毯(高明远先生收藏)

绥远晋商天顺泰绸缎庄人物服饰图

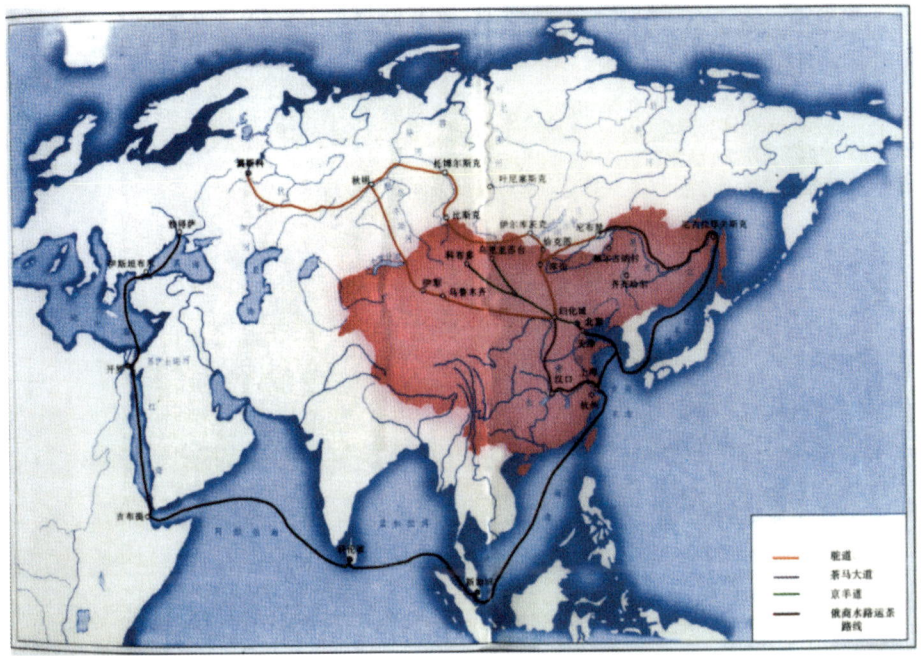

万里茶路图

俄文万里茶路图

清代同盛公镖局押运标物箱

堆满货物的恰克图市场

2016年高春平在宾大沃顿商学院

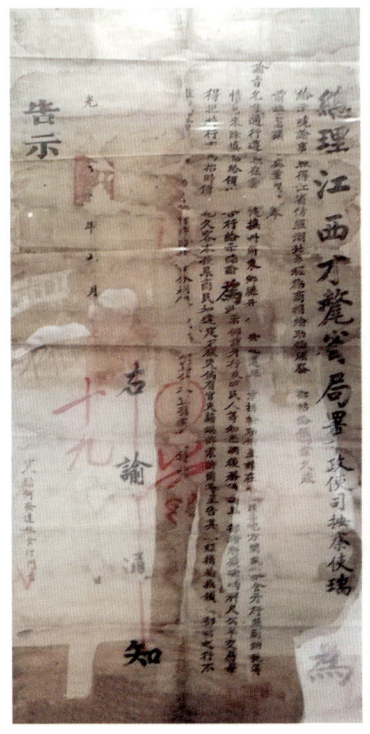

高广达绘制的万里茶道山西段图

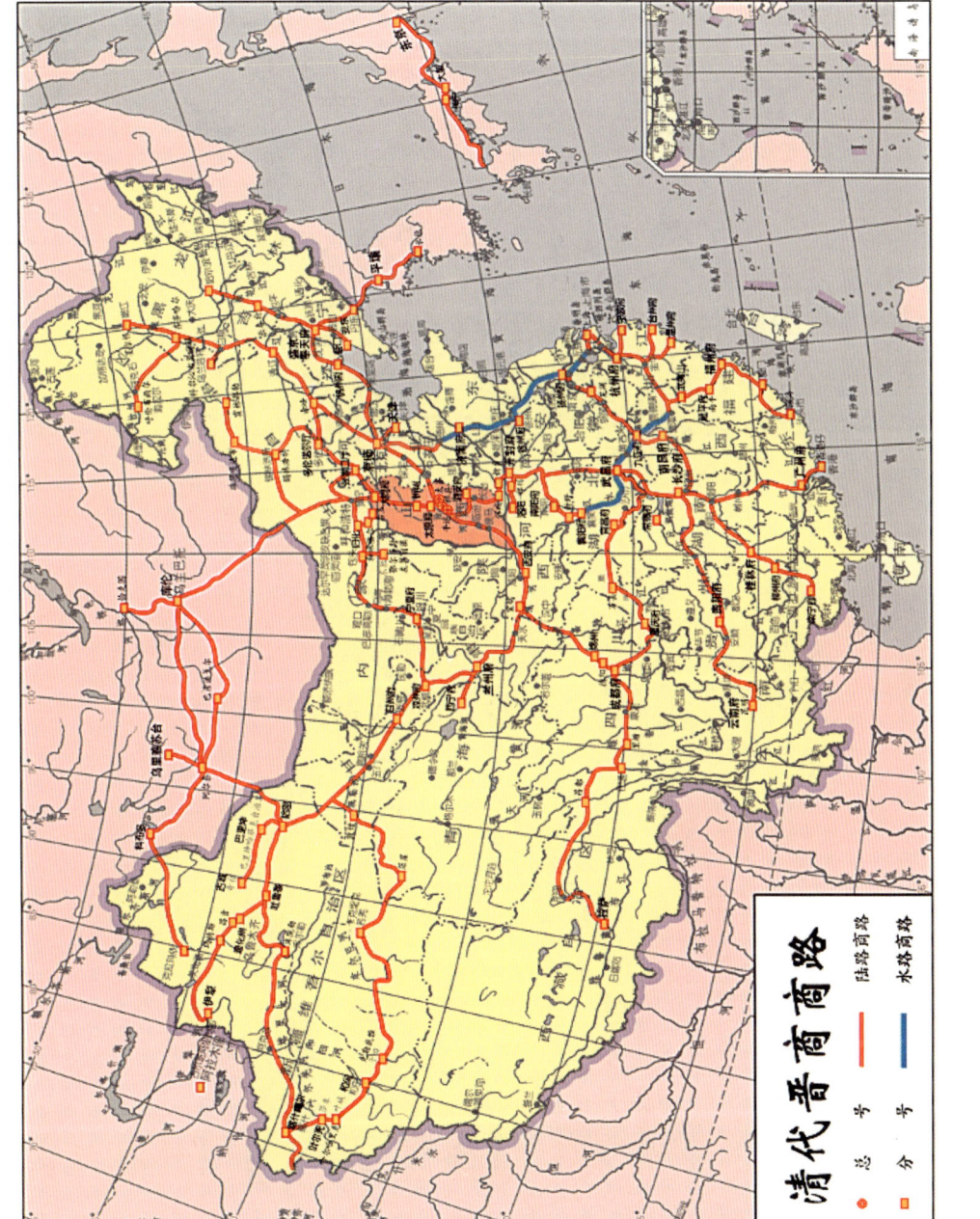

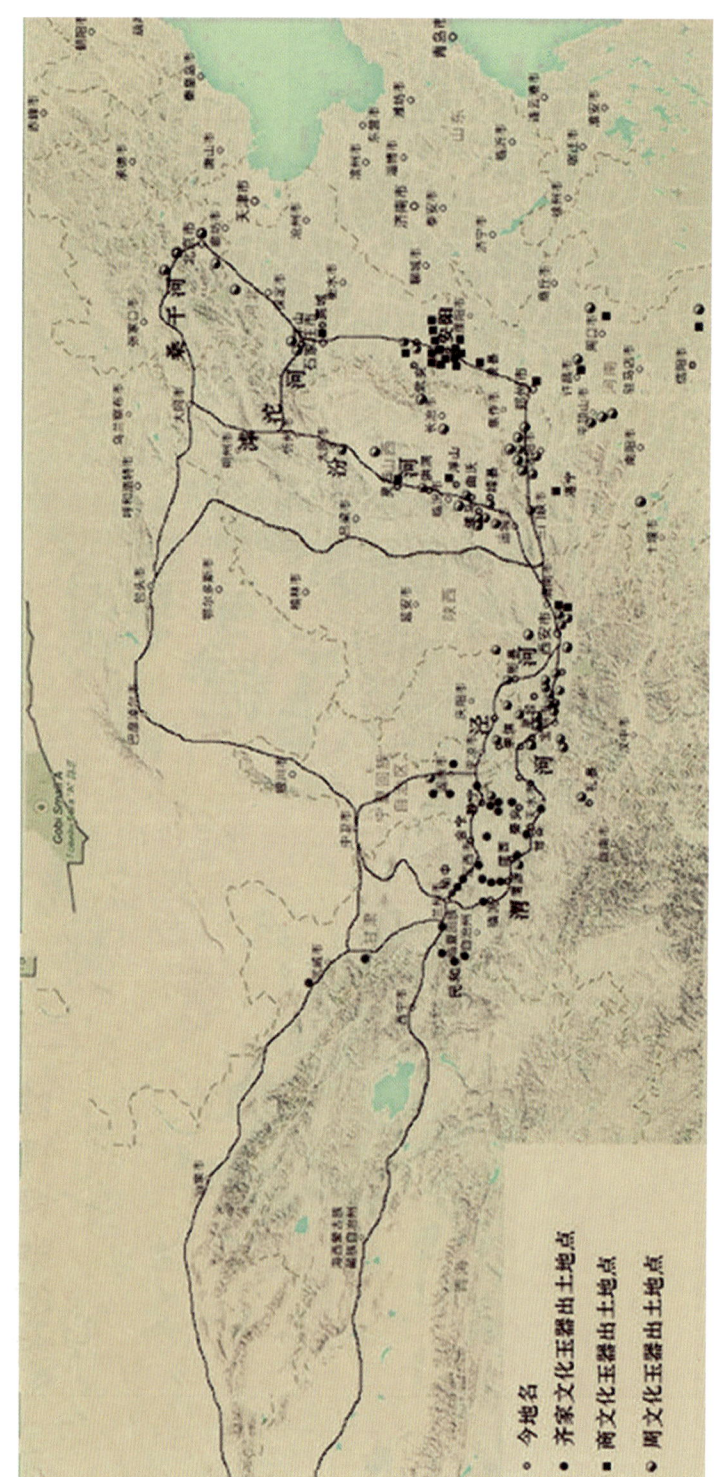

先秦玉器出土分布图

前　言

表里山河初考

高春平

山西素称"表里山河",是华夏五千年文明的发源地。正是"两山夹一川,代代出英贤"的史地环境,使早在180万年前,人类的祖先就已经开始在山西繁衍、生息。表里山河的独特地理形势、农耕游牧两大文明的不断碰撞交融、悠久灿烂的历史文化传承、源远流长的法治文化根脉、博大精深的廉政文化滋养、人杰地灵的深厚文化积淀、英才辈出的雄壮改革画卷、光耀千秋的红色文化土壤,不仅使山西历史文化呈现出完整性、先进性、开放性、包容性等显著特征,在中国历史上留下既深邃悠远、激扬奋进,又清晰鲜明、不断创新的印记,而且对中华民族和华夏文明的形成贡献了巨大的聚合力、辐射力、渗透力和影响力,深刻主导、几度引领、数次撬动了中国政治、经济、社会、文化、建筑、艺术发展的进程。其中,在中原农耕文化和草原游牧文化的不断交融以及民族融合的大舞台上,在先秦玉石之路的开通和魏晋南北朝陆上丝绸之路、明清万里茶道的形成发展中,在促进东西方经贸、文化、艺术交流融合中,都发挥了极其重要的作用。

早在三千多年前的先秦时期,山西就是玉石之路,亦即商、周王朝从新疆昆仑山运输和田玉到内地的重要中转站。古代典籍《穆天子传》就记载了周穆王经洛阳、山西、河套平原西游与西王母会面的故事。西汉张骞出使西域打通丝绸之路，东晋高僧法显西行，唐代玄奘西天取经、鉴真东渡，明代郑和下西洋，清代晋商开拓万里茶道，无疑，中华文明确实有一种海纳百川、有容乃大的气度。公元17世纪晋商率先开拓的万里国际茶叶之路，是继汉唐丝绸之路之后又一条贯通欧亚大陆、连接东西方文明的国际通道。这条伟大的茶叶之路曾经引起伟大的革命导师马克思的高度关注，并在《资本论》中进行评述。2013年，习近平高瞻远瞩，统筹国际和国内大局，从理论和实际相结合、历史和现实相贯通的战略高度和宽广深邃的全球视野首次提出共建"丝绸之路经济带"和"21世纪海上丝绸之路"的重大倡议。"一带一路"倡议的提出，唤醒了世界各国对古代丝绸之路辉煌历史的丰富记忆，激发了全国人民实现中华民族伟大复兴梦想的斗志和干劲。同年，习总书记首次出访俄罗斯，在莫斯科国际关系学院演讲时指出："继17世纪的'万里茶道'之后，中俄油气管道成为联通两国新的世纪动脉。"2017年6月21日，习总书记视察山西时高度称赞山西是个好地方，古往今来，三晋大地和山西儿女为中华文明的发祥和传承，为中国革命、建设、改革作出重要贡献，并指出："山西承接东西，连接南北。历史上看，山西是'一带一路'大商圈的重要组成部分。"晋商纵横欧亚九千里、称雄商界五百年，"豪商大贾甲天下"，彰显的就是开放的精神。因此，山西要把握大势、善抓机遇、找准定位，以更加开放的心态奋起直追，主动对接"一带一路"建设，打造内陆地区对外开放新高地。这就从历史的高度展示了中华民族从汉唐盛世走向伟大复兴的光明前景，充分肯定了山西在"一带一路"中的重要地位和作用。

山西，《禹贡》冀州之域，简称晋，古代又称三晋和河东大地。山西雄踞高原，外有大河，内有高山，东倚太行，中有汾河纵贯南北，西倚吕梁，西南为黄河，北有长城、雁门关，地势险要，易守难攻，形势最为完固，可谓"控带山河，踞天下之肩背"，被誉为"表里山河""治世之重镇""乱世之强藩"。由东向西，山表河里，由西向东，河表山里，且山西的东西南北形似不规则的平行四边形，是"四塞顽固"之地。这种特殊的地势使山西成为"京室之夹辅"[①]，被历

---

① 顾祖禹：《读史方舆纪要》，中华书局，2005年。

代王朝视为京畿腹地，有"逐鹿中原必先占山西，得山西者得天下"之说。山西为何有此独一无二的地名？古代史籍中的"山西""河东"与当今的山西是否一回事？由于文献记载、地理认知不同，人们对此的看法出现一些差异。那么，历史上的山西、河东、河东山西究竟是怎么演变的？

山西是五千年华夏文明的摇篮。先秦时期，"山西"是一个以山为坐标的方位地名，山西雁门关是新疆昆仑山通往中原之玉石之路的中转站，是中原农耕文化与草原游牧文化的交接带。最晚到汉代，"山西"已经成为表示区域的地名，但仍是指崤山以西地区。东汉时国都由长安东迁洛阳，"山西"才有太行山以西地区之意。魏晋南北朝乃至隋唐时期，中原王朝的政治中心长期徘徊于长安、洛阳与平城、晋阳之间，东汉以后出现的两种"山西"地理观一直处于复杂的交织之中。许多情况下，"山西"仍然是指华山或崤山以西地区。石敬瑭将幽云十六州割与辽，契丹人习惯上便将今天雁门关以北的区域统称为"山西"。而晋阳、平城正是当时丝绸之路的重要东源地。金代西京路俗称山西路，元朝将西京路与河东南路、河东北路合并，置河东山西道，洪武二年明朝将河东山西道改置山西等处行中书省，"山西"才由一般的区域名称上升为国家的行政建置，"山西"才明确指今天的山西省。明清两代，晋商是万里国际茶道的开拓者。中华人民共和国成立后，山西仍然是全国重要的能源重化工基地，是东西方文明，特别是欧亚大陆桥中外经济、文化、艺术交流的重要枢纽。

中国古人相信天人感应，认为地理环境与区域人群的精气神和文化素质有一种内在必然的联系，这也是"北方多伟男，江南女佳丽"的重要原因，"山气多男，泽气多女，故山陵险阻，人多负气；江河清洁，女多佳丽"①。所以，正是山西表里山河的独特地理优势，使其成为华夏五千年文明之摇篮。当然，也曾有人因缺乏历史眼光一度短视悲叹：山西不东不西，不是"东西"。山西是傻、大、黑、粗的代称，山西人是老西儿、小气、抠门的典型。他们认为山西地理环境闭塞，人们思想顽固、观念保守，有的地方甚至是"两山夹

---

① （明）谢肇淛：《五杂俎》，中华书局，2012，第85页。

一沟,辈辈出小偷"的闭塞荒顽之地。真相到底如何?还是让我们穿越时空,走进深邃的历史隧道,发掘其真实的面目吧!

一、华夏文明源头、军事战略重镇

山西是华夏文明的发源地,东倚太行,西为黄河,其战略地理位置十分重要。已故复旦大学著名历史地理学家谭其骧先生在《山西在国史上的地位》中讲道:"在历史上曾经有好几次,山西在全国,至少在黄河流域,占有突出的地位。"[1]为什么?这是因为,山西处于黄土高原的东部,它对河南、河北、关中地区而言,都是居高临下的。这在过去一刀一枪打仗时,是极占优势的地势。又因为盘踞山西的割据势力大都是强悍的少数民族,他们的武力很强,因而能攻则取之,退则守之,长期割据称雄。历史上中国古代著名的帝王尧、舜、禹都建都于晋西南。尧都平阳、舜都蒲坂、禹都安邑。魏晋南北朝五胡乱华、唐末五代割据政权都是利用山西的地理优势起家并发展壮大的。南宋著名哲学家朱熹在《朱子语录》中云:"太行山一千里,河北诸州皆旋其趾,潞州上党在山脊最高处,过河便见太行……"并指出:"河东地形极好,乃尧、舜、禹故都,今晋州河中府是也。左右多山,黄河绕之,嵩华列其前。"无论其后夏、商都城移中原,抑或秦汉以后西移关中,还是元、明、清三朝北徙北京,"山西始终处在中央王朝的肘腋和肩背位置,与国家安危、兴亡休戚,密切相关"[2]。读史可见,无论封建王朝定都在中原还是关中,均与山西"一衣带水",仅隔一条黄河;即使都城在北京,也仅与山西隔一座太行山。从地形地貌看,山西据有山西高原,极具居高临下、俯瞰中原的战略优势;其西、南两面为天堑黄河,东南面为与天为党的天下之脊上党,北面则为内外两道长城。从山西东出太行,可直下冀鲁;西渡黄河,可直趋陕甘。而与毗邻地区又均隔

---

[1] 谭其骧:《山西在国史上的地位——应山西史学会之邀在山西大学所作报告的记录》,《晋阳学刊》1981年第5期。
[2] 靳生禾:《山西地理的战略地位》,山西春秋电子音像出版社,2008,第1页。

以天堑或重塞，只有若干处"一夫当关，万夫莫开"的关隘或渡口可资进出。据《水经注》讲，山西仅羊肠坂道就有"三百八十九隘"，无怪乎，山西自古就是兵家必夺、诸侯必争之战略重地。

从东到西，由南而北，山西重峦叠嶂，各处关隘险要无比。东面有黎城东北的壶口关、东阳关，平定东北的娘子关、故关，广灵东南一带的直峪关、平型关；北面有九边重塞第一雁门关、大同西北的得胜口、阳高西北的阳和口、右玉西北的杀虎口；西面有偏关县的偏头关、柳林西北的孟门关、河津西北的禹门口、永济西的蒲津关；南面有芮城西的风陵渡、平陆南面的茅津渡、晋城南部的天井关等。一言以蔽之，山西在军事上，对外，易守难攻；对内，可战可守。而且，在表里山河与长城关隘拱卫下，沿桑干河谷、汾河谷、涑水河谷形成大同、忻定、太原、临汾、运城五个盆地，逶迤盘绕，构成一道天造地设、鬼斧神工，斜贯全省两千里的巨大地峡，成为山西独有的无可替代的南北交通大动脉和军事战略通道。据荆生禾先生统计，仅自有确切记载的西周到鸦片战争大约3000年间，发生在山西280多处古战场的800多次战事中，发生于这条河谷轴线上的战事就达600余次。历史上，特别是动乱年代，谁据有山西，谁就拥有战略上的主动权。春秋时期，晋文公一举称霸诸侯。战国之际，韩、赵、魏三家分晋，韩都平阳，据有天下战略重地上党，魏都安邑、赵都晋阳，分别据有晋南、晋中，都在山西高原腹地，其山川形势不失"表里山河"，故能鼎足并雄，跻身战国七雄。唐太宗李世民曾说："太原王业所基,国之根本；河东富实,京邑所资。"周世宗郭威说："河东山川险固，风俗尚武，士多战马，静则勤稼穑，动则习军旅，此霸王之资也。"历史上，五胡乱华，始于山西石州；五代兴替，决战于河东者三；宋辽金元，天下雄镇数河东；明代全国设九边军事重镇，山西有其二。明清之际历史地理学家顾祖禹在《读史方舆纪要》中讲："山西之形势最为完固……是故天下之形势必取于山西也。"山西军事险隘冲星罗棋布，遍布全省各地。见诸历史文献且迄今仍有遗址的关津要塞多达130余处，这在全国所有省份中可谓首屈一指。这样得天独厚的军事地理形势，不仅极适宜古代冷兵器条件下的作战防御，即使在现代热兵器条件下布兵作战亦极有利。20世纪30

年代全面抗战爆发后，中共中央高瞻远瞩，毛泽东依据中国抗战局势，利用山西"表里山河"地形险要的战略优势，指令八路军主力依托五台山、恒山、吕梁山、太行山之险，开辟晋绥、晋察冀、晋西南、晋冀鲁豫敌后根据地，把山西建成华北游击战争的战略支撑点，广泛开展山地游击战，抵抗日本侵略军。历史实践充分证明：抗战期间，中华民族抗日的中流砥柱八路军的大本营始终未离开山西，山西成为华北战场八路军三大主力抗战的有力平台和根据地的根本依托。在艰苦卓绝的抗战中，山西军民利用有利地形为中国军民最终战胜凶顽的日本军国主义侵略者，进军大西南，挺进东北、西北，解放全中国，作出了不可磨灭、彪炳世界反法西斯战争史册的巨大历史贡献。

二、"表里山河"说法的由来与有关史实

自古以来，山西便有山河环卫，境内有太行、太岳、中条、吕梁、恒山、五台诸座起伏群山，关隘散布，军事战略形势极为险固。最早在春秋时期，人们就习惯把以今晋南为中心的晋国形势赞为"表里山河"。《左传·僖公二十八年》记载，历史上著名的晋楚城濮之战一触即发之际，晋文公以成败未卜犹豫不决的时候，大夫狐偃对文公说："战也，战而捷，必得诸侯；若其不捷，表里山河，必无害也。"他的意思是：战胜了，将赢得各国拥戴，称霸诸侯；即使战败，晋国内有重山可守，外有大河可依，没有后顾之忧，无须多虑。此役以晋国大获全胜而结束，事实证明谋臣狐偃战前的预判完全正确。故而，历史上诸侯逐鹿中原的战争大多剑指河东，最后多以晋军获胜而告终。以致到战国，韩、赵、魏三家分晋后，还能鼎足并雄，跻身战国七雄，实因韩都平阳，仍有天下战略重地上党，赵都晋阳，魏都安邑，形势依然不失"表里山河"，故梁惠王说："晋国天下莫强焉，叟之所知也。"[①]春秋时期，晋北一带有林胡、楼烦部族活动，晋东南有赤狄族，今垣曲、平陆一带有茅戎和赤狄皋落氏等部族。春秋中期，晋国灭掉其他诸侯国和赤狄、茅戎等部族，

---

① 参见《孟子·梁惠王章句上》。

国力强盛。与此同时,晋国在新拓展的地区设县置郡,山西成为中国最早设置行政区划郡县的地区之一。战国中叶后,三晋在秦国步步东进逼迫下政治、军事重心弃离晋南、晋北山河险固以后,便日趋衰亡。汉末魏晋南北朝,诸侯割据、五胡乱华皆是依凭山西表里山河成就霸王大业。北魏定都平城,地理形势上,平城地处大同盆地北部,内外长城之间,东有恒山屏障,西有黄河天险,可谓被山带河,战守咸宜。

历史上最早对山西地理形胜与区位优势价值进行全面评述的是金朝著名史学家郝经。他在《陵川文集》中说:

> 夫河东,表里山河,形胜之区。控引夷夏,瞰临中原,古称冀州天府,南面以苉天下,而上党号称"天下之脊",故尧、舜、禹三圣,更帝迭王,互为都邑,以固鼎命,以临诸侯,为至治之极。降及叔世,五伯迭兴,晋独为诸侯盟主,百有余年。汉、晋以来,自刘元海而下,李唐、后唐、后晋、刘汉,皆由此以立国。金源氏亦以平阳一道甲天下,故河东者,九州之冠也。

三、"山西"与"河东"之辨

中国古代历史文献中,"山西"与"河东"有时可以互相指代并称,但并非完全同义的地域名称。"山西"、并州与"河东"的演变有一个明晰的历史轨迹。

秦统一天下后,确立郡县制,全国设36郡,后增为50多郡。山西有河东、太原、上党、雁门四郡和代郡的一部分,统领70多县。此后两千多年里,山西的行政建置虽历经多次变化。但是,总的来说,大致可分为并州、河东和山西三大阶段。

汉武帝时,为了加强中央集权,全国分设十三刺史部作为监察区,山西当时为并州刺史部。武帝以后,今山西境包括并州刺史部、朔方刺史部的西河郡的部分县、司隶部的河东郡。并州包括雁门郡、代郡、太原郡、上党郡。东汉初,将定襄郡从内蒙古迁于今右玉县,形成河东、上党、太原、雁门、西河、代郡、定襄7部分领90县的局面。公元211年，今代县恢复雁门郡，247年，以河东郡北部10县设置平阳郡。其时，河东、平阳归司州所管，而雁门、新兴、太原、原平、西河、上党六郡归并州管辖，这种格局直至西晋灭亡。

"山西"，顾名思义，即山脉西侧，与山东、山南、山北一样，只是表示以某座巨大山脉为坐标的大致方位。顾炎武在其《日知录·河东山西》中曾解释说："古之所谓山西，即今关中……王伯厚《地理通释》曰：秦汉之间，称山北、山南、山东、山西者，皆指太行，以其在天下之中，故指此山以表地势。"但先秦时期的"山西"与其后的"山西"及今天的"山西"不是一个地理概念。而将"山西"作为某一特定地区的称谓，最迟在汉代已经出现。不过，汉代以前，人们受地理认知的局限，并不知道今天的喜马拉雅山是世界最高的山峰，而认为华山就是最大的可作为地理坐标的名山。所以，先秦和汉代以前的"山西"主要指"陕西华山或崤山以西"地区。例如，《史记·太史公自序》曰"萧何填抚山西"，张守节《史记正义》解释此处"山西"谓华山之西。又如《史记·货殖列传》中讲："夫山西饶材、竹、谷、纑、旄、玉石，山东多鱼、盐、漆、丝、声色。"这里"山西"均指华山、崤山以西，其范围有时专指关中，但不局限于关中。这就是较早的"山西"概念，与今天山西省所辖地域基本无关。此种概念一度为此后中原王朝的士大夫所沿用。及至东汉仍是如此，《汉书》班固曰："秦汉以来，山东出相、山西出将。"并列举白起、王翦、李广、辛庆忌皆山西人。《汉书》中所列的名将白起、王翦、公孙瓒、傅介子、李广、李蔡、苏建、苏武、上官桀、赵充国、辛武贤、辛庆忌都是陕西、甘肃、宁夏一带之人，而将当时河东及并州地区亦即今山西省籍的西汉名将卫青、霍去病等排除在外。《后汉书》中记载郑兴劝说更始帝时曾讲："山西雄桀，争诛王莽。"[1]李贤注云"山西谓陕山已西也"，陕山即华山和崤山。所以，及至东汉末年，人们在习惯上仍然认同班固所说的"山西"概念。

有关河东的地域界定现有两种说法。广义上的说法认为，所谓的河东就是泛指山西全境，这是从自然地理的角度去认识和划分的。山西地处黄河以

---

[1] 参见《后汉书·郑范陈贾张列传》。

东，故名河东。顾炎武在其《日知录·河东山西》中曾解释说："古之所谓山西，即今关中……"秦汉时期山东经济区，主要是指由"三河"（河东、河内、河南三郡）地带到齐鲁之郊的华北平原，其中河东郡即今晋西南一带，农业较为发达。《汉书·地理志》记载河东郡有"干仓和湿仓"，晋南的汉墓中也多有随葬的陶仓出土，且每座墓中的陶仓不止一个，这些都可印证汉时河东粮食之丰产。同时，《汉书·食货志》中还有关东之谷入京师的记载。宣帝五凤年间大司农耿寿昌奏言"故事，岁漕关东谷四万斛以给京师，用卒六万人。宜籴三辅、弘农、河东、上党、太原郡谷，足供京师……"，"天子皆从其计"，可见，河东地区是当时重要的谷物生产基地。

魏晋北朝至隋朝很长时间内"河东""山西"并称混用，"山西"概念依然处于模糊的状态之中。据《旧唐书》记载，隋炀帝大业十一年，李渊受命"往山西河东黜陟讨捕"。①《新唐书·高祖本纪》也记载，李渊曾担任山西河东慰抚大使。这两处"山西"与河东相连，不可能是指华山以西地区。再看李渊行迹，他先到龙门（今山西省河津市），后至绛州（今山西省新绛县），均在今天山西晋南地区，亦即通常所称河东核心地带。

隋初曾一度取消郡级建置，至大业三年（607）又改州为郡。山西有长平、上党、河东、绛、文城、临汾、龙泉、西河、离石、雁门、马邑、定襄、楼烦、太原等14郡88县。隋唐时期的河东道在全国经济上的地位举足轻重，粮、盐、麻布都供应长安，所谓"河东富实，京邑所资"也。唐贞观年间，"分为十道……三曰河东道"，辖今山西与河北西北部。自此以后直至金元，历史上便呼今天山西省为河东。河东凭借独特的区位优势和特殊的政治背景，以及坚实的经济发展基础，成为封建王朝不可忽视的、重要的经济支撑。唐开元十八年（730），全国置十五道，河东道为其一。宋时又置河东路，宋初治所在并州，所以从唐至金均将山西全境称为河东。特别是安史之乱以前，全国的经济重心一直是在黄河流域。山西是华夏文明的发源地之一，河东境内自然条件优越、物产丰富，加之开发历史悠久，成为黄河流域的重要区域之一。

---

① 参见《旧唐书》卷一。

狭义上的观点认为,河东指山西的西南部。由于黄河水流从内蒙古向南,到陕西的潼关和山西的风陵渡转弯向东,在黄河以东的山西境内形成一个三角地带,即山西的西南部,包括今天的山西运城市和临汾市一带地区,历代政府都在这里设置管理机构,像河东郡、河东县、河东道、河东路等,因此,后人便称此地区为河东。

唐宋直至金朝时期,山西称为河东。唐朝在今山西设有河东道,河东道辖有太原、河中两府,晋、绛、慈、隰、汾、沁、辽、岚、宪、石、忻、代、云、朔、潞、泽等16州105县,并且设置太原为北都,河中府为中都,山西的地位空前提升,经济、文化得到大的发展。唐后期有军事机关首脑河东节度使驻晋阳。宋代改唐代河东道为河东路,山西境内设河东北路、永兴军路和河东南路。河东路下辖太原、隆德、平阳3府,绛、泽、代、忻、汾、宪、岚、石、隰、慈等11州,庆旅、威胜、平定、岢岚、宁化、出山、保德、晋宁等8军,永兴军路辖河中府、解州及陕州平陆、夏县、芮城3县。共领93县。与此同时,社会上秦汉以前传统的"山西"概念在当时士大夫之间还相当盛行。例如,《唐安邑明府夫人陇西郡君李氏幽壤记》中记载墓主李氏为陇西成纪(今甘肃省通渭县北)人,但墓志铭中追述其家族史时却说"山西上将,弈(奕)代雄杰;陇右良家,累叶钟鼎"①。又如,《全唐文》中记述秦汉两朝"北假胡宛之利,南资巴蜀之饶,转关东之粟……致山西之宝",此处的"山西"同样是沿袭先秦传统的"山西"地域观念。北宋相当长一段时期内,仍然有像隋唐两代一样的"山西"与"河东"概念混同现象,人们习惯上仍把"山西"和"河东"看作一回事。所以戏曲中把北宋开国皇帝宋太祖赵匡胤和他的弟弟太宗赵光义几次统率大军攻打山西太原之事编成《下河东》剧目,久演不衰。

中国古代对于山川的认知,存在一个逐步整合的过程。也就是说,在相当长的时间里,人们限于地理认知的局限,认为太行山无比尊崇,是中国境内最高大的代表性山脉,"天下之山,莫大于太行",并不像我们今天知道中国地形构造总体上西高东低,从西到东呈现出十分明显的三个阶梯式地

---

① 周绍良主编:《唐代墓志铭汇编》,上海人民出版社,1992,第939页。

形①。其所知的"太行山"往往只是我们今天所称"太行山"的一部分，还未形成统一的地理概念。如"太行"之名，最早出现在我国的《尚书·禹贡》中："导岍及岐，至于荆山，逾于河；壶口、雷首，至于太岳；厎柱、析城，至于王屋；太行、恒山，至于碣石，入于海。"这里就把王屋、太岳单列出来，而不是像现代地理学一样将其算入太行山系。古人观念中，太行山直通碣石山及海域，也并不局限于今天所说的北京西山，范围更大。王伯厚《通鉴地理通释》曰："秦汉之间，称山北、山南、山东、山西者，皆指太行，以其在天下之中，故指此山以表地势。"雍正《山西通志》所收唐枢《太行山记》一文讲："……云中发宗，行平定州，至上党。辽、沁、潞、泽，衍亘多起彰、卫、怀三府，南受藩垣中原，自是西奔，为中条，至雷首，东发为燕山，至碣石，左右行皆其托祖，故曰太行。又以介省故，名省曰山之东、山之西。太行，中原正脉。两腋如华盖。"②清代著名学者胡渭总结古人对太行山的一些基本认知情况时指出："又按《金史·地理志》云：济源县有太行山，以沁水为界，西为王屋，东为太行。则此山实起于济源，盖自河南怀庆府入山西泽州，迤而东北，跨陵川、壶关、平顺、潞城、黎城、武乡、辽州、和顺、平定、乐平，以及河南之辉县、武安，直隶之井陉、获鹿诸州县界中，皆有太行山，延袤千余里焉。"③

由此可见，历史上山西的区位价值在很大程度上与太行山密切相关。大体以辽金为界，全新的"山西"概念出现。契丹人习惯以燕山和太行山作为确定地理方位的坐标，将汉人居住的今山西雁北地区称为"山西五州"。金代在此设"山西路"。辽金"山西"名称运用非常普遍，而且含义与以往汉族中央王朝史书中的"山西"的两种内涵明显不同。《辽史·耶律斜轸传》

---

① 第一阶梯是青藏高原，平均海拔4000米以上。黄土高原是第二阶梯地形的主体之一，平均海拔1000米—2000米。第三阶梯就是东部广大的山地丘陵及平原盆地，包括东北平原、华北平原、长江中下游平原以及东南丘陵地带，平均海拔在1000米以下。而第二阶梯与第三阶梯之间是一系列的山脉，从西南地区的岷山，向北、向东有巫山、雪峰山、太行山以及大兴安岭。
② 参见雍正《山西通志》卷二十三。
③ 参见胡渭著，邹逸麟整理：《禹贡锥指》卷十一，上海古籍出版社，1996，第349—350页。

中记载北宋历史上著名的"雍熙北伐"即有杨业屯兵代州,攻陷山西郡县城邑,萧太后"亲率师救燕,以斜轸为山西路兵马都统"的记载。辽代山西之名通行于中央政府发布的政令中。金代正式行政区划中并无"山西"之名,而是将"山西郡县"或山西雁北云、应、寰、朔四州纳入西京道辖区。《辽史·百官志》"北面边防官"中就有"山西兵马都统军司"之设。辽代设官的重要特征是官分南、北两院制,"北面治宫帐、部族、属国之政,南面治汉人州县、财赋、军马之事",金元之际学问大家元好问曾将其概括为"北衙不理民,南衙不主兵"。但由于山西独特的军事战略地位,辽代山西路同时受制于北、南两院。具体而言,山西路兵马都统为北面边防官,而山西路都转运使则为南面财赋官。比如辽国名将耶律斜轸深受萧太后器重,统和初年,太后临朝称制,益见亲任,以北院枢密使身份出任山西路兵马都统。此外,耶律屋质也担任"北院大王,总山西事";①耶律勃古哲在辽圣宗继位后上疏称旨,"即日兼领山西路诸州事",统和四年又"总知山西五州"。②此处的"山西五州"显然包括北太行山。

辽代"山西"之名,随着宋辽之战的发展出现广义与狭义之别,起初女真人与宋结盟攻辽时只强调狭义的"山西",后来金将兀室反驳宋使赵良嗣力争天德、云内一带土地时就愤然说道:"我以山西全境与汝,岂不能易此尺寸之地耶?"③辽金时期的"山西五州"与"山西路"正是元朝定都大都后将河东山西道设置为腹里的依据,并为"山西"转化为今天所指的太行山以西的行政区划名称之渊源。

四、结论

综上可见,"山西"成为正式的省级行政区划名称有一个较复杂长期的

---

① 参见《辽史·耶律屋质传》。
② 参见《辽史·耶律勃古哲传》。
① 参见《三朝北盟会编》卷十五。

演变过程。最早的"表里山河"出现在晋国晋文公时期。最早出现的"山西"以华山为界。秦汉时期,"山东"与"山西"的分界线,应是崤山、函谷关,而非太行山。经《史记》《汉书》正史的记述,加之与古都长安山河依偎的军事地理形势,使"山西"这一"表里山河"地理观念深入人心,"山东出相、山西出将"的说法长期被人津津乐道。同时,由于太行山脉在中原的特殊地理方位,以河东为山西的统称或代称,乃至隋唐时期的混一记载不可避免地流传开来。这样,在相当长的历史时期的文献记载中,"山西"之名便形成双重含义,发生河东、山西一度并存的现象。清代著名学者顾炎武对"河东山西"进行考订之后,学术界诸家对顾氏提出的古文献中"山西"与"河东"为一地的观点并无异议。事实上,我们不能否认在一些古文献中"河东"与"山西"相近或通用,但在不同历史时期,也就是说在先秦、秦汉、隋唐、宋辽金元等时期,"河东"与"山西"作为两种不同的地域概念,是难以画等号的,并不是在任何时期都可以换用。尤其是先秦时期的"山西"与辽金元明乃至今天的山西是难以等同的。先秦至秦汉时期,传统的"山西"地理概念,以华山为界限,其所涉地域与河东隔黄河而望。隋唐至宋初的"山西"与"河东"基本上为一地统称。

而作为地区名称的"山西"则通行于辽金两朝。辽金时期的"山西五州"与"山西路"基本上是以太行山北端的燕山为基准的,指太原、雁门关以北的晋北地区,与晋南河东地区难以吻合,而当时的"山西九州"或"山西全境"则基本相当于今山西全域。自从石敬瑭割让燕云十六州给契丹人之后,今山西雁门关以北地区就在辽的辖区之内。契丹人所谓"山西五州"及"山西路"均在西京道管辖的范围之内,与北宋河东路接壤,二者不存在混称的可能性,宋朝人习惯将这一大片区域称为"山右"和"山后"。金朝建立后,首先承袭了辽朝狭义的"山西"观念,在结盟仪式上与宋朝人不可避免地发生争执。所以到元朝,"山西与河东出现合并之趋势,元代河东山西道的设置,即是明证"。[①]因为从事理上讲,元代设立河东山西道宣慰使司,作为正规的行政

---

① 安介生:《山西源流新探——兼考辽金时期山西路》,《晋阳学刊》1997年第2期。

官署名称是不可能重复同样的地理概念的。元代河东山西道治所起初在大同府，正是将原金朝行政区划河东南路、河东北路与山西路（即西京路）整合，形成一个更大的行政区。这一归并不仅符合唐代河东道的古制，而且也为明朝人所接受和认可。洪武二年（1369）明朝将河东山西道改置为山西等处行中书省。洪武九年，改为山西承宣布政使司，共领5府3直隶州77县。同时，在山西北部边镇大同一带实行卫所制，隶属山西行都指挥使司。康熙二十四年（1685），清朝废总督而专设山西巡抚。雍正年间一度将今内蒙古归化、和林格尔等口外七厅也划归山西省管辖。至道光二十年（1840），山西巡抚辖冀宁、河东、雁平、归绥4分守道，太原、平阳、汾州、蒲州、大同、朔平、宁武、潞安、泽州9府，绛、解、隰、霍、辽、沁、忻、保德、代、平定10直隶州，领散州6厅7县85。这便是清代及民国抗战时期察哈尔省、绥远省乃至当今山西省建置的由来。

民国时期，实行省、县二级制，1914年后实行省、道、县三级制。山西当时分为雁门、冀宁、河东三道，共辖105县。1927年废道，实行省、县二级制。1949年中华人民共和国成立后，山西省实行省、专区、县三级制。1982年之后，陆续撤地区设市，部分县撤县改市，又改为省、市、县（市）三级制。截至2018年，山西省共有11个地级市、23个市辖区、11个县级市、85个县。

目 录

导 论 "一带一路"与山西对外开放
　　——山西在中国丝绸之路、万里茶道上的地位、作用与影响 ……… 001

第一章 玉石之路

第一节 玉石之路——草原丝绸之路的前身 ……………………………… 059

第二节 《穆天子传》——第一部记载玉石之路的先秦典籍 …………… 077

第三节 古雁门关——商周时期玉石之路和玉文化传播的中转站 ……… 089

第二章 丝绸之路

第一节 丝绸之路——古代中国贯通东西方文明的重要国际通道 ……… 149

第二节 高僧法显——中国民间第一位陆去海归的伟大旅行家 ………… 160

第三节 西去东来——魏晋北朝丝路中外高僧和佛教文化交流 ………… 166

第四节 北朝时期——山西是丝绸之路的重心和亮点 …………………… 181

第五节 北魏平城——丝路大繁盛时代的明证 …………………………… 204

第六节 云冈石窟——东西佛教文化艺术交流融合的世界明珠 ………… 233

第七节 隋唐盛世——山西在与西域交流中的重要地位与巨大作用 …… 259

第八节 国际都市——盛唐时期规模空前的晋阳城 ……………………… 289

第九节 中外交往——"一带一路"全球视野下的五台山佛教文化 …… 297

第十节 马可·波罗——推介山西的中西文化交流盛况的旅行家 ……… 304

第三章 茶叶之路

第一节 汇通天下——朝贡贸易与晋商票号诞生及资本规模化 ………… 310
第二节 万里茶道——晋商率先开拓的承接丝绸之路的国际商贸通道 … 326
第三节 丝路茶道——清代晋商在新疆的茶叶贸易路径及其历史作用 … 377

第四章 海上丝路

第一节 西风东渐——坚船利炮与传教士血火并喷的双刃剑 ………… 397
第二节 《瀛寰志略》——正眼看世界的徐继畲与伟大的开放名著 …… 423
第三节 经世致用——实学思潮与西北史地之学的兴起 ………………… 442

结　语　三晋大地——古代欧亚文明的交通枢纽 ………………………… 447

参考文献 …………………………………………………………………………… 455

后　记 ……………………………………………………………………………… 461

导　论

"一带一路"与山西对外开放

——山西在中国丝绸之路、万里茶道上的地位、作用与影响

开放是国家发展、繁荣、富强的必由之路，同样也是内陆地区加速崛起的必由之路。党的十九大报告指出："开放带来进步，封闭必然落后。中国开放的大门不会关闭，只会越开越大。要以'一带一路'建设为重点，形成陆海内外联动、东西双向互济的开放格局。"习总书记在庆祝改革开放40周年大会上的讲话中指出："改革开放是我们党的一次伟大觉醒，正是这个伟大觉醒孕育了我们党从理论到实践的伟大创造。改革开放是中国人民和中华民族发展史上的一次伟大革命，正是这个伟大革命推动了中国特色社会主义事业的伟大飞跃。"山西省改革开放以来城乡的巨大变化与结构调整的艰难实践表明，必须深化改革，全面开放。全省必须实施东融、西联、南接、北拓的开放战略，加速经济转型。正如省第十一次党代会指出的："山西发展不足，很大程度上是开放不足。"在新时代，必须认真学习贯彻落实习总书记视察山西省时关于山西是"一带一路"大商圈组成部分的重要指示，大力提高全省领导干部的开放意识和能力，按照"四个全面"的治国方略，从思想解放、人才引进、观念引领、教育科技、技术革新、营商环境、项目投资、对外贸易、市场开放、社会开放各个层面敞开大门，加强与欧美、蒙俄、中亚等国家和地区的合作交流，学习广东、上海、浙江等沿海发达地区的成功

经验，推动品牌产品和优势产业"走出去"，在继续做好经济结构调整，做好平遥、云冈、五台老三篇旅游的同时，全力打造黄河、长城、太行三大旅游新板块，把山西真正建设成全国综改试验区、能源革命排头兵和内陆地区对外开放的新高地。

山西自古就是中原农耕文明与草原游牧文明的连接通道。魏晋南北朝时曾是丝绸之路的东端起点，明清时期更是晋商开拓的万里国际茶叶之路的"总部"。历史文献与考古发掘证实，山西既是先秦时期玉石之路的中转站，又是魏晋时期丝绸之路的重心，特别是北朝时山西是丝绸之路的亮点。面对"一带一路"建设，山西应以悠久的历史文化积淀，对焦定位，制定跟进策略，积极开展丝路品牌与文化、艺术交流活动，拓展与中亚、西亚、欧美等的经贸往来，扩大对外合作与开放，再铸新的辉煌。

一、问题的提出

丝绸之路，横跨亚欧，是中国古代一条横贯亚欧大陆，连接中外世界，为东西方文化、物资交流做出过卓越贡献的重要国际通道，也是一条充满梦想、充满传奇的神秘之路。自西汉张骞凿通西域到近代德国地理学家李希霍芬明确提出"丝绸之路"概念，两千多年来这条通道一直是中国与外部世界经贸、文化、宗教、艺术、物资交流的全球性大走廊。习近平总书记根据全球局势变化，统筹国际国内大局，做出了推进"一带一路"建设的战略决策。2013年9月7日，习近平在哈萨克斯坦访问时首次提出建设丝绸之路经济带的倡议。与此相配套，中国政府先后推出建立金砖银行、丝路基金、亚投行（亚洲基础设施投资银行）、各自由贸易区（上海、福建、广东、天津）等具体措施。2015年3月28日，国家发改委、外交部、商务部联合发布了《推动共建丝绸之路经济带和21世纪海上丝绸之路的愿景与行动》。丝绸之路经济带，即西安—兰州—乌鲁木齐—霍尔果斯—阿拉木图—比什凯克—杜尚别—撒马尔罕—德黑兰—伊斯坦布尔—莫斯科—杜伊斯堡——鹿特丹—威尼斯。海上丝绸之路，即福州—泉州—广州—湛江—海口—北海—河内—吉隆坡—雅加达—科伦坡—加尔各答—内罗毕—雅典—威尼斯。这是我国对外贸易、对外金融的重大理论创新和实践创新。该经济带东牵亚太经济圈，西系欧洲经济圈，被称为"世界上最长、最具有发展潜力的经济大走廊"。党的十八届五中全会进一步指出："推进'一带一路'建设。坚持共商共建共享原则，完善双边和多边合作机制，以企业为主体，实行市场化运作，推进同有关国家和地区多领域互利共赢的务实合作，打造陆海内外联动、东西双向开放的全面开放新格局。"

山西有表里山河的地理优势，自古就是兵家必争和多民族汇聚融合之地，更是东西方商贸、文化、艺术交流的战略通道。中国古代的玉石之路、丝绸之路、茶叶之路前后辉映：一方面是中国的四大发明、官方使节、留学生、商人和内地盛产的丝绸、瓷器、棉布、茶叶、酒、铁农具、凿井技术源源不断西传；另一方面是"胡"字牌产品胡萝卜、胡服、胡芹、胡麻、胡乐、胡旋舞、葡萄、苜蓿、核桃，西方的商旅、使团、僧人以及珍宝、象牙、香料、玻璃、自鸣钟等从海陆两路不断东来。《后汉书》记载"灵帝好胡服、胡帐、胡床、胡坐、胡箜篌、胡笛、胡舞等，京都贵戚皆竞为之"。

从国际视野来看，"一带一路"对构建一个以中国为轴心，连接欧亚大陆腹地，穿越太平洋、印度洋的跨区域合作大平台；对于中国的西部大开发、中部崛起、东部大发展战略；对于拓展中国和中亚、西亚、欧美等的经贸往来、对外合作、文化交流，都有空前重大的战略意义。站在国家、世界、历史、未来的角度，未来"一带一路"必将促进沿线各国实现经济要素有序自由流动、资源高效配置和市场深度融合，实现经济政策协调，实现更大范围、更高水平、更深层次的区域合作，共同打造开放、包容、均衡、普惠的区域经济合作架构，最终化为人类共同发展进步的愿景和行动。

从国内看，"一带一路"已成为当前我国经济发展和对外开放的重要引擎。2014年11月，中央财经小组第八次会议专题研究"一带一路"规划。2015年3月28日，国家发改委、外交部、商务部经国务院授权联合发布《推动共建丝绸之路经济带和21世纪海上丝绸之路的愿景与行动》。

进入21世纪后，我国区域发展总体进入相对均衡阶段，但是东快、中增、西慢格局仍未改变；受传统经济增长方式的制约，以及科技创新相对不足和世界经济周期性波动危机诸因素影响，中国经济的持续增长乏力，出现三期叠加，出口受阻，面临"三去一降一补"的新常态。在"一带一路"倡议推动下，中国区域格局的总态势将在复兴中华丰厚历史文化、丝路底蕴的基础上呈现东西两翼齐飞并带动中部崛起，从而形成海陆统筹、东西互动、中部崛起、面向全球、历史与现实交相辉映的全面开放新格局。

在"一带一路"倡议带动下，中国对外开放的战略格局不断重构，东西部地区新一轮的区域竞争与发展合作也会加强，而中部地区山西的枢纽地位和承转作用将主要体现在两方面：一是承东启西的地理物流区位优势，二是西部地区原材料向东部地区的转运，东部地区的制造业产品、人才、技术和高新技术产业基地将向西部嫁接输出，所以，中部地区的枢纽地位将真正得到提升，山西的承接作用将进一步得到发挥。

目前，山西的公路和铁路运输里程已实现历史性发展，2015年末全省公路里程14.1万公里，其中高速公路5028公里。航空业也获得长足发展，国际航线不断开通，为山西经济社会发展提供了坚实的基础设施保障。

山西从"不东不西"到"东引西进"再到"承东启西"，当重大机遇又一次降临，山西需要的是紧紧抓住机遇而不是让机遇从身边溜走，需要的是依托优势、找准定位，用全省人民的智慧和努力，改革创新、奋发有为，把机遇真正变为富民强省的美好现实。

山西位于内陆协作区，既是保障环渤海地区持续发展的战略空间和北京的"护城河"，又是环渤海地区与中西部、东北地区联动发展的重要平台和纽带，因而，山西要充分发挥贯通东西、连接南北的区位优势和战略支点作用，立足环渤海经济圈西部门户的区域定位，做好陆路丝绸之路能源经济带与相关区域有效对接的桥梁纽带。

经山西省统计局初步核算，2015年全省地区生产总值12802.6亿元，第一产业增加值788.1亿元，增长1.0%，占生产总值6.2%；第二产业增加值5224.3亿元，下降1.1%，占生产总值40.8%；第三产业增加值6790.2亿元，增长9.8%，占生产总值53.0%，产业结构不断优化。2018年，全省经济保持稳中向好的态势，上半年地区生产总值增长6.8%，增幅与全国持平，战略性新兴产业增加值增长15.4%，制造业增加值冲速快于煤炭产业11个百分点。

对外经济方面，2015年全省海关进出口总额147.2亿美元，全年出口煤炭23.2万吨，出口焦炭70.8万吨，出口镁及其制品5.8万吨，出口钢材146.1万吨，其中不锈钢72.4万吨，出口机电产品53.4亿美元，出口高新技术产品39.6亿美元。2015年全年进口铁矿砂1341.0万吨，进口金额7.7亿美元；进口机电产品31.7亿美元。全年全省新设立外商直接投资企业36家；按全口径统计实际使用外商直接投资金额28.7亿美元，增长2.8%。全年全省对外经济合作新签合同额3.5亿美元，增长1.0%，完成营业额7.4亿美元，下降0.3%。2018年上半年，全省跨境收入109.9亿美元，跨境支出91.4亿美元，顺差18.5亿美元，全省结售汇总额74.4亿美元，同比增长7.4%。其中货物贸易跃增，收入82.8亿美元；服务贸易跨境收入10.1亿美元，同比增长220%；直接投资跨境流入9.6亿美元，同比增长640%；来自美国的跨境收支总额7.4亿美元，占全省跨境收支总额的3.7%。①

表一 主要国家人均GDP历史数据

单位：1990年国际元

年代\国别	英国	对比	美国	对比	日本	对比	中国
	人均GDP	与美国人均GDP之比	人均GDP	与日本人均GDP之比	人均GDP	与中国人均GDP之比	人均GDP
1850	2330	1.26	1848.67	2.71	681.19	1.14	600
1870	3190.43	1.31	2444.64	3.32	737.38	1.39	530
1900	4491.83	1.1	4090.79	3.47	1179.51	2.16	545.39
1930	5440.86	0.85	6212.71	3.36	1850.39	3.26	567.62
1950	6939.37	0.73	9561.35	4.98	1920.72	4.29	448.02
1960	8645.23	0.76	11328.48	2.84	3986.43	6.02	662.14

---

① 《山西晚报》2018年7月27日《上半年山西跨境收支创历史新高》。

续表

国别\年代	英国 人均GDP	对比 与美国人均GDP之比	美国 人均GDP	对比 与日本人均GDP之比	日本 人均GDP	对比 与中国人均GDP之比	中国 人均GDP
1970	10767.47	0.72	15029.85	1.55	9713.95	12.48	778.35
1980	12931.49	0.7	18577.37	1.38	13427.73	12.66	1061.05
1990	16429.91	0.71	25200.56	1.23	18789.07	10.04	1870.93
2000	21045.72	0.73	28701.93	1.4	20480.95	5.99	3420.87
2010	23777.16	0.78	30491.34	1.39	21934.9	2.73	8031.94

表一展示了历次全球产业转移主要引领国家的人均GDP水平。从中可知，第一阶段，1870年到1930年期间英国人均GDP与同期美国人均GDP之比短暂波动，此后开始下降，这表明本阶段美国人均GDP增长速度较快，引领全球经济发展。第二阶段，美国人均GDP与日本人均GDP之比从1950年至1990年逐步下降，增长速度慢于日本，日本开始引领全球经济发展。日本人均GDP与中国人均GDP之比从1990年开始下降，2010年中国经济总量第一次超过日本成为世界第二大经济体，2015年中国GDP总量是日本的2.64倍，虽然人均GDP还低于日本，但中日人均GDP比值逐年上升，中国引领全球经济发展的态势逐步呈现。近年来，中国吸引外商直接投资的同时，对外直接投资也逐年增长。按照2010年不变价计算，中国制造业增加值占世界比重已从2005年的11.75%上升到2015年的23.84%，在世界上排名第一。[①]通过与"一带一路"沿线国家和地区的贸易、投资，中国制造业影响着各经济体内部各行业的竞争状况，带动其他产业的多样化，为这些国家或地区更大程度地融入全球价值分工体系提供了越来越多的机会。

目前，新疆、陕西、甘肃、青海、上海、重庆、成都、连云港数省区（市）都在围绕"一带一路"寻求新机遇、新动力，把自己定位为新起点、黄金带、

---

① 张辉、易天、唐毓璇：《一带一路：全球价值双环流研究》，《新华文摘》2017年第23期。

战略支点、开放窗口、区域龙头、桥头堡等。作为国家级转型综改试验区，山西省在历史上曾与丝绸之路有密切关联，亟须在当今"一带一路"建设中对焦定位，制定相应的发展战略。地处黄河中游的山西，是亚欧大陆桥上传统的枢纽地带，在产业基础、交通基础设施和能源方面拥有良好的发展优势，但面临着制约经济社会发展的"瓶颈"和"短板"，主要体现在对外开放不足、科技教育滞后、人才相对缺乏、产业结构转型和经济发展任务畸重、水资源短缺、发展方式比较粗放、城乡区域发展不够协调等诸方面。根据中国社科院调查统计的数据，按照对标一流的方式制成以下图表：

表二 中国33个城市流通竞争力报告（2014—2015）

城市名	项目	排名
北京	流通规模与基础设施指数	1
太原	流通规模与基础设施指数	26
重庆	效率—效益指数	1
太原	效率—效益指数	30
上海	城市流通竞争力指数	1
太原	城市流通竞争力指数	23
北京	社会消费品零售总额	1
太原	社会消费品零售总额	25
重庆	内陆城市货运总量	1
太原	内陆城市货运总量	28
呼和浩特	流通业增加值占GDP比重	1
太原	流通业增加值占GDP比重	2
上海	流通业对外依存度	1
太原	流通业对外依存度	29
广州	每平方公里商品交易市场营业面积	1
太原	每平方公里商品交易市场营业面积	22

续表

城市名	项目	排名
杭州	亿元以上商品交易市场数	1
太原	亿元以上商品交易市场数	31
上海	每平方公里公路通车里程	1
太原	每平方公里公路通车里程	19
广州	互联网用户数	1
太原	互联网用户数	22
郑州	城镇居民家庭人均购买水果增幅	1
太原	城镇居民家庭人均购买水果增幅	17
太原	城镇居民家庭人均购买服饰增幅	1
沈阳	居民家庭每百户计算机拥有量	1
太原	居民家庭每百户计算机拥有量	17
郑州	居民家庭每百户汽车拥有量	1
太原	居民家庭每百户汽车拥有量	4
天津	流通业对城市税收贡献率	1
太原	流通业对城市税收贡献率	28
太原	商流辐射力指标	1
武汉	商流辐射力指标	2
深圳	入境旅游人数（万人次）	1
太原	入境旅游人数（万人次）	20
上海	国内旅游人数（万人次）	1
太原	国内旅游人数（万人次）	24
天津	实际利用外资额	1
太原	实际利用外资额	26
南宁	物流辐射力	1
太原	物流辐射力	10

由表二可见，太原的许多指标还是比较靠后的，只有商流、物流辐射力在全国处于领先地位。

以 5000 年的历史、文化、艺术积淀为根基，结合当今的综改试验区建设、能源革命排头兵、机械装备技术、地理区位优势加快经济转型和社会发展步伐，在巩固煤炭产业基础的同时，大力培育文化旅游支柱产业，积极跟进，再铸新的辉煌，按照"六个破除""六个着力""六个坚持"，打造内陆地区对外开放新高地成为山西省的紧迫任务。

二、历史上的山西与"一带一路"概况

1. 山西是"一带一路"陆上丝绸之路的重要东源地

早在 3000 多年前的先秦时期山西就是联通中原与西北的玉石之路的中转地，并形成大、小西路，其中大西路就是陆上丝绸之路的有机组成部分。

新石器晚期出土的玉石证实，先秦时期于阗制作的玉器早在 3000 年前就转运到中原。其路线是，从和田到吐鲁番，北上通过新疆北部，到今甘肃、内蒙古，再向南至宁夏，然后向东，经山西雁门关、河北南部至安阳，然后再往东到山东，这是和田玉在 3000 年前的传播路线。①

《穆天子传》记载了西周周穆王的西征交通路线。这条路线所经之处，绝大部分是草原地带。即由雁北勾注出塞，先至内蒙古鄂尔多斯草原、阴山以北，再到俄罗斯、哈萨克斯坦，其终点为中、俄、哈接境处的阿尔泰山和斋桑泊所属区域，往返三万五千里。另外，《史记·赵世家》记载，赵惠文王十六年（前 283 年），苏厉在信中告诫赵王："秦以三郡攻王之上党，羊肠之西，勾注之南，非王有已。踰勾注、斩常山而守之，三百里而通于燕，代马胡犬不东下，昆山之玉不出，此三宝者亦非王有已。"②"昆山之玉"是

---

① 林梅村：《丝绸之路考古十五讲》，北京大学出版社，2006，第 59 页。
② 司马迁：《史记》，中华书局，1982，第 1817—1818 页。

雁门关

新疆昆仑山特产和田玉的简称。"常山"就是北岳恒山。"勾注山"在代州西北,指的就是今天的雁门关一带。所谓不"东下",是说秦国如攻占雁门关,据有恒山和上党,那么赵国曾有的晋北代马、草原胡犬和稀世之物和田玉就不会东来,因为这三宝是从西北经过河套东输到晋北,再经雁门关而南下中原。一旦雁门失守,玉路阻隔,赵国便会失去享誉天下的"三宝"。

唐代中西通商道路有七条,其"三曰夏州,塞外通大同云中道,四曰中受降城,入回鹘道"[②],夏州在今陕西横山县西,中受降城在今内蒙古。两条路通往大漠南北及西域,向南又通往晋北。

元帝国建立后,山西仍是丝绸之路的重地,并州还是全国最大的葡萄酒生产基地。意大利人马可·波罗也在《马可·波罗游记》中详载山西太原、大同、平阳等地商业繁盛的情况。

清代山西人"走西口",也与玉石之路有关联。忻州至今仍流传着"东口到西口,喇嘛庙到包头"的民谣。忻、代走西口者,除走"北路"内、外蒙古外,有相当一部分人走"小西路"(陕、甘、宁、青)和"大西路"(新疆、中亚一带)。在新疆白玉河畔巨石上,至今留有"大清道光二十一二年山西忻州双堡村王有德在此苦难"。

从考古发现和文献不难看出玉石之路—丝绸之路—茶叶之路的轨迹。

---

② 欧阳修、宋祁等:《新唐书·地理志》,中华书局,1974。

2. 山西是陆上丝路的重要枢纽

大量考古发现证实，魏晋南北朝时期丝绸之路的东起点在山西，尤其是北朝时山西与丝绸之路联系紧密。虞弘墓葬的发现震动学界，证明当时丝路交流带上有两座中心城市，西为罗马，东为平城。

通常认为丝绸之路的东起点是长安、洛阳。其实，历史上并非所有朝代都是这样。特别是汉、唐之间的魏晋南北朝。北魏定都平城97年，在近一个世纪内，今天的大同成为丝绸之路的东端。古代史家早有定论并记录在案，当时西域、中亚、欧洲等地的商旅、使团络绎不绝地来往于平城、晋阳。更有大批的西域使团、商旅、僧人和外国商品进入并州。《魏书·西域传》和《北史·西域传》记述西域诸国，都是记载距离代（平城）多少里，例如，洛那国（今中亚费尔干那盆地，位于今乌兹别克斯坦、塔吉克斯坦和吉尔吉斯斯坦三国交界处）"去代一万四千四百五十里"；粟特国"去代一万六千里"；波斯国（今伊朗）"去代二万四千二百二十八里"；大秦国（古罗马帝国）"去

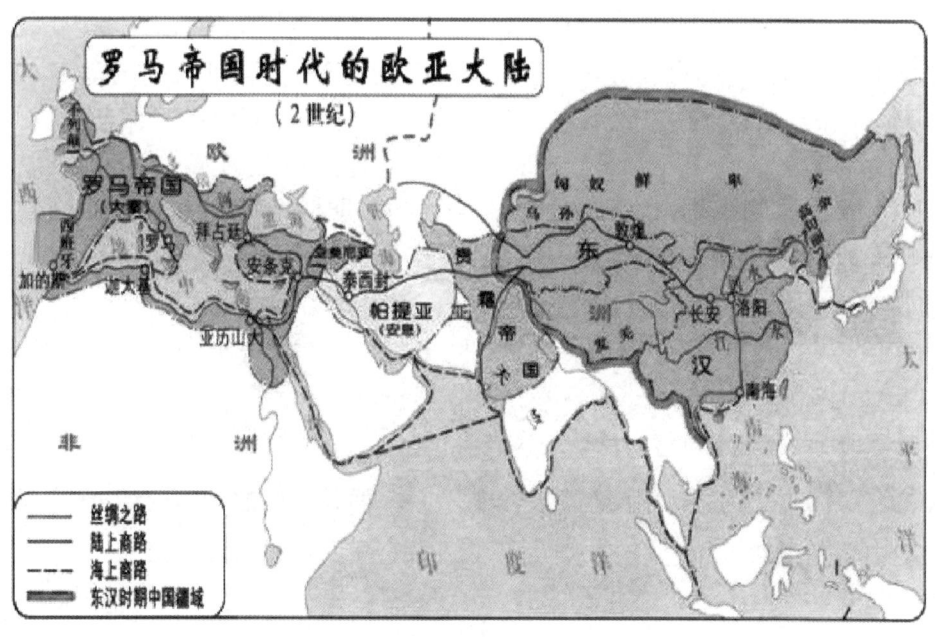

罗马帝国时代的欧亚大陆

代三万九千四百里"。北魏文成帝始,平城中西交通和经贸、文化交流进入一个新的阶段。当时中原与中亚间的丝路上的障碍和关市限制已被去掉,大量粟特商人涌向平城,然后进入中原各地贸易。泰常四年(419),明元帝祭东庙时,"远蕃助祭者数百国",其中有大量来自波斯、粟特、柔然、高车等西域、中亚国家的使节和商人。当时中欧东西丝路带上的两座中心城市罗马、平城,繁盛了一百多年,影响全世界长达几个世纪。

3. 海上丝绸之路早在秦汉时期就已存在

中国海上丝绸之路的航线公元前200年左右出现,有"东海航线",从中国通向朝鲜半岛及日本列岛;"南海航线",从中国通向东南亚及印度洋地区。这两大航线构成一个四通八达的海上交通网络,连接古代中国与世界其他地区。《汉书·地理志》记载了已知中国最早的一次海上丝绸贸易的经过——约汉武帝时期,西汉海船装载着黄金及丝织物等贵重货物去交易"明珠""璧流离"等奇珍异物,最远曾到达今天的印度和斯里兰卡境内。

广州市出土的公元前221—前206年秦代造船遗址印证了史料,即前214年,秦始皇派兵从广州出海,攻打今柬埔寨地区。秦代造船遗址,地处广州市区南越国宫署遗址的中央一角叠压的汉代土层之下。这是世界上年代最早、规模最大的造海船遗迹。

4. 出土文物也有力地证明了魏晋南北朝时期亚洲各地和地中海诸国的使团和商旅曾云集太原、大同

大同北魏墓群出土的波斯鎏金高足银杯、银盘、银碗,太原北齐徐显秀墓出土的壁画和金镶嵌宝石戒指,娄睿墓出土的陶卧驼、陶立驼,证实了"平城事实上成为丝绸之路的东端"。[①]魏晋南北朝开创了丝绸之路的新时代,其特点是,汉代的丝绸之路主要与官方发生关系,而魏晋南北朝的丝绸之路,不仅把中断多年的丝绸之路恢复,而且深入社会各阶层,来往的深度、广度、

---

① 杨茂林等:《山西文明史(中卷)》,商务印书馆,2014,第601—602页。

规模、次数都数十倍地超越了两汉，奠定了盛唐时期丝路辉煌的基础。史实证明"山西在魏晋北朝时期曾一度成为丝绸之路的东端"①。1983年在朔州汉墓中，出土过不少西域人面貌的铜俑。东汉后期，南匈奴五部内附，部众3万余落20多万人被安置在并州。

广州出土的秦始皇造船台遗址

大批乌桓人又入居代北。这些均是民族大融合、丝路大繁盛的明证。

5. 东魏和北齐时，晋阳是北方军政中心

晋阳，"齐氏别都"，"霸业所在"。东魏高欢凿西山大佛，建"晋阳宫"，北齐八帝，有四帝在晋阳即位。当时晋阳"胡商"辐辏，自然成为丝路东端之枢纽。例如，太原北齐东安王娄睿墓壁画中，就有《胡商驼队图》。为首一人深目高鼻，似大食人形象，右手牵着驼缰。右后又有一驼，驮着满载货物的大囊袋。两驼间，一人高大修长，浓眉深眼，似为波斯人，手牵一头驮着货囊的骆驼。两驼右侧还有二人二驼，相随前进。

唐时，晋阳成为北都，并在并、浩（武德三年改为汾州）、介、石四州建有专供外商生活的"贾胡堡"。考古学家在灵石发掘得罗马梯拜流斯至安敦皇帝时代的16枚古铜钱。太原唐墓中，也曾发现大量古罗马金币，显然是由外国商人携入山西的。娄睿墓道两侧壁画中的《胡商驼队图》真切地反映了经过长途跋涉来山西的商队。

直到元朝，山西仍是丝绸之路的重要地带，并州还是全国最大的葡萄酒生产基地。②意大利人马可·波罗在《马可·波罗游记》中还详载了山西太原、大同、平阳等地商业繁盛的情况。

---

① 杨茂林等著：《山西文明史》中卷，商务印书馆，2014，第602页。
② 童丕：《中国北方的粟特遗存——山西的葡萄种植业》，2004年北京"粟特人在中国：历史、考古、语言的新探索"学术研讨会论文，载《中国汉学》第十辑。

三、山西曾经是丝绸的重要生产输出地

历史上,山西不仅养蚕织丝,而且发达的潞绸业、棉布业、颜料业在国民经济中起了重要作用。夏县西阴村遗址发现的半个蚕茧化石证明此地是黄帝之妻嫘祖教民纺织的地方。

北魏初,纺织品缺乏,每匹绢值1000钱。到孝文帝时,山西纺织品产量大增,每匹绢下降到二三百钱。河东郡、平阳郡每年送往京师的贡品,销往海外的商品就是绵绢及赀麻。

唐代是中国纺织史上辉煌的时代,产品分丝织品、麻织品和毛织品三大类。山西境内,除晋南与晋东南宜于种植桑麻外,河中府(今山西永济市)也出产丝织品。当时山西麻纺织业发达。开元二十五年(737),从河东道征调麻布之地18州,并分为九等,其中晋州为二等,绛州为三等,泽、潞、沁州为四等,并州、汾州为五等。

宋元时山西的纺织业,无论种类、数量、质量,还是织染技术都有很大提高。当时,山西麻织业最为突出。《陵川集》载:"河东土产,菜多于桑,而长宜麻,专纺绩布,故有大布、卷布、板布等。"金代在真定、平阳、太原等处设绫锦院。其中,平阳、太原所产绿卷子布由于质量好,成为贡品。大同市南郊曾出土金代纺织品成衣十余件,其中一件上绣着100余只云鹤的丝织鹤氅,相当精美。

明清潞绸上供朝廷,下资民生,并有成千上万匹潞绸销往新疆、中亚。马克思说:"商品流通是资本的起点。商品生产和发达的商品流通,即贸易,是资本产生的历史前提。"明中叶,山西潞安府成为与苏杭齐名的北方丝织制造业的中心,到万历年间达到高峰,有织机1.3万余张,分为6班72号,登机鸣杼者数千家,从业人

夏县西阴村遗址

数近 10 万。据统计，潞安府年产潞绸 10 万匹以上，每年仅通过丝绸之路销往新疆、中亚的潞绸就有九千余匹。其生产规模和出口创汇效益十分可观，史称"彼时物力全盛，海内殷富，贡篚互市外，舟车辐辏者，转输于省直，流衍外夷，号利薮"。潞绸当时不仅畅销全国大部分地区，而且还出口日本、东南亚和欧洲许多国家，在世界贸易市场占有一席之地。明人郭子章《蚕论》中讲："西北之机潞最工。"阿拉伯和欧洲商人对潞绸的花色品种惊羡不已。在国内潞绸更是"上供官府之用，下资小民之生"，"士庶皆得为衣"。潞绸与江南苏州、松江丝绸相媲美。

四、北朝时期山西是丝绸之路的重心和亮点

山西自古以来就被称为"四塞之地"，东有太行山，西有吕梁山，南有中条山，北有恒山，可谓四山环抱；再加上有黄河流经，形成相对封闭和独立的空间区域。山西境内山峦起伏、沟壑纵横，地形复杂，易守难攻，是连接中原王朝与游牧民族政权、控扼北部的咽喉要地，素有"北门锁钥""中原北门"之称。因此，山西以其枢纽位置为东西文化的交汇与碰撞提供了重要的舞台。

到了东魏北齐时期，晋阳成为北方军政中心。晋阳城处于晋中盆地北部，坐落于汾河西岸，是游牧民族由塞外进入中原所经的第一要地。在北朝时，其与塞北诸镇的交通之发达是中原其他重镇无法比拟的，由晋阳出发出雁门关可通往塞北的任何一地，是中原王朝和草原游牧民族交流的重要通道。严耕望先生在其《唐代交通图考》中曾对古代经由晋阳的交通路线进行了考证：其一，太原正北经忻代出雁门关，西北经朔州通单于都护府（今归绥西南）及河上三城道；其二，太原西北取汾水上游谷道，出楼烦关（今宁朔西南有楼烦岭）亦至朔州，此为太原北出之辅线；其三，雁门关内，由代州东北取滹沱河谷道至妫州（今怀来）、幽州；其四，代州雁门关正北通云州（今大同）道；其五，以云州为中点，西通单于都护府及河上三城，东经武州（今宣化）、新州、妫州至幽州，此为北疆之主要东西交通线；其六，汾河、滹沱河上游

似可通水运,桑干河水运相当发达。严先生所讲上述几条道中,有五条交通线是从晋阳出发,其中一条还是晋阳通往塞北的水路,而剩下一条是以平城为中心的塞北东西交通线,而且每一道都可以和其他相通,从而形成一个庞大的交通网络,构成以太原府为中心的交通系统。这样一来,北朝时期经晋阳至平城一线成为当时从中原通往西域的必经路径。在东魏、北齐时,此路线先由邺城出发,到达晋阳后再北上至平城、塞上云中、突厥牙帐哈尔和林,由哈尔和林往西经阿尔泰山、南西伯利亚和中亚北部,进入黑海北岸的南俄草原,直达喀尔巴阡山脉,横跨欧亚大陆。这条天然的草原通道,向西可以连接中亚和东欧,向东南可以通往中国的中原地区。当东魏、北齐与传统的中西交通路线隔绝,无法通过河西走廊进入西域时,这条路线就成为东魏、北齐沟通西域和中原地区的主要通道。这时的晋阳和平城是丝绸之路事实上的东端起点。西域商人利用北方草原丝绸之路到达云中、平城,南下进入晋阳,再利用晋阳发达的交通网络进而到达长安、洛阳、邺城等地,或再向东到今天河北的张北、赤城,内蒙古的宁城、赤峰,辽宁的朝阳、义县、辽阳,东经朝鲜而至日本。这就是连接西亚、中亚与东北亚的国际交通线。当时的晋阳胡商汇聚,商贸发达,可见当时山西与西域的交流之广、关系之密切。北朝晚期,别都晋阳已成为政治、经济中心,丝绸之路的起点也就随之转移到晋阳了。[①]

1. 北朝山西与丝绸之路

由于北方丝绸之路畅通,各国的商人和使臣携带货物和贡物涌向山西,或择地定居,或展开商贸活动。这些胡商数量庞大、财大势雄,经营于中原各地。当时的山西作为丝绸之路的起始段,成为"利之所在,无所不到"的外国商人们重要的聚集之处。

目前可以确认的外国商人包括粟特商人、波斯商人、大月氏商人和印度商人等。其中最多的是粟特商人,他们主要从事商贸和文化艺术(绘画和音乐)

---

① 梁芳:《北朝后期丝绸之路的重要节点——晋阳》,《文物世界》2013年第3期。

等各种活动，形成一个以粟特人为主的"并州胡人"聚落。①粟特人原聚居于今天的乌兹别克斯坦地区，古称撒马尔罕。中国北朝的史书称撒马尔罕为康国，这里也是印度、波斯、突厥、中国商旅交汇的要地，更是丝绸之路西段必经之地。《旧唐书·康国传》对此有更详细的记载："其人皆深目高鼻，多须髯。丈夫剪发或辫发。其王冠毡帽，饰以金宝。妇人盘髻，幪以皂巾，饰以金花。人多嗜酒，好歌舞于道路。生子必以石蜜纳口中，明胶置掌内，欲其成长口常甘言，掌持钱如胶之黏物。俗习胡书，善商贾，争分铢之利。男子年二十，即远之旁国，来适中夏，利之所在，无所不到。"表明该民族崇尚商业，从出生起，就开始培养经商的观念和基本技能，反映出该民族的商人不仅有文化，而且通晓多种语言、风俗，精于计算，有为商业利益奔赴万里、献身冒险的精神。

粟特商人频繁往返于中土与西方间，甚至一度把持从波斯到拜占庭通往欧洲的皮毛贸易通道。他们将中土的丝绸运至西方，把西方金银器皿转运至中原，成为东西方贸易的中转商。据史料记载，许多粟特人穿过丝绸之路来到晋阳，如太原翟氏即为一例。②《晋书·慕容垂》记载，封翟檀为弘农王，翟德为范阳王，翟楷为太原王。到北朝后期，翟氏家族仍是并州大族。还有粟特萨保虞弘及其父亲，据出土的《虞弘墓志》记载：虞弘，字莫潘，鱼国尉纥驎城人。奉茹茹国王之命，13岁便出使波斯、吐谷浑等国。后，又奉命由波斯出使北齐，随后便在北齐、北周和隋朝为官，在北周一度"检校萨保府"，卒于隋开皇十二年（592）。③大量粟特人生活并活跃在山西，给山西带来了大量的西域物品和风俗，其中最典型的例证就是推动并发展了并州葡萄种植业，带来葡萄酒酿造业。

汉代张骞出使西域时就曾将葡萄带回中原。但当时仅仅是将葡萄作为皇家观赏植物在宫苑种植，到东汉，葡萄酒产量都十分有限，是当时非常珍贵

---

① 荣新江：《中古中国与外来文明》，生活·读书·新知三联书店，2001。
② 姚薇元：《北朝胡姓考》，中华书局，1962，第310页。
③ 张庆捷：《虞弘墓志考释》，《唐研究》第七卷，北京大学出版社，2001。

的礼品。及至北朝，北魏太武帝平定西凉，从凉州迁徙大批人口到京畿地区，其中当不乏精于种植葡萄的粟特人，葡萄种植技术便在此时传入山西。这些粟特人内迁后同翟氏家族、虞氏家族一样，在并州世代居住，他们喜饮葡萄酒的风俗也随之传播开来，所以酿造葡萄酒的技术也一并在山西落地生根。到北齐时，葡萄的种植已很普遍。北齐贾思勰所著《齐民要术》中就专门谈到葡萄的种植法、摘取法与保存法。《马可·波罗游记》记载了北朝晋阳的情况："其地种植不少最美之葡萄园，酿葡萄酒甚饶。契丹全境只有此地出产葡萄酒。"直到今天，太原清徐仍是全国四大葡萄名产地之一，而由当地所产葡萄酿制的葡萄酒也驰名全国，这要归功于通过丝绸之路来华的粟特人。

北齐时期，太原是当时达官贵族云集之处。他们对奇珍异宝的渴求使得他们与从丝绸之路来到中原的西域商人有密切关系，这种关系的体现就被定格在这些贵族们的墓葬中。北齐达官贵族的墓葬多有胡商俑，形式丰富多样。此时的胡商俑的背上常佩鞍架，铺长毯，毯上有货袋，货袋中常是满载货物，表现了他们以骆驼作为丝绸之路上的主要驮运工具。比较典型的有太原娄睿墓、张海翼墓、张肃俗墓、贺娄悦墓、韩祖念墓中出土的胡商俑和载货骆驼俑。胡商与载货的骆驼是丝绸之路商队最重要的元素，也是当时丝绸之路繁荣景象最直接的体现。在太原徐显秀墓中出土过一枚蓝宝石戒指，此戒指工艺复杂，由黄金戒托、戒指环与蓝宝石戒面组合而成，专家估计为墓主身前所佩戴之物。指环靠近戒托的披肩部分较粗，两端各铸有三分之一的纹饰，由一对怪兽首的形象组成。此怪兽似龙非龙、似狮非狮，是中亚地区常见的纹饰。指环最细处在戒托正对的位置，约占三分之一，为素面。黄金戒托中间厚边缘薄，外沿饰一圈联珠纹花边，内沿是一圈素面金边，主要用于固定蓝宝石戒面。引人注目的是，椭圆形蓝宝石戒面上阴刻有手持矛与盾的人物形象。图中人物头戴兽首形头盔，高鼻深目，身着紧身圆领半袖衫和紧身裤，脚蹬皮靴，双臂上弯，双手倒提着两件杖形器，既像代表权力的权杖，又像通神灵的法杖。此人身体略向左侧，头向右扭，两腿一前一后，似在舞蹈，又似在举行某种特殊的祭祀仪式，颇有古埃及正面律的特征。无论如何，该戒指图案中人物造型与衣饰以及指环上的联珠纹、两兽首相对之形，皆非中原传统式样，显然均来自西域。在其墓室的壁画中有一群女扮男装的侍女,其中一人左肩扛一胡床,其身后一人为女扮男装者,腋下夹着一个茵褥。在墓室西壁壁画正中为一红色骏马挺立于人群之中。马颈下挂一缨子,为蓝色竖条纹,极具萨珊风格。

在山西北朝晚期墓葬中还出土了不少西域风格的瓷器,这些瓷器不仅数量颇多,且造型精美,制作工艺也十分精湛。一些瓷器器壁较厚,以高岭土为胎,质纯白,稍粗,烧制温度相对较低。釉层多数浑厚均匀,釉色温润明亮,玻璃质感强。釉层与瓷胎收缩时间不一致,普遍出现冰裂纹。釉色多为黄绿,也有淡黄、茶黄、黄泛墨绿之色。器形主要有鸡首壶、灯、瓶、杯、盂、樽、盘、碗、盒、罐等。比较有代表性的为太原娄睿墓出土的瓷灯、贴花瓶和螺柄鸡首壶以及徐显秀墓出土的黄绿釉瓷灯、黄绿釉龙柄凤首壶等。在这些瓷器上装饰有很多联珠纹、莲瓣纹、忍冬纹等。其中联珠纹是源于波斯和粟特地区的装饰纹样,由西域商人通过丝绸之路传入中原地区,成为当时人们所喜爱的一种装饰图案。莲瓣纹和忍冬纹则体现了佛教文化的影响。在两汉之际,佛教从印度传入我国,佛教文化艺术中一些图案也随之来到中原。莲花和忍冬是佛教中神圣的花卉,以此作为物品的装饰纹样,不仅体现了佛教对南北朝时期人们的生活影响之深,也为墓主人营造了死后能享受的虚幻仙境。

2.1860—1880年在山西发掘的古罗马金币

随着商品贸易的发展,在丝绸之路沿线的贸易逐渐由物物交换变为以货币为中介的交换,货币的出现是丝绸之路经济贸易发展到一定程度的体现。随着丝绸等大宗货物在丝绸之路上交易,外国的货币也来到中国。截至2013年在中国境内出土的外国货币主要有东罗马的金币(约25枚)和萨珊银币(1930枚以上),[①]只有少数的古罗马(公元1至3世纪)金币在中国被发掘出来。目前有一报道说,在一个山西的家庭里发现过公元14年—275年的罗马钱币,这是两个东、西文明古国交往的实物明证。目前为止,中国出土的东罗马金

---

① 梁芳:《北朝后期丝绸之路的重要节点——晋阳》,《文物世界》2013年第3期。

币及其仿制品共 53 枚，其中新疆境内发现的东罗马金币达 13 枚，这些金币正是通过丝绸之路输入的。

北朝晚期，山西是外商颇为活跃的地区，外国货币在大同、太原等地区都有出土。晚清时期，人们曾在灵石县发现罗马古铜钱 16 枚，上面的文字表明这些钱币是罗马皇帝梯拜流斯至安敦皇帝时代所发行的钱币。它们在灵石的发现，也许与灵石贾胡堡的外商有一定关系。在太原唐代墓葬中，曾发现波斯银币和古罗马金币，显然也是由外商携入中国的。

3. 山西与北朝丝路的文化艺术交流

从五胡十六国混战到北魏统一中国北部一百多年间，黄河流域传统社会和文化秩序遭到破坏，汉、魏传统乐舞日趋衰落，而西域文化逐渐东来。各少数民族政权先后建立，在吸收汉族先进封建文化的同时，必然要将本民族的文化推广开来。内迁之游牧民族与汉族杂居，民族融合和互动逐渐加深。在这种强力推动和自发融合的共同作用下，整个社会的上层统治者及普通民众都受到"胡风"的浸润。在北齐胡化的风气影响下，西域胡商不仅带来了西方的商品，也带来了西方的绘画、音乐、舞蹈和各种工艺品。以萨珊波斯为代表的西亚文化和以粟特为代表的中亚文化，分别经由丝绸之路进入山西境内，使得当时的山西文化集中体现了中原与少数民族文化和外国文化的融合，呈现出丰富多样的面貌。

（1）西域乐舞精华——胡腾舞

由于民族的因素、宗教的影响以及中外交流的扩展，中华传统乐舞出现百花齐放、异彩纷呈之局面。北方游牧民族大量迁居汉族聚居地，而西域乐舞也传入内地，尤其是佛教传入中国后，佛教传说和故事又丰富了乐舞题材，因此，山西出土的乐舞石雕和陶俑突出地表现出"胡化""佛化"和"西化"的特色。

拓跋鲜卑是一个能歌善舞的游牧民族，其《真人代歌》北魏定都平城时"与丝竹合奏"，广泛应用于宫廷典礼和祭祀活动中。[①] 公元 428 年，太武帝

---

① 张志忠：《大同北魏彩绘乐俑鉴赏》，《收藏家》2008 年第 12 期。

西征与西域往来频繁的夏国,将夏国的乐工和乐器迁往平城,收为己用。因此,北魏的乐舞具有浓重的北方民族色彩和西域色彩。《隋书·音乐志》载,太延初年,后魏,"通西域,因得其伎,后渐繁其声,以别于太乐"。安国乐和疏勒乐随之传入平城,并进入太乐署成为宫廷伎乐。公元439年,太武帝西征凉州,将西凉乐舞迁往平城,作为宫廷的太乐,在"嘉礼"时演奏。由此可见,北魏时期山西的乐舞含有十分浓重的西域乐舞成分。

北魏时期山西民间普遍流行西域乐舞。表演西域乐舞的场景,也经常出现在北魏时期石窟造像和墓葬出土的文物中。云冈石窟造像就有许多乐舞的形象,包括许多乐器和舞蹈图像。这些乐器的形态、乐舞姿态和舞者服饰具有鲜明的鲜卑和西域风格。①山西大同曾发掘出一批北魏墓葬,其中一个墓的墓室前部的一组彩绘乐俑再现了北魏平城乐舞杂技演出的真实场景,为研究当时的音乐舞蹈提供了珍贵的实物资料。这些乐俑围成圆圈即兴演奏,中间是两位面相端庄慈祥、穿戴华贵的女舞俑,左臂前扬,右臂后甩,正轻舒长袖而舞,其间穿插有胡人形象和装束的乐伎和杂技表演。

到了北齐、北周时期,由于受统治者的影响,"胡化"风潮呈回归趋势,于是节奏明快、情感强烈的西域乐舞逐渐占领山西的舞台。其中特点最为鲜明的便是胡腾舞。胡腾舞节奏感强烈又有乐器伴奏,是一种男性舞蹈,多是单人表演,热情奔放,源于中亚"昭武九姓"中的石国。在魏晋南北朝时,于北齐达到最盛,也是当时"胡风"炽盛的标志之一。《北史》和《北齐书》中都记载当时有人善跳"胡舞"。《北史·祖珽传》载:"擢拜中书侍郎。帝于后园使珽弹琵琶,和士开胡舞,各赏物百段。"根据相关实物资料分析,是粟特商人把这种西域舞蹈带到山西。其集中体现了东西文化的交流和融合,是西域各族文化乃至西亚文化与中原文化在丝绸之路上共同孕育的结晶。

胡腾舞的图像在北齐时的墓葬中大量出现,在晋阳地区最具有代表性的是虞弘墓汉白玉石椁后壁正面雕绘的胡腾舞图案。在图中央有一位高鼻深目的胡人舞者,上身裸露,肩披一红绿二色的曳地长帔,长帔绕着胳膊随着身

---

① 程乃莲:《云冈石窟中飞天造型刍议》,《美术观察》2005年第1期。

体旋转而上下飞卷,双臂张开,长袖飞舞,腰间系着一条褐、黄、红、绿四色且带端为葡萄叶形状的软腰带,下身着肥松的红色短裤,左足抬起,右足踏在一块黄色小圆地毯上忘情地跳着胡腾舞。在舞者的两侧还有乐人为之伴奏,使用的乐器主要是横笛和琵琶。在汉白玉石椁的椁座背后也彩绘有胡腾舞的图案,这些图案就是胡腾舞流行于晋阳的绝好证明。

(2)佛教文化的发展

北朝晚期晋阳的佛教文化艺术非常发达。在佛教盛行的魏晋南北朝直到隋唐五代,晋阳都堪称全国佛教的重镇。众多的寺庙集中地反映了古都晋阳的佛教盛况。《旧唐书·裴休传》载:"太原……近名山,多佛寺。"敦煌遗书有五代僧人所撰《诸山圣迹游记》曰:五台山"南行五百里至太原。都城周四十里,大寺一十五所,大禅十所,小(禅)院百余,僧尼二万余人"。元好问著《威德院功德记》云:"并州,唐以来图经所载,佛塔庙处视他郡为尤多。"据史籍记载,东魏、北齐时晋阳城外建的著名寺庙有北齐天保二年建造的法华寺,位于晋阳城外的蒙山,原名开化寺,寺后依山势而刻佛像,高二百余尺,此即著名的蒙山大佛。大佛高度仅次于闻名世界的乐山大佛,但造像时间却比乐山大佛早了一个多世纪。

五、明清晋商发家致富走的是开放之路,靠的是诚实守信、开拓创新、经世济民精神

晋商是明清时期称雄国内外商界500年之久的强大商业集团,作为中国十大商帮之首,起源最早、衰退最晚。晋商始于贩运河东盐,发迹于宋代,明朝时与徽商南北并峙,至清朝晋商便以票号、茶庄独占鳌头,明清两代辉煌500年。晋商实现了"货通天下、汇通天下、足迹遍天下",晋商不仅店铺票号遍设全国通都大邑,而且远涉日本、西亚、蒙古和俄罗斯等地,成为同时期与威尼斯商人、犹太商人比肩的国际性商人。

1. 走出去，谋生计，敢为人先，敢领业先，敢为天下先，开放精神乃晋商持续发展、长久取胜的精神动力

晋商的兴起，与明政府的"开中法"政策密切关联。明初，辽东、蓟州、宣府、大同、太原、延绥、榆林、固原、甘肃九边军镇驻防官兵80余万人，配备军马34万余匹，所需粮饷供应是一个很大的事情。为解决这个问题，自洪武三年（1370）起，朝廷接受山西布政司的建议，实行了"开中法"，即鼓励商人就近为沿边军镇输送粮草，政府发给商人相应数量的"仓钞"作为凭证，商人持此凭证，到指定的内地盐场，以优惠价格买到一定比例的食盐——以粮价折抵盐价，进行贩卖，从中获利。山西晋北、晋南盛产五谷杂粮，晋南又有小麦和盐池，且与九边军镇的距离较近。显然，纳粮贩盐的"开中法"，对山西商人相当有利。于是，山西商人积极响应，踊跃前往。他们以作为中原北大门的太原为根据地和中转站，长年坚持运粮、贩盐，既为引商，又为粮商，一身而两任。

洪武三年（1370）以后，山西商人抓住明政府实施"开中法"这一难得的利国、便民、惠商政策机遇，利用山西靠近北部九大边镇中的宣府、大同、延绥、太原四镇的有利地理位置，捷足先登，主动参与交纳粮食换取盐引贸易获利，从而迅速地崛起于国内商界。当时的大同、太原乃九边军镇之二，山西商人不断地向此处驻军供应谷物和草料，进而于太原周边收购粮草，运往太和岭（今朔州市马邑）、大同、宣府等处。起初，他们向大同仓交米一石、向太原仓交米一石三斗，就领取食盐一引（200斤），向规定引地发卖。除了太原、大同、宣府以外，他们还向其他边镇供给粮草。并且，还于"开中法"的系统之外，往往从太原、平阳外围收购大量米麦、丝麻、布匹、木材、蔬菜、茶果等商品，会集于太原，在此休整、起运，转往边关，向边军销售。

明中叶，随着商品经济的发展，尤其是白银的广泛使用，晋商以敢为人先、敢为天下先的开放胸襟和气魄，又一次抓住叶淇变法实行折色制的商机，走出山西，迈出娘子关，将商业市场由黄河流域的北部边镇拓展到长江流域和珠江三角洲，史称"凡是有麻雀的地方就有山西商人"。经过近百年的经营，

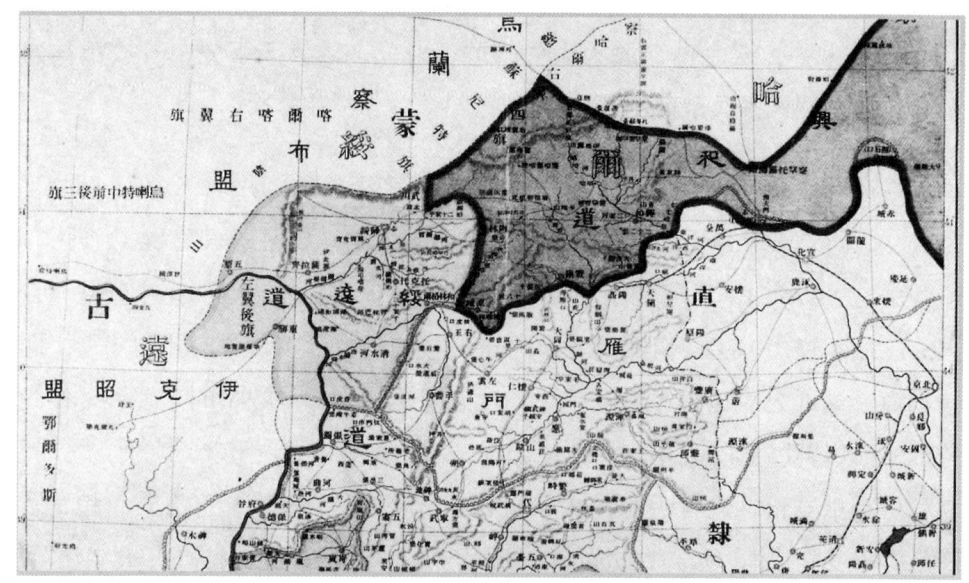

明代九边重镇中的两镇三关图

山西商人不仅掘取了第一桶金，而且垄断了明代中国北部边镇市场的粮食、铁器、盐、丝绸、棉布和清代全国的茶叶、当铺、账局、票号、物流等广阔市场。

进入清代，随着国内统一市场的形成，蒙古、西北边疆地区的开发，晋商获得长足发展。雍正五年（1727）晋商率先开拓万里国际茶叶之路。乾隆年间乔贵发在包头开展"买树梢"生意又开中国粮食期货贸易之先河。到道光三年晋商更是首创票号，实现了商业资本向金融资本的飞跃，进入鼎盛阶段。其财力之雄厚、活动地域之广阔、经营商品之众多、管理制度之严密、开放领域之宽广，在国内外商界都首屈一指。晋商成为汇通天下、货流天下、足迹遍天下，纵横欧亚近万里，称雄商界500年，堪与犹太商人、威尼斯商人比肩并立的强大的国际性商业集团。

明清晋商不仅走口外，走出山西开票号，拓展万里国际茶道，占领中国各大商业城镇市场、主要交通要道，而且走出国门，远涉印度、俄罗斯、朝鲜、日本、东南亚等国家和地区。例如，康熙、乾隆年间，祁县、太谷一带的贫苦农民张杰、王相卿、史大学合伙跑往内蒙古做生意，他们自己做梦也没想到，原来大年初一喝稀粥的三个穷光蛋，借着康熙征讨噶尔丹之机做军需生

导论 "一带一路"与山西对外开放

徒步走西口的晋商

意,竟然创建了"集二十省之奇货裕国通商,步万里之云程披星戴月",拥有骆驼 7000 多头,员工 1 万余人,分号遍布全国各地,当时国内最大的股份制商贸集团——大盛魁。时隔不久,祁县乔家堡一名自幼父母双亡寄养东观镇舅家的青年乔贵发因不堪舅母的虐待和乡邻的讽辱,毅然决然地只身闯荡到口外一个小村包克图,凭着惊人的毅力,靠着一双勤劳的双手,以拉骆驼、供草料、卖豆芽、磨豆腐起家,滚雪球发展起"复"字联号"复盛公"油坊、"复盛西"粮店十几座作坊,创造了中国城镇化史上罕见、流传至今并非神话的"先有复盛公,后有包头城"奇迹。谁能想到,这位年过四十、有挑能拣的大款竟然拒绝多家名门富户闺秀,娶了一位早年同情自己遭遇且带着一个男孩的寡妇;谁又曾想到,这位乾隆年间祁县一个穷光棍创办的"买树梢"生意,竟然开中国粮食期货贸易之先河,而且比美国芝加哥粮食期货贸易早半个世纪。

思想是行动的先导。思想不解放,行动便跟不上。穷则变,变则通,地瘠民贫的山西农民不甘心屈服于自然灾害和恶劣的地理环境,不断地向天灾挑战,和命运抗争,走出大山,走出雁门关,跨过黄河和沙漠,越过戈壁和海洋,勇敢地走了出去,求生存,谋发展,闯天下。咸丰五年,太原、晋北大旱，山西人再次走出雁门关，渡过黄河，跨过长城关隘杀虎口、洪门堡、得胜口，晋中祁、太、平，忻州河（曲）、保（德）、偏（关），雁北代州、宁武，大同天镇、阳高一带数以万计的农民又进行大规模的走西口、闯（河）套外的谋生创业活动。他们在地广人稀的内蒙古河套一带打拼，有的给田主垦荒种地，有的为店主当学徒跑腿，有的给寺庙打杂，有的成为春天去打工秋天挣钱后返回的雁行客。一曲晋蒙陕冀数省家喻户晓、哀婉凄楚、传唱不衰的民歌《走西口》正是当年山西人走口外的真实写照。

山西人走西口和山东人闯关东、江浙闽广人下南洋一样展示了人类开拓进取、开放有为的壮举，构成中国古代此起彼伏、波澜壮阔、气势磅礴的三大民间自发移民浪潮，极大地推动并影响了中国近现代社会人口结构性流动和商贸经济的发展繁荣。他们的开放意识和商贸活动很快将山西变成"海内最富"。于是一座座高墙深宅大院在三晋大地拔地而起，一个又一个拥资成百上千万的著名家族涌现在中国商业舞台上，一批又一批千百年来面朝黄土背朝天的农民成了腰缠万贯的商人。金融票号业的发达更是给山西留下了"汇通天下"、执中国金融业牛耳的辉煌。李克强总理2016年视察山西时就曾高度评价晋商，称赞晋商精神是华商的精髓。

2. 闯市场，谋发展，转变观念，弃农经商，弃儒从商，不断开拓商路和发展空间，成为堪与威尼斯、犹太商人媲美的国际商人

明中期后山西省各地方志记述了从南到北"民风淳朴、俗尚俭素""耕读传家、勤于稼穑""专力农耕、少事商贾""万般皆下品，唯有读书高""做官光宗耀祖"等传统观念逐渐向"勇于商贾、婚丧大奢""挟轻资、牵牛车，走四方十之八九""商旅辐辏，所至多流寓其间""蒲坂一州富庶尤甚，商贾争趋"转变的实况，大批农民、落第秀才弃农经商，弃儒从商，商人数量超过前朝数十倍。山西商帮一跃而起，"富室之称雄者，江南则推新安，江北则推山右……山右或盐，或丝，或窖粟，其富甚于新安，新安奢而山右俭也"①。

---

① （明）谢肇淛：《五杂俎》卷四，中华书局，2012。

晋商以诚信、节俭、敬业的精神跃居中国十大商帮之首，并以全面开放的气度和不断开拓市场的雄健步伐走向通都大邑、大漠戈壁，并向海外拓展市场，对当时的政治、经济、社会、文化均产生了极其重要的影响。晋商所代表的诚信精神，是晋商文化的灵魂和基石。明清时期的晋商可以雄居国内各大商帮之首，且成为堪与威尼斯、犹太商人媲美的国际商人，还有一个重要的原因，这就是开放，能走出去寻找更广阔的市场和发展空间。

海洋是走向开放的通途，早在明末，晋商就将东北的人参和山西的汾酒、干枣贩运到东南亚一带。清代在中国南方的商帮从海上走出去、闯市场前，晋商早就从陆地上走出去了。晋商通过陆路在恰克图与俄商贸易，开中国内陆商帮对外贸易先河。这从康熙二十八年（1689）中俄《尼布楚条约》签订后就开始了。从18世纪30年代至20世纪20年代，晋商在恰克图维持近200年的贸易垄断地位。山西票号最盛时达570多家，不仅遍布全国，而且开到俄国的圣彼得堡、莫斯科，日本的神户、大阪，朝鲜的仁川等。

晋商虽是一个地域性商帮，但晋商的活动范围及其文化的诞生地不是只有山西本土，而包括晋商足迹所至从北到南、从东到西、从陆地到海洋的广袤土地，包括他们开拓出来的茶叶丝绸之路、粮米药材之路、皮毛骡马之路、食盐丝帛之路、烟碱百货之路。山西商人虽在黄河之畔的黄土高原上土生土长，但黄土文化并没有束缚山西商人的开放进取精神、奋斗创业意志，更没有成为山西商人创业创新的包袱。晋商文化不是山西商人局限于山西这个四塞之地的创造，相反，是走天下的山西商人数百年间活跃在山西本土以外的地域，吸纳中外各地的多元文化元素，与山西本土的固有文化相融合而形成的精髓。同时，晋商的企业管理体制也体现出开放的特质：票号是典型的两头在外，所有权与经营权相分离，实行经理负责制、股俸制等现代企业奉行的先进理念和管理方式。

3. 求转型，重开拓，谋创新，晋商开放精神的成功实践和经营管理方面的一系列创新

明清既是中国古代社会经济向近代转型、商品经济空前活跃的重要阶段，

又是山西商人开拓创业不断创新的关键时期。

市场多变化,商场如战场,人弃我取,人取我予,自古没有一成不变的产品和一以贯之的经营方式。商家的产品和经营必须适应市场变化和消费者的需求。晋商即坚持顾客至上,需求第一,开展全方位服务;他们以人为本,兼通医术,为蒙古百姓针灸治病;他们有需即供,不论远近,开辟多项便民利民业务。

晋商不仅具有开放型思维,提供开放型服务,而且善抓机遇,勇闯市场,敢于引领行业,不断转型,敢为天下先。晋商成功实现了四次转型。第一次,由于明中叶白银大量流通,孝宗弘治五年朝廷实行折色制,原来的纳粮换盐引改为纳银换引后,晋商及时南移,由以北边军镇粮食市场为主转向以盐业经营为主,以全国盐业中心市场扬州为基地,进军长江三角洲和珠江三角洲,迅速把市场由北方边镇扩展到全国。第二次,隆庆六年封贡互市实现后,明蒙结束了200多年长期干戈不休军事对峙的冲突时期,蒙汉各族进入互易有无的和平发展新时期,晋商及时进行北拓,以原来长城边线的墩堡关市为根基进一步拓展到长城以外的漠北,挺进草原腹地和中俄边界地区。第三次,清前期随着西北边疆的开发和全国统一大市场的形成,晋商在康乾年间西进新疆、西藏、青海、宁夏,在伊犁、乌里雅苏台、科布多、喀什等地开展贸易。第四次,太平天国运动爆发后,晋商一方面收缩江南的商铺业务,发展北方市场,另一方面在江南寻找新的商机,为广东、福建、浙江、两湖数省开办代垫官饷,接济西北军需,代办监生捐纳,使得晋商票号每股的利润分红在光绪年间高达3万余两,成为政府的财政金融支柱,创下业绩之最。

晋商是开放型的。他们针对中国南北方地域、物产、资金、储蓄理念的不同,因地制宜,开拓了北存南放、合作共赢的市场。根据北部游牧民族畜牧经济为主、产品单一、现金缺乏、生活需求多元的实际,晋商灵活地采取了以供配需,上门赊货,茶马互易,用丝绸、棉布交换牛羊畜产品,为牧民针灸看病等多样化的服务方式,占领了广袤的蒙古草原与西北市场。他们鉴于清末官员出洋,大批留学生东渡日本、赴欧美留学的商机,经过反复争取,艰难开拓,终于打入多方角逐、竞争激烈的日本金融市场,用木船、牛车、骆驼拉着精美的茶叶、丝绸、汾酒、棉布等闯进狼群出没、风沙遍地的俄国境内和荒无人烟的前、后营地乌里雅苏台、科布多，并以大盛魁、元盛德、璧光发、长玉川、锦生泰等驰名品牌打开欧美、印度、日本和东南亚等海外市场。

晋商的经营管理是开放型、高效益的。晋商率先实行两权分离，敢于明晰企业产权。他们以开放的气魄，大胆放权经营，让经理全权负责，东（家）掌（柜）有机合作，有钱的出钱，有心智的经营管理，没钱没经验的年轻人也可以顶身股，对业绩突出贡献巨大的身后仍给予故身股，这一系列有效的经营制度和办法，充分调动了大家的积极性，激励了从高管经理层到普通小伙计，使人人尽心出力，个个竭忠尽智，上下一盘棋，齐心开拓谋发展。他们因地制宜，总号放权，分号大胆开办，小号扩展业务，各分号因时而动，经理伙计灵活机动处置商机。他们因人而异，有针对性处置人际交往和业务关系。留学英国的万荣著名商人李子用接管家族事业之后，第一件事就是改变家规，将掌柜和员工的持股比例由40%提高到50%，与东家同等，从而更

跋山涉水的晋商

山西票号的账期分红会

大地调动了员工的积极性,家族事业也更加欣欣向荣。正是这种"劳资共创""激励兼容"的股份经营制度,使晋商在当时的条件下最大限度地凝聚了社会资源和力量。所以说,晋商的开放与诚信一样是其不可或缺的灵魂与基石。

在明代中叶,随着明朝和蒙古封贡互市的实现,双方进入了和平贸易状态。晋商看中游牧民族食肉为主,有喝茶以利于消化的需求,开始从江南将少量茶叶贩运到边疆地区。

进入清代,随着康熙、乾隆年间对准噶尔的平定,北部边疆得到大规模的开发,全国开放统一大市场形成,北方少数民族地区消费市场也得到空前扩大。山西商人开始从福建武夷山、两湖、云南等地将茶叶运送到边疆,由此开辟了万里茶路。

六、晋商率先开拓万里国际茶道

万里茶道是丝绸之路的延续。习总书记出访俄罗斯时强调:"继17世纪的'万里茶道'之后,中俄油气管道成为联通两国新的世纪动脉。"晋商正是率先开拓万里国际茶道的主力军。

在唐朝陆上丝绸之路开始衰退和南宋海上丝绸之路逐渐崛起之间,有一段长达370多年的"历史空窗",而这个战略机遇被处于中原农耕文明与草原游牧文明之间的晋商抓住了,从而使北宋、辽国"澶渊之盟"(即1005年)之后11至12世纪的中国雁门关,成为比14世纪前后的欧洲威尼斯还要早300年的世界黄金口岸。因此,宋辽和明清两个时期的晋商,当之无愧地与威尼斯商人、犹太商人并列世界三大国际性商人,而"陆上丝绸之路+晋商驼道+茶马古道+海上丝绸之路",即古代和近代中国对外贸易的陆海黄金商路。

万里茶路发端于明后期,兴盛于清中期,以山西商人为主力,贯通蒙古、俄罗斯、中亚和欧洲各国,途经235个城镇,总长1.3万余公里,是继汉唐宋元丝绸之路与茶马古道之后的又一条连接欧亚大陆,在中外经贸文化交流史上发挥过重要商业动脉作用的陆上国际通道。经历200多年历史长河的冲刷与积淀之后,这条商路像丝绸之路一样正在演变为一条国际黄金商贸文化旅游线路。

中俄两国是近邻。300年前,以晋中祁县一带为中转大本营的晋商历经艰险开辟了从福建武夷山、湖南安化、湖北羊楼洞、云南易武山,途经鄱阳湖、汉口、重庆、成都、九江、河南赊旗镇、洛阳,一路向西,沿河西走廊到青海、宁夏、新疆,一路向北过黄河向北穿越太行山,过太原、雁门关,出杀虎口、张家口,北上呼和浩特,从此向西到达新疆乌鲁木齐、奇台、伊犁、乌里雅苏台、科布多,向北到达乌兰巴托,直抵恰克图,然后远销莫斯科、圣彼得堡等的万里国际茶路。自从《尼布楚条约》签订后,恰克图便由中俄边境的一个小村一跃而成为亚洲腹地的第一座国际商埠。1692年俄国第一支商队进北京,1904年西伯利亚大铁路开始通车。其间,恰克图市场随着1728年《中俄恰克图条约》的签订，繁荣了近200年。这里成为中俄两国互易有无、商贸往来的重要枢纽，造就了以晋帮商人为主，京津帮为辅，总人数达50余万的旅蒙商贸集团，进而拉动了哈密、奇台、伊犁、巴里坤、乌里雅苏台、科布多、库伦、归化、营口、多伦诺尔的开发和杀虎口、张家口、天津、汉口及俄国西伯利亚地区伊尔库茨克、上乌金斯克等一批城市的发展。恰克图边贸在清代乾隆中期进入鼎盛时期，每年都有成百上万担的茶叶、瓷器、大黄、丝绸、锦缎、铁器、棉布、烟酒、糖碱和其他日用百货从中国内地源源不断地输向恰克图、伊尔库茨克、莫斯科，同时中国商人从俄商手中换回各种畜毛、羔皮、呢绒、棉线、麝香、鹿角等。这引起了伟大的革命导师马克思的关注和评论。第二次鸦片战争后，随着《中俄天津条约》等一系列不平等条约的签订，俄商在华特权日增，直接进入天津、张家口、汉口等地采买茶叶、丝绸、土货，与晋商竞争。尽管由于清政府腐败，国弱商难保，但明清晋商开创的这条堪与丝绸之路媲美的茶叶之路在中俄贸易史上仍占有举足轻重的地位。这条茶路近年来已越来越引起国内外的关注。

1. 恰克图市场的创建与管理

恰克图市场创建于1728年，当时是作为中俄贸易据点而建的。随着晋商历经千难万险开辟的万里国际茶路的兴盛，恰克图这个原先的军事要塞也变成整个世界知名的贸易重镇。

创建之初俄国非常积极，中方相对保守。最早历史学家通常把中俄茶叶贸易和恰克图市场的兴建与彼得大帝联系在一起。1728年6月30日，俄国宫廷直接插手恰克图市场的规划和设计，对恰克图市场的建设作出了非常明确具体的指示："恰克图市场，应该是一个正方形的市场，每边各长200米，市场的四个角各筑一个城楼。在这个正方形的市场内，开设32个货摊……货摊的大小，可分成两种：一种是长宽各5米的正方形货摊；一种是长6米宽3米的长方形货摊。还应修建一个商品陈列所，长32米，宽6米。底层修建24所商店。商店的上面一层是仓库。每个商店还应有一个像圣彼得堡的商店一样的屋顶走廊。市场的外面应建筑围墙，以防草原上的野火。……这些商店租给私人使用。"①俄国军队也参与了新商埠的建设。在很短的时间里俄国官方就调集了350名雅库茨克团的士兵，还从乌丁斯克调来了30名哥萨克兵、25辆大车和一些马匹以及数十名工人，搭起六个帐篷和一所有12个粮仓的大院，建了一座配有大酒窖的酒店，盖起了32座供商人居住的房子，每座房子宽三俄丈，长四俄丈。在贸易城的中心位置盖起了长16俄丈、宽3俄丈的楼房，上层24个仓库，下层是同样数目的铺面。所有这些都是俄官方出资动用军队修建的，1728年俄方的贸易城建成，占地面积比一个足球场还大。

不到一年，紧挨着俄方的贸易城，中国商人集资也盖起了一个同样大小的贸易城，取名买卖城。据《山西外贸志》援引汾阳路履仁先生晚清目睹买卖城贸易实况后所撰之文："买卖城由一条东西向横街和三条南北的巷子组成，西巷有常家的大泉玉，中巷有常家大昇玉，东巷有常家的独慎玉。""在恰克图从事对俄贸易的众多山西商号中，经营历史最长、规模最大者，首推榆次车辋常家。常氏一门，从常万达于乾隆时从事此项贸易开始，子孙相承，历经乾隆、嘉庆、道光、咸丰、同治、光绪、宣统七朝，沿袭150多年。尤其到晚清，在恰克图十数个较大商号中，常氏一门竟独占其四，堪称清代本省的外贸世家。"中方的买卖城不是官方而是中国的商人们个人集资建起来的。这种差别源于两国政府对边境贸易在认识上的巨大差异：俄国政府认为建立双边贸易是两个国家官方之间的事情，至少主要是官方的事，而清政府则把恰克图的双边贸易看作商人的事情，完全属于民间行为。所以中方商人们自己掏钱向恰克图监管部门购买地皮，自己动手营造店铺和库房。

为了管理恰克图，俄方建立了萨那特衙门，派出一名监察监收关税，监察的手下配有一名管事和几个服役人员。同理，中方设监视官一名，由理藩院派出，每两年一更。北京还派出一名护军统领到买卖城监管商人。对于新建立的恰克图商埠，清朝政府实行了严格的管制，凡入市贸易的商人，必须领取理藩院颁发的部照（亦称信票、龙票），无票者不准入市。乾隆二十四年（1759）议准："库伦、恰克图贸易事务日繁，驻扎司官应给关防印一颗。

---

① 邓九刚：《茶叶之路》，新华出版社，2008。

凡各商至库伦、恰克图者，皆给以理藩院票。由直隶出口者在察哈尔都统或多伦诺尔同知衙门领票。由山西出口者，在绥远城将军衙门领票。以该商姓名、货物及所往之地起程日期，书单黏合院票，给与其已至所住之处。又欲他往者，许呈明该处将军大臣扎萨克改给执照。其各商领票后，至库伦者，由库伦办事大臣、理藩院司官稽查。至恰克图者，出卡伦时由卡伦上会哨之扎萨克稽查，至商集，由恰克图理藩院司官稽查。"①对于走私的商人惩罚极为严厉，一经查出，其货一半归官，一半奖赏稽查人员。

2. 万里茶路从晋中祁县到湖南安化的水陆路程

据文献记载，最早带着龙票去恰克图贸易的山西商人是汾阳人。苏联专家加·尼·罗曼诺娃在《远东俄中经济关系》一书中也讲："在19世纪中叶前的恰克图贸易中，中国方面为山西商人所独占，俄国方面在贸易中起主要作用的是俄国各中心省份的商人。早在1768年，就建立了6个在俄中边境进行贸易的公司，其中每个公司都固定向恰克图发运某几类货物。"②祁县民间收藏的晋商办茶宝典《行商遗要》详细记载了山西商人开拓的这条国际商道各段的距离、行程方式。该书详实地记录了从万里茶路中国段中转集散站祁县到湖南安化茶道的水陆路程：

第一段，祁县至泽州陆路580里。具体行程、距离和路线是祁县三十里至子洪、四十里至来远（打尖）、三十五里至土门（宿）、四十五里至西阳（打尖）、六十里至沁州（宿）、六十里至虒亭（宿）、四十里至交川沟（打尖）、五十里至鲍店（宿）、五十里至普头（打尖）、五十里至长平驿（宿）、六十里至乔村驿（宿）、六十里至泽州府（宿）。祁至泽州陆路五百八十里。由泽州过太行山六十里至拦车（宿）、四十五里至邢郎（宿）、五十里至郭村（打尖）、二十五里至温县（宿），由彼早起二十五里至汜水北岸，名平皋。

---

① 何秋涛：《朔方备乘》，卷三七。
② （苏）加·尼·罗曼诺娃著，宿丰林、厉声译，郝建恒校，《远东俄中经济关系：19世纪—20世纪初》，黑龙江科学技术出版社，1991年，第35页。

第二段，祁县至河南赊旗镇19站，计陆路1355里。过黄河南岸汜水县（打尖），四十里至荥阳（宿）、六十里至郑州（宿）、五十里至郭店驿（打尖）、四十里至新郑（宿）、六十里至石固（宿）、五十里至颍桥（打尖）、四十里至襄县（宿）、四十里至汝坟桥（打尖）、五十里至旧县（宿）、五十里至龙泉镇（打尖）、四十里至裕州（宿）、五十里至赊旗镇。祁至赊一十九站，计陆路一千三百五十五里。赊镇伙食每人钱一百六，酒肉自备。

第三段，河南赊旗镇至湖北樊城计水程345里。如唐河（水）小，三天半至樊城。若河内有水，赊十五里至埠口、十五里至兴隆镇、十里至新集、十里至李店、二十里至袁潭、二十里至唐县、二十五里至马店、二十里至上屯、十里至下屯、二十里至郭滩、三十里至苍苔、三十里至阎家埠口、三十里至陈家河、三十里至双沟、三十里至刘家集、十五里至龙坑、十五里至樊城。赊至樊计水程三百四十五里。

第四段，湖北樊城至汉口水路1215里。樊三十里至东津湾襄河下水十五里至石灰窑、十五里至刘家集、二十里至白家巷、十里至小河、十五里至鸣金店、十五里至宜城、十五里至关庄、五里至芦草州、十里至牙口、三十里至流水沟、十五里至岛口、五里至冯乐河、三十里至周家咀、十里至六官滩、二十里至李河口、十里至碾盘山、二十里至屠家集、十五里至二神庙、十五里至安陆府、三十里至狮子口、二十里至唐巷、二十里至石排、二十里至马良、三十里至旧口、四十里至沙洋、三十里至多宝湾、三十里至长乐园、十里至业家滩、十里至施港、二十里至黄家厂、十里至押口、二十五里至张子港、八里至关帝口、七里至黑牛渡、十五里至鱼泛洪、三十里至岳家口、十五里至洪口、十五里至彭水河、三十里至马羊滩、十五里至陀介河、三十里至仙桃镇、十五里至肖家口、十五里至芦咀、十五里至麦麻咀、十五里至杨林沟、十五里至分水咀、十五里至半湖口、十五里至城隍港、十五里至杨子口、三十里至鸡麻口、三十里至汉川、三十里至石工垱、四十五里至云口、十五里至肖家渡、四十五里至蔡甸、六十里至汉口。樊至汉计水路一千二百一十五里。

第五段，湖北汉口至湖南益州水路840里。汉口三十里至专口，汉江上水三十里至金口、四十五里至东瓜脑、四十五里至排洲、九十里至嘉鱼县、七十五里至石头关、十五里至茅埠、十五里至新堤、四十五里至鸭蛋矶对江罗山、六十里至城林（陵）矶、十五里至岳州府过洞庭湖、七十五里至鹿角、六十里至李石山、六十里至云亭、三十里至卢林滩、三十里至麟趾口进小河，上水九十里至茅甲子口、十里至沙头、二十里至益阳。汉至益计水路八百四十里。

第六段，湖南益州至边江水路255里。益三十里至兴家河进山、河上水三十里至桃花庵、二十五里至苏滩、五里至休山、三十里至三滩界、三十里至桐子山、三十里至马家滩、三十里至湖溪、三十里至小淹、十五里至边江。益至边计水路二百五十五里。

3. 恰克图市场的兴盛

雍正五年（1727）《中俄恰克图条约》签订，恰克图开为互市场所。起初，清廷仍准俄国商队"每间三年来京一次"，恰克图贸易规模很小，品种较少。雍正六年（1728）8月1日—9月2日，"中俄只有十个商人在恰克图换货"。[①]一年交易额不满一万卢布。这是因为仍有不少俄罗斯商队借朝贡名义来北京贸易。1755年前的60多年间共有20余支俄国商队到达北京。俄国政府为了保护官方商队到北京贸易的利益，也限制恰克图贸易，禁止粮食、牲畜和毛皮出口，当然也有不给清朝驻防军士补充军需的考虑。

1733年监督俄罗斯馆御史赫庆奏："俄罗斯互市，止宜在于边境，其住居京师者，请禁贸易。"这一建议引起了清政府重视，因为俄商来京对俄国有利，他们既可获很大利润，又对中国安全不利，所以在乾隆二十年（1755），清政府正式决定停止俄国来京贸易，将中俄贸易集中在恰克图。此后，边境贸易成为中俄贸易的唯一形式。恰克图市场日渐繁荣，大批晋商涌向恰克图。"查赴恰克图、库伦贸易商民，多在张家口设有铺房，其基本较厚者六十余家，依附之散商约八十余家。"[②]18世纪下半叶，恰克图年平均贸易额由71

[①] 渠绍淼、庞义才：《山西外贸志》上册，第46页。
[②] 乾隆二十四年二月初三方观承奏折。

余万卢布增加到464万多卢布,增长了5.1倍。俄国的出口货物主要是皮毛,占85%左右,其次是毛呢、皮革和其他制成品。中国的出口货物开始主要是棉织品和丝绸,其中以土布为主,占85%—90%。[1]此后,双方贸易额直线上升。以茶叶为例,开始所占比重不大,1755—1762年贸易额为713667卢布,茶叶贸易额为48048卢布,仅占进出口货值的6.7%。1762—1785年间中国每年从恰克图输出的茶叶近3万普特(一普特为16.38千克),仅1781—1785年五年间就增长了5倍。[2]18世纪的最后三年增长的速度更猛,1798年为46997普特,1799年为52343普特,1800年为69580普特。[3]参看下表:

表三 恰克图贸易额(1744—1800)

单位:千卢布

年代	货值
1744	580
1755	840
1760	1360
1770	2620
1780	5400
1792	4940
1798	5570
1800	8380
合计	29690

资料来源:(苏)加·尼·罗曼诺娃著,宿丰林、厉声译,郝建恒校,《远东俄中经济关系:19世纪—20世纪初》,黑龙江科学技术出版社,1991年8月版,第124页。

到了19世纪上半叶,一方面俄国棉纺织业有了较大发展,不仅不从中国进口土布,还向中国输出棉布;另一方面,由于茶叶是世界著名的三大饮料

---

[1] 李康华等:《中国对外贸易史简论》,对外贸易出版社,1981,第420页。
[2] 西林:《十八世纪的恰克图》(俄文版),阿穆尔出版社,第109页。
[3] 西林:《十八世纪的恰克图》(俄文版),阿穆尔出版社,第68页。

之一，被誉为"东方饮料之皇"（经科学检测，茶叶中含有咖啡因、单宁、茶多酚、蛋白质、碳水化合物、叶绿素、胡萝卜素、芳香油、酶、维生素A、B、C、E、P以及无机盐、微量元素等400多种成分），而且中国绿茶能帮助消化，红茶有益暖胃，使得以肉食为主的俄国各阶层的茶叶需求越来越大，茶叶成为不可替代饮品，谚云"宁可三日不食，不可一日无茶"。

19世纪，中俄双方的出口商品随市场和消费需求变化而发生变化。俄国输出中国的商品，棉布和其他工业品占65.4%，毛皮下降为23.7%。[①]中国输出俄国的产品，茶叶逐年增多。茶叶出口金额，嘉庆年间为228499卢布，同治年间增至5976204卢布，增长25.15倍；以数量计算，1798—1800年平均5万—7万普特，1801—1830年平均14.3万普特，1850年则增为近30万普特，50年间增长了5倍。[②]

恰克图中俄贸易，在乾隆二十年（1755）以后走向兴盛，交易额直线上升，到乾隆四十二年（1777），俄国输入1484712卢布，输出则为1383621卢布，合计2868333卢布。同年，恰克图对外贸易关税占俄国全部关税的38.5%。到19世纪上半叶，"恰克图的关税收入，以进口茶税为大宗，1841年—1850年收茶税4808084卢布，1851—1860年又收茶税4827990卢布。20年间税旺不衰"[③]，在俄国对外贸易中占很重要的地位。广州与恰克

高明远先生收藏的三晋茶庄盒

---

① 李康华等：《中国对外贸易史简论》，对外贸易出版社，1981，第421页。
② 李康华等：《中国对外贸易史简论》，对外贸易出版社，1981，第421—422页。
③ 姚明辉辑：《蒙古志》卷三《贸易》。

清代银元宝

图，一南一北遥遥相望，为我国对外贸易水陆两大码头。

在恰克图从事对外贸易的旅蒙商上百家，其中较大的商号有福源德、天和兴、大昇玉、锦泰恒、久成兴、独慎玉、永玉亨、天庆隆、祥发永、大泉玉等十几家。在众商号中经营时间最长、规模最大者，属山西榆次常家。清末在恰克图数十个较大山西商号中，常氏独占其四，称得上对外贸易世家。次者为太谷曹氏，曹氏在恰克图设有锦泰恒、锦泉涌二庄。锦泰恒在莫斯科、张家口设有分号，主要经营茶叶、绸缎的出口，其经营资本及经营规模为恰克图众商号之冠。

恰克图市场的中俄贸易道光时期进入空前繁荣阶段。俄国各阶层的饮茶者与日俱增，大大刺激了茶叶进口量的急剧增长。尤其是西伯利亚一带，以肉食为主的游牧民族达到不可一日无茶的地步。只茶叶一项，中国在恰克图的输出额，1727年为25000箱，到道光年间增加到66000箱。茶叶在1850年占全部输出量的75%。

18世纪50年代，俄商对茶叶的需求与日俱增，大致从乾隆三十三年（1768）直到道光时期，可谓茶叶贸易的鼎盛阶段。据统计，从张家口到库伦的商道上，中国输往俄国的茶叶1727年为25000箱，1750年为13000普特，1810年增加到57000普特。

表四　1851年—1890年中国对俄的茶叶贸易额

单位：卢布

年代	年平均贸易额
1851—1855	9272000
1856—1860	8306000
1861—1865	5585000
1866—1870	4635000
1871—1875	3984000
1876—1880	2487000
1881—1885	2126000
1886—1890	2186000

道光十七年至十九年（1837—1839）中国从恰克图每年输往俄国茶叶多达8071880俄磅，价值800万卢布。当时，俄商在恰克图向中国商人购得茶叶后，转贩到欧洲可获5倍的利润。山西商人也从茶叶贸易中获得高额利润。

4. 茶叶之路上的激烈竞争与晋商衰退

到19世纪60年代，上述局面逆转，中俄茶叶大战拉开了序幕。早在17世纪末，中国商人就曾提出到俄国经商的请求，但清政府认为华商远赴他国经商有辱国体，未批准。第二次鸦片战争后，沙俄先后胁迫清政府签订《中俄天津条约》《中俄北京条约》，打开了侵略中国蒙古地区的通道，未费一兵一卒便取得了东南沿海七口（上海、宁波、福州、厦门、广州、台湾、琼州）的通商权。同治元年（1862）二月，《中俄陆路通商章程》签订，俄国商人取得在中国天津、张家口等内地经商和享受比各国低1/3税率的特权，打通了中国最大的茶叶集散地汉口—天津—海参崴（现符拉迪沃斯托克）的水路，得到在中国的产茶区直接采购和加工茶叶的特权。同治五年（1866）俄国政

导论 "一带一路"与山西对外开放

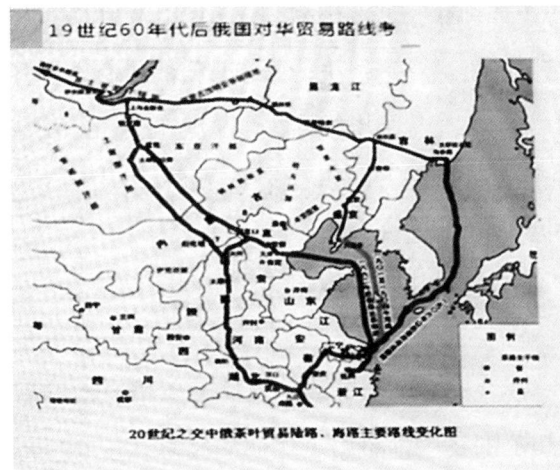

1. 1862年天津开埠后，俄商利用长江沿岸的通商权，从汉口等内地采购之茶叶的转运大部分改为沿长江到上海，经海路走天津转至张家口后再北上库伦、恰克图。
2. 1901年至1904年，从上海到营口、大连，经沈阳、哈尔滨沿西伯利亚铁路输往欧、俄。
3. 1906年以后，由上海经日本海到海参崴，经中东路、西伯利亚铁路输往欧、俄。

府又强迫清政府在天津海关免征茶叶的半税，使俄商的贩运成本大幅度下降。从此，俄商从中国运茶到俄国只要上一次关税就畅通无阻了，并取得水陆两路联运的便利。俄商将茶叶用船从汉口沿江而下运到上海，再沿海路运至天津，然后走陆路经恰克图贩运到欧洲，大大节省了费用，所以俄商贩茶业突飞猛进，从同治四年（1865）的1647888磅到同治六年（1867）猛增至8659501磅。短短两年运茶量增长了五倍多。而晋商贩茶却由于清政府的限制，既不能享受水路运输和减免税的便利，又要从汉口至张家口过63道厘金分卡，交付比俄商多10倍的税金。更为关键的是晋商的后方茶叶基地与市场堡垒汉口被俄商抢占。俄商已经直接插到中国商人的背后，于是双方在茶叶产地面对面地展开竞争，茶叶大战愈演愈烈。

你来我往，到俄国去。晋商毕竟是一支久经商场、经验丰富、意志顽强、百折不挠的商界劲旅，是中国商人中的精华。面对俄商咄咄逼人的态势，有着东方智慧的中国晋商决定"以其人之道，还治其人之身"，喊出了"打到俄国去"的口号，提出了由恰克图假道俄国经商的策略。他们认为既然俄国人来我中国，与我争夺利源，为什么我们中国商人就不能去俄国做生意呢？同治六年，晋商程化鹏、余鹏云、孔广仇代表商界提出削减茶税和直接赴俄售货的要求。他们通过绥远城将军将自己的意见转给总理各国事务衙门大臣恭亲王。清政府鉴于恰克图商业已衰败，俄商又要求在张家口设领事馆，危及京师安全和对蒙古地区的统治，与中国商人利权损失的现状，批准华商返恰克图并转赴俄境贸易的呈请，允许他们踏出国门去俄国开辟商路。很快，退守归化的华商纷纷重返恰克图，从张家口、从龙盛庄、从包头、从乌里雅苏台、从科布多……在归化商会的统一调动下许许多多的驼队从不同的方向朝着俄罗斯进发，其势极为悲壮！数以万计的驼队满载着各种货物行动起来。

在很短时间内，中国商人开设的商号就出现在俄国的伊尔库茨克、赤塔、托博尔斯克、新西伯利亚、比斯克、上乌金斯克、下乌金斯克、秋明、爱伦堡、莫斯科、圣彼得堡等城市，似乎一夜之间中国人的店铺就撒遍了俄罗斯的东部和西伯利亚各地，其速度之快和范围之广都超出了人们的想象。晋商在向俄国进军的第一年（同治八年）即向俄输出茶叶11万担，交手第一回合与俄商扳成平局。第三年，晋商每年向俄输茶叶已达20万担，较俄商直接贩茶多一倍。

降低运输成本与生产技术较量。1863年，俄商在湖北蒲圻羊楼洞建立顺丰茶厂（同年迁至汉口），次年又建新泰茶厂。到1878年，俄商在汉口的机制砖茶厂就有六个，其中三个使用当时先进的蒸汽机生产，并在九江和福州开设了分厂。汉口最大的俄国砖茶厂阜昌茶厂，资金200万两白银，雇用中国工人2000多人，昼夜开工。机制砖茶质量好、成本低。旧式手工制砖茶日产60筐，25%为废品，蒸汽机制砖茶日产80筐，废品率仅为5%，成本节约了一两银子。到清末，俄商已经控制了一半以上的出口茶。

晋商随之改变办茶地点，以缩短运输路线，减少费用。咸丰以前，晋商主要在武夷山办茶。从武夷山到汉口陆路200多里，水路1100多里，共计1300多里。咸丰初年，大部分晋商把办茶地点转移到湖南安化、湖北羊楼洞。安化到武汉约700里。以后又开辟了鄂南茶区，到武汉只有400里左右。这就大大节约了成本。同时，晋商还改进加工方法，提高产品质量。他们开始从英国进口烘干机，并使用汽压机和水压机制茶。尤其是把杠杆式压榨器改为螺旋式压榨机，制成的砖茶外观好，受到欢迎。在营销上，晋商能根据当地的情况争取客户的好评，比如给人治病、广交朋友等。

相反，俄商在汉口、羊楼洞等茶区横行霸市，任意压价，使茶农和中间商损失甚大，引起强烈不满。汉口茶界的工厂、贩卖所、经理人、装卸工等联合起来与俄商斗争，俄商损失巨大，并使这些茶农、茶商转与晋商合作。

水路与旱路之争夺。商场如同战场，输赢靠的是战略战术的应用，靠的是实力智慧，靠的是硬碰硬的较量。此时，俄国商人与中国商人运茶线路不同，俄国人走水路，汉口→上海→天津→海参崴→黑龙江→乌苏里江→尼布楚→伊尔库茨克，转往俄国各地。水路的优越性：速度快、运费低廉。中国商人走的仍然是传统的旱路，从汉口用骡马车经河南穿太行进入晋中，然后北上太原出雁门关分两路，一路经杀虎口前往归化（今呼和浩特）、库伦，另一路经大同、河北到张家口、恰克图，出归化、张家口后仍走传统的驼道。同治八年（1869），据汉口关册记载：山西商人由陆路运往恰克图的茶，估计有功夫茶 48000 箱，还有红茶、绿茶计 98500 箱，即 62760 担。两项合计约 110000 担。中俄商人在第一个回合打成了平手，给了中国商人极大的信心，也使与茶叶有关的运输业、加工业、制茶业、养驼业有了转机。

到 1871 年，中国商人通过恰克图输往俄国的茶叶猛增到 20 万担，同年，俄国商人从中国输入茶叶 11 万担。1875—1876 年，中国商人输往俄国的茶叶上升到 23 万担。俄商占据着先进而廉价的航运线路与中国商人竞争，中国商人居然能占有优势，完全是靠集百年驼运之经验和一整套完备的管理手段所形成的超强的运输能力，对于茶叶产地的有力控制，对国内市场的牢固占领，这是专事对俄贸易的中国商人手中的三大法宝，充分表现出中国人的智慧、意志、激情、韧性，让俄国的同行感到震惊和钦佩。事实证明：俄商不是不可战胜的，如果不是清政府腐败，晋商在对俄贸易中未必会失利。

东方传统运输通信工具牛、马、骆驼、信狗与西方近代运输通信工具火车、轮船、电报赛跑。在运输上，晋商用血肉之躯及马、牛、骆驼与俄国西伯利亚大铁路通车后的钢轨火车、轮船展开了竞争；在通信方面，晋商使用马与信狗传递消息，与俄国商人手里的电报展开了赛跑。有一位聪明的晋商发明了一个办法：他训练出来一批既善奔跑又机灵的狗，用它们在归化总号与各个分庄之间传递信息。恰克图、归化之间只需三天就能把信息传到，为防路途上狼群伤害信狗，他在狗的脖子上套了装了钢钉的护颈圈。这件事在同治朝以前一直作为一项高级机密保守着。只是因为与俄国人展开茶叶大战，大盛魁才将此机密贡献出来与其他商号共享，属于舍己为公的义举。在加工包装上，俄商先后在汉口、九江、福州等地建立制砖茶厂，使用蒸汽机代替手压机，所制砖茶成本低、质量高、产量大、包装美观大方，而晋商制造砖茶大多仍是依靠手工作坊，其产品显然比机器产品成本高、产量低，在竞争中处于劣势，局势越来越不利于晋商。

清朝政府腐败，中国科技落后。暂时的胜利和局部的优势改变不了中国商人所处大环境的劣势。中国半封建半殖民地的灾祸越来越深重，清政府越来越腐败无能，伴随着一系列不平等条约和割地赔款，外商在华特权一增再增。1871年，俄国人在黑龙江的船舶公司开业，在茶叶之路上启用了航运；在海底铺设电缆，莫斯科—上海电线接通，于是在中俄双边贸易的大背景下就演出了一幕幕悲壮的场面：

19世纪90年代，俄国人又开辟了欧洲港口敖德萨，从中国南海穿马六甲海峡，过印度洋经地中海由海路运茶到俄国本土，货物总值达1300—1400万卢布，差不多接近俄国经恰克图的进口额。两条海路很快使俄国商人每年的运茶量增加到六七十万担，中国商人的茶叶市场空间越来越小，到清末，中国商人每年输往俄国的茶货降为数万担，逐渐陷入被动局面。

晋商奋起抗争，一度力挽狂澜。这期间中国商人也曾试图采用水陆联运的办法来与俄商竞争，但因为受到各级封建官吏甚至差役的敲诈勒索，种种努力终归失败。首先是因为同样由水上运茶，中国商人所需缴纳的税金要远远超过俄国商人，再加上官办的船主完全没有民族良心，他们不敢在俄商身上揩油就转而借机向中国商人勒索，致使中国商人的负担愈来愈重，故而仍依赖陆路旧道运茶。

晋商遭遇旷日持久的跨国官司。通过艰苦的努力，1885年中国商人输往俄国的茶叶回升到16万担以上。20世纪初，俄国修通了西伯利亚大铁路，中东铁路全线通车，中俄贸易的重点由恰克图转向东北地区。中国商人对俄国中小商人实行了赊销的冒险办法，以扩大市场占有率。双方商定，待茶叶售出之后再行结账,届时俄商返还货款,但俄商赖账导致一场旷日持久的跨国官司,中国商人最终得到的是索债无望,钱货两空。山西茶商在遭受了俄国侵略势力种种打击之后,在恰克图的贸易一落千丈,大多数店铺歇业倒闭。恰克图贸易兴盛时,山西商人在此设有大小商号140余家,至清末只留下20余家,减少了6/7。本来营业就不太景气,又被恰克图俄商坑骗去不少。清外务部档案中有一份资料,记录了俄商倒骗华商货款的事实。恰克图17家华商,于光绪二十四年(1898)、二十五年(1899),先后售与5家俄商红茶、砖茶、丝绸等货共计791440卢布,晋商因此损失巨大,损失白银达62万余两。仅常家三店铺就损失32万两。如下表所示:

1880年,李鸿章奏请在天津设立电报总局。翌年,随着津沪电报线的架通,电报总局在城内东门里建成。1884年,电报总局迁往上海,改称中国电报总局。这是1924年兴建的天津电报大楼。(今和平区赤峰道)

表五　恰克图俄商倒骗华商货款的统计表[①]

华商字号	五家俄商共欠(卢布)	其中				
		俄哨克	葛尔绐克	吓尔内喀夫	哨达喀夫	来保尔洋夫
祥发永	42351	17182		17169	8000	
大昇玉	145398	36564	80986	13126		14722
大泉玉	120817	32695	73373	4588		10197
独慎玉	149813	49061	54267	32828	9720	3937
兴泰隆	44506	44030		476		
璧光发	27165	27165				
公合盛	46412	10680	20175	8939		6618
万庆泰	54611	10334	7315	27933		9029
公合浚	28729	6299	22430			
广全泰	1867	127	1740			
复源德	34198		14286	9414	2406	8092
大珍玉	45766		6494	35406		3866
永和玉	27682		10722	16960		
兴茂盛	4185			4185		
天和兴	2346			2346		
锦泰亨	12954			9012		
永玉恒	2640			147		
合计	791440	234101	291788	182619	20126	62806

1900年由恰克图华商字号大泉玉、兴隆泰、璧光发等16家专事对俄茶叶贸易的商号，联名上呈帖请求清政府出面与俄国政府交涉，要求俄国商人按

[①] 参见高春平：《晋商率先开拓万里茶路研究》，《经济问题》2017年第2期，并由高春平结合翻译惯例略作修正。

数还债。后来看到清政府采取推脱拖延的态度，指望不上，这些商号举出代表若干亲赴莫斯科，直接向莫斯科法院提出申述，向债务人索要62万两白银。

20世纪初，西伯利亚铁路开始通车后，晋商已无力与俄商竞争。1907年后，俄商通过西伯利亚铁路运输的茶叶从20.53万担增加到79.82万担，而晋商从恰克图运入俄国的茶叶则由39.53万担减少到19.05万担。从1850年到1890年40年间，恰克图贸易额下降了75%。宣统元年（1909），俄方又违背两国约定，突然单方面宣布，对在俄贸易的华商所经营的商品课以重税。对多数商品如丝绸等所征税，竟然高出货价数倍，以排挤在俄经商的中国商人。俄国政府还单方面破坏中俄两国条约规定的在国界百里之内不征税的约定，对部分中国货即便在免税区内出售也要课以重税。而俄国商人在中国土地上经商却享受着值百抽五的优惠。

最后导致晋商惨败的是俄国策划下的外蒙独立。20世纪初，俄国取得了在外蒙无税自由贸易的特权，晋商的茶叶之路被堵塞，损失惨重。1911年，沙俄策动外蒙独立，第二年又强迫袁世凯签订《中俄声明文件》，此后，俄蒙举行恰克图会议，签订《中俄蒙协议》。北洋政府承认外蒙自治后，张家口—库伦—恰克图商道一度中断，旅蒙商号数亿元的货物资产被外蒙没收。1914年外蒙叛乱，蒙古东部的晋商掌柜全被杀，财物被抢光。1917年后，晋商手中的大量卢布变成一堆废纸，仅太谷曹家商号就损失白银24万两。1919年，外蒙第二次事变，在库伦（今乌兰巴托市）的晋商大多被杀。紧接着俄国实行单一的公有制，没收了所有在俄晋商的财产。兴盛二百多年的晋商驼帮茶叶贸易由此结束。此后，晋商的财产全被没收，仅大盛魁就损失白银一亿两。恰克图市场走向衰落。

遭此内外打击，晋商在对俄的茶叶商战中终于彻底失败。我们不能抱怨外界变化和曾做过各种努力的晋商，只能怪当时中国政府太过腐败无能和国力太弱。

进入21世纪，随着改革开放带来的中国综合国力的强势大增，人们越来越怀念晋商开辟的这条万里茶路，中、俄、蒙三国已有先发展旅游进而带动恢复这条国际商路的愿望和需求，万里茶路八省市联合申遗已经启动，我们真诚地希望伟大的茶叶之路复兴！

七、山西如何融入"一带一路"

综上所述，历史上山西曾经是丝绸之路的重要东源地，也是中外文化和东西方佛教艺术融合的重要枢纽。晋商率先开拓的万里国际茶道既是汉唐丝绸之路的延续，又是明清两代贯通中俄、中欧的国际商道。明清时期潞绸上供朝廷，下资民生，并有成千上万匹潞绸销往新疆和中亚。借鉴晋商开拓万里国际茶路兴衰历史，我们认为山西省要紧紧把握国家推进"一带一路"建设的重大机遇，按照"五通"原则，以习总书记"四个全面"治国方略和"十三五"规划为指南，以区位优势为依托，以重大项目建设为载体，坚持促进山西发展与对外开放联动，坚持"走出去"和"引进来"相结合，坚持发挥优势与创新发展并重，坚持全方位、宽领域对外开放合作方略，抢抓机遇，创新驱动，强化山西省与"一带一路"沿线国家和地区的产业、产能合作；以万里茶道联合申遗为依托，大力加强与蒙古、俄罗斯、中亚等沿线国家和地区的合作交流，全面提升晋商与万里茶道的国际影响力，主动融入京津冀、环渤海经济圈，积极打造"山西品牌丝路行"开放新名片，推动工业品牌产品和特色优势农产品"走出去"，力争把山西打造成中国内陆地区对外开放的新高地，重点在高端装备制造、能源重化工、基础设施、经贸出口、历史文化旅游等方面寻找合作良机与伙伴，构建山西大开放型区域合作全新格局，使山西真正成为丝绸之路经济带上的高端装备制造业基地、历史人文旅游休闲地以及全国的清洁能源生产与技术创新示范引领基地。

1. 山西加入国家"一带一路"倡议，具有独特地理优势和资源条件

作为华夏文明发祥地，山西历史悠久、文化璀璨，自古以来就是中华各民族交往融合和中外文化艺术交流的重地，今天仍为承东启西的物流大通道，是亚欧大陆桥上传统枢纽地带。同时，由于地处中部，山西一直是中国大陆承东启西的北方重要交通枢纽，也是20世纪末国家陇海兰新经济带的发起者

和倡导者,发挥着承东启西、南接北拓的物流枢纽职能。据中国社科院《中国城市流通竞争力报告(2014—2015)》,山西省会太原具有独特的地理区位优势,商流辐射力在全中国31个省会城市中排名第1位。

山西煤储丰厚,是中国重要的能源重化工基地,在产业基础、交通设施、装备制造和新型能源材料诸方面都拥有良好的基础。省城太原地处中国能源大省山西中部,全国能源运输大多要依托太原先进的基础设施。独特的煤、焦、电产业链促使太原物流运输辐射力不断飙升,其货运量居中部地区省会城市第2位,全国排名第10位,辉煌时期山西的焦炭出口占到全国出口量的80%,曾一度左右国际焦炭市场。所以,在丝绸之路经济带建设中,山西具有重要的能源和区位优势。目前,山西省与丝绸之路经济带沿线国家和地区的物资交流与经贸合作有一定的基础,特别是改革开放以来,山西省的对外贸易有一定的增长规模和发展基础。2013年之际,全球约有30个国家与山西有经贸往来,其中山西与东南亚的印度尼西亚、马来西亚、新加坡、越南、泰国以及印度、土耳其、伊朗、哈萨克斯坦、埃及、俄罗斯等"一带一路"沿线的11个国家贸易总额达到27.63亿美元,占全省贸易总额的17%。而且丝路11国中与东盟成员国贸易额占山西省贸易总额的42%。2014年,全省进出口总额达162.49亿美元,同比增长2.9%,其中外贸出口89.42亿美元,实现同比增长11.8%,比全国出口增幅6.1%高5.7个百分比。2015年以来,山西省先后在"一带一路"沿线9个国家举办"山西品牌丝路行"经贸活动,参与企业30多家,涉及食品、纺织、陶瓷、机械等十大类2000多种产品。2016年山西进出口增幅高出全国平均水平。1至11月,山西省与"一带一路"沿线国家贸易额达到222.92亿元,同比增长25.91%,高出全省进出口增速(20.9%)5.01个百分点,其中出口达到150.68亿元,同比增长47.40%,高出全省出口增速(27.3%)20.1个百分点,占25.84%,较去年同期提高了3.53个百分点。[①]2017年全省经济走出数年"断崖式下滑"的不利境地,出现企稳回暖、主要经济指标上升的良好态势,实现了"由疲转兴"。融入丝绸之路经济带,可

---

① 孙跃进、李中元主编:《2018年山西商务与经济社会发展蓝皮书》,山西人民出版社,2018。

以进一步促进山西省资源优化配置，拓展经贸发展空间，发挥资源型地区的后发赶超优势，促进全省经济、社会、文化、旅游业快速发展和产业结构合理调整。山西必须紧紧抓住国家建设"一带一路"，开启新一轮对外开放的战略机遇，主动调整经济结构，积极化解产能过剩，主动适应经济发展新常态，促进产业转型升级。

2. 产业不断优化升级，对外经济交流水平提升

经山西省统计局核算，2015年全省地区生产总值12802.6亿元，其中，第一产业增加值788.1亿元，增长1.0%，占生产总值6.2%；第二产业增加值5224.3亿元，下降1.1%，占生产总值40.8%；第三产业增加值6790.2亿元，增长9.8%，占生产总值53.0%。产业结构不断优化。

对外经贸方面，2015年全省海关进出口总额147.2亿美元，全年出口煤炭23.2万吨，出口焦炭70.8万吨，出口镁及其制品5.8万吨，出口钢材146.1万吨，其中不锈钢72.4万吨，出口机电产品53.4亿美元，出口高新技术产品39.6亿美元。2015年全年进口铁矿砂1341.0万吨，进口金额7.7亿美元；进口机电产品31.7亿美元。全年全省新设立外商直接投资企业36家；按全口径统计实际使用外商直接投资金额28.7亿美元，增长2.8%。

从尴尬的地理位置到被纳入两大区域合作发展，山西更要利用自身的区位优势和能源产业优势，不断优化发展定位。在强化能源保障和推进产业转移承接上，山西应当掌握煤炭等资源话语权，在全球煤炭资源流动与配置中发挥更大的作用，并力争成为矿物质产业低碳化和碳材料制造基地，将山西从单纯的能源生产基地转变为辐射欧亚大陆的能源加工和集散中心。

3. 对外开放合作平台与内陆开放优势

山西是国家资源型经济转型综合配套改革试验区，是中部崛起发展战略中的重点扶持区域，是黄河金三角经济发展区的重要组成部分，具有突出的政策优势、功能优势和辐射优势。这些为山西深化与万里茶路沿线国家和地区的经济合作提供了重要平台。山西省现有众多的经济园区和产业园区，也

可以提供重要平台和载体支撑。2015年全省25个经济开发区（包括高新区）的企业主营业务收入达6184.4亿元，增长4.4%，已粗具规模。

山西的重商传统和晋商开放精神不仅使山西拥有众多世代传承的产品和技艺，更造就了一批享誉中国乃至世界的品牌企业。"山西品牌中华行"是山西省人民政府主办的，以品牌建设促进对外开放和经济转型发展的重大活动，至今已连续主办5年，取得良好的经济和社会效益。2018年"山西品牌中华行"围绕山西建设资源型经济转型发展示范区、打造能源革命排头兵、推进内陆地区对外开放新高地"三大目标"，打造优势产业集群，推动传统产业高端化、智能化、绿色化改造，构造现代产业体系，促进高质量发展，陆续举办了北京、上海、深圳三站活动。其中"山西品牌中华行"上海站活动，组织全省34家企业五大类1000余种优质产品参展，展示面积400平方米，展现了1000余种陶瓷和玻璃产品。

"一带一路"倡议之前景与展望

"一带一路"未来投资空间巨大。

1. 未来五年：中国对外投资将达到7500亿美元，平均每年投资1500亿美元。中国将吸收6000亿美元外来投资，平均每年1200亿美元。中国将进口8万亿美元商品，平均每年1.6万亿美元。

2. 未来十年：据亚洲开发银行测算，仅基础设施互联互通一项，未来10年亚洲需要资金8.22万亿美元，平均每年约8000亿美元。据中国政府部门公布数据显示，各省市区部门围绕"一带一路"在建和拟建基础设施规模达到1.04万亿美元，跨国投资规模为524亿美元。

4. 山西融入"一带一路"的政策、问题和路径选择

山西省高度重视国家的"一带一路"倡议，积极争取融入"一带一路"建设。2014年启动"一带一路"建设以来，省政府成立了以副省长王一新为组长、由27个省直部门主要负责人组成的"一带一路"建设工作领导组，领导组下设对外经贸交流组、国际产能与装备合作组、境外安全保障协调组、

基础设施建设组、宣传与人文工作交流组5个专业小组，组建了山西金控集团，各项工作取得了实质性进展。但目前仍存在以下问题：认识狭隘，行动缓慢，保障力量薄弱；国际产能与合作推进困难，国企怕担风险不愿走出去，民企没能力走出去；开放平台建设明显不足，现有口岸与"一带一路"沿线国家航线不足，中欧班列甚少，企业对外合作成本较高；海关特殊监管区域布局不完善，目前仅有太原综合保税区、侯马方略保税物流中心、兰花物流保税中心及部分企业建立的保税仓库，上述海关特殊监管区虽然具备保税、仓储、物流、融资、联检等各项功能，但运营并不顺畅；太原机场进口水果口岸未充分发挥功能，大同肉类进口口岸历时两年多建设缓慢，其他粮食种子进口口岸缺乏，贸易通关便利化投入不足，国际贸易"单一窗口"、电子口岸建设政府投入资金缺乏、进展缓慢等。[①]山西省十届七次全会通过的《关于制定国民经济和社会发展第十三个五年规划的建议》明确指出，山西省要积极参与国家"一带一路"建设，大力深化与京津冀、环渤海经济圈协同发展，全面深化与周边国家和地区的区域合作。积极推动园区建设，要依托晋非经济贸易合作区，大力拓展非洲市场，深化与东盟国家产能合作，继续加强与香港、澳门、台湾地区及海外一些友好省州经济合作和文化交流。同时，下大功夫改善山西省面临的制约经济社会发展的"瓶颈"和"短板"，加大科技教育创新，把人才资源当作第一宝贵财富，解放思想，增强市场观念，振兴全省金融业。山西必须融入"一带一路"，加快经济转型和社会发展，要按照实体经济和资本市场齐抓、支柱产业和金融业并进的思路，鼓励科技创新，切实加大全方位宽领域对外开放和经济结构调整的力度。

5. 不断推进国际产能合作，借鉴世界先进技术，大力实施科技创新驱动，促进山西结构调整和煤炭革命

丝绸之路经济带战略是"走出去"和"引进来"的有机结合。山西应借

---

① 孙跃进、李中元主编：《2018年山西商务与经济社会发展蓝皮书》，山西人民出版社，2018。

鉴欧美发达国家的技术和先进理念促进山西煤炭产业转型升级。根据国家能源局的预测，到2020年，煤炭在我国一次能源消费结构中，仍将占到60%左右。2014年山西省煤炭工业增加值、利税总额、利润总额分别占规模以上工业的51.6%、49.5%、13.6%。居山西工业增加值占比前四位的"煤、焦、冶、电"都与煤炭高度相关。2015年以来，山西16位省领导出访43次"一带一路"沿线国家和地区，着力推进与世界14个煤炭国家、41个产煤省州开展多领域的务实合作，邀请美国、澳大利亚、印度、俄罗斯等20多个国家和地区相关省州高层、国际组织和科研机构代表来晋参加低碳高峰论坛。全省有6所高校接受来自"一带一路"沿线国家留学生300多人。[①]因此，立足国内煤炭资源需求，借鉴国内外先进技术，以煤会友，大力推进国际产能合作，实施科技创新驱动战略，把山西省煤炭资源高效开发、清洁生产、洁净利用，应用科技手段，大力扶持山西煤炭的绿色环保开采，力争循环利用，做到安全、高效、清洁，这将是全省推进建设能源革命排头兵、安全生产和节能降耗、合理消费最科学、最现实、最可靠的途径。

6. 山西历史悠久、文化璀璨，要古为今用，建设文化强省

全省各地许多市、县都有源远流长的历史文化和光耀千秋的红色文化，特别是炎帝农耕文化、尧舜德孝文化、关公忠义文化、清官廉政文化、晋商诚信文化、五台宗教文化、长城边塞文化、革命红色文化等历史文化旅游资源优势得天独厚。太行精神、吕梁精神、右玉精神、纪兰精神弥足珍贵，必须引起广大干部群众重视，各地要加大开发保护力度。这些宝贵文化遗产都将在国家倡导的"一带一路"总体战略，特别是中外经贸往来、文化艺术交流中发挥极其重要的酵母与媒介作用。要积极转化科研技术成果，大力宣传山西，强力推进山西和相关城市的文化旅游、经贸和文博交流活动的开展。可以说，融入丝绸之路经济带和万里茶路申遗，既有利于我国整体的对外经

---

① 孙跃进、李中元主编：《2018年山西商务与经济社会发展蓝皮书》，山西人民出版社，2018。

贸文化交流，更能促进山西资源优化配置，拓展经济增长空间，发挥李克强总理视察山西时所讲的"两座富矿"的巨大优势。

7. 山西在"一带一路"建设中发挥作用，需要国家的大力支持和全方位开放

山西的发展需要加大开放，内外并举。中央要尽快批准建立"中国（山西）自由贸易试验区"，山西省政府要加强对外开放平台建设步伐，加大对"岸、港、网"建设的财政投入力度，提升晋商晋才回乡创业热度和多语种经贸人才的培养速度。国家要在经济建设项目安排上充分发挥山西的新能源基地作用和优势，在中外文化艺术交流、投资合作和旅游开发项目上充分挖掘和发挥山西的历史人文优势，在做好"老三篇"平遥、五台山、云冈石窟的同时，打造好黄河、长城、太行"新三板"。同时山西全省上下要着力打造全方位多领域内外开放新格局，必须清醒地认识到山西经济社会发展不足，很大程度上、很关键的问题是开放不够，人才不足；必须下功夫大力提升全省干部群众，特别是各级领导干部的全球视野、开放意识、总体素质和开放能力，建立容错纠错机制，大胆先行先试，把山西的经济发展纳入国际国内大市场，真正形成东融、西联、南承、北拓的全方位对外开放新高地。2018年10月，国家发改委出台《关于支持山西省与京津冀地区加强协作实现联动发展的意见》。《意见》旨在贯彻落实《京津冀协同发展战略规划纲要》（中发〔2015〕10号）和《国务院关于支持山西省进一步深化改革促进资源型经济转型发展的意见》（国发〔2017〕42号）。这对推动山西与京津冀地区的深度融合，形成协同联动发展，加快创新驱动与转型升级，实现互利共赢新格局，把山西建设成京津冀向中西部辐射的战略支撑带，打造内陆地区对外开放新高地提供了最直接、最有效、最现实的重大战略机遇。尤其是北京非首都功能的疏解和雄安新区的建设，为山西省在新兴产业、科技创新、医疗、教育等领域承接优质资源，建立多层次、多样化的合作模式，提高公共服务水平，补齐民生短板带来重大机遇。比如，在基础设施互联互通方面，国家"八纵八横"通道之一京昆通道忻州—雄安—北京段高速铁路线的规划落地和正在建设的太原—焦作高铁的建成，以及中欧班列和太原直飞美国芝加哥等数条国际航线的开通，必将有力地带动山西的对外开放，特别是太行革命老区和太原、大同、五台山的旅游业发展。

8. 山西民营资本应在万里茶路文化旅游中发挥积极作用

万里茶路是一条互联互通、互尊互信、中外文明共享共进之路，其文化传承和经贸发展更是一项宏大的系统工程，战略性强，涉及面宽广，操作难度大。要推进山西民营资本参与、融入并推进万里茶路建设，政府在战略措施上要明确重点任务、完善支撑体系、提供融资渠道、强化风险防范和组织保障。

（1）要高度认识，充分准备

一是沿线国家和地区发展不平衡。由于中外各个国家和地区开放时序和开放程度的不同，万里茶路沿线国家和地区各地自然、气候、资源禀赋、地理区位、社会经济条件的差异，整个区域发展很不平衡。例如，俄罗斯和蒙古的经济社会发展水平与中国万里茶路沿线地区的差异较大，在很多领域的互补性强，当然产业对接方面也存在很大困难和障碍。而且我国万里茶路沿线各省份在产业发展、对外开放、商贸物流等方面各具优势，山西与其的合作仍然比较薄弱，合作领域和层次有待拓展和提升。

二是沿线国家和地区经济结构具有相互竞争性。山西与万里茶路沿线国家和地区既存在合作关系，也存在竞争关系。随着产业的转移和承接，沿线国家和地区的经济形式逐渐趋同，贸易产品的互补性有缩小趋势，竞争性增加。在全球产业链中，一些国家和地区利用劳动力和资源优势来承接国际分工的中低端加工组装环节，缺乏核心技术，产品附加值低，劳动密集型和中低技术密集型产品在出口市场上的竞争力强。

三是贸易摩擦不断，风险防范意识需加强。随着全球贸易一体化的推进和国际竞争的加剧，亚太地区成为国际各方势力角逐的焦点。而且万里茶路沿线国家和地区相对较为复杂，政治体制、宗教信仰、文化传统等存在较大差异。山西民营资本与沿线国家和地区合作，风险防范尤为重要。首先，我国十九大召开后，加快全面扩大对外开放步伐，这时，贸易风险预警机制就需要进一步完善，区域间沟通协商机制也需要进一步完善，与驻外使领馆沟通能力也有待加强。其次，中亚两伊一带局部冲突时有发生，我方在沿线国家和地区的商旅安全、投资安全需进一步巩固。在继续加强亚丁湾海军护航的基础上，我国应在"一带一路"沿线各国增加国际维和部队力量，同时应合理布局一批港口、仓储物流中心，以保障商品、人员等要素流通的便捷安全。再次，沿线国家和地区的文化交流合作研究有待深化。山西与蒙古和俄罗斯在文化、习俗、法律制度上存在极大差异，加上信息不对称，因而双方在国际贸易往来上的可靠成功率和磨合度有待提升。因此，亟须在对外关系、文化交流、国际商法、仲裁制度、民间习俗诸方面，通过科研院所、高校及相关部门进行应用对策研究，加强全方位、深层次交流与合作。

四是国家和区域投资环境的影响。目前在民间资本的投资领域，国家和地区的限制较多，在很多领域都很难看到民间资本的身影，即使国发〔2010〕53号文件下发后在有些领域政府已作了民营资本进入的规划，但进入的条框限制还是过多，加之资本的退出机制的不健全和投融资体制的很多限制，导致民营资本融资难，真正的活动空间不足。这突出表现在投资自由化、便利化等方面还面临诸多障碍。

（2）要关注国内外政策动态和走势

一是要关注世界各国内外政策。我国在加入WTO以后，社会经济特别是进出口贸易取得了突飞猛进的成就，改革开放短短四十年，走过了西方国家数百年的发展历程。但我国的市场发育程度仍与发达国家存在差距，缺乏高精尖技术、核心技术，进口贸易壁垒短期内难以打通。所以，海外企业一定要密切关注国内外政策动态和经济走向，增强风险防范意识。

二是要通过规划引领万里茶路的开发进程。积极关注和及时把握国家"一带一路"战略规划的制定、修改和实施动态，超前谋划，研究制定山西参与、推进"一带一路"建设的总体规划和实施方案，将万里茶路沿线节点城镇的经贸、文化、旅游开发纳入其中，并分解落实各项任务和相关配套政策。

三是要继续开展好"丝路品牌万里行"活动，着力提升与万里茶路沿线国家和地区的经贸合作水平。深化与沿线区域在能源资源、特色农产品、煤机设备、文化旅游、交通、建筑、仓储物流、电子金融等领域的合作，加强与沿线区域在科技、环保、文化产业等领域的重大产业项目对接，加快引进一批龙头型、基地型战略投资项目，以项目为依托，抓住能源革命排头兵、综改试验区建设和构建内陆地区开放新高地的机遇，认真贯彻落实国发〔2017〕42号文件，重点建设一批多边合作的国际产业园区。

四是要加强文化旅游方面的交流与合作。要筹建山西与沿线国家和地区文旅合作协调机构，构筑畅通平台，使文化交流合作与旅游往来常态化；要积极筹划对外文化交流、文博展览项目，设立民间对外文化交流基金；要办好各类论坛、会议等国际高端文化交流活动，形成全方位、宽领域对外文化交流的长效机制；要全面系统地推介山西源远流长的法治文化、博大精深的廉政文化、光耀千秋的太行精神和悠久灿烂的黄河根祖文化、炎帝农耕文化、关公忠义文化、晋商诚信文化、红色革命文化，全方位打造黄河、长城、太行三大旅游新版块和一条大运高速旅游廊道。

五是要进一步改善投资营商环境，构建和完善山西民营资本参与并推进万里茶路开发的政策体系和社会环境。通过制定和实施激励性、宽松开放的招商引资引智政策，给予重点企业和项目支持；创新构建多层次金融政策，完善多元化、国际化融资渠道；建设全方位的投资贸易便利化政策平台，应用云计算、互联网、物联网，深层次推进海关程序、检验检疫和人员流动便利化；办好开发区、保税区、自贸区，试点更加开放的外资政策，探索更为灵活的外商投资管理体制和金融监管模式。通过政策支持与措施支撑，在经济全球化和区域经济一体化中推动经济发展、文化交流与合作，以更好的投资营商环境推动经济转型和文化强省建设，实现山西转型跨越发展、富民强省的宏伟目标。

第一章 玉石之路

古代先哲认为玉是通天地、达神灵的宝物。人类文明进化的通则是先石器后青铜。笔者大胆猜想华夏文明还有一个介于石器时代与青铜时代之间的玉石时代，孕育了文明之根，其作用是形成文化的源代码与核心价值观。现代人不再信仰玉石通天通神的信条，但却充分沿袭玉石为至高价值的传统观念。

玉石之路山西道，自史前至先秦时代至少存在新老两条路线：水路之道为距今约4000年的黄河道，以黄河两岸出土的龙山文化玉器为证；陆路运输之道即雁门关道，始于约3000年前家马和马车技术进入中原之后，即穆天子西行之路线。雁门关作为西部玉料资源进入中原的战略要道之关口，成为中华文明内部的文化区分标志。

当前，"一带一路"方兴未艾，许多人从西安或洛阳向西看，却遗忘了山西在史前和文明早期的玉石之路和其后丝绸之路、茶叶之路中的战略地位。习总书记首次出访俄罗斯，在莫斯科国际关系学院演讲时指出："继17世纪的'万里茶道'之后，中俄油气管道成为联通两国新的世纪动脉。"2017年6月21日，习总书记视察山西时指出："山西承接东西，连接南北。历史上看，山西是'一带一路'大商圈的重要组成部分。"晋商纵横欧亚九千里、称雄商界五百年，"豪商大贾甲天下"，彰显的就是开放的精神。这就从历史的高度展示了中华民族走向伟大复兴的光明前景，充分肯定了山西在"一带一路"中的重要地位和作用。因此，山西要把握大势，善抓机遇，找准定位，以更加开放的心态奋起直追，主动对接"一带一路"建设，打造内陆地区对外开放新高地。

第一节
玉石之路——草原丝绸之路的前身

中国通往欧洲之路，除传统的西域丝绸之路外，还有一条更为广阔的草原丝绸之路，也就是3000多年前先秦时期的玉石之路。2006年，在肃北蒙古族自治县发现了目前中国最早的玉矿遗址——马鬃山古玉矿遗址。该遗址的发现，为探讨先秦玉石之路提供了考古学线索。[①]《穆天子传》说，周穆王从今天的长安出发，经山西雁门关、内蒙古集宁向西沿河套地区，西行至昆仑山，到西王母国。可见，蒙古草原应当是古代丝绸之路的有机组成部分。从历史文献记载来看，这条线路大体从中原地区经山西向北，"越过古阴山（今大青山）、燕山一带的长城沿线，穿越蒙古高原、南俄草原、中西亚北部，直达地中海北陆的欧洲地区"[②]。大致时间应该在商周至战国之际。为了系统深入了解玉石之路的来龙去脉，不妨先从已出土玉器说起。

一、中国境内最早的出土玉器距今8000年

黄河流域发现最早的一件玉石制品，是山西朔县峙峪旧石器时代晚期遗址所出土的用水晶制成的小石刀。据目前出土的考古资料，中国境内出土玉

---

① 张瑛：《先秦时期的敦煌文化》，《中国史研究》2017年第4期。
② 刘跃进：《走上丝绸之路的中国文学》，《中国纪检监察报》2017年9月8日，第7版。

器最早的为东北地区的兴隆洼文化，其以玉玦为典型器，年代为距今八千年左右。其后这种用玉观念经水路、陆路等各种路径传播到黄河、长江中下游的广大地区。这种玉石信仰①是如何从黄河中游传到黄河上游的齐家文化的？目前出土的考古材料显示很有可能是经由黄河水道进行的，即史前玉器神话不是经过关中平原，而是经山西陶寺、延安芦山峁、神木石峁等文化沿着黄河水道传入甘肃、青海一带的齐家文化的。目前的考古发现也基本上支持这种说法，龙山文化时期晋南的陶寺遗址出土了玉钺、圭、璧、琮等大量玉器，同时期的陕西延安芦山峁、神木石峁、新华遗址以及齐家文化也有发达的玉文化。

玉器的产生和初步成熟是在殷商时期。见于正式发掘报告的已出土古代玉器的遗址、墓葬，粗略统计有一百多处，所出各种玉石质料的器物数难以考察。迄今黄河流域发现年代最早的一件玉石制品，是山西朔县峙峪旧石器时代晚期遗址所出土的用水晶制成的小石刀。当然这并不意味着古代玉器已产生，但如果说此乃人类出于对美感的需求，在石器制作上已经开始注意石质、色泽的选用，则并不为过。在新石器时代，出现了原始手工业。在制作生产工具、生活用具的同时，古人还制作了一些奢侈品，从而孕育了古代玉器。

考古资料表明，在我国新石器时代早、中期的遗址、墓葬中，常有玉石制品出土。在黄河流域，陕西临潼姜寨仰韶文化半坡类型遗址中，曾发现玉质佩饰和玉笄，河南郑州大河村仰韶中期遗址出土的文物中有松石鱼形饰，第四文化层也有大理石、汉白玉、蛇纹石玉质的生活用具。山东大汶口文化中期墓葬中发现镶嵌于骨指环上的绿松石，曲阜西夏侯、兖州王因两墓地中也出土了松石、青玉、硬玉、蛋白石、大理石类质料的生产工具和装饰用品，江苏邳州大墩子遗址青莲岗文化层中，出土了用蛇纹岩软玉雕制的环形小刀，刘林墓地出土了绿松石质的玉坠和绿色半透明的蛇纹石玉环。在长江流域，浙江河姆渡新石器时代遗址第四文化层中，发现质地粗糙的玉珠、管、玦等饰物，在江苏常州圩墩、吴江梅堰袁家埭两遗址中都有玛瑙、青玉制成的小

---

① 这个时候主要是玉石神话的传播。而从距今4000年开始则开始了玉石原料远距离的运输——西玉东输。见叶舒宪：《西玉东输与华夏文明的形成》，《丝绸之路》2013年第6期。

件饰物。

到新石器时代晚期玉石制品普遍存在，质料也有所增加。如，山西襄汾陶寺龙山文化早期墓葬出土了采用各色玉石质料制成的礼器、生活用品与装饰品几十件。在陕西神木石峁龙山文化遗址中，所出玉器质料大部分为墨玉和玉髓。在江苏草鞋山遗址良渚文化墓葬中，所出琮、璧、镯、斧、珠等玉器，经地质部门鉴定，均采用透闪石、纤维蛇纹石和阳起石制成，张陵山遗址所出一百多件玉器的质料经鉴定为透闪石、阳起石、蛇纹石和玛瑙四类。

由上可见，我国新石器时代早、中期，人们在原始美感的引导之下，已经开始对来自自然界的不同石料进行有选择的加工。这一时期，常被采用的有蛇纹岩类玉石、大理岩类玉石、绿松石、玛瑙，以及青玉、硬玉、蛋白石等。诚然，这些玉石在当时完全靠采集获得，而玉石制品也尚未完全与石器相区别。但这些器件一方面反映了人类的美感，另一方面又体现了某种意识、观念，可谓中国古代玉器之雏形。至新石器时代晚期，人们玉石制品需求量日益增加，使我国古代玉器发展起来，同时也促进了对于新的玉石品种的寻找和采集。制作玉器除继续使用已发现的玉石品种外，又采用了不少新的玉材，如岫岩玉、玉髓、白玉、墨玉等。

商代我国已进入奴隶社会。青铜器的出现，基本宣告了石器的历史使命结束。然而，我国古老的制石工艺并未就此停滞不前，从事石器制作的工匠，继承了传统的工艺和技术，为我国古代玉器进入成熟时期奠定了基础。

商代的玉器，就其质料言之，不但玉石种类繁多，而且玉材的来源相当广泛。以商代政治、文化中心河南省境内的考古发现为例。1975年在安阳小屯的一座商代玉器作坊的地穴式房屋中，出土了一批玉石半成品，质料有墨玉、青玉、白玉、黄玉、碧玉和蓝田玉。在偃师二里头遗址的一处被盗坑中，出土玉器的质料也有青玉、白玉、绿松石等。其中一件玉戈，经鉴定为独玉。在著名的殷墟五号妇好墓中，出土的七百多件玉器，经鉴定其质料大部分为青玉、白玉，黄玉、墨玉、糖玉甚少。这几种玉石大都是新疆所产。另外还有质地近似岫岩玉、独玉以及孔雀石、玛瑙、大理岩类玉石。1955年发掘的郑州东北的白家庄、1973年发掘的偃师二里头、1980年发掘的信阳罗山蟒张后李等商代遗址、墓地中，均有采用不同质料制成的玉器出土。统计起来，这一时期的玉石品种有近二十种之多。由此表明商代玉器的生产，已完全脱离石器制作，而成为一门新兴的手工制造业。

历年来出土的商代玉器，主要以深浅不同的绿色为主，有墨绿、淡绿、黄绿、茶绿，其颜色很少，这正与河南所产以绿色为主的南阳独玉、翠绿色的密县玉、黄绿色的淅川玉、黑绿色的墨碧玉，在色泽上相吻合。由此推断，商代玉材的主要来源除新疆和田玉外，也有就近采掘的。

为了充分认识和深入了解中国古代玉器，不妨从玉石谈起。

二、中国古代玉石材料及其鉴定

1. 玉石简介

什么是玉石呢？专家曲石认为："玉石是宝石中的一类，包括玉、玉石与彩石三种矿物岩石。"[①]按矿物学讲，玉专指硬玉、软玉两种矿物。玉石指呈密块状、细腻如玉的矿物集合体；而彩石则是一些密实坚硬、细匀温润似玉的岩石。这些矿物与岩石，统属宝石范畴。尽管古今所指略有不同，但一般都将玉石分为广义和狭义两种：一是广义上的玉，东汉许慎《说文解字》曰"石之美有五德"为玉。而狭义上，只有硬玉和软玉才能称为玉。古人认为"石之美者"为玉，而在当今，习惯上，国人常将那些质地细腻坚实，透明或微透明，具有玻璃、脂肪或蜡状光泽，适宜琢磨的美石泛称玉石。

如何具体区分宝石或玉石，国内外迄今尚无统一规定。根据近年公布的矿石调查结果，国内所产玉石主要有：

（1）**玉类玉石**

①**硬玉**

矿物学中的硬玉，被称为翡翠。翡翠原是鸟名，后指用翡翠羽毛做成的

---

① 曲石：《关于我国古代玉器材料问题》，《考古研究》1987年第4期。

饰物或绿色饰物,作为玉的专称较晚。翡翠是一种翠绿色的硬玉,化学成分为 NaAl(Si_2O_6),常呈隐晶质致密状,由无数细纤维状微晶交织而成。颜色从翠绿、苹果绿到白、红都有,红者为翡,绿者为翠。且有珍珠或玻璃光泽,透明到微透明,硬度 6—7,相对密度 3.30—3.36,化学性质稳定。原生矿床产在与蛇纹石化橄榄岩有关的伟晶岩脉中,脉体呈串珠状、脉状,脉体围岩为深变质的结晶片岩。次生矿床产在原生矿床地表残积层中及新生代河床冲积沙砾层中。世界上主要产地为缅甸克钦邦密支那西南的孟拱一带。国内迄今发现最早的翡翠制品,是明朝万历皇帝定陵中的翡翠如意。在我国云南省与缅甸毗邻地区出产少量云南绿色硬玉,又称云南玉,质量稍不如缅甸玉。

②软玉

软玉是一种交织成毡状的阳起石或透闪石纤维状微晶集合体。颜色有乳白、苹果绿、墨绿色,透明或半透明,琢磨后具灿烂的蜡状光泽,硬度 5.5—6,相对密度 2.90—3.02。质坚韧,不易压碎,但易熔。产于接触变质带及浅变质岩带的绿片岩中,亦可由基性火成岩经蚀变或变质作用而成。在我国主要产地为新疆昆仑山、天山山脉及陕西蓝田等地。著名品种有新疆和田羊脂白软玉、天山绿色软玉、陕西蓝田白色软玉。

和田羊脂白软玉,产于新疆昆仑山北麓的和田、墨玉两地。和田软玉除白玉外,还有青白玉、花玉、黄玉、碧玉和墨玉等品种。据地质矿产部门对各种不同颜色的和田玉所作岩矿鉴定分析,羊脂白软玉含透闪石 99.5%,只含少量黑云母和磷灰石;青白软玉含透闪石 93%、磷灰石 2%、绿帘石 1%;碧玉含透闪石 96%,以及少量铬铁矿或磁铁矿物。可见和田所产之玉均属透闪石类矿物。

和田软玉自古就是我国中原重要的玉器原料,商周王朝在朝会和祭祀时均有使用。例如,河南安阳殷墟就出土了和田羊脂玉、青白玉、黄玉、墨玉制品;商代妇好墓所出三件小型玉雕,标本号为 393、364、429,经鉴定都是和田籽玉。由此可见,和田采玉的年代当不晚于殷商。

天山绿色软玉,亦叫天山碧玉,在 20 世纪初已有开采。玉色一般为绿色,质地细腻。主要矿物成分为透闪石,伴有少量透辉石、叶绿泥石、钙铝榴石和铬尖晶石。产于天山山脉中基性岩捕虏体与超基性岩体的接触带上。

蓝田白色软玉，产于陕西蓝田玉泉山，成分以硅、镁为主，经鉴定为一种蛇纹石化透辉石矿物。玉色有白、黄、灰等，以白色为佳，微透明，琢磨后具玻璃光泽。相对密度为 2.98。

此外，产于我国各地的透闪石或阳起石呈隐晶质致密块状的，也可称为软玉。

（2）蛇纹石类玉石

蛇纹石属单斜晶系，主要成分是叶蛇纹石，呈叶片状、纤维状集晶块体。颜色从绿、墨绿、蓝绿到黄绿都有，半透明或微透明，纤维蛇纹石磨后具油脂或蜡状光泽，硬度 4—6，相对密度 2.2—3.6。常赋存于白云石大理岩中。这是我国分布最广和利用最早的玉石材料，其中较为著名的品种有岫岩豆绿色纤维蛇纹石、辽宁黄绿色纤维蛇纹石 + 透闪石、辽宁墨绿色纤维蛇纹石，常见的品种还有陆川玉、百花玉、酒泉玉、南方玉和昆仑玉等蛇纹石类玉石。

①岫岩豆绿色纤维蛇纹石

岫岩豆绿色纤维蛇纹石又称岫岩玉、新山玉，因产于辽宁岫岩县而得名。成分主要为纤维蛇纹石即镁质含水硅酸盐。颜色以豆绿色为主，由浅至深，在绿色中杂有褐红、黄红、黄绿、白黑斑点，呈油脂光泽。硬度常在 4.5 到 4.8 之间，相对密度为 2.6。早在新石器时代就已被采用。例如，在大连郭家村新石器时代遗址中采集的一件玉凿、长广鹿岛小珠山遗址出土的一件玉斧以及闻名于世的湖北满城汉墓所出金缕玉衣的玉片，经鉴定都是岫岩豆绿色纤维蛇纹石制成。

②辽宁黄绿色纤维蛇纹石 + 透闪石

辽宁黄绿色纤维蛇纹石 + 透闪石，俗称东北玉，是由蛇纹石和透闪石两种矿物共生而成。常见颜色有黄绿、青绿，微透明，具油脂光泽。硬度 5.5—6，相对密度 2.8。

③辽宁墨绿色纤维蛇纹石

辽宁墨绿色纤维蛇纹石又称黑碧玉或老岫玉，主要产于辽宁、河南两地。颜色似碧玉，微透明，具油脂光泽。依产地不同，硬度在 4.5 至 5.5 之间，相对密度为2.7。在六七千年前的沈阳新乐遗址中就有用此玉制成的双刃斧式雕刻器、鼓形玉珠，足见其采集应用历史之悠久。在属蛇纹石族的玉石品种中，较有名的有产于广西陆川的陆川玉，以绿色较为常见；北京房山百花山的百花玉，甘肃酒泉附近山中的酒泉玉，也以绿色为主，半透明；广东信宜的南方玉，呈豆绿色。

（3）叶蜡石类玉石

叶蜡石类玉石为富铝岩石热液蚀变而成，化学成分为$A_{12}Si_4O_{10}(OH)_2$，多呈鳞片或隐晶质致密块状体。颜色有白、黄、淡绿、淡蓝、灰绿和褐绿。半透明至微透明，琢磨后具珍珠光泽。硬度1—2，相对密度2.56—2.90。赋存于热液变质中酸性喷出岩凝灰岩和流纹岩中，矿体成脉状，密集成群。叶蜡石在全国各地均有分布，但依产地不同，成分、颜色、硬度有显著差异，形成各具特色的玉石品种。常见的有青田叶蜡石、寿山叶蜡石、昌化含辰砂叶蜡石，以及广绿、林西、昌化叶蜡石等。

①青田叶蜡石

青田叶蜡石产于浙江青田。主要成分是含水硅酸铝。这是一种多色叶蜡石，颜色有红、白、灰、黄、苹果绿等，具蜡状光泽。硬度在2到3之间。青田叶蜡石若按其石质、纹理、颜色来分，品种有二十多个。其中尤以"灯光冻"最为名贵。这是一种半透明状的高岭石，制成的工艺品在透光下宛若冰灯辉映。据文献记载，青田叶蜡石早在宋代就被发现和利用。

②寿山叶蜡石

寿山叶蜡石产地是福州寿山。这是一种叶蜡石纯度在59%以上的多色玉石。品种繁多，大致可分为田坑石、水坑石和山坑石三类。田坑石主要品种有：田黄石，呈奶黄—金黄色，半透明，为珍品；银裹金，透明黄色外裹白色；金裹银，白色外裹黄色。水坑石有：鱼脑冻，呈白色，如水晶；桃花冻，白色，透明，中杂鲜红色斑点；玛瑙冻，色似玛瑙，半透明。山坑石有：月尾石，有紫、绿两色，微透明；豆叶青，质细，呈豆青色，半透明；芙蓉石，有白、红、黄三色，微透明。寿山石是我国最早被利用的玉石之一，福建石器时代遗址中，就发现有寿山石箭头。在距今一千五百多年前的福州南朝墓葬中，也有寿山石雕琢的艺术品。

③昌化含辰砂叶蜡石

昌化含辰砂叶蜡石又称鸡血石，产于浙江临安昌化地区，是由质地纯而细腻、半透明的叶蜡石与呈鲜红色的辰砂两种矿物共生而成。辰砂常呈星散、花斑、条带、云朵等分布于叶蜡石中，艳美非凡。该石久藏深山而未为人知，直到明代才被发现、利用。

（4）石英岩类玉石

石英是地壳中分布极广泛的矿物。酸性岩浆在冷凝过程中，由于所受地质作用不同，SiO_2晶核受不同的温度、压力与其他化学成分影响，可以生成同质异相的许多矿物，其中结晶细腻均一致密的和单晶纯净的都可作为玉石原料。一般为无色和白色，有时因含有过渡元素杂质，或混入矿物包裹体而呈不同颜色。透明或半透明，具玻璃光泽和油脂光泽。硬度7，相对密度2.58—2.65。石英岩类玉石品种繁多，按结晶程度划分为显晶质、隐晶质和次生石英岩类玉石。

①显晶质石英宝石类玉石

这类宝石类玉石是一种较纯的石英晶，常产于伟晶岩或其他岩石的裂隙中。按颜色可分为水晶、墨晶、茶晶、黄水晶、紫晶。水晶无色透明，我国古代称之为"水玉"，主要产于我国海南岛。墨晶则近似墨色，山东的即墨是古代墨晶产地。茶晶从浅茶色到深茶色。黄水晶由淡黄到酒黄色。紫晶呈葡萄紫色，山西五台山曾大量出产。由于石英晶体坚硬，分布广，便于取得，所以早在石器时代就被作为制造工具的材料。至商代，采用各种晶石制成的器物已较普遍。

此外还有一种红色的石英晶体，俗称芙蓉石，也是这一类显晶质的玉石。颜色淡红、玫瑰红至深紫红，但透明度较差，置于空气中加热至575℃时红色消退，久晒于日光下亦可使颜色变淡，置于水中颜色会稍稍恢复。这种玉石主要产于我国内蒙古、山西、福建。

②隐晶质石英类玉石

玉髓：一种隐晶质石英，多呈纤维状或葡萄状块体。一般为白色，常因含不同杂质而呈各色，具蜡状光泽。硬度6.5—7，相对密度2.60。

玛瑙：一种具同心缟状或平行条带状结构的玉髓，多产于火山熔岩气孔和其他岩石的次生裂隙洞穴中。玛瑙古代称为赤玉，早在石器时代就是人类装饰品的天然原料，至殷商时期，玛瑙制品已相当普及。玛瑙由于不同颜色的层、带、条或纹相间叠积形成多种美丽花纹，历来有"千样玛瑙"之称，所以分类比较繁杂，但大体上包括红、蓝、绿、紫、缠丝、黑花、云朵等类。

碧玉：一种含有杂质的不透明隐晶质石英，在我国也称为肝石。碧玉因含氧化铁而呈红色或红褐色，或因含其他杂质而呈绿色、暗绿色。具玻璃光泽，透明度较差。硬度7，相对密度2.65。近年来在我国四川发现碧玉矿，产于二叠纪玄武岩中，矿物成分主要是玉髓和少量绿泥石。

北京白石英玉石：一种石英结晶岩。白色中透肉粉色，微透明，具油脂光泽。硬度6.5，相对密度2.65。这种石英玉石在北京房山、湖南等地均有出产。

③次生石英岩类玉石

密县绿色次生石英岩：河南新密所产绿色次生石英岩玉石叫密玉，俗称河南玉。这是一种含铁锂云母（3%—5%）石英岩。以绿色为主，兼有灰绿、紫灰等色，微透明，呈玻璃光泽。富韧性，硬度一般在6左右，相对密度2.63—2.69。

洛南蓝绿色次生石英岩：这是近年来新发现的石英岩类玉石品种，因产于陕西洛南，也称为洛翡。由于成分不均，硬度在4到6之间。其他性质同南阳石英岩玉石。

贵州淡绿色次生石英岩：这是一种含地开石20%—30%的石英岩玉石，具花岗岩变晶结构。颜色多呈淡绿或翠绿色，硬度小于7，相对密度2.63。因产于我国贵州，又称为贵翠或贵州玉。

（5）斜长石类玉石

河南南阳独山玉简称独玉，为斜长石类玉石。这种玉石成分复杂，前人认识颇有不同。现已查明，这是由基性斜长岩与其围岩辉长岩经岩浆分异、动力变质、热液蚀变作用综合生成的呈隐晶质致密块状矿物。多赋存于蚀变辉长岩碎裂岩带边部，呈鱼群状产出，并具有成群、成带分布的特点。矿体以脉状为主，透镜状次之，少量为团块状或网状。经地质研究人员对上百个样品分析鉴定，矿物成分主要为斜长石（55%—90%）、黑幼帘石（5%—

70%），其次为透辉石（1%—15%）、铬云母（5%—15%）；根据岩石硅酸盐分析结果，化学成分主要为钙、铝、硅酸盐。因此，独山玉可定名为河南南阳斜长石玉石。

独玉为多色玉石，玉脉自脉壁向中心呈现淡—浓—淡渐变，单一色调出现的玉料不多，多由两种以上色调组成，颜色鲜艳，具有相当的稳定性，在自然条件下存放千年，其色不减、不变。独玉种类繁多，可分为红、黄、绿、白、青、黑、紫色七大类，一般又以习惯与工艺特性细分为水白玉、白玉、乌白玉、绿玉、绿白玉、天蓝玉、翠玉、青玉、紫玉、亮棕玉、黄玉、芙蓉玉、墨玉13种。独玉质地细腻，具油脂或玻璃光泽，抛光性好，洁净度高，透明至微透明。硬度5.5—6.5，相对密度2.7—3.18。

独玉的采用历史悠久。1959年南阳黄山出土的新石器时代玉铲、玉凿、玉璜以及殷墟出土的一件玉戈，经鉴定就是这种玉品。

斜长石类玉石在新疆哈密等地也有出产。哈密产的斜长石玉石被简称为哈密玉，北京地质博物馆宝石室有标本展出，呈绿白色，质地细腻坚实，微透明，有玻璃光泽。

（6）结晶灰岩—大理石彩石类玉石

结晶灰岩—大理石彩石类玉石，是我国分布最广、应用最早的彩石类玉石之一。

早在石器时代就被人们用来制作生产工具、装饰用品，至殷商时期已成为重要的雕琢材料。考古发掘中就曾发现刻有"司辛"二字的大理石水牛等文物。各地出产的结晶灰岩—大理石结构不尽相同，纹理色彩各异。常见的有北京艾叶青大理岩、芝麻花大理岩；河北桃红粗晶大理岩、曲阳白色大理岩；辽宁橄榄绿色蛇纹石化大理岩、红色含叠层石致密灰岩；山东莱阳绿色蛇纹石化大理岩、紫色砾状泥质灰岩；江苏奶色大理岩、红色大理岩；贵州奶色大理岩；湖北紫色铁染大理岩、红色大理岩；云南苍山灰色大理岩等，名目繁多。

（7）其他宝石矿物类玉石

绿松石：绿松石常为纤维隐晶质—非晶质的皮状、瘤状、肾状或脉状体。

颜色多为淡绿、苹果绿、天蓝、蓝绿和黄绿等。不透明，薄片半透明，具蜡状光泽。硬度5—6，相对密度2.60—2.80。绿松石矿床赋存于岩层褶皱断裂带，发育于层间挤压性小构造或张性节理裂隙带中。绿松石矿主要集中在湖北竹山、郧阳、郧西，陕西白河，河南淅川五地。绿松石以天蓝、湖蓝色为上品，苹果绿色和蓝绿色次之，一般色调纯正、匀净。据考古发现可知，绿松石是我国最早被采集并广泛应用的宝石矿物类玉石。例如在河南郑州大河村新石器时代遗址中就出土了绿松石鱼形饰，裴李岗遗址中出土了绿松石球、佩饰，大汶口文化中期墓葬中还出现了绿松石镶嵌指环，在河南安阳殷墟五号墓随葬有绿松石蝉和蛙等工艺品。

北京粉色蔷薇辉石：产于内生锰矿床，我国俗称桃花石。成分纯洁的呈肉粉色，不纯的杂黑、白斑点。微透明到不透明，具玻璃光泽。硬度5.5—6.5，相对密度3.40—3.75。我国主要产地在北京昌平，青海、吉林也有出产。

青金石：古称"琉璃"，产于碱性与碳酸盐岩接触带。颜色从天蓝至深蓝色。由于常夹有黄铁矿细粒，磨光面往往在深蓝色背景中有闪亮的金星。微透明至不透明，具油脂光泽。硬度5—6，相对密度2.4—2.9。

孔雀石：孔雀石是一种碳酸盐宝石类玉石。由于含铜量高，颜色以绿为主，多呈同心层状、纤维放射状结构。不透明，呈金刚、玻璃光泽。硬度3.5—4，相对密度3.75—3.95。产于各地铜的硫化物矿床氧化带。早在青铜时代，孔雀石就已成为雕琢的材料，如在殷墟出土文物中就有孔雀石簪、孔雀石人。此后历代均有孔雀石雕艺术品流传下来。

虎眼石：虎眼石是一种符合宝石或玉雕要求的硅化石棉，成分主要为SiO_2。一般为棕黄色，由SiO_2交代蓝石棉生成时，则呈深蓝色。微透明或不透明，琢磨后显棕黄色并闪耀金刚光泽。硬度7。我国北方产的一种虎眼石即由SiO_2交代铁质蓝石棉纤维束而成，呈棕红色，与燧石十分相似。

煤玉：又称炭精，是一种有机岩石。漆黑闪亮，不透明，抛光后呈玻璃光泽。硬度2.4—4，相对密度1.30—1.35。煤玉主要产于煤地层中，辽宁抚顺煤田自古以来就是我国煤玉的重要产地。在沈阳新乐遗址曾出土大量煤玉制成的装饰品，经化学分析，均产自抚顺第三纪煤系中。

萤石：萤石在我国广泛分布，也称软水晶，化学成分为 CaF_2，七色俱全，以"祖母绿"和紫色为上品，无色透明的罕见。一般透明或半透明，具玻璃光泽。硬度 4，相对密度 3.18。早在新石器时代就被利用制成装饰品。

（8）化石类玉石

琥珀：琥珀是一种树脂化石，亦称遗玉。这是一种有机矿物，成分为 $C_{10}H_{16}O$，是由百万甚至千万年前的松树木凝胶状分泌物经长期掩埋失去挥发成分并氧化固结而成，常产于煤层中，非晶质，成泪滴状、瘤状等不规则状。颜色一般为黄、淡黄及褐红，以含完整昆虫或植物的为佳品。透明或微透明，性脆，硬度 2.5—3，相对密度 1.05—1.09。琥珀由于相对密度小，可从原生矿源地经流水搬运到一定地区积下来，形成大而富的次生琥珀矿床。我国早在秦汉就已用琥珀雕琢工艺品。

珊瑚：珊瑚是一种低等动物珊瑚的遗体。珊瑚虫在温暖、水清、含盐度较低的浅海中生活，吸收海水中的碳酸钙以形成自身骨骼，进而形成礁石，就是珊瑚。其主要成分为 $CaCO_3$。珊瑚颜色以白、红、紫较多，当作玉石的珊瑚多取红或粉红色。透明或不透明，具玻璃光泽。硬度 3.5—4，相对密度 2.6—2.7。我国台湾、澎湖列岛海域盛产红色珊瑚。

以上是我国玉石种类、产地的大致情况。比较全面地了解这些情况，对于考古、文物研究和鉴定工作是有益的。

三、玉石的质量与鉴别

对于古代玉器做质地鉴别，最严格科学的方法是做切片分析。但是，这种做法会造成文物的损坏，一般不用。而且必须根据玉石的性质，总结切实可行的鉴别方法。

玉石的性质大致可以从质地、硬度、透明度、相对密度、颜色五个方面来分析。

1. 玉石的质地

细腻程度,是鉴别玉石的一个重要标准。按矿物学来说,大多数物质是以晶体状态呈现的。本来由晶胞组成的晶体都是很紧密细腻的。由于晶胞太小,又是连续发展而成,所以无法用眼睛直接观察。我们能看到一些物质的细腻程度不同,是因其微晶发育较大,相互间又有空隙。如花岗岩与新密绿色次生石英岩,前者用眼睛即可清晰地分辨石英晶粒、长石晶粒和云母片,这种由粗粒晶体构成的岩石,质地就粗糙;而后者由于石英颗粒小,各个晶粒结合紧密,所以质地细腻。玉石与其他石类的差别,主要就是玉石的细腻程度高。在我们常见的各类玉石中,也有少数几种是非晶体,如蛋白石等。这种非晶体物质,像液体一样,所有部位性质均一,在矿物学上亦称为凝胶体,其细腻程度自然是很高的。

一般来说,美玉应该无瑕,但大自然造就的无瑕美玉并不多。质地特别纯的只是少数,而不纯的居多数。在特定的意义上,若不纯物质比玉石本身还美,那么它就有了价值。某些不纯的成分,往往是玉石珍贵的特征。

2. 玉石的硬度

硬度由物质晶体内部的结构决定。各种玉石的硬度都有一定范围。一般来说只有硬度高的玉石才有较强的光泽,硬度低就不易磨得很光亮,显现不出玉器的晶莹。在我们的实际生活中,掌握各种玉石的硬度范围,可以用来鉴别玉石的真假。如紫水晶和软紫水晶,这两种色质相同的玉石,凭眼睛直接观察很难分辨出来,但我们若知道紫水晶的硬度在摩氏 7 度左右,而软紫水晶的硬度只有摩氏 4 度,只要测试一下,即可将二者辨别出来。显然这是一种行之有效的方法。

测验玉石硬度所使用的摩氏硬度计,将十种矿石的硬度定为十级。检验时只要用被鉴别的器物在这十种矿石上划痕,若在硬度高的一级上划不上痕,而在硬度低的一级上能划上痕,那么这个器物的硬度就在这两级间。当不具备硬度计时,可以用下列物品测出近似值:能在纸上划出痕迹的是 1 度;和指甲硬度相同的是 2.5 度，铜是 3.5 度，玻璃片是 5.5—6 度，钢刀是 6—7 度。在我国常见的玉石中，琥珀的硬度最低，大约只有 2.5 度；其他玉石一般在 4 度以上，集中在 5—7 度。高硬度玉石不多见，这里从略。

3.玉石的透明度

透明度指物质透过光的能力。透明度高不仅可以显现出质地细腻、晶莹，而且对颜色有烘托作用。处于透明和半透明状态的玉石较多，处于微明或不透明状态的极少。一般常见的玉石透明度可分为四级。

（1）透明体：在一般厚度下，通过它可完全清晰地看见其他物体。如水晶、茶晶、琥珀。

（2）半透明体：在一般厚度下，通过它可模糊看见其他物体。如玛瑙、芙蓉石。

（3）微透明体：在一般厚度下，能透过光，但通过它看不清物体影像。如翡翠。

（4）非透明体：在比较薄的情况下，强光照射能透光，或根本不透光。如孔雀石、松石。

4.玉石的颜色

颜色是判定玉石矿物品种的重要标准。地下产出的玉石，有各种各样的颜色与纹理，这是由玉石所含矿物成分、内部构造和玉石成矿时所处的物理化学条件造成的。比如，玉石中含有微量的铬即呈翠绿色，含亚铬酸则呈黑色或灰色，含氧化亚铁为淡绿至墨绿色，含氧化铁呈黄色或黄褐色，含钛呈淡黄色，硅酸锰使之呈紫色或紫红色。软玉中以含铁、碳酸钴而呈绿色或褐色的为多。硬玉呈翠绿色主要因含铬。有很多玉石的名称就含有颜色，如芙蓉石、紫晶、绿晶、羊脂白玉、雪花玛瑙、葱白籽、火烧石、鸡血石，以及碧玉、黄玉、青玉、墨玉、白玉等。

四、山西在古代中外物资交流中占有重要地位

先秦时期,山西是中国与中亚、西亚交流的必经之地,还是"民族走廊"。这些皆可以从文献中得到,如战国时期成书的《穆天子传》记载的西周穆王的西征就是从山西向北,经河套地区再向西的。而且这在考古中也得到证实。山西省绛县横水镇发现多座西周时期的墓葬,其中有倗国墓葬,有关专家认为这就是《穆天子传》中的䣙国墓。传世毕媿鼎当与殷商时期山西地区的鬼方、魏有关。先秦时期的文献与考古材料皆能证明山西在先秦中国丝绸之路上的重要地位和作用。

1. 玉出昆仑,早期和田玉的运输应该是沿着黄河水道进行的

玉石原料的运输,晚于玉石信仰的传播。古方先生认为,早期人们由于受运输工具等条件的限制,开采玉料往往是"就地取材"或"就近取材"。这个时期各地原始文化在玉料的选用上也呈现鲜明的地方特色。例如,红山文化玉器原料一般呈黄绿色,产自辽宁岫岩软玉矿;良渚文化玉器玉质较粗,为呈现不均匀斑杂结构的玉料,产自江苏溧阳小梅岭。直到新石器时代晚期,随着人类对自身及周围环境的掌控,长距离运输玉料的现象才开始出现。而当中原王朝在诸多的玉料中发现了神圣且优美的和田玉之后,和田玉便取代了其他地方玉而成为他们的唯一追求。而早期和田玉的运输应该是沿着黄河水道进行的,[①]这也与古代地理观中将玉与黄河联系起来的认识,即"河出昆仑""玉出昆冈"等记述是一致的。至于交通工具,在家马和马车等远距离运输工具出现之前,则应当主要是独木舟、筏子等人力水上交通工具。考古发现证实我国在 7000 多年前就已经出现了水上交通工具。跨湖桥遗址出土了

---

① 叶舒宪:《玉石之路黄河道再探——山西兴县碧村小玉梁史前玉器调查》,《民族艺术》2014 年第 5 期。原文大意为:史前玉石之路进入中原有三条路线,黄河道、渭河道和泾河道。基本上是黄河及其支流承担着运玉料的水路交通功能。在家马和马车的技术引入中原之前(即商代以前),水路运输是远距离贸易活动最为简单易行的方式。

世界上最早的古船和多件桨形器；河姆渡遗址出土了6支较完整的木船桨、独木舟遗骸和2件陶舟；陕西宝鸡北首岭等地也出土了独木舟陶模型。①

1961年陕西岐山贺家村西周墓出土的商代青铜兽首调色四足器和扶风县云塘制骨作坊发现的80%的牛骨、5%的马骨以及"羊、猪、狗、鹿骨和骆驼骨"②说明西周时期骆驼不仅作为运输畜力，而且在死后还被用作生活必需品。周原两件西周晚期蚌雕人头像的发现，证实公元前8世纪，我国中原已与西域（包括中亚一带）发生了接触。否则，西周晚期遗址内不可能出土具有古代中亚人种特征的雕像。不管这两件蚌雕人头像是周人的作品，还是中亚一带古部落、方国给周王朝进的贡品，均可"证实中国与西域的交通往来，要比张骞通西域至少提早700年，这是两件西周蚌雕中亚人头像出土的最重要意义，也是周原考古的重要收获之一"③。

2. 商汤时期，令方国进贡骆驼、白玉、良马等贡品

据《逸周书·王会解》记载：伊殷受命，于是向四周方国发布命令道："正北空同、大夏、莎车、姑他、旦略、豹胡、代翟、匈奴、楼烦、月氏、载犁、其龙、东胡，请令以橐驼、白玉、野马、骊䮭、駃騠、良弓为献。"④这里的代翟就是山西北部的少数部族。可见，早在商朝开国君主商汤即位时期，北部进贡给商王朝的贡品中就有玉器。

3. 商周两代"昆山玉"的传输路径

印证这条线路的还有21世纪中期的一项重大成果，即玉石之路的发现。

---

① 徐畅：《服牛乘马，引重致远——先秦的交通业》，《先秦玺印图说》，文物出版社，2009，第284页。
② 陕西周原考古队：《扶风云塘西周骨器制造作坊遗址试掘简报》，《文物》1980年第4期，第35页。
③ 尹盛平：《西周蚌雕人头像种族探索》，原载《文物》1986年第1期，收录入《周文化考古研究论文集》，文物出版社，2012，第308页。
④ 黄怀信：《逸周书校补注释》，三秦出版社，2006，第333页。

最早提出这个概念的是日本宝石学家近山晶。20世纪90年代，杨伯达先生对此进行了深入研究。杨先生参考古丝绸之路路线，构拟了两条和田玉的东进路线，南路经民丰、楼兰至敦煌，北路由和田经喀什、库车、吐鲁番至敦煌，并指出和田玉造就了东西交通的第一条大动脉。"这一条从和田到中原王朝首都的运输玉料之路，从夏代算起不少于4000年，如以检看史前遗址所处和田玉资料判断，还要向前推进一二千年。由此可知，和田玉向中原输出的时间有5000—6000年之久。"①

和田玉取代了其他玉而成为中原王朝的唯一追求，然而对于和田玉传入中原的时间，学界有不同的见解。②有学者认为二里头文化已经出土了一些和田玉，但这种结论仍面临争议。而目前考古发掘的和田玉数量较多的遗址最早的是商代的，殷墟妇好墓即其代表。殷墟出土的玉器中，包含少量产自青海至新疆一带的和田玉，表明商王朝时期存在一条自西向东运送玉料的玉石之路。③然而，和田离中原直线距离都有两三千公里，这对于古人来说是一个巨大的挑战。《尸子》中就有"取玉甚难。越三江五湖，至昆仑之山，千人往，百人返，百人往，十人至"的感叹。而运输和田玉的路线，学者们称为玉石之路④。对于具体的运输路线，学界仍有争议。如杨伯达先生认为新疆境内的玉石之路分南北两条线路：南路经民丰、楼兰至敦煌，罗布庄即在这条线上；北路由和田出发经喀什、库车、吐鲁番至敦煌。至于敦煌到中原的路径，和丝绸之路的路径差不多，经河西走廊，越关中平原，出潼关，过豫西、

---

① 杨伯达：《中国和田玉玉文化叙要》，《中国历史文物》2002年第6期。
② 对于和田玉传入中原的最早时间，学界众说纷纭。有仰韶文化时期说、夏时期说等。见闫亚林：《关于"玉石之路"问题的探讨》，《考古与文物》2010年第3期。也有龙山文化时期说。
③ 张瑛：《先秦时期的敦煌文化》，《中国史研究》2017年第4期，第7页。
④ 杨伯达先生认为，玉石之路有广义和狭义之分。广义的玉石之路是指距今6000年即已出现的东北、东南等玉文化区相互交流玉石的道路。而狭义的玉石之路则专指运送和田玉的"昆山玉路"。见杨伯达：《"玉石之路"的网络及其布局》，《南都学坛》2004年第3期。本书的玉石之路都指狭义上的"昆山玉路"。而商之前数量较少的或者零星的几件玉器传播有时会带一定的偶然性，这个时期交流玉石之路名为玉石之路可能有些不大妥当。因为既然称为"路"，必然是相对稳定的、长时间存在的传输路线。

晋南进入中原地区。而古方先生则认为最初和田玉的传输路线是从和田向东，沿塔里木盆地南缘进入青海，沿青海湖、湟水谷地到兰州附近，再向东北经宁夏中部、内蒙古南部或陕西北部，越黄河进入山西西北部，过雁门关后再折向南到达中原地区。

第二节
《穆天子传》——第一部记载玉石之路的先秦典籍

《穆天子传》是汲冢周书的一种,是中国历史上第一部记载周穆王西巡和玉石之路的典籍。晋武帝太康二年(281),汲郡人不准盗发魏襄王墓时,得到一批竹简文献。晋武帝组织束皙、荀勖等人整理,其中一部重要著作就是《穆天子传》。《晋书·束皙传》云:"太康二年,汲郡人不准盗发魏襄王墓,或言安厘王冢,得竹书数十车。其《纪年》十三篇,记夏以来至周幽王为犬戎所灭,以事接之三家分,仍述魏事,至安厘王之二十年。盖魏国之史书,大略与春秋皆多相应,其中经传大异……《穆天子传》五篇,言周穆王游行四海,见帝台、西王母,图诗一篇,画赞之属也。又杂书十九篇,周食田法,周书,论楚事,周穆王美人盛姬死事;大凡七十五篇。七篇简书折坏,不识名题。冢中又得铜剑一枚,长二尺五寸,漆书皆科斗字。初,发冢者烧策照取宝物,及官收之,多烬简断札,文既残缺,不复诠次。武帝以其书付秘书校缀次第,寻考指归,而以今文写之。皙在著作,得观竹书,随疑分释,皆有义证,迁尚书郎。"

一、周穆王与西王母

周穆王,姬姓名满。其为周昭王之子,西周第五位君主,是第一个有文字记载的与玉石之路有密切关系的西周天子。因为他的"西巡"经历和西王母之故事,使他成为西周最富传奇色彩的帝王之一。他最著名的西行,载于传记《穆天子传》,该传记述了周穆王"西巡"的路径,他曾逾雁门及滹沱河。《穆天子传》讲,他"西巡",主要目的是掌控西周王朝与四方蛮夷的经济、政治关系,当然也包括开通贸易渠道、设市交易。此前,他曾因西部和北部游牧民族犬戎、狄族不向周朝进贡,发动了两次征讨。两次征讨均获大胜,曾俘获犬戎五个王,即少数民族之部落首领,并将俘获的戎人迁到"太原"(一些学者认为在今甘肃镇远一带)。此事由《国语·周语》记载,《国语》还记录了周穆王之战绩,两次征讨获四匹白狼、四匹白鹿、五个王。

《竹书纪年》和《史记·周本纪》讲,穆天子"西征",曾抵达青鸟(小型鸟类,是专为西天母取食、传信的神鸟)栖丘,因西王母出现,才阻挡住他的西征。西王母住在昆仑之丘、瑶池之滨,现代有学者考证,西王母的住地应该是今里海和黑海之间的旷野。应该讲,这是中西高层交往、中西两大文明交汇最早的文字记载。此行周穆王与西王母互赠了礼物,周穆王的礼物是白色的圭、黑色的璧、100匹锦缎、300匹白绸。这个"赠"字,记录了丝绸"第一次"被运到里海地域,玉器"第一次"被交换到里海地区。周穆王的"贸易方式"是互赠。西王母回赠了周穆王什么礼物,野史、正史均无记载,《穆天子传》也未记载。但《穆天子传》记载了西王母让周穆王观看群玉山、一些当地的珍稀动物。更重要的是,四年后西王母又进行了回访,来到西周的首都镐京。西王母到西周镐京回访自己的故人周穆王不会两手空空。中国神话研究大佬叶舒宪先生认为,《穆天子传》不应该被视作神话,而是历史文学,或曰历史典籍,故将穆天子列为中国第一位远程贸易开拓者,而典籍《穆天子传》也是迄今为止已发现的我国第一部商业史。

对《穆天子传》的文体学界争论了多年。《穆天子传》出土于汲冢,由荀勖等列于《中经》。《隋书·经籍志》《旧唐书·经籍志》《新唐书·艺文志》和《宋史·艺文志》《文献通考》,皆把《穆天子传》列于起居注。可见,宋元之前《穆天子传》被认为是起居注,即天子起居活动的真实记载,是完全的信史。明代,《穆天子传》也被认为是历史类书籍。而至清代,纪昀等所辑的《四库全书》将《穆天子传》列入子部小说类。《四库全书·穆天子传提要》说:"多夸言寡实。然所谓西王母者,不过西方一国君;所谓县圃者,不过飞鸟百兽之所饮食、为大荒之圃泽,无所谓神仙怪异之事。所谓河宗氏者,亦仅国名,无所谓鱼龙变见之说。较《山海经》《淮南子》犹为近。"

关于周穆王远征西方、会见西王母的史事,我国古籍确实有许多记载。

《尔雅·释地》曰:"九夷、八狄、七戎、六蛮谓之四海。"又曰:"觚竹、北户、西王母、日下谓之四荒。"古人以"四海"与"四荒"指称偏远蛮荒之地,所以"西王母"应是西部极其荒远的地方。

先秦古籍《山海经》内容丰富,是研究上古中国社会的宝库。《山海经》中的西王母有着一副虎齿善啸、蓬发戴胜的恐怖面目。

又如《国语·周语》云:"穆王将伐犬戎,祭公谋父谏曰:'不可……'王不听,遂征之,得四白狼、四白鹿以归,自是荒服者不至。"

《左传·昭公十二年》记载:"昔穆王欲肆其心,周行天下,将皆必有车辙马迹焉。"

今本《竹书纪年》卷下:穆王八年春,"北唐来宾献一骊马是骒耳。九年筑春宫。十一年,王命卿士祭公谋父。十二年,毛公班、井公利、逢公固帅师从王伐犬戎。冬十月王北巡狩,遂征犬戎。十三年春,祭公帅师从王西征,次于阳纡;秋七月西戎来宾;徐戎侵洛。冬十月造父御王入于宗周……十七年,王西征昆仑丘,见西王母。其年,西王母来朝,宾于昭宫。秋八月,迁戎于太原。王北征,行流沙千里,积羽千里,征犬戎,取其五王以东。西征,至于青鸟所解。西征还,履天下亿有九万里。十八年春正月,王居祇宫,诸侯来朝。"

《史记·赵世家》云:"造父幸于周缪王。造父取骥之乘匹,与桃林盗骊、骅骝、绿耳,献之缪王。缪王使造父御,西巡狩,见西王母,乐之忘归。"

《史记·匈奴列传》曰:"而穆王伐犬戎,得四白狼、四白鹿以归,自是之后,荒服不至。"

从《穆天子传》的内容来看,全书并无灵异鬼怪之说,亦无太多的夸张成分,基本上按时间顺序记载周穆王的行程。可见,《穆天子传》是一部周穆王西行的纪实之作,是史官所记载的周穆王西征的部分史实,至少算一部纪实的游记。

西周之前,我国已经与中亚、西亚的民族有了很多的交流,许多中亚、西亚的民族涌入我国的新疆、甘肃、青海、内蒙古等地区。这些都为穆天子西巡准备了很好的条件和基础,其中包括准备了翻译人员。自殷商时期马和马车就已经是中国非常普遍的交通工具,这为周穆王的西巡准备了非常优良的交通条件。中亚、西亚族群的涌入,为周穆王的西行提供了向导和翻译。这些基本上是学术界认可的。

周穆王西行之目的之一是见西部的西王母部族。顾实先生认为,西王母是周穆王的女儿。周穆王西行是为了看望女儿。唐朝玄奘《大唐西域记》有这样一段记载,使人们相信西王母可能就是周穆王的女儿或者姊妹。

(唐)玄奘《大唐西域记》卷十二《朅盘陀国》记载一个下嫁波利斯国王的汉土公主,在前往波利斯途中遇到兵乱,在高山上避乱三个月。兵乱平息后,公主怀孕,结果无法到波利斯,于是"石峰上筑宫起馆,周三百余步。环宫筑城,立女为主,建官垂宪,至期产男,容貌妍丽。母摄政事,子称尊号,飞行虚空,控驭风云,威德遐被,声教远洽,邻域异国,莫不称臣。……以其先祖之世,母则汉土之人,父乃日天之种,故其自称汉日天种。然其王族,貌同中国。首饰方冠,身衣蕃服。后嗣陵夷,见迫强国"。

周穆王见到西王母时,互相赋诗,完全是周人的习俗。也有学者认为周穆王与西王母不是父女,也不是兄妹,最多是故人。西王母当是西部荒远地区少数民族部落的女首领。

《穆天子传》卷三记载周穆王与西王母相见时的赋诗:

乙丑,天子觞西王母于瑶池之上。西王母为天子谣曰:

"白云在天,山陵自出。道里悠远,山川间之。将子无死,尚能复来?"

天子答之曰:

"予归东土,和治诸夏。万民平均,吾顾见汝。比及三年,将复而野。"

天子遂驱升于弇山①,乃纪其迹于弇山之石。而树之槐,眉曰:"西

---

① (晋)郭璞注《穆天子传》卷三:"弇兹山,日入所也。"太阳东升西落,日入所也,正说明西王母和其部族所在的弇兹山均在西部地区。

王母之山。"还归其□，世民作忧；以吟曰：

"比徂西土，爱居其野。虎豹为群，於鹊与处。嘉命不迁，我惟帝女。天子大命，而不可称，顾世民之恩，流涕卉陨，吹笙鼓簧，中心翔翔。世民之子，唯天之望。"

李玉洁先生认为，周穆王与西王母相见时所赋的诗中，没有丝毫男女之情。西周、春秋时期，人们见面都是要赋诗的，而且所赋的基本是四言诗。西王母与周穆王会见时所赋的诗，完全符合周代的习俗。①

民国著名学者张星烺先生说："吾昔读《西域记》此节，而寻查二十四史，及各种杂记多年。汉武帝以后，没有公主下嫁波斯者。及研究《穆天子传》，而始得其人也。……波斯诗人费杜西（Firdusi）著《沙那美》（即《帝纪》）一书，全书为诗歌体裁。该书记载，古代波斯与中国交往甚多，有一节记载明王哲姆锡特（Jamshid）娶马秦国（Machin）王马韩之女为妻，生二女，名贝吐尔及胡玛云。说者为马秦即中国，其义犹云大秦也。马韩，即穆王之音转。费杜西生于后代，故将马韩之名用于中国，犹吾人把成吉思汗称为元太祖一样。"②张星烺先生的观点应该是有一定道理的。

玄奘《大唐西域记》所说的"波利斯国王娶妇汉土"，此地把唐代之前的中华女儿皆认为是汉家女儿，也不足为怪。如《大唐西域记》卷五《玄奘会见戒日王》记载：

戒日王劳芳已曰："自何国来？将何所欲？"

对曰："从大唐国来，请求佛法。"

王曰："大唐国在何方？经途所亘，去斯远近？"

对曰："当此东北数万余里，印度所谓摩诃至那国是也。"

---

① 李玉洁：《从穆天子传》看山西在古代中西交流中的地位，载山西省社科院、中共代县县委、县人民政府：《山西与"一带一路"暨代县历史文化旅游资源开发学术研讨会论文集》，2016年5月，内部资料。
② 张星烺：《中西交通史料汇编》第一册《上古时代中外交通》，上海书店，1930，第84—85页。

> 王曰："摩诃至那国有秦王天子，少而灵鉴，……大唐国者，岂此是耶？"
> 对曰："然，至（支）那者，前王之国号；大唐者，我君之国称。"

《大唐西域记》中印度戒日王还把唐朝称为"至那"，就是"支那"。"支那"是一种音译，指的是秦朝，"摩诃至（支）那国"，就是伟大的秦国。

这个波利斯国王所娶的汉土之女，极有可能就是西王母。西王母即使不是周穆王的女儿，也可能是西周王室嫁出去的公主，或许是周穆王的姊妹，总之是周穆王的故人。周穆王想看望遥远的故人，乃人之常情。因而，看望西王母是周穆王西征之目的之一。

揭盘陀国一带的当地人把西周的公主误认为是汉朝的公主，不足为怪，这在信息十分闭塞的古代是完全可能的。

二、穆天子西征所经的山西段路线

穆天子西征从洛邑出发，向北沿太行山西麓，绝漳水，至钘山，到"虖沱"之北岸，过雁门山，穿过今山西，从山西北部折而向西。

《穆天子传》卷一云：穆天子"己亥，至于焉居、禺知之平"。焉居、禺知，当在今山西。《国语·齐语》记载齐桓公"悬车束马，逾太行与辟耳之溪拘夏，西服流沙、西吴"。"拘夏"，当为夏人一支；"西吴"，或作西虞，吴、虞二字，韵声相同，吴，当为夏人的同盟部族有虞氏。虞氏，在有些文献中又称为禺氏、禺知、月氏等，当是夏人在太行山之西侧的部落。西周时期，焉居、禺知，当皆在今之山西。

《穆天子传》卷一云：穆天子"辛丑，天子西征，至于𨚍人。"在这里见到伯絮。根据《穆天子传》卷一的记载，这个伯絮是"河宗之子孙"，即河宗氏的分支裔孙。

倗国君絮、倗国君夫人毕姬之墓皆在绛县横水镇一带出土，墓中出土的铜器属西周中期，有人认为这里当时是西周时期的𨚍国之地，也是周穆王西征所经之地。

绛县横水镇的 M1、M2 两座大墓，M1 在北，M2 在南，南北相距 4 米。M1 出土的铜鼎 5 件，标本 M1:212 内腹壁有铭文，竖排两行，共 8 字，为"倗伯作毕姬宝旅鼎"。铜簋 5 件，标本 M1:199，内底有铭文，竖排两行，共 8 字，为"倗伯作毕姬宝旅簋"。①M1 是倗伯夫人毕姬墓。

M2 出土的铜鼎标本 M2:58 内腹壁有铭文，竖排两行，共 12 字，为"倗伯肇作鐏鼎其万年宝用享"。铜鼎标本 M2:103，内腹壁有铭文，竖排 4 行，共 24 字，为"唯五月初占，倗伯肇作宝鼎，其用享考于朕文考，其万年永用"。②M2 的 2 件铜鼎和 1 件甗上的铭文表明这些铜鼎和甗是倗伯为自己所做之器。M2 是倗伯之墓。

绛县横水镇发现的倗伯墓当属《穆天子传》记载的倗国，发现倗国铜器的绛县横水镇一带是西周时期的倗国之地。

周穆王行至阳纡之山，即河宗氏所居之地。"河宗伯夭逆天子燕然之山"③，河宗国首领伯夭是倗国的母族部落，也就是说倗国是河宗国之分支。《穆天子传》记载，周穆王在伯綮之本宗部族的河宗氏那里得到日行千里的"八骏之乘"。

《后汉书·和帝纪》云：永元元年"夏六月，车骑将军窦宪出鸡鹿塞，度辽将军邓鸿出稒阳塞，南单于出满夷谷，与北匈奴战于稽落山，大破之，追至私渠比鞮海。窦宪遂登燕然山，刻石勒功而还"。东汉时期，大将军窦宪大破匈奴，在燕然山"刻石勒功而还"。"燕然之山"，即今内蒙古之杭爱山，当在今呼和浩特之西。

《穆天子传》卷二记载："孟秋丁酉，天子北征，囗之人潜时觞天子于羽陵之上，乃献良马、牛羊。天子以其邦之攻玉石也，不受其牢。伯夭曰：'囗氏，槛囗之后也。'天子乃赐之黄金之罂（盂）三六，朱三百裹。潜时乃膜拜而受。"潜时，当是部族首领的名字。

---

① 山西省考古研究所、运城市文物工作站、绛县文化局：《山西绛县横水西周墓发掘简报》，《文物》2006 年第 8 期，第 10 页。
② 山西省考古研究所、运城市文物工作站、绛县文化局：《山西绛县横水西周墓发掘简报》，《文物》2006 年第 8 期，第 12 页。
③ 《穆天子传》卷一，四部丛刊景明天一阁本。

周穆王向西方巡游，有日行千里的"八骏之乘"为交通工具，可以说已经具备的向西方巡游的条件。

毕媿鼎铭文有"倗仲作毕媿媵鼎，其万年宝用"。①其意是说，倗仲把女儿嫁到毕国，并将这件鼎陪嫁到毕国，其女称为毕媿，倗国当为媿姓。媿、怀，同音假借。媿姓，即怀姓。《左传》有"怀姓九宗"，乃戎狄之部族。媿，当与殷商时期山西地区的"鬼方"有关。

殷商王朝的西部有一个称为"鬼方"，有时也简称"鬼"的部族，当与后来的魏有极大的承继关系。

鬼，在中国的语汇中有两种含义：（一）中国人把生活中很精明的人称为鬼，我国古代也把祖先的灵魂称为鬼。殷商时期的"鬼方"对于殷商王朝来说当是一个很精明、很难对付的部族，所以被称为"鬼方"或"鬼"。（二）中国人把与自己长相不一样的人蔑称为"鬼"，如称西方人为"洋鬼子"，抗战时期称日本人为"日本鬼子""东洋鬼子"等。

李玉洁先生认为，殷商人所称的"鬼方"当是与其长相不一样的人。根据考古材料，这个时期中亚地区的高鼻深目的人已经进入中国。如陕、山交界地区的石峁古城址，发现了"多达20余件特征明确、造型独特的石雕或石刻人像，均砂岩质地，大部分为头面部像，还有一些半身像或全身像，其中不乏头戴尖帽高鼻深目者"②。另外在新疆罗布泊地区还发现了小河遗址，是三千年前的遗存，这个墓地中发现的人骨架基本是高鼻深目者的骨架。这些现象都说明当时的中亚、西亚人已经进入中国境内。

《吕氏春秋》卷二十《恃君览·行论》："昔者，纣为无道，杀梅伯而醢之，杀鬼侯而脯之，以礼诸侯于庙。"（汉）高诱注："肉酱为醢，肉熟为脯。梅伯、鬼侯，皆纣之诸侯也。梅伯说鬼侯之女美，令纣取之。纣听妲己之谮曰'以为不好'，故醢梅伯、脯鬼侯，以其脯燕诸侯于庙中。"

---

① 张淑一：《两周金文女子称谓规律再探讨——兼论"杨姞壶"的问题》，《考古与文物》2009年第5期，第64页。
② 陕西省考古研究院、榆林市文物考古勘探工作队、神木县文体局：《陕西神木县石峁遗址》，《考古》2013年7期，第16页。

在殷商王朝的后期，鬼方已经有"鬼侯"，是殷的诸侯方国了。

"鬼侯"当是鬼方的部族首领。鬼方之所以称为"鬼"，极有可能因该部族的人与今日之汉人长相有所不同。

鬼方与春秋之后的魏当有极大的承继关系。郑玄笺《毛诗·魏风》云："魏者，虞舜夏禹所都之地；冀州雷首之北、析城之西，周以封同姓焉。其封域南枕河曲，北涉汾水。"

"魏"字出现较晚，甲骨文中没有"魏"。"魏"字，从鬼、从委。"魏"地当与"鬼"有关。陈梦家《殷墟卜辞综述·方国地理》云："殷代鬼方似当在晋南。《郑语》'当成周者……西有虞、虢、晋、隗、杨、魏、芮'；《左传》昭九'我自夏以后稷，魏、骀、芮、岐、毕，吾西土也'。此隗与魏当是鬼方较集中之处。《左传》闵元，晋灭耿、霍、魏，而以魏赐毕万，今芮城县北五里。"

西周之后，周成王的大军攻下了唐国，于是在这里分封了一些诸侯国。《国语·郑语》云："当成周者……西有虞、虢、晋、隗、霍、杨、魏、芮。"

《左传·昭公九年》亦云："王使詹桓伯辞于晋曰：我自夏以后稷，魏、骀、芮、岐、毕，吾西土也。"郑玄注："在夏世以后稷功受此五国为西土之长，骀在始平武功县……岐在扶风美阳县西北。"（唐）孔颖达疏曰："《释例·土地名》云：魏，河东河北县也。芮，冯翊临晋县芮乡是也。毕，在京兆长安县西北。骀在武功。岐在美阳。"

此处很明显是说，魏在河东郡的汾河北岸，与芮相邻，当是殷商时期的"鬼方"或者说"鬼国"故地。由于文字的发展与细化，把"鬼"称为"魏"了。

《左传·闵公元年》记载，晋献公为了表彰灭耿、灭霍、灭魏的功绩，"赐赵夙耿，赐毕万魏，以为大夫"。毕万被封于魏。那么"魏"，是个国名，还是一个地名呢？

（唐）张守节《史记正义》认为魏是个国名，云："魏城，在陕州芮城县北五里。郑玄《诗谱》云：魏，姬姓之国，武王伐纣而封焉。"

（宋）苏辙《诗集传》卷五云："魏，本姬姓之国，晋献公灭之，以封大夫毕万。其地南枕河曲，北涉汾水，舜禹之都在焉。其民犹有虞夏之遗风，习于俭约……然毛氏之叙魏诗,则曰'魏地狭隘,其民机巧趋利,其君俭啬褊急,国迫而数侵削,役乎大国,民无所居',盖犹以为故魏诗,而不知其为晋诗也。"

春秋以后,姬姓封国魏被芮国所灭,魏成为芮国的一个地名。《左传·桓公三年》记载:"芮伯万之母芮姜恶芮伯之多宠人也,故逐之,出居于魏。"杜预注:"为明年秦侵芮张本。芮国在冯翊临晋县。魏国,河东河北县。"孔颖达疏:"《地理志》云:冯翊临晋县芮乡,故芮国也。河东郡河北县,《诗》魏国也。《世本》:芮、魏,皆姬姓。《尚书·顾命》:成王将崩,有芮伯为卿士,名谥不见。魏之初封,不知何人。闵元年,晋献公灭魏,芮则不知谁灭之。"

《左传·桓公四年》记载:"冬,王师秦师围魏,执芮伯以归。"杜预注:"三年,芮伯出居魏,芮更立君,秦为芮所败,故以芮伯归,将欲纳之。"

《左传·桓公十年》记载:"秋秦人纳芮伯万于芮。"杜预注:"四年,围魏所执者。"

从上述记载可以明显看出,魏已经是芮国之地。芮伯万的母亲芮姜,因讨厌芮伯拥有太多的宠人,将他放逐,使之出居魏地。也可以说魏已经被芮灭国,成为芮国的辖地了。

由以上记述可知,鬼、魏之人,极有可能是进入中国的外邦人士。

余太山先生著《早期丝绸之路文献研究》一书,可谓该研究的最新成果。书中对《穆天子传》的成书背景、西征路线等相关问题进行了详细的考述和客观的论证。余先生认为:《穆天子传》叙述西征的前四卷,可能成书于战国后期燕、赵人之手,"其现实背景主要为至迟在公元前7世纪末业已存在的东、西交通路线,书中有关穆天子西征行程的记载不失为中国最早的丝路文献"[①]。其所考证的西征路线为:穆天子由关中入河南,渡黄河,逾太行至勾注山过雁门,经河套,西行至阴山,进入昆仑山东端(今阿尔泰山东),又至科布河,转行至昆仑山西端,在今哈萨克斯坦境内的斋桑泊会见了西王母,然后,返回洛邑,往返三万五千里。书中提到的漳水、盘石、钘山、虖沱、当水等

---

① 余太山:《早期丝绸之路文献研究》,商务印书馆,2013年,第5页。

第一章　玉石之路

地名均在今山西境内。①更值得注意的是，周穆王西征往返都经过了今天的雁门关。

《穆天子传》记载，周穆王北过滹沱河之后，出雁门关之前，还有一个事件，叫作"天子北征于犬戎。犬戎□胡觞天子于当水之阳"。郭璞注引用《国语·周语上》穆王将征犬戎一事，试图证明《穆天子传》所述不是文学虚构，而为史实。顾实辩驳说："北征者，尤北行也，非奉辞伐罪曰征也。《国语》《纪年》所载者，当别为一事。郭注并为一谈，由未深考故也。"参照下文说的"犬戎□胡觞天子于当水之阳"，两方面不像是打仗的敌人关系，而是盟友关系。若是不把《穆天子传》当虚构文学，则可以推测当时居住在雁门关内外的都是犬戎，即北方少数民族。参照《山海经》的记录，犬戎一名，既是族群之名，也是北方的一个方国名。《山海经·大荒北经》云："大荒之中，有山名曰融父山，顺水入焉。有人名曰犬戎。黄帝生苗龙，苗龙生融吾，融吾生弄明，弄明生白犬，白犬有牝牡，是为犬戎，肉食。有赤兽，马状无首，名曰戎宣王尸。"郭璞注说"戎宣王尸"即"犬戎之神名也"。犬戎族的神之形象为兽，"马状无首"，即犹如没有头的马，可知仍是马崇拜的产物。北方草原是中原人艳羡的出产良马之地。前引《史记》所说自雁门关输入的赵国三宝为马、犬、玉。其输入者或许就包括骑马民族犬戎吧。犬戎自称为白犬所生，奉犬为图腾，崇拜马神，但终究还是黄帝后裔，并长期与周人为近邻。二者关系时好时坏、时战时和，也就不足为奇了。西周王朝覆灭的原因亦为犬戎攻入镐京。如《史记·宋微子世家》说："周幽王为犬戎所杀，秦始列为诸侯。"犬戎族在北方建立的国家，在《山海经·海内北经》中记录为犬封国，其邻国为鬼国。二者正好对应甲骨文中记录的犬方、鬼方，即殷商的北方敌国。

穆天子北出雁门关之前与游牧在当地的犬戎人欢聚饮酒，在此之前的行踪是跨过滹沱河，该河在古代又写作"滹沲"。其源出山西省繁峙县东之泰戏山，穿割太行山，向东流入河北平原，在献县和滏阳河汇合为子牙河。至天津市，汇北运河入海。晋北高山地区形成的河水，不是顺着盆地延展的方向南流，

---

① 余太山：《早期丝绸之路文献研究》，商务印书馆，2013年，第17—27页。

进入黄河，就是向东穿越太行山的入海捷径。除了滹沱河，还有一条同样有名的桑干河，也是如此从山西流向河北的，因为现代小说《太阳照在桑干河上》而闻名遐迩。国人都知道桑干河在河北，却很少有人清楚其源头在晋北高原。黄土高原的地质结构造成的水土流失，使得这些河流以浑浊为常态。沈括《梦溪笔谈·杂志一》："凡大河、漳水、滹沱……悉是浊流。"中国古代政治家以"河清"为政治清明的征兆，面对这些浊流时，总不免表露出悲愁惨淡心态。李颀《欲之新乡答崔颢綦毋潜》诗云："寒风卷叶渡滹沱，飞雪覆地悲峨峨。"早已没有了西周穆王时代的生态环境和驾八骏跨越滹沱河的那种气吞山河之豪迈气概。

凡此诸种，既说明《穆天子传》的重要价值，又证实了山西在古代中外交流中的枢纽地位和中外"民族走廊"作用。

第三节

古雁门关——商周时期
玉石之路和玉文化传播的中转站

雁门关之名，始于《山海经》。相传，每年春天南雁北飞，口衔芦叶，飞到雁门关盘旋半晌，直至叶落方才过关，其奇险可想而知。据记载，公元前300年，赵武灵王赵雍即下令在代郡雁门（今代县雁门关）、云中郡修筑长城。秦始皇嬴政更是派太子扶苏和大将蒙恬、蒙毅在今代县等地率领几十万军民大规模修建长城。从此，这里就成了秦汉对匈奴、隋唐对突厥、北宋对契丹、明朝对鞑靼的最前沿、最重要边关之一。

早在秦汉之际，雁门关就是中原同西域，并通过西域和欧、亚诸国交流的一个重要文化、物流集散地。雁门关和今新疆的喀什市一样，是丝绸之路上的一颗明珠。前者为中原商贾和西域商人的云集之地，是内地与塞外地区文化、物资与艺术交流的中转站；后者则是西域商贾与欧、亚商贾的云集之地，亦为中外文化、物资、艺术交流的大市场。雁门关这个长城上的第一关隘，以政治、军事、经贸三重价值，成为全人类共同财产，有益于对玉石之路、丝绸之路大遗址在既完整又有重点和特色的保护规划下，进行高质量的保护，使其传承历史文脉。

一、山西出土的玉器

玉器在中国古代是上层社会身份地位的象征，并被赋予人格化的道德标准。"君子比德于玉"，"君子无故，玉不去身"应是古代社会观念的真实反映。古代礼仪和祭祀活动中，玉礼器是必不可少的。按照《周礼》的说法，"以玉作六器，以礼天地四方，以苍璧礼天，以黄琮礼地，以青圭礼东方，以赤璋礼南方，以白琥礼西方，以玄璜礼北方"①。璧、琮、圭、璋、琥、璜称为六瑞。古代的"瑞"有多重含义，"瑞"指天瑞之器，进一步讲"瑞"是指祥瑞、嘉瑞。而"瑞"最深刻的含义，则在于它表示天命所归。《礼记·礼器疏》曰"天子得天之物谓之瑞"，表示上天对天子的恩赐。玉礼器不仅象征祥瑞，而且还与神灵相通，以玉做祭神之器，表达了人类对神的崇敬。

1. 羊舌村出土玉器

2006年4月，在山西省曲沃县羊舌村两周之际的晋侯大墓中出土了一件神人兽面牌饰。该牌饰通高约7厘米，宽4.8厘米，厚0.8厘米。青白玉，玉色纯净。考古学家认定为新疆和田玉。扁平状，正面为阳刻神人兽面形，浮雕梭形大眼，眼与妇好墓375的一件玉人的眼极为相似，蒜头状鼻，耳上竖

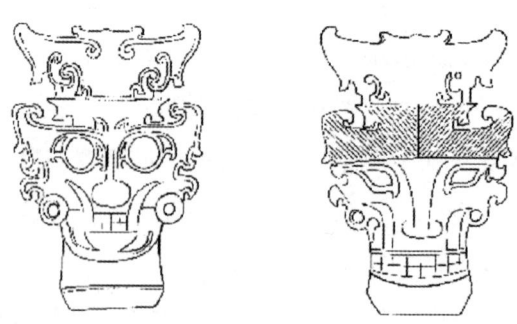

神人兽面玉饰牌的正反面

---

① 李建生、王金平：《试论山西出土的玉器》，《文物世界》2006年第5期。

有向内弯曲的兽角，双耳下有一对两面对钻不甚圆的孔，孔缘略呈喇叭形，有修痕，是为耳环。长方口，口内雕上下门牙四对，两侧各雕上下獠牙一对。在头顶上部，琢有蝙蝠展翅状的大冠，并有减地凸起的边框。形象十分诡异。牌饰的背面为单线阴刻神人兽面形象，臣字目，蒜头鼻，双耳下有两面对钻的孔，头中部有一条竖线，竖线两侧为45°的斜线，象征头发。长方口，口内上下有八对牙齿，两侧各雕向上的獠牙一对。头顶上部为一展翅的蝙蝠，下颌呈弧形。蝙蝠为线割镂空。神人兽面像背面的阴线中，有几处打破了线割镂空的蝙蝠。神人兽面玉饰的阴刻线，线条流畅，每条阴线一气呵成，能看到明显的使用解玉砂的磨痕，极有可能是以某种高硬度金属工具带动解玉砂粒进行旋转的产物，其琢玉工具和加工方式与石家河文化相比有质的飞跃。

羊舌村这件牌饰与陶寺 22 号墓出土的兽面形玉饰有相似之处，二者均有凸起的类似蝙蝠状的大冠，冠边缘均有凸起边框，只是陶寺出土的那件要比羊舌出土的抽象一些。"蝠"是"福"的谐音，古人常用蝙蝠来表示"福至心灵""五福临门"。

河南殷墟，经科学发掘出土的玉质人像和人头像有 20 件左右，有浮雕，也有圆雕，其多数为写实作品，而用于祖先崇拜的神人兽面形玉饰在殷墟未见出土。陕西沣西及山西曲沃羊舌两座西周贵族墓葬出土的神人兽面玉饰，可能是先周时期居住在黄河流域的周人氏族祖先经过艺术夸张的产物，并含有浓厚的宗教色彩。

祖先崇拜是一种最频繁的、最强大的宗教活动，且直接影响玉器的生产和使用。玉器作为一种被神化了的器物，它的使用和它所表现的内容，同祖先崇拜有密切关系，这种崇拜最初是图腾崇拜，后来转化为祖先崇拜，人格化的祖先神要到父系氏族社会以后才出现。其主要内容：

1. 崇拜对象主要是部落祖先、氏族祖先。

2. 崇拜神灵，以及氏族首领或创始人，为生产力的发展和社会进步做出巨大贡献的氏族英雄。例如神农氏，传说用木制耒耜，教民稼穑，是人文始祖、农耕鼻祖。

3. 崇拜与邪恶势力斗争的反抗之神。

可以设想，羊舌村晋侯墓出土的神人兽面饰，正面（凸起的阳纹）制作年代为陶寺文化的晚期，而背面神人兽面阴刻线中，由于阴线纹饰打破了线割镂空，其制造年代应晚于正面。从其神人兽面牌饰阴线刻纹中，能看到金属砣具留下的痕迹，依据它的生产工具和制造工艺，它的制作年代应为青铜时代。

曲沃县羊舌村墓为晋侯的大墓，他们崇拜的是自己的姬姓祖先，从神人的面相看大有王者之风范。

2. 山西出土的商代墓葬中的玉器

商朝墓，只有大型墓葬，如殷墟妇好墓、江西新干商代大墓、四川广汉三星堆这样高等级的墓葬和遗址才会出土成批的玉礼器。一般来讲，商周的墓葬，即便有大型青铜礼器出土，也不一定有玉器，但有玉礼器的墓葬必然有青铜礼器。可见，玉器在商代何等重要。

山西位于黄河流域的中游，是中原地区向北方草原过渡的地区，既有中原农耕文化，又有含北方草原游牧民族特点的商代方国文化。例如，山西石楼、柳林、保德、永和、灵石、浮山等地均有商代方国墓葬出土，由于历史的原因，绝大多数商代方国墓葬没有经过科学发掘，只有青铜器得以保存，而玉器不得而知。后来，考古工作者在山西浮山桥北墓地、灵石旌介商代方国墓地发掘、出土了大批青铜礼器和装饰性的小件玉器。

1985年，山西省考古研究所在灵石县旌介村发掘了两座商代晚期方国墓，出土了大量青铜器。两座墓均有四觚十爵青铜酒器出土，可见墓葬等级规格甚高，但令人费解的是，该墓地只出土了一些小型玉，均属制造大型礼玉的残料的再利用。现简介如下。

鸟形玉饰 长3.6厘米，灵石县旌介村2号墓出土。轮廓像鸟，鸟背为弧形，可能是制作璧或璜之类的环形器留下的。孔作目。

龙首蚕身玉饰 长3厘米，旌介2号墓出土。龙首，圆目，双耳向后，蚕身，卷尾。

鹿首形玉饰 长3.6厘米，高3.2厘米。灵石旌介2号墓出土。呈墨绿色，圆雕。双角，圆眼，两耳向后，口微张，颈部有一孔。

鸟形玉饰　长3.3厘米，宽1.6厘米。灵石旌介2号墓出土。扁平体，尖喙，圆眼，双翅，宽尾。嘴部横穿一孔，便于佩挂。

兔形玉佩　长3.2厘米，高2.4厘米。灵石旌介2号墓出土。兔呈蹲卧状，圆眼，双耳向后，前腿微伸，短尾。

虎形玉佩　长3.6厘米。灵石旌介2号墓出土。虎呈卧状，口大张，圆目，两耳向后。锥状长尾。

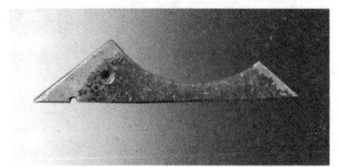

鸟形玉饰

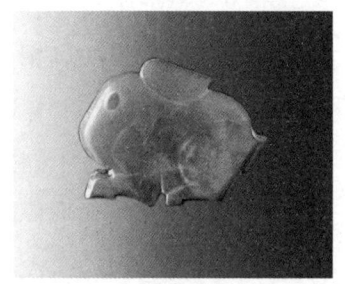

兔形玉佩

山西浮山桥北18号墓是一座带墓道的商代晚期方国大墓，其形制、规格要比灵石旌介高得多。由于被盗，只出土了一些装饰性的佩玉。

鸮形玉佩　高7厘米，宽4.2厘米。浮山桥北18号墓出土。扁平体，鸮为侧身状，冠后有一孔。双钩阴线雕琢，钩喙，圆眼，颈部有鳞纹。身体饰卷云纹。长尾向后弯曲。

玉觿　长7.2厘米。浮山桥北18号墓出土。青白玉，有光泽，较温润。椭圆柱状锥体，柄首略细，靠近首部有一对不规则圆孔，孔下侧位锯出一道凹槽。腰部为一周宽凹弦纹。下半部略呈弯锥体，尖部侧位锯出一凹槽。这种一端尖锐、一端有孔可穿系的觿，在商代多用于解绳结。

虎形玉佩

鹰形玉饰　长5.5厘米，宽2.4厘米。浮山桥北商墓出土。青玉，侵蚀严重。扁平体，圆眼，钩喙，头上有一穿孔，高冠。尾部作长圆柱锥状体，尖部残缺，可能有刃，似为刻刀。

兽首形玉饰　高2.2厘米，宽1.9厘米。浮山桥北商墓出土。青白玉，朱砂浸呈红褐色。作方形兽头，方

兽首形玉饰

鹰形玉佩

目，宽扁嘴，嘴下部有一锯槽，耳部有对钻圆孔。

3. 商代玉器的特征

《逸周书·世俘解》曰:"商王纣取天智玉琰五,环身,厚以自焚。凡厥有庶,告焚玉四千……凡武王俘商宝玉万四千,佩玉亿又八万。"此数字虽有些夸张,但商人用玉的数量的确相当可观。目前,西周晚期至春秋早期墓葬出土的传世玉器中,存有许多商代玉器。

在新石器时代,不同的文化区域大致依据本地区的矿产特点选择玉材,统一的玉材标准尚未形成。商代则不然,用玉标准较统一,有了较明确的玉概念。从目前发现的商代玉器看,玉料主要有新疆和田玉、南阳独山玉、陕西蓝田玉、辽宁岫岩玉等。在具体的玉材选用上,礼器多用南阳玉、岫岩玉,它追求的是"以素为贵,以少为贵,以质为美"的审美效果。《礼记·郊特牲》:"大圭不琢,其美质也。"就是说大圭是不需要加琢纹饰的,纹饰过于华丽,往往会掩饰玉质的天然本色。我们注意到夏、商时期,礼玉是很少雕琢纹饰的,这同"以苍璧礼天,以黄琮礼地"的用玉观念是一致的。

20世纪30年代,安阳小屯殷墟宫殿宗庙遗址的南面,曾出土两件东西并列的玉璧,白璧在西,苍璧在东,璧孔内满布绿松石,此二璧可能是祭天以后埋入地下的遗物。

盘庚迁殷以前玉器出土范围比较广,数量也很大,主要有河南偃师二里头遗址、郑州商城、新郑望京楼、许昌大路陈村、湖北黄陂盘龙城李家嘴、北京平谷刘家河等。山西出土的商代早期玉器很少。璧、琮、圭、璋、琥、璜这样的大型礼器,在山西也很少出土,可能与地理位置和地区方国的等级不够有关。

商代晚期,商王朝更加强大,铜器、玉器制造业得到很大的发展。玉器生产量加大,品种增多,特别是装饰性玉器。这种装饰品可分为两大类,一类为实用器,在实用玉器上增加纹饰雕琢,以增加美感。另一类为具有收藏价值的艺术品,这种艺术品往往选择新疆和田玉,其玉质温润,雕琢精细,成为具有观赏性的人们把玩的玉器,商代晚期的墓葬出土了许多这样的装饰玉器。

这一时期玉器的另一特点是，出现了以小型籽玉的自然形态为基础的圆雕饰件。除了浅浮雕、半圆雕、透雕和整体圆雕等手法之外，还大量出现以手工雕刻为主的纤细雕刻图形，这类器表装饰比剖割玉料消耗的劳动量大得多，而且技术层次亦高得多，这些玉器是艺术和琢玉技术相结合的产物。这一点在晋侯63号墓出土的玉器中可以看出。

商代还出现了另一种现象，即利用制造礼玉的残料回收改制，这说明玉材的珍贵和需求量之大。这些改制的佩玉，多为岫岩玉、南阳玉。我们在灵石旌介墓出土了许多这样的小件玉器。

4. 周代墓地的玉器

山西闻喜县上郭村一带，史载是春秋时期晋国的古曲沃，也是晋国公室的宗庙所在地。《汉书·地理志》记载"河东郡闻喜，故曲沃"。《左传》僖公三十二年："冬，晋文公卒。将殡于曲沃。出绛，柩有声如牛。"正如《横水墓地的发现与晋文化研究》一文所说："公元前746年，晋文侯死，其子昭侯封叔父成师于曲沃，号称'曲沃恒叔'，而'曲沃'根据考古成果在西周晚期就已经属于晋国了。"20世纪70年代，山西省文物工作委员会在此发掘了一批西周晚期至春秋早期的墓葬。1974年出土的"荀侯匜"，铭文为"荀侯稽作宝匜，其万寿子孙永宝用"。"贮子匜"，铭文为"唯王二月贮子己父作宝匜其子子孙孙永宝用"。1978年出土的"重矩甗"，铭文为"五氏孙矩作其旅甗其眉寿无疆子子孙永宝用之"；陈公子壶，铭文为"陈公子信父做旅瓶用祈眉寿万年无疆永寿用之"。"贮子匜"上的"贮"，李学勤先生、彭裕商先生考释为"贾"；"矩甗"上的"重"，人们认为是"董"。后来出土的"子犯钟"出于上郭附近的子范墓，使我们更加确信闻喜上郭、丘家庄一带为晋国春秋时期的古曲沃。

闻喜上郭墓地55号大墓也出土过一批精美的玉器，简单介绍如下。

兽面纹柱形玉管 高3.6厘米，宽2.7厘米，孔径9厘米，青玉，浅黄绿色。柱形，端面中心有一上下贯通的孔，器表雕阳纹，臣字目。

鹦鹉形玉璜 长6.4厘米，宽1.6厘米。青白玉，半透明，玉质温润。扁平体，呈弧形。鸟体表面雕双钩阴线云雷纹。头顶上饰镂空边饰的大冠，圆眼，钩喙，短尾。两头有单面钻孔，可能是后钻的。此玉器与殷墟妇好墓1039鹦鹉类同。

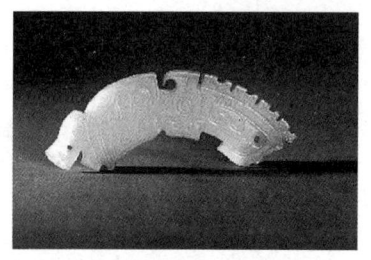

鹦鹉形玉璜

玉戈 长36.8厘米，宽4.8厘米。青玉，浅黄绿色，表面有光泽，局部有绿色的斑。形体略呈弧形，内直无阑，缘较狭长，有不明显的脊，缘末阴刻单线方格纹。内中部有一圆孔，孔后刻四道竖纹，在内的头部雕横向的六道阳纹。

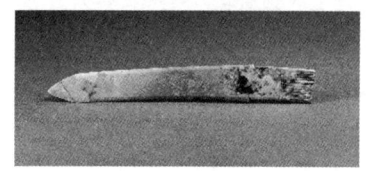

玉戈

玉扣饰 高3.6厘米，宽1.1厘米，青玉。中部有凹面，呈方形，两头部各雕琢兽面，兽角高耸向内卷曲，方眼凸起。整体采用简练的阳纹。

另外介绍一件洪洞永凝堡5号墓出土的鸮形玉饰。长2.1厘米，宽1.7厘米，高1.2厘米，青玉，黄绿色，有褐色杂斑。大圆眼，尖喙，喙部有残损，足作榫卯形，榫中有凹槽，槽前部有一孔。

2005年，山西省考古研究所在绛县横水发掘了一批西周时期的墓葬，其时代为西周早期至西周晚期，因有多件铜器带有"倗伯"的铭文，学术界一致认为属倗国墓地。墓葬形制为土坑竖穴木椁墓，一椁两棺，口小底大。其时代较早，墓框与椁室之间的二层台宽大，在二层台上有多个殉人。大型墓葬有腰坑，坑内多为殉人。倗国墓地男性多俯身葬，而女性则仰身直肢，头向西方，头朝墓道。这种葬俗与同时期的其他姬姓诸侯国的墓葬有明显的区别，也同天马—曲村晋侯墓地有很大的区别，可能与殷文化有关系。横北西周墓地1号墓为倗伯夫人毕姬的墓葬。1号墓出土的三足瓮、大口尊，与曲村晋侯夫人墓出土之物颇为相似，这些仅仅在具有较高地位的女性墓葬中才出土，可能与嫁入其他族类的姬姓女子有关。在横北西周墓地，夫人墓葬明显比男主人墓葬小得多，只有倗伯夫人毕姬墓，其墓葬规模、形制都高于倗伯，可能是姬姓毕公的女子下嫁倗伯，可见西周等级制度分明。

1号墓出土多组玉璜组佩、骨牌玛瑙串饰等，其中一件龙形玉佩出自墓主人手指附近，高7厘米，宽4.2厘米，厚0.6厘米，青玉，有斑。为一个半圆雕卷曲的龙剖开的一半，龙首为侧面像，龙作回首状，瓶颈状的龙角，龙身粗壮，卷尾。背面平整光素，正面隐约可见阴线纹饰，有一周的镂空边饰。上部靠近边缘部位有一穿孔，边饰的下部有两个小孔。

横北墓地2002号墓出土了一件弦纹凸缘璧，为斑杂构造的青黄玉（半透明部分与不透明部分呈斑杂状）。外径11.5厘米，孔径5.5厘米。璧两面琢弦纹，其截面平整齐直，靠近孔壁凸缘部略厚，由边缘向中心渐厚，内孔由管钻两面对钻而成，内孔边缘有修痕，两面孔缘突起如唇。璧身两面饰四组纤细的同心圆，线条和谐流畅、规整，每组线条之

龙形玉佩

间有减地磨痕，这些同心圆弦纹是以孔为定位旋转玉璧琢成的。由于砣具的振动，玉璧两面局部出现断线和线条错位现象。

有人认为："这些线条是剖玉器成型或修磨器表的工艺痕迹。"笔者认为是一种装饰花纹。它应该是一种特有工艺的纹样，只有被加工的玉材在某种载体带动下做圆形旋转，才能出现此类工艺痕迹。这种同心圆的凸缘璧在殷墟妇好墓、新干大洋洲商代大墓和广汉三星堆遗址均较多。晋侯墓93号墓出土的玉覆面，周边15件三角形玉片均为制作凸缘弦纹璧残料改制的。湖南宁乡贮藏在商代铜卣中的玉鱼有不少利用此种环璧改制的痕迹。这些"废物利用"

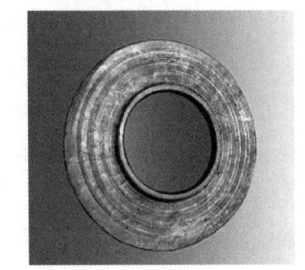

弦纹玉璧

至少从侧面证明此类环璧在商代数量颇多。

古人认为天圆地方，《周礼·春官·大宗伯》曰："以苍璧礼天，以黄琮礼地。"用圆形的璧在表面雕琢同心圆的弦纹祭天，这可能是因为古人认为天是圆的。俞伟超先生在《"神面卣"上的人格化"天帝"图像》一文中提出，"琮是祭祀地母神"所使用的。在浙江余杭反山12号墓出土的最大的玉琮上，

可看到双乳凸起的九屈神人的形象。

横北 2158 号墓是一座大型墓葬，其年代为西周早期的晚段。这一时期玉器制作在继承商代文化的基础上，开始形成自己的制玉风格。这个时期用鼎制度尚未完善，该墓葬出土的不同形制的鼎有七个之多。在棺椁之间出土了一件青玉柄形器，高 17.3 厘米，长 1.8 厘米，宽 1.3 厘米，青玉，玉质较纯，方柱体，断面呈长方形，柄部略显束腰，有阳刻弦纹两周，柄的头部为扁状铲形，下端有一周弦纹，其下有扁铲形状，器表雕琢有六段莲瓣形纹饰。此柄形器古朴大方，有商代的特点，与殷墟妇好墓标本 555 柄形器基本一样，这种柄形器在黎城县也出土过一件。这种方柱形莲瓣纹的柄形器可追溯到二里头文化。在二里头遗址出土了较多的柄形器，其中一件最精，白玉，玉质洁白无瑕，酷似和田玉。器长 17.1 厘米，近似方形。外形似鞭，分六节，分别饰莲瓣纹、弦纹、兽面纹。

兽角、鸟纹、鱼尾状玉饰　长 14.8 厘米，宽 3.6 厘米，厚 0.3 厘米。一对。青玉，深绿色，有白色的斑，片状。整体为龙、鸟、鱼的复合形态。上端有一瓶状的兽角，其下有一孔，似为龙的眼睛，其后有饰云纹的龙身。弧形的鸟头，其上部有一小孔，短嘴钩喙，饰有羽状的鸟身。在边缘的中部有鱼鳍，下端为鱼的尾部。

兽角、鸟纹、
鱼尾状玉饰

柄形器　高 10.5 厘米，宽 2 厘米，厚 0.5 厘米。横北 2158 号墓葬出土。青白玉，玉质上乘。扁平体，两面做工，其纹饰一样。器表饰卷云纹（一面坡），柄部略显束腰，其上头部为盝顶形。下部有不规则的弧形。其时代为西周早期的晚段，这个时期西周的制玉风格开始形成。

玉佩饰　长 3.2 厘米，宽 2 厘米。横北 2161 号墓葬出土。青玉，有褐色的斑。整体为一抽象的兽头，上端有一穿孔，用于佩挂，孔两侧有齿，象征兽角。其时代定在商周之际较为合适。

玉蝉　长 3.2 厘米，宽 1.5 厘米。横北 2161 号墓葬出土。青白玉，玉质温润。正面为尖喙，圆眼，眼后有两道阴线。蝉翅之间有一孔，翅尾弧形，在翅尾之间有一孔。背面为蝉腹，饰鱼鳞纹，腹中及尾部均有两面对钻的孔。玉蝉的制作时代为商代晚期至西周早期。

玉兽面挂饰　长2.7厘米，宽1.8厘米。横北2161号墓出土。青白玉，应该是西周早期之物。质纯，有光泽，半圆雕。阳纹。椭圆形的下颌，其上有一钻孔。阔鼻，獠牙，方目。头上雕有向上卷曲的角。反面光素，无纹饰。

玉钺　高7厘米，宽4.8厘米。横北2161号墓葬出土。青玉，有黑褐色的斑。整体呈梯形。两边有刃内弧，下端为斜刃外弧。靠近背部有一小孔。

曲村—天马遗址一带是西周时期晋国的始封地。20世纪90年代，北京大学考古系和山西省考古研究所在北赵发掘了晋侯墓地，该墓地排列有序，演变清楚，其时代从西周早期到春秋早期。63号墓为西周晚期晋侯邦父续弦夫人晋姜的墓葬，我们认为晋姜应是穆侯四年从齐国娶来的姜氏女，其卒后埋葬于晋侯墓地。杨姞则是杨国国君的夫人，杨国是个小国，要看晋国的眼色行事，她所作的两件杨姞壶，可能是随葬于晋侯墓地的赗赠之物。《公羊传·隐公元年》："赗者何？丧事有赗。赗者盖以马，以乘马束帛。"《左传·隐公三年》："武氏子来赗，王未葬也。"看来在周代就有自做器而助葬的制度。在该墓椁室西北角放置着一个铜方盒，内置各类玉质小件，有玉人、熊、牛、鹰、鸮、龟、鼓等多件玉器，具有典型的商代风格。

鹰形玉饰　高10.3厘米，宽4.3厘米。青玉，局部有褐色紫斑。圆雕。鹰为站立侧面像，以龙形作头冠，龙首较大，口大张，瓶形角，臣字目。身躯短小并饰有鳞纹，龙尾向上内卷。鹰为方目，钩喙，颈部饰鳞纹，鼓胸作展翅状，粗状腿，钩爪，尾下垂及地与前爪呈鼎立状。器表饰双钩阴线卷云纹。

鹰形玉饰

熊形玉饰　高5.1厘米，宽4.5厘米。青玉，略有黑褐色斑点。圆雕。整体造型为抱膝蹲坐状。头微昂，弓背，前掌抚于膝上，臣字目，双耳竖立，吻前伸，方形足。器表饰双钩阴线云纹，脑后颈部饰鳞纹。两臂之间有一

熊形玉饰

穿孔。此玉饰与殷墟妇好墓标本303类似。

卧牛形玉饰 高2.1厘米，长3.5厘米，宽3.9厘米。青玉，圆雕。牛四肢向内弯曲，整体造型为卧状。臣字目，身体为拱形。大角短尾，下颌斜向对钻一圆孔，自口至尾贯通，用以穿系。器表为阳线云纹。此玉牛风格与妇好墓标本1301一致。

鸮形玉佩 长6.9厘米，宽3.8厘米，厚2.3厘米。青玉，黄绿色，玉质温润有光泽。圆雕。躯体正面展开近似方形。圆目突睛，双眼之间刻有一排几何羽纹，钩喙内弯及胸，形成穿孔。宽尾饰阴线。底为方座圆窝，两侧各有穿孔。器表为减地凸起的双钩阳线勾云纹。

玉龟 长5.4厘米，宽4厘米。青玉，黄绿色，圆雕。甲背隆起中脊，缘板分明，共刻有33块。腹甲刻作9块。尾甲分两歧，前后镂空，不见头尾及四爪，两端穿孔贯通首尾，腹甲一端有穿孔。纹饰均采用单线阴刻。

鼓形玉饰 高5.7厘米，宽6.2厘米。青玉，黄绿色。圆雕。椭圆形，鼓腔短于鼓面，扁宽。鼓腔上部有圆形冠，中为穿孔，便于系挂。鼓腔两侧各有一立体兽首，兽角为蘑菇状。鼓面略凸出，刻有两周椭圆形弦纹。鼓下有方形足，底部刻有不规则的长圆孔，纹饰均用单线阴刻而成。玉器中鼓的造型颇为少见，从中折射出商代鼓的造型，为探索商代鼓提供了可信的实物资料。

玉立人 高9.7厘米。青玉，黄褐色。圆雕。玉人呈双腿曲立状。长脸宽颌，圆睁臣字目，浓眉，阔鼻宽嘴。发式为两个前耸的犄角形，螺旋而上，脑后是下垂微卷的发式。双臂前举，双手抱拳，臂部饰有卷曲的云纹。腹微鼓，有一周宽腰带，带上饰阴线方格纹。腰部左侧佩一龙形器，前端为龙首，瓶形角，方目，卷鼻，张牙露齿。龙体饰有鳞纹。玉人双腿曲立，饰有云纹，足蹬方头鞋，其下为片状的榫头，可能是插在某一物体上使用的。从造型及装束分析，玉立人可能有某种巫术含义。

在中华文明五千年的历史长河中，一个王朝

玉立人

的衰亡是瞬间的事情，但一个王朝的文化不可能随之而消亡，新兴的政权要继承前朝的文化，并在此基础上加以发展。西周王朝就是这样，武王伐纣，新兴的政权建立。周初多沿袭商文化，自己的文化风格尚未形成，要形成周王朝的文化风格，需要许多年甚至几十年。玉器制作也是这样，西周初期自己的风格尚未形成，多沿用商代晚期的风格，形成西周自己的文化特征，要到西周早期的晚段。"事物是普遍联系的，又是发展的"，我们用发展的观点观察事物，就不难鉴别这些晚期墓葬出土的传世商代玉器。

二、和田玉的运输线路

据《中国出土玉器全集》分析，和田玉的运输途径远非两种。目前已出土商代玉器的地点[①]有河南安阳市高楼庄、安阳市殷墟、安阳市妇好墓、安阳市刘家庄、王裕口、新安庄、苗圃北地、花园庄、黑河路、后冈、小屯、孝民屯、浚县大赉店、郑州市南郊杨庄、新郑市望京楼、许昌市张乡大路陈村、洛宁县陈吴乡寨子村、淮阳市冯塘乡冯塘村、罗山县莽张乡等，河北省藁城市台西村、武安市赵窑等，山西省灵石县旌介村、浮山桥北，陕西西安市东郊毛西村、西安市灞桥老牛坡等。研究以上出土地点可见，商代玉器的出土地大多集中在华北平原，陕西关中地区与晋东南的汾河河谷也有零星分布。而"经检测，殷墟商代晚期妇好墓出土的755件玉器中大多数为和田玉，还有一些岫岩玉和独山玉"[②]。如果以安阳殷墟妇好墓埋葬玉器的时间为和田玉大规模进入中原起始点的话，那么殷墟的和田玉应该是沿着石家庄的滹沱河一带而来的。其具体路线大致为：安阳—石家庄（平山）—代县（雁门关）—包头—银川—中卫。

出土周代玉器的地方则有陕西省扶风县刘家村丰姬墓、扶风县强家村、召陈村、黄堆老堡子村、齐家村、岐山县王家嘴、贺家砖厂、凤翔县南指挥

---

① 以下地名（包括周代的）主要根据古方主编《中国出土玉器全集》，浙江古籍出版社，2005年版。统计范围主要涉及青海、甘肃、宁夏、陕西、山西、河南、河北、北京、辽宁、内蒙古这十个省市，文中所列为当时地名。
② 古方主编《中国古玉器图典》，文物出版社，2007，第12页。

村秦公墓地、河南屯、刘淡村、宝鸡市茹家庄、竹园沟、益门村、咸阳正阳乡秦都咸阳城遗址、长武亭口乡樊罗村、旬邑转角村秦墓、西安市吴家坟、长安张家坡、长安韦曲、户县城关镇等，山西省闻喜县上郭墓地、绛县横水西周墓地、侯马市西高祭祀遗址、侯马市虒祁墓地、侯马市机运站祭祀遗址、曲沃县晋侯墓地、洪洞县永凝堡、新绛县柳泉墓地、潞城县潞河墓地、长子县牛家坡墓地、长治市分水岭、太原市金胜村赵卿墓地等，河南省三门峡市虢国墓地、洛阳市吉利区、北窑、花园村、中州中路、金村、西工区、铜加工厂、唐宫路、平顶山市应国墓、濮阳西土岗、光山县宝相寺、淅川县下寺、叶县旧县、淮阳市平粮台、许昌市张潘乡等，河北省邯郸市百家村、赵王陵、平山县三汲乡中山王墓、七汲村、河北省易县燕下都等，北京市房山区琉璃河西周燕国墓地、昌平区白浮村、永定门外定安里小学、延庆县等，甘肃省灵台县白草坡、崇信县于家湾、灵台县洞山、甘肃省静宁县双岘乡尤付村、礼县大堡子山、陇西县西河滩等，宁夏固原原州区彭堡乡撒门村等。排列以上出土地点，大致可以分析出其中的几条路径：

1. 宝鸡—彬县—平凉—静宁—会宁—兰州；

2. 宝鸡—彬县—平凉—固原—中卫—武威；

3. 宝鸡—千阳—陇县—清水—天水—陇西—兰州；

4. 宝鸡—西安—运城—临汾—太原—代县（雁门关）—包头—银川—中宁—武威（或兰州）；

5. 宝鸡—西安—三门峡—洛阳—邯郸—石家庄—北京昌平—延庆—大同—包头—银川—中宁—武威（或兰州）。

与史前玉石神话通过黄河水道传播不同，商周两代的和田玉的主要运输方式应该是马车之类的陆路运输方式。考古工作者在河南偃师二里头遗址发现了车马器物，在偃师商城遗址发现了车辙的痕迹，这表明马车的出现至少可以上溯到商代中期。[①]不仅出土实物，早期文字也可以提供一定的佐证。"殷

---

① 徐畅：《服牛乘马，引重致远——先秦的交通业》，《先秦玺印图说》，文物出版社，2009，第 272 页。

墟卜辞中多见象形之车字,……此外,还多有作为重要的交通史资料的殷代后期车马坑和车马器等遗迹、遗物出土。"①

综上可见,玉石之路是一条很长的东西交通要道。而玉石之路之所以从史前到商再到周发生如此大的变迁除了与交通工具的改变有关,也应当与政治权力中心的转移有一定的关系。从已出土玉器的地点可以看出,出土商代玉器的地点主要集中在安阳殷墟一带,而殷墟则是商代最重要的一个都城的遗址;出土周代玉器的地点则比较分散,但也形成关中和洛阳两个中心,这也可以与西周建都宝鸡一带及周平王迁都洛阳等历史记载相互印证。

三、雁门关与玉石之路

由于雁门关连通了太行山西麓的汾河谷地及太行山东麓的山前平原等,因此其地理位置显得尤为重要。《穆天子传》中记载周穆王"北循虖沱之阳……绝隃之关隥",最终载宝玉而归。《战国策·赵策》中所记苏秦为齐上书说赵王曰:"今踰句注禁常山而守,三百里通于燕之唐、曲吾,此代马胡驹不东,而昆山之玉不出也。"王仁湘先生在新疆白玉河畔考察发现了一块巨石上刻有"大清道光二十一二年山西忻州双堡村王有德在此苦难"这样的字迹,他认为巨石上所刻的"王有德"应该是由雁门关走西口走到新疆,走到和田的白玉河,而这也在某种意义上证明了当地有着悠久的和田玉文化传承。

太行山东麓的山前平原也是早期玉石运输的重要路线,苏秉琦先生曾指出中原与北方两大文化区系互动的主要通道是以汾河谷地为主线的Y形通道。该道东北通桑干河地区,西北通河套地区。不仅如此,太行山脉东西两侧即太行山西麓的汾河谷地及太行山东麓的山前平原之间,也存在东西向的互动和融合,其通道主要是桑干河、滹沱河和漳河谷地,而出土玉器的材料也显示这条交通要道是存在的。

总而言之,太行山西侧的汾河河谷与东侧的河北平原都是古代文化交通

---

① 王子今:《秦汉交通史稿》,中国人民大学出版社,2013,第2—3页。

要道,而这两条交通要道,最后都经过古代雁门关中转,因此古雁门关对于玉石的运输来说极为重要,所以《战国策·赵策》中才有"踰句注禁常山而守"的战略建议。

1. 草原丝路东西两大重镇雁门、伊吾

先秦时期,雁门—瀚海—伊吾是北方草原民族迁徙的主要通道,而雁门、伊吾也是草原丝路上东、西两重镇或桥头堡。东汉在伊吾地区设宜禾都尉,置伊吾卢以来,汉与游牧各族在该地区进行了四五百年的对峙。这一时期,在这条路上活动的有大夏、月氏、乌孙、匈奴、柔然、突厥、嚈哒等草原民族。以隋炀帝占领伊吾、建立伊吾新城为标志,草原丝路畅通,并与陆路丝绸之路衔接,进而成为东西贸易与文化交流的主要通道。

西周以来,雁门及以北地区是北方草原民族的主要栖息地,而伊吾或昆吾,向为"夷狄之地"。两者之间是横亘漠北数千里的瀚海地区。雁门—瀚海—伊吾是草原民族东西往来的主要通道,并且成为历史上东亚地区最早的草原丝绸之路。在此路上,雁门、伊吾为东西两大重镇。

(1) 西隃、雁门

史籍记载,雁门关在历史上先后有隃隥、髳隥、先俞、西俞、勾注、雁门等称呼。隃隥、髳隥最早,源于《穆天子传》。由于研究者在对书中所涉地名、族名及西征行程的释读上意见不一。故而,学术界对书中所载史实的真实性曾持怀疑态度。但自20世纪中后期以来,由于草原考古的进展及中西交通史研究的逐步深入,学者们在该书疑难问题上的契合点渐多,特别是在对一些重要史实的讨论中基本达成一致,进而对该书历史记载的总体认识发生了根本转变。

尽管对《穆天子传》的内容,诸家意见不一,但对隃、髳二隥即今雁门关的解释,不同时代的学者都得出了大致相同的结论。① 近年来余太山先生撰

---

① 西晋郭璞著《穆天子传注》,20世纪50年代顾实著《穆天子传西征讲疏》、90年代王贻梁著《穆天子传汇校集释》等。这几部书分别代表了该领域几个历史时期的研究成果,书中都有类似的论证。

写的《早期丝绸之路文献研究》一书，是该研究的最新成果。全书对《穆天子传》的成书背景、西征路线及相关问题进行了翔实的考证。余先生认为：《穆天子传》叙述西征的前四卷，可能成书于战国后期燕、赵人之手，"其现实背景主要为至迟在公元前7世纪末业已存在的东、西交通路线，书中有关穆天子西征行程的记载不失为中国最早的丝路文献"①。他所考证的西征路线为：穆天子由关中入河南，渡黄河，逾太行至勾注山过雁门，经河套，西行至阴山，进入昆仑山东端（今阿尔泰山东），又至科布河，转行至昆仑山西端（阿尔泰山西），在今哈萨克斯坦境内的斋桑泊会见了西王母，然后返回洛邑，往返三万五千里。书中提到的漳水、盘石、钘山、虖沱、当水等地名均在今山西境内。②特别值得注意的是，周穆王西征往返都经过了今天的雁门关。

周穆王西出时"绝隃之关磴"，此处之"隃"，郭璞注曰："疑北谓北陵西隃，西隃，雁门山也。"郭璞是西晋河东闻喜（今山西省闻喜县）人，他所指雁门山当为今山西代县之雁门山。郭璞在《尔雅·释地》注中亦称："北陵西隃，雁门是也。"又《山海经·北山经》载："又北三百五十里，曰梁渠之山，无草木，多金玉。修水出焉，而东流注于雁门。"郭璞于"雁门"下注曰："水名。"清代学者毕沅、郝懿行则认为雁门水出于雁门阴馆漯头山。阴馆在今山西代县雁门关北。再根据穆天子西征行程，穆天子在西征"绝隃"之前，所走之路是循滹沱河之阳北上至当水，此"当水"，按顾实先生考证，为恒水，"古书以恒、常二字通用，如常山即恒山，则此当水亦即古之恒水也。《禹贡》云：'恒卫既从'，朱骏声曰：'恒水源出恒山，今自直隶正定府阜平县龙泉关北，经大派山，曰沙河。又东南至保定府祁州界合滋河入唐河即滱水也。……曲阳以下之滱，本名恒，灵寿以下之滹沱本名卫，……亦即《穆传》当水与滹沱河相邻之证也。'隃之关当在今山西代州雁门县之雁门山上。"③又解"磴"，"《仓颉篇》曰：'磴，小阪也。'《说文》曰：'陂者曰阪'，

---

① 余太山：《早期丝绸之路文献研究》，商务印书馆，2013，第5页。
② 余太山：《早期丝绸之路文献研究》，商务印书馆，2013，第17—27页。
③ 顾实：《穆天子传西征讲疏》，上海三联书店，2014，第11—14页。

则隃乃山坡险要之地。"①顾实先生考证甚为清晰，源出五台山之滹沱河与源出恒山之恒水即当水，相邻并行，穆天子由滹沱河北上当水，到达今山西繁峙县境内当水支流沙河，再稍南行即越隃，此"隃"为今之雁门关无疑。

周穆王东返时"升于髭之隥"，此"髭"又指何地？且看西征行程，"孟冬壬戌，至于雷首。犬戎胡觞天子于雷首之阿……癸亥，天子南征，升于髭之隥。"郭璞将此雷首，释为蒲州南之雷首山。余太山先生释"髭之隥"为勾注山，即今雁门关，而将雷首山，亦据郭璞注，释为蒲州雷首山。②此处说"髭之隥"是勾注山，即代县之雁门关是对的，而说由蒲州雷首山至勾注山则地望不合。问题出在对雷首山的解释上，此处的雷首山不是蒲州的雷首山，而指今雁门关北的累头山。对此，顾实先生做过考证，顾先生根据《汉书·地理志》《水经注·灅水》《说文解字》等记载提出，此处的雷首山，实为雁门郡阴馆县累头山，在今山西朔州市北。③由此南行即为髭隥，即勾注山、雁门关。穆天子西征往往不循故道，虽其往返均经过勾注山，但西出逾西隃，而东返又经髭隥，而隃与髭正是勾注山上的两关。

由此可知，不同时期研究《穆天子传》的学者，均将隃隥、髭隥释为勾注山或代县之雁门关。另外，在《史记·赵世家》里有"反至分、先俞于赵"。《集解》徐广曰："《尔雅》曰西俞、雁门是。"这个问题应当清楚了，但是西隃为山西雁门这样一个自郭璞注释开始为大多数学者所认可的说法，20世纪初曾受到王国维先生的质疑。王国维先生在1915年发表的《鬼方昆夷猃狁考》《观堂古金文考释·不期敦盖铭考释》两文中均提出，古籍所载西隃、阮隃、俞等均非指今天的雁门，认为这些地名所指为当时"宗周以西之地"。李书吉先生曾对这两方面问题进行分析。

第一，《后汉书·西羌传》所载穆王"迁戎于太原"，此中之"太原"指今之何地？迁戎事，《古本竹书纪年》载："穆王北征，行流沙千里，积

---

① 顾实：《穆天子传西征讲疏》，上海三联书店，2014，第11—14页。
② 余太山：《早期丝绸之路文献研究》，商务印书馆，2013，第24页。
③ 顾实：《穆天子传西征讲疏》，上海三联书店，2014，第230页。

羽千里，取其五王以东。"《后汉书·西羌传》载："至穆王时，戎狄不贡，王乃西征犬戎，获其五王……王遂迁戎于太原。"《穆天子传》卷一记有"天子北征于犬戎"。郭璞注："《纪年》又曰取其五王以东。"王国维先生说："《穆天子传》'至于雷首，犬戎胡觞天子于雷首之阿'。此亦犬戎既迁后事。案：雷首山在河东蒲坂县，今蒲州。《纪年》与《穆传》所纪若果不谬，则太原在河东可知。"①王国维先生以《竹书纪年》所述五王东迁事和《穆天子传》所述穆天子至雷首之事佐证太原地望，正说明这两部书所述内容和太原地望的确定有直接的关系。王国维先生以穆天子西征东归行程中的"雷首之阿"来确定西隃，而不以"当水之阴"来确定西隃，又说明雷首山对于确认西隃的地望有关键性作用。症结仍在对于雷首山地望的释读上。前已述及，顾实先生于此问题做过解析。实际上，《穆传》所指的雷首山即累头山。《汉书·地理志》雁门郡下载："阴馆，楼烦乡。……累头山，治水所出，东至泉州入海。"《水经注·灢水》称："灢水出雁门阴馆……灢水出于累头山，一曰治水。"《说文解字》曰："灢水，出雁门阴馆累头山，东入海。或曰治水也。"可知，《穆天子传》所指雷首山，不是蒲州的雷首山，而是位于雁门阴馆的累头山。据此可证，《穆天子传》所指䲜隥或西隃，就在今雁门。

第二，关于"茎分""先俞"指何地问题。《史记·赵世家》记载："反茎分、先俞于赵。"《正义》："郭注云'西隃即雁门山也'。按：西先声相近，盖陉山、西隃二山之地并在代州雁门县，皆赵地也。"王国维先生对此提出质疑，说："然此时，秦赵之界不能东至雁门，则先俞非雁门也。"②王国维先生说秦、赵当时的东界未达雁门，这是事实，然而由此得出"先俞非雁门"的结论，则需要讨论。苏厉上呈赵惠文王的是一部策书，呈书的时间是赵惠文王十六年，策书说："齐倍五国之约而殉王之患，西兵以禁强秦，秦废帝请服，反高平、根柔于魏，反茎分、先俞于赵。"策书中的前一段为："秦以三郡攻王之上党，羊肠之西，勾注之南，非王有已。踰勾注、斩常山而守之，三百里通于燕，

---

① 谢维扬、房鑫亮主编：《王国维全集》第八卷，浙江教育出版社，2010，第388页。
② 谢维扬、房鑫亮主编：《王国维全集》第十一卷，浙江教育出版社，2010，第318页。

代马胡犬不东下，昆山之玉不出，此三宝者亦非王有已。"①这些都是策书的内容，既为策书，其所反映的均为策谋者的假设、推理，而事实还未发生。如"秦以三郡攻王之上党，羊肠之西"，这些事没有发生，"踰勾注、斩常山而守之，三百里通于燕"，此事也没有发生，"五国三分王之地"之事也未发生，但是虽说策书所预设的事未发生，然预设事宜中的地名却是实际存在的。策书前说"踰勾注"，后说反"先俞"，这也正说明"先俞""勾注"应是一地。《史记正义》于两地之注，均释为今代县。又据《读史方舆纪要》代州勾注山："一名勾注陉，亦曰西陉。"记载十分清楚。

关于两雁门之说，综合史籍，李书吉先生认为，其一，明确提出雁门在高柳者仅《山海经·海内西经》一处，如前述"雁门山……在高柳北"，是经中正文所提到的。此外在《北山经》《北次二经》《北次三经》中，虽也有雁门山或雁门水之名，但未明确为何地，只有注者的解释。注者说法不同，大致有两种说法，一说在高柳，一说即今雁门。如《北山经》说："又北三百五十里，曰梁渠之山，无草木，多金玉。修水出焉，而东流注于雁门。"关于修水，《汉书·地理志》雁门郡阴馆下载："累头山，治水所出。"清郝懿行认为，修水，即于延水，出雁门阴馆累头山。早有学者提出："《地理志》有于延水而无雁门，《山海经》有雁门之目而无其说。"②其三，关于战国之前发生的史事的文献记载中均不见"雁门"之地名或称谓，而关于战国时期发生的史事的文献中出现了"勾注"和"勾注塞"的地名，这就是说，《山海经·海内西经》所称高柳的雁门山，没有相关的文献记载印证，亦即"有其目，无其说"，亦无事发生。故而，说雁门山在高柳，《山海经·海内西经》是一条孤证，无法落实。

至于"勾注塞"，史籍记载更明确，《吕氏春秋·有始览》记载，勾注塞为天下九塞之一。《战国策·燕策一》载，张仪为秦破从连横称："昔赵王以其姊为代王妻，欲并代，约与代王遇于勾注之塞。"又如前所述苏厉策

---

① 《史记·赵世家》。
② 郭郛：《山海经注证》，中国社会科学出版社，2004，第279—280页。

书中的"蹹勾注、斩常山而守之"。"雁门"一词,最先出现于汉代史籍。《汉书·武帝纪》载元光五年夏,"又发卒万人治雁门阻险",六年,击匈奴,"骁骑将军李广出雁门"。这两件事中的雁门,均指今雁门。其后,雁门一词,频繁见于史籍,而"雁门关"一词,最早见于北魏。《魏书·礼志一》载:魏明元帝于泰常四年(419)"幸代,至雁门关,望祀恒岳"。北魏末年,文献中有了东陉、西陉二关之称。《资治通鉴》载"欢以晋阳四塞"下,胡三省注:"太原郡之地,东阻太行、常山,西有蒙山,南有霍太山、高壁岭,北厄(扼)东陉、西陉关,故亦以为四塞之地。"到明代有了拱卫雁门的"三十九堡,十二联城"。①明代洪武年间在雁门关瓮城门两侧有副楹联云:"三边冲要无双地,九塞尊崇第一关。"清光绪《代州志》说:"雁门十八隘,至宋有之。"

(2) 昆吾、伊吾

唐李吉甫撰《元和郡县图志·陇右道下·伊州·伊吾》称:"禹贡九州之外,古戎地。古称昆吾,周穆王伐西戎,昆吾献赤刀。后转为伊吾,周衰,戎狄杂居泾渭之北伊吾之地。"关于昆吾,《竹书纪年》帝仲康下载,六年"锡昆吾命作伯"。帝芬下载:"三十三年,封昆吾氏子于有苏。"帝昊下载:"使豕韦氏复国。"注称:"夏衰、昆吾、豕韦相继为伯。"帝癸下载:"二十八年,昆吾氏伐商。……三十年……商师征昆吾。"②《诗·商颂》载:"韦顾既伐,昆吾夏桀。"《左传·昭公十八年》载:"周毛得杀毛伯过,而代之。苌弘曰:'毛得必亡,是昆吾稔之日也……'"注称:"昆吾本人名,韦昭《郑语》'昆吾为夏伯矣'注谓'昆吾祝融之孙,陆终第一子'。《吕氏春秋·君守篇》昆吾作陶即此人也。……其后国仍名昆吾,其君亦曰昆吾。……《左传》:'昆吾与夏桀同亡。'"又《国语·郑语》称:"昆吾为夏伯矣,大彭、豕韦为商伯矣。当国未有。"

顾颉刚、史念海先生指出:《诗·商颂·长发》所说的昆吾,大致居于夏桀附近,据《史记·魏世家》所载,夏桀之居,左河济,右华山,伊阙在

---

① 山西旅游景区志丛书编委会:《雁门关志》,三晋出版社,2010,第140页。
② 王国维:《今本竹书纪年疏证》,载《王国维全集》,浙江教育出版社,2010,第217—229页。

其南,羊肠在其北。商汤之时,北向而取韦顾,西向灭昆吾,再西至伊洛一带,翦灭夏桀也。①

那么,夏亡以后,昆吾去了哪里?丁山先生做过一个考证,他指出:"饕餮、穷奇、夸父之地,犬戎、昆夷、大夏之国,皆得谓即夏后子孙,《史记》谓'匈奴,其先夏后氏苗裔淳维',证之《吕览》云汤伐桀,'桀至大沙,身体离散'。则夏之亡也,实自南而北,奔于沙漠。"②

综上可知,昆吾这个古老的民族,最先为人名,大概在封夏伯以后,便以其名为国名,而国君亦称昆吾。夏初被仲康赐封为伯,到夏朝后期,居于夏桀附近,夏桀所居大致在西自华阴,东到济水上游,北达上党壶关,南达伊、洛地区。商汤伐夏时,先灭掉昆吾及相邻属国,接着平夏桀。昆吾之国被商汤翦灭以后,史籍上没了记载,正如《国语》说的"当国未有",丁山先生说:"……自南而北,奔于沙漠。"又如上所述,周穆王西征时,有昆吾献赤刀之说,这件事发生在伊吾,即今哈密,再联系大夏族西迁的情况,可证丁山先生所述奔于沙漠是符合实际的。

《太平寰宇记·陇右道四》伊州条载:"《(西域)传》曰:'伊吾卢者,盖西羌旧号,秦亦未有其地。至汉宣帝时,郑吉为南、北道都护,居乌垒城,即此也。至元帝置戊己校尉。虽不立州郡,其地盖统属焉……'"查史籍,无论《汉书·西域传》,还是《后汉书·西域传》,均无此语。据此分析,伊吾即古昆吾,既不在《禹贡》九州所载之列,也不在秦、汉所置郡县之内,但到西汉宣、元时伊吾同汉有了统属关系。而伊吾卢一词,是在东汉取得此地后才有的称谓。昆吾为古戎地,到汉武帝在河西置四郡后,由于此地地理形势重要,遂成为控制玉门关、阳关的锁钥,昆吾或伊吾之名始见于史籍。

据《汉书·张骞传》载:"天子数问骞大夏之属。骞既失侯,因曰:'臣居匈奴中,闻乌孙王号昆莫。昆莫父难兜靡本与大月氏俱在祁连、敦煌间,

---

① 顾颉刚、史念海:《中国疆域沿革史》,商务印书馆,2009,第17—23页。
② 丁山:《古代神话与民族》,商务印书馆,2013,第255页。

小国也。'"居祁连、敦煌之乌孙、大月氏后来陆续西走，而匈奴则进入其地。那么，祁连、敦煌指今何地？关于祁连，《史记·匈奴传》云："过居延，攻祁连山。"《史记索隐》曰："祁连，一名天山……"又《汉书·霍去病传》载："去病至祁连山，捕首虏甚多。"颜注云："祁连山即天山也。"余太山先生据《史记》《汉书》等相关记载，进行了考证："张骞用来标志月氏故地的'敦煌'即'敦薨之山'，即为今祁连山，则用来标志月氏故地的'祁连'就不可能是今祁连山……汉天山和汉祁连山均指今天山。"而乌孙月氏故地，"乃东起今祁连山以北，西抵今天山、阿尔泰山东麓"①。"乌孙故地似可求诸今哈密附近。"②又据《吕氏春秋·季秋纪·知士》"静郭君"注称："然据《元和姓纂》有昆姓，夏诸侯昆吾之后，齐有昆弁，见《战国策》"。

　　汉代史籍上的敦煌、祁连间，即伊吾一带，今哈密附近，曾是乌孙、大月氏的"故地"。而乌孙昆莫一部是昆吾西迁的一支。乌孙、大月氏又向西迁徙后，匈奴占领其地。

　　永平十六年（73），东汉派窦固率班超等将，西击匈奴于伊吾，取伊吾地，置宜禾都尉，并派兵屯守伊吾卢城。③伊吾之地自古就是新疆少有的一片绿洲。就气候条件看，天山山脉始于伊吾以东，天山是南疆、北疆两个气候带的分界线，这里降水充沛，有辽阔的河谷和肥美的牧场。从交通条件看，伊吾是南出玉门、阳关，北通车师、高昌的西域门户。

　　伊吾具有重要的军事战略地位，西汉前期由北而来的匈奴首先控制伊吾、高昌（今吐鲁番）及河西走廊，然后南下天山南路或青海地区。汉武帝以来，汉政权往往由东而西，先掌握河西走廊，再向西北伸展同匈奴争夺伊吾、高昌，切断匈奴与北路的联系，经略南路，再与匈奴争夺天山北路，对匈奴形成侧翼包围，迫使他们再向西迁移，这就是西汉断匈奴右臂的战略。东汉亦如此，正如耿秉在明帝永平十五年（72）奏书中所说："得伊吾，破车师，通使乌

---

① 余太山：《塞种史研究》，商务印书馆，2012，第89—92页。
② 余太山：《塞种史研究》，商务印书馆，2012，第201页。
③ 参见《资治通鉴》卷四十五，《后汉书》卷七十八《西域传》。

孙诸国以断其右臂。"①永平十六年，东汉取得伊吾，使伊吾之地首次置于汉政权的控制之下。然而，由此开始直至隋唐时期的五百多年来，中原政权同游牧各族在伊吾进行了一波又一波的拉锯式的争夺。剧烈的对抗首先在汉匈之间展开。仅东汉一朝同匈奴在伊吾的大规模争战就有六次，可谓三得三失，从而造成西域丝路上的三通三绝。东汉最后退出伊吾。

十六国时期，伊吾先后被后凉、北凉、西凉控制。北魏自拓跋焘开始，将其势力伸展到西域，自此开始了北魏、柔然两大阵营在伊吾的长时期角逐。而在此期间，崛起于漠北的高车、嚈哒等又加入两大阵营的对抗，使情况变得更为复杂。直到世宗元恪继位时，北魏才终于从柔然手中取得伊吾、高昌。然经营时间不长，六镇起义爆发，北魏也不得不退出西域。东、西魏对峙时，伊吾仍为柔然占据，二魏均无力与柔然争夺伊吾，并且同柔然的联盟紧密程度成为影响两魏势力强弱的重要因素。总体来看，东魏与柔然的结盟较西魏紧密，故东强西弱。而到齐周对峙时，突厥灭柔然，据伊吾。北周结好于突厥，又形成周强齐弱的形势，直至齐亡。隋时，突厥内部分化，伊吾遂为铁勒部占领。其后东突厥启民可汗同隋炀帝缔结盟约，隋炀帝与启民可汗联兵击败铁勒取得伊吾，并在草原伊吾城东筑起新伊吾城，至此，伊吾战争告一段落。

中原政权在同游牧各族争夺伊吾的过程中，使伊吾的地位节节攀升，东汉置宜禾都尉，三国建立伊吾县，隋立为郡，至唐为州。以隋炀帝建立伊吾新城为标志，中原汉政权搬掉了挡在草原路上最坚固的障碍，不仅使千年前就形成的草原路同中原接通，而且使河西走廊丝绸之路通过伊吾同隋代北道、中道对接，从而开启了由各民族甚至中西方各国通过这条古老通道进行商贸、交流的历史新纪元。

（3）雁门、伊吾，玉石之路上的东、西两大桥头堡

《逸周书·王会解》记载了周代13个民族，"正北空同、大夏、莎车、姑他、旦略、貌胡、戎翟、匈奴、楼烦、月氏、孅犁、其龙、东胡"。关于正北，《汉书·地理志》称："正北曰并州。"正北的方位是以周都洛邑为中心的。

---

① 参见《资治通鉴》卷四十五。

正北为并州，是指方位，并不是说这 13 个民族全在并州，而应当分布于并州以北及河套、阴山或再北的区域。在这 13 个民族中，据汉代史籍记载，大夏、莎车、姑他、戎翟、匈奴、月氏、嬺犁、东胡等均出现于西域。可知自周以来，这些原居于正北的民族，一波一波地向西移动，当然在西移过程中，有些民族或部落就被他族吞并，从而消失，有些则仍留在晋北或再北的内蒙古、东北地区。

《太平寰宇记·河东道十·云州条》下注引《冀州图》称："入塞有三道，自周、秦、汉、魏以来，前后出师北伐，唯有三道，其中道正北发太原，经雁门、马邑、云中，出五原塞，直向龙城……一道东北发向中山……出卢龙塞，一道西北发自陇西……历伊吾塞，匈奴右地，即右贤王所理之处。"又引《入塞图》称，这条路从新兴（山西忻州）过雁门关，至马邑（山西朔州）、平城（山西大同），直至瀚海（阿尔泰山到贝加尔湖之间的草原带）。

余太山先生说："最早开辟的东、西交通路线，应该是横贯欧亚大陆的所谓草原丝绸之路，亦即从蒙古草原，沿阿尔泰山南北麓，穿西伯利亚，再往西到达当时居住在黑海北岸的斯基泰人地区。"[①] 上述《冀州图》《入塞图》所示，即从蒙古草原到阿尔泰山的道路。而这条道路之所以要经过雁门关，主要原因在于至迟自周以来，雁门就是中原与草原的分界线。雁门及以北地区是游牧民族生息的地区。最早印证这条线路的就是《穆天子传》的西征路线。经西晋荀勖等整理的《穆天子传》六卷中有四卷是叙述穆天子西征的。该书开始应有缺佚，所述从山西高平出发，然后折向西行，经过雁门关，出关沿阴山山脉，经河套地区进入张掖河流域，由此至阿尔泰山东端，又经科布多河，转行至阿尔泰山西端，到了西王母邦，即斋桑泊附近，然后东还，经伊吾河至星星峡，又至疏勒河，至合黎山，又经阴山、燕然山至托克托，然后到累头山下，由此越勾注山（雁门关）进入中原，东返洛邑。[②] 这条线就是由雁门到瀚海的路。而在此西出、东返之行程中，雁门是必经之地。在某种意义上，

---

① 余太山：《早期丝绸之路文献研究》，商务印书馆，2013，第 6 页。
② 余太山：《早期丝绸之路文献研究》，商务印书馆，2013，第 17—27 页。

可以说雁门是古代草原路上的一个重要的标志。西晋著名学者郭璞就对"西隃"作了明确的注释，顾实先生说："穆王不径自西周直往西方，而必由宗周洛邑逾黄河而北出雁门关，入河宗之邦，得河伯为先导，相与偕行。"①

古方先生据文献记载和考古发现对玉石之路的重要路段进行过实地考察。他说："雁门关是玉石之路的必经之地，也可以说是玉石之路'草原道'的终点。就是说和田玉的运输，经过雁门关就算进入了中原内地。"②到了战国时期，人们找到一条更为便捷的路线，玉石"由和田起运，沿和田河和克里雅河，穿过塔克拉玛干沙漠至塔里木河，从天山南口，穿银山道或兴地沟至哈密，再到巴里坤，然后一路东行，穿越大草原到阴山河套地区，再南下长城进入雁门关"③。

匈奴的迁徙，是草原民族中最为典型、文献记载最为详细的一次迁徙。匈奴是在汉武帝时期反击下被迫西迁的。"秦起长城，汉起塞垣"，都是针对匈奴的。其实长城的修筑要更早，罗哲文先生说："长城开始修筑的时期，大约在公元前7世纪前后。"④长城最早的防御对象是北部哪些少数民族？修到哪里？已难说得清楚。但秦长城的构筑、结构及防御对象是很明确的。秦始皇所筑长城，西起临洮，东至辽东，形成巨大防线。同时，在长城沿线逐渐建立起几个大的军事据点，如雁门、高阙、朔方、居延等。这是一个人工的屏障。此屏障外，就成为匈奴及其他游牧民族活动的空间。大致在匈奴冒顿单于时，匈奴就已占据了长城以北的草原地带。汉武帝派卫青、霍去病率兵出塞击匈奴，迫使匈奴先退至高阙，再退至居延，最后进入漠北，活动于长城与贝加尔湖之间的蒙古草原。《史记·匈奴列传》载：元朔五年，汉先遣大将军卫青将兵出定襄击匈奴，匈奴翕侯信，"教单于益北绝幕，以诱罢汉兵"。《集解》云："瓒曰'沙土为幕，宜废曰绝'。"又载，元朔六年，汉又派骠骑将军霍去病出代击匈奴，"骠骑封于狼居胥山，禅姑衍，临翰海"。

---

① 顾实：《穆天子传西征讲疏》，上海三联书店，2014，第2页。
② 古方：《冰清玉洁——中国古代玉文化》，四川人民出版社，2004，第38页。
③ 见于2003年10月中央电视台播出的电视专题片《玉石之路》解说词。
④ 罗哲文：《长城》，清华大学出版社，2008，第23页。

又《汉书·匈奴传》载:"孝武继位,……乃大兴师数十万,使卫青、霍去病操兵前后十余年。于是浮西河,绝大幕,破寘颜,袭王庭,穷极其地,追奔逐北,封狼居胥山,禅于姑衍,以临翰海。"

这是一个以自然单元形成的盆地,盆地分幕南、幕北。幕,指沙漠或沙土,在此沙漠的南、北均分布着草原和森林。

关于翰海一词,多见于史籍,但对其解释又多不同,大致有两种意见,其一,认为指海洋之海;其二,认为是沙漠。

《史记》卷一一〇《卫将军骠骑列传》:《集解》如淳曰:"翰海,北海名。"

《史记》卷一一一《匈奴列传》:《集解》张晏曰:"登海边山以望海也。"《索引》按:"崔浩云:'北海名,群鸟之所解羽,故云翰海。'"

史念海先生在《中国历史地理纲要》中提出:"翰海横亘北陲,草原围绕,广漠无垠。"在注中说:"这里的翰海乃指横亘于北陲的戈壁沙漠而言。"注中以《史记》卷一一一《匈奴列传》、《汉书》卷五五《卫青霍去病传》所载"登临翰海"一语,对如淳"翰海,北海"的解释提出质疑,说既为北海,"北海如何登临"?又引官本《汉书》校语(清)齐召南语:"按翰海《北史》作瀚海,即大漠之别名。沙碛四际无涯,故谓之海。"[1]

翰海一名,在《魏书》《北史》中均作"瀚海",但未作注释,只《北史·铁勒传》李延寿在一段议论中提道:"瀚海龙庭之地,尽为九州,幽都穷发之乡,隶于编户。"此处之"瀚海"显然是指大漠非指大海。

齐召南之说也载于《史记会注考证》,陈序经先生在其所著《匈奴史稿》中亦引齐召南语,认为张晏、如淳的解释是错误的,同意齐召南的认识,他说:"这个荒漠地区,现在叫作大戈壁,范围很广,几乎占了蒙古高原盆地的全部,包括现在的内蒙古自治区的大部分。"[2]

那么,翰海之名又缘何而来?丁山先生对此作过考证。他说:"《吕览》尝言:'(禹)北至人正之国,夏海之穷。'高《注》:'夏海大漠也。'余谓夏、

---

[1] 史念海:《史念海全集》第二卷,人民出版社,2013,第135页。
[2] 陈序经:《匈奴史稿》,中国人民大学出版社,2008,第63页。

翰阴阳声转，夏海即翰海之旧名。"那么，夏海之名又缘何而来？丁山先生说："秦之《琅琊台刻石》则谓'皇帝之土，西徙流沙，南尽北户，东有东海，北过大夏'。《史记正义》谓在并州。……又《始皇本纪》云：'禹凿龙门，通大夏。'《正义》引《括地志》云：'今并州晋阳及汾、绛及州是。'……又《赵世家》亦谓：'襄子未除服，北登夏屋，诱代王。'《正义》引《括地志》云：'夏屋山，在代州雁门县东北三十五里，与勾注山相接。'……所谓'夏海之穷'……匈奴祖夏，当以夏后子孙不胜周、晋长期压迫，而由并州播迁雁门之北，匿于沙漠之野，故其民族仍为夏后氏苗裔。"[①]

综上可知，《史记》《汉书》《北史》等所说"翰海"或"瀚海"指蒙古高原的戈壁沙漠带，"翰海"亦称"夏海"，而"夏海"之名，当早于"翰海"之称，是因大夏族的播迁而来，大夏先在汾、绛，后迁至并州，再迁至雁门附近的夏屋山。夏亡后，祖夏之匈奴及其他部族亦随之迁徙至戈壁、沙漠，其后又迁至敦煌、祁连间。故而西迁的民族将当时所居之戈壁、沙漠称为"夏海"，音转为"翰海"。

历史上匈奴西迁的踪迹很清楚，大夏、月氏、昆吾应当就是沿着汉匈奴所走的草原之路西去的，而匈奴之后的几个大的民族也是循着这条线西去或东西往来的。如鲜卑檀石槐南抄汉边，北拒丁零，东却夫余，西击乌孙，尽据匈奴故地，东西两千里，南北七千余里。又如柔然，以社仑为可汗时版图最大，"其西则焉耆之地，东则朝鲜之地，北则渡沙漠，穷翰海，南则临大碛"[②]。西突厥"东拒都斤，西至龟兹、铁勒、伊吾及西域诸胡悉附之"[③]。如果概而述之，草原路大略有三个支点，即雁门、翰海、伊吾。

雁门、伊吾是游牧民族的两大巨镇和两个桥头堡。尽管两者之间的路程在不同的历史时期有所变化，但东、西桥头堡的地位迄元、明仍未变。雁门以北是草原民族的栖息地，而雁门关是草原民族南下中原的第一关。拓跋氏

---

① 丁山：《古代神话与民族》，商务印书馆，2013，第254—255页。
② 《北史》卷九十八《蠕蠕传》。
③ 《北史》卷九十九《突厥传》。

都平城,虽然向西的道路不经过雁门,但雁门关一名,正是在北魏时期出现的,它仍然是由中原通往塞北的第一道门户。而伊吾,正如斯坦因所说:"由此,楼兰和哈密理所当然当了中国人的桥头堡,在以后的几个世纪中,中国人从这里穿越沙漠进入中亚。……要始终保住哈密这块开放的桥头堡,对中国人来说是相当困难的。"①

四、西玉东输雁门关

在对中国史前西玉东输现象的考察中,晋北的高山险阻和雁门关口要塞之所以被忽略,是因为历史的错觉让常人以为玉石之路从新疆、青海一路到中原,走的就是丝绸之路亦即现代陇海铁路和连霍高速的大方向,以直线运输为主。而事实上,远古甘肃天水到陕西宝鸡之间根本就没有直线路径可走,而且由于数个时期犬戎的强大,周乃至春秋战国时期,西北道路一直不太畅通。只是到现代,随着隧道挖掘机械的大量使用,才第一次打开陇山的地理阻隔,让关中和陇西之间的渭河流域的交通路线实现现代化。

先秦时代,周人的势力和文化传播是绕道陇东地区从甘肃拓展到陕西的;秦人的势力是绕道汧河河谷沿线从甘肃进入陕西的。因而,商周时代以前的西域与中原交通,除了陇东道,即玉石之路泾河道以外,主要还有一条不为人知的北线,即沿着黄河上游的走向,向宁夏和陕北、内蒙古交界处运输,然后再通过黄河及其支流,进入黄河以东的晋北、晋中和晋南地区。

早期的运输方式在家马出现之前,应以水路运输为主;商代家马出现之后,在黄河水路之外,新开辟出一条极为重要的陆路:南下雁门关后直达晋中、晋南盆地,进入中原。在秦始皇修筑咸阳直通上郡②的秦直道之前,中原王朝与北方草原地区及河西走廊地区最重要的陆路通道,就是经雁门关而贯穿三

---

① (英)斯坦因著,中国社会科学院考古研究所译:《西域考古图纪》,广西师范大学出版社,1998,第655页。
② 上郡:指今陕西省榆林市、神木县一带。

晋大地的这一条西玉东输线路。公元前10世纪的周穆王，曾经西去昆仑山拜会西王母，走的正是这一路线。

神话传说英雄后羿曾上昆仑山向西王母求不死药，可见周穆王并不是开辟此条"民族交往"之路的人。据《穆天子传》叙述，他的旅行方式是驾八骏所拉的马车，随行有六师的庞大军队和车队，如果没有现成的车路，根本是寸步难行的。由此得出的合理推论是，至少在商代末期西周初期，中原帝国与北方及西北的联系就主要通过雁门关陆路和黄河水路双向进行。

关于玉石崇拜，作家溯源认为，玉被认为是天地山川之精英，而盐的结晶状态类似玉石。晋南运城盐池被先民想象为天赐玉精，这就是《山海经·西山经》叙述华夏始祖黄帝在昆仑玉山上吃玉膏的神话之原型。溯源在他用20多年心血写作的小说《三皇五帝》中，把玉膏表现为能够治疗百病的神奇不死药，以食盐的结晶状态为物理基础而催生出玉石神话想象，竟获得三重证据法的应验。[1]上海交大对口支援云南大理考察团曾去云龙县的白族千年古村落诺邓古村调研，当地盐井在茶马古道上占据枢纽位置。诺邓村口保留着一口千年古盐井，为保护盐井而新建的房屋大门上，用白纸黑字书写着一副对联："万民泽被水晶宫，诸圣恩高星宿海"，横批是"普沾圣泽"。从对联中不难看出，题写者保留的古老神话观念是，将盐井所产盐卤水想象为天神恩赐给当地人们的一种玉膏，由其所提炼的精华物质，就实用价值而言是盐，就其神话联想而言则是中国四大美玉之一的"水晶"。在距离古盐井不远的村头龙王庙，人们看到龙神话与盐神话的完美结合。庙门前方牌匾题写的"膏泽长流"四字，自然让人联想到《山海经》中黄帝吃玉膏的情景。龙王庙中央神位描绘着一条口吐白色盐卤之巨龙，其下供奉的牌位上写着"敕封灵源普泽卤脉兴旺得道龙王之神位"17个字。在我国土家族、阿昌族、蒙古族神话中被女性化的盐水女神，在白族这里链接的是汉族龙王神话。

由此可推测，中原地区最早出现的批量玉石礼器的使用，极有可能和盐

---

[1] 溯源：《三皇五帝》，九州出版社，2010年版。第五十回《玉山上王母赐人不死药，台桑边嫫母和黄结同心》；第五十一回《嫫母献药帝都逐疫，炎黄共议汾水改道》。

的生产及水路运输有关。例如，距离黄河仅20公里的山西芮城县清凉寺发现的仰韶文化时期庙底沟墓地玉礼器群，据山西考古研究所负责发掘的薛新明研究员说，就属于4000多年以前能利用黄河水道之漕运便利经营运城地区大盐湖的盐业资源而致富的商路控制者们——史前时代的所谓最早的"晋商"集团。盐业运输使得部落先民不仅改变了经济状况和生存地位，而且成为第一批能够购买外来的玉料并生产和使用玉礼器的中原社会的富裕阶层。盐玉交易的原始贸易活动在何种程度上拉动了平等的原始母系社会向阶级分化、贫富分化的方向演变，从而催生中原文明国家的产生？这还是一个有待深入探究的学术问题。

雁门关对于华夏民族的意义，首先在于它是中原农耕文明与北方游牧文明的军事分水岭与文化交汇点。《吕氏春秋·恃君》在对远古的无政府、无君长社会的描述中讲到许多塞外民族的情况，其文化的分界线就定在雁门山。所谓"雁门之北"如何如何，就是先秦的中原华夏族对塞外异族文化的一种妖魔化描述。

> 昔太古尝无君矣，其民聚生群处，知母不知父，无亲戚兄弟夫妻男女之别，无上下长幼之道，无进退揖让之礼，无衣服履带宫室畜积之便，无器械舟车城郭险阻之备。此无君之患。故君臣之义，不可不明也。自上世以来，天下亡国多矣，而君道不废者，天下之利也。故废其非君，而立其行君道者。君道何如？利而物利章。
>
> 非滨之东，夷秽之乡，大解、陵鱼、其、鹿野、摇山、扬岛、大人之居，多无君；扬、汉之南，百越之际，敝凯诸、夫风、余靡之地，缚娄、阳禺、驩兜之国，多无君。氐、羌、呼唐、离水之西，僰人、野人、篇笮之川，舟人、送龙、突人之乡，多无君；雁门之北，鹰隼、所鸷、须窥之国，饕餮、穷奇之地，叔逆之所，儋耳之居，多无君。此四方之无君者也。其民麋鹿禽兽，少者使长，长者畏壮，有力者贤，暴傲者尊，日夜相残，无时休息，以尽其类。圣人深见此患也，故为天下长虑，莫如置天子也；为一国长虑，莫如置君也。

这里讲的雁门之北，有三个传说一般的国名，即"鹰隼、所鸷、须窥之国"，听上去就是用猛禽之类的想象来做标志的。这和后代中原人用射雕和海东青等意象形容北方游牧民族和狩猎民族，显然是一脉相承的。如果以中原国家政权作为文明的标准，这些塞外族群就处在无君主无政府的原始状态。至于"饕餮、穷奇之地，叔逆之所，儋耳之居"三句话，点明这四种人作为北方塞外民族的代表，无一例外地被想象成凶恶之人或怪异之兽。

"穷奇"是中国古代传说中的神名。《淮南子·墬形训》："穷奇，广莫风之所生也。"高诱注："穷奇，天神也。在北方道，足乘两龙，其形如虎。"简单地概括，穷奇是指来自广袤的草原沙漠地带的强烈北风所生成的怪神，身形像虎，足下踏着两只龙。也有观点认为穷奇是传说中的怪兽之名。《山海经·西山经》："其上有兽焉，其状如牛，蝟毛，名曰穷奇，音如獆狗，是食人。"郭璞注："或云似虎，蝟毛，有翼。"因为外观像老虎并有"食人"的凶恶性质，这显然和饕餮的"食人未咽"（《吕氏春秋·先识览》）一样，象征着人间最大的恐怖。此外，汉司马相如《上林赋》云："赤首圜题，穷奇象犀。"此处的穷奇，突出的不是凶恶，而是奇异。《二刻拍案惊奇》卷三九描绘铜镜图像时，将穷奇和饕餮、鱼龙并列，已经有圣物的意思："细看那镜小小的只有四五寸，面上精光闪烁，背上鼻钮四傍，隐起穷奇饕餮鱼龙波浪之形。"这些文学作品中的"穷奇"，可引申泛指那些特别新奇怪异之兽物。铜镜的主要用途是照妖和辟邪，用穷奇饕餮之类图像，自然有以毒攻毒的意思。

"儋耳"，本是专指西南方少数民族用耳饰形成的耳部变形的地方风俗。所谓雕镂其颊，皮连耳廓，分为数支，下垂至肩，用为妆饰。《后汉书·西南夷传·哀牢》云："哀牢人皆穿鼻儋耳，其渠帅自谓王者，耳皆下肩三寸，庶人则至肩而已。"唐张说《宋公遗爱碑颂》："虽有文身凿齿，被髦儋耳，衣卉面木，巢山馆水，种落异俗而化齐，言语不通而心喻矣。"作为古代北方国名的"儋耳"，见于《山海经·大荒北经》。其描述是："有儋耳之国，任姓，禺号子，食谷。北海之渚中，有神，人面鸟身，珥两青蛇，践两赤蛇，名曰禺强。"也有作为古代南方国名的"儋耳"，见于《史记·货殖列传》，其描述为："九疑苍梧以南至儋耳者，与江南大同俗，而杨越多焉。"此处儋耳之国又名离耳,汉元鼎六年内属中原,称儋耳郡,地点就在今海南岛儋州。《文选·左思〈吴都赋〉》有云:"儋耳黑齿之酋,金邻象郡之渠。"刘逵注:"儋耳人镂其耳匡。"《说文·耳部》云:"瞻,垂耳也。从耳詹声。"清段玉裁注:"古只作'耽',一变为瞻耳,再变则为儋耳矣。"

"饕餮",是古神话形象中贪得无厌的著名代表,原指传说中一种神秘而贪残的怪物。商周青铜器上叫不出名字的动物形象,通常都被归类为饕餮纹饰。《吕氏春秋·先识览》云:"周鼎著饕餮,有首无身,食人未咽,害及其身,以言报更也。"《神异经·西南荒经》则将饕餮视为西南方的魔怪之人:"西南方有人焉,身多毛,头上戴豕,贪如狼恶,好自积财,而不食人谷,强者夺老弱者,畏群而击单,名曰饕餮。"这种出于想象的命名现象和以上讨论的对雁门以北的妖魔化命名现象,实属同类。后代根据青铜器饕餮纹的印象,将此类怪异的神话生物都称为饕餮。宋邵博《闻见后录》写道:"绍圣初,先人官长安府,于西城汉高祖庙前卖汤饼民家,得一白玉奁,高尺余,遍刻云气龙凤,盖为海中神山,足为饕餮,实三代宝器。"①宋代长安城里一个卖烧饼的小贩家中,居然藏有夏商周三代的宝器白玉奁,上面的装饰图案以升天的龙凤和云纹为主,其器盖表现海中神山,其器足则为饕餮,整个白玉奁就是一个海陆空三界的宇宙模型。饕餮为连接地上世界(人间)与地下世界(阴间)的凶悍使者,只有这样才能达到把关和辟邪的神话功能。

古代文人常用饕餮来比喻贪得无厌者或贪残暴虐者。例如《魏书·桓玄传》:"取妾之僭,殆同六体,乃使尚书仆射为媒人,长史为迎客,嬖媵饕餮,贺同长秋。"而作为专有人名的饕餮,本指尧舜时代的四凶族之一。《左传·文公十八年》云:"舜臣尧,宾于四门,流四凶族,浑敦、穷奇、梼杌、饕餮,投诸四裔,以御螭魅。是以尧崩而天下如一,同心戴舜,以为天子,以其举十六相,去四凶也。"

由此看来,《吕氏春秋·恃君》中说到的雁门之北的饕餮、穷奇之地,是沿袭《左传》的"四凶"说而来。尧在儒家理想的古代圣王谱系中排在首

---

① 邵博《闻见后录》卷二六。

屈一指的尊位，他不仅在世时获得四海升平的政治成就，死后也有善举——他用原始民主的方式亲自挑选并禅让的合格接班人舜，流放四凶族到天下四方之边，不仅使得中央一带获得安全保障，也能有效地增强边防力量，让四凶族去抵御化外之地的魑魅魍魉，解除大荒之外的异族威胁。

雁门山，古书中常省称"雁门"，亦写作"鴈门山"。其地理位置就在今山西省代县西北。《山海经·北山经》："又北水行五百里，至于鴈门之山，无草木。"袁珂校注："《海内西经》云：'鴈门山，鴈出其间。在高柳北。'即此山也。"《淮南子·墬形训》云："烛龙在雁门北，蔽于委羽之山，不见日，其神人面龙身而无足。"一座无草木的雁门山，从雁门山以北到委羽之山都是不见天日的，那是烛龙神话的世界。烛龙之所以用"烛"为名，是因为没有阳光照射的世界，需要依靠身长千里的烛龙的眼睛为光照。高诱注给出烛龙神话的另一版本："龙衔烛以照太阴，盖长千里，视为昼，瞑为夜，吹为冬，呼为夏。"

"太阴"一词可指北极，也可泛指北方。《淮南子·道应训》云："卢敖游乎北海，经乎太阴，入乎玄阙，至于蒙谷之上。"高诱注："太阴，北方也。"按照华夏的神话宇宙观，北方太阴由于不见天日，也被类比为地下阴间世界，像玄阙、蒙谷这些神话意味鲜明的地名，大都暗示着黑暗不见阳光之意。政治想象的北方狄人无君世界，加上神话想象的烛龙无光世界，都不断强化着雁门的符号意蕴，它既是自然的分水岭，也是文化的分界岭。

雁门关得名于其所在的雁门山。该山脉在先秦时期的称呼有多个，先是西周时候称"隃"，即西隃，地点在今山西省代县北。《穆天子传》卷一："天子西征，乃绝隃之关隥。"郭璞注："西隃，雁门山也。"东周以后不再称"隃"，改称"勾注"。因山形勾转、水势流注而得名，秦至西汉时成为当时国家的九个要塞之一。勾注，亦写作"句注"。唐代薛思渔的《河东记》说其得名原因："句注以山形句转，水势注流而名，亦曰陉岭。"清赵进美《太原》诗形容说："天清句注连云起，木落汾河抱郭流。"清人吴伟业的《雁门尚书行》诗说得生动具体："故园有子音书绝，勾注烽烟路百盘。"这样的九曲百盘之路，有利于据关防守外敌入侵。司马迁《史记·张仪列传》云：

"昔赵襄子尝以其姊为代王妻，欲并代，约与代王遇于句注之塞。"张守节《正义》："句注山在代州也。"蒋士超《戍楼秋望》诗："天险雄勾注，汾流下管涔。"管涔山是吕梁山脉的一大支脉，位于代县西部。吕梁山是介于黄河与汾河之间的大山，由于它的阻隔作用，晋北地区的高山流水通过汾河南下，最终在晋西南的河津汇入龙门之下的黄河之中。古人对这种山川河流形势做出神话学的解说，如《吕氏春秋·爱类》所云："昔上古龙门未开，吕梁未发，河出孟门，大溢逆流。"北魏郦道元《水经注·河水三》则认为："河水左合一水，出善无县故城西南八十里，其水西流，历于吕梁之山，而为吕梁洪。其山岩层岫衍，涧曲崖深……昔吕梁未辟，河出孟门之上，盖大禹所辟，以通河也。"两种传说都把吕梁水道的开通追溯到夏王朝始祖大禹，这也许不是空穴来风。传说的价值如何，需要结合实地考察和当地民间文学调研，才能做出合适的判断。

勾注为古代九塞之一。九塞指护卫中国的九个要塞。《吕氏春秋·有始》云："何谓九塞？大汾、冥阨、荆阮、方城、殽、井陉、令疵、句注、居庸。"高诱注："句注在雁门。"《淮南子·墬形训》的说法大同小异："天地之间，九州八极。土有九山，山有九塞……何谓九塞？曰：大汾、渑阨、荆阮、方城、殽阪、井陉、令疵、句注、居庸。"这九个要塞北起辽东，南至荆楚，有些早已淹没在历史的尘埃之中，有的至今还是万里长城上的旅游胜地，如居庸关和雁门关。

历史上，雁门关一旦失守，就会让北方游牧民族强敌长驱直入。《后汉书·鲜卑传》说："延光元年十月，鲜卑寇雁门，遂攻太原，掠杀百姓。"《新唐书·高祖本纪》也说："（五年四月）壬申，代州总管李大恩及突厥战，死之。"同书《突厥传》云："大恩殁，颉利进击忻州，未得志，乃帅十五万骑入雁门，围并州。"《宋史·许将传》记载，熙宁七年，辽以兵二十万压代州境，请代地。《明史·李英传》则有记载说，天顺四年，孛来大举入寇，大同右都督李文按兵不战，遂入雁门，大掠忻、代诸州，京师震恐。一个重要关口的失守即能威胁到中原国家的安危，这便是雁门关的军事地位和作用。历代的中原统治者都不得不重视雁门关的边关防卫意义和经贸文化交流意义，所以秦代就设置雁门郡，东汉和魏晋也都设雁门郡，隋唐称代州雁门郡，宋代因之，金代改称代州震武军，元明清三代皆称代州。元中统四年，并雁门县入代州属冀宁路；元至元三年，改属忻州寻复旧，明洪武二年改代县；清雍正二年直隶山西布政司。由于关名、山名、郡县名互相重复，历来变化多多，容易造成理解上的混淆。杜松年修（光绪）《代州志》加按语说：

> 唐以前史所云雁门，皆指郡县而言，其关则谓之句注、陉岭、西陉。以雁门为关名，仅《魏书·礼志》及《刘沔传》再见而已。自北宋与辽，于此划界，元并裁倚郭之县，而关名独著，今人遂不知大、朔、宁三郡于古皆为雁门地也。

这个历来兵家必争之地，也是神话传奇多发之地。《魏书·礼志》说这里是皇帝望祀恒岳之处。恒岳即五岳中的北岳恒山。历代的统治者对此山关注有加。《尚书·舜典》说大舜"十有一月朔巡守，至于北岳，如西礼"。《孔传》："北岳，恒山。"《汉书·郊祀志上》："十一月，巡狩至北岳。"说的是同一件事。其时代距今四千多年。史书叙述中讲到这里经常有白雀、白鼠一类祥瑞之物出现。《隋书·高祖本纪》还记载："（四年六月庚申）长人见于雁门。"《隋书·五行志》还有人头长角的奇异记载："大业元年，雁门人房回安母，年百岁，额上生角，长二寸。"神话一直是中国历史书写的主要驱动力。正史如此，杂史和野史之类就更不用说了。赵武灵王当年胡服骑射以抵御外敌的燕赵悲歌之地，多有神奇故事也属理所当然。古籍中将瑟称为赵瑟，将舞称为赵舞，将和氏璧称为赵王璧、赵氏璧，均可见赵地的传奇性质。如李白《古风》之五十所咏："夸作天下珍，却晒赵王璧。"使得赵国与稀世宝玉结下不解之缘，引发无穷联想。

在中国，比汉字更早的神话传统，其核心是玉石神话信仰，于是考察玉文化源流，自然逐渐深切地认识到西玉东输现象对华夏文明的奠基性影响。东亚史前先民的玉石神话信仰以为，美玉是天神恩赐人间的圣物，既代表神人沟通之中介，又象征生命的永恒，故以玉礼神，形成生产和使用玉礼器的数千年传统。

对比当今市场上黄金与和田玉中羊脂白玉的价格就明白了。黄金每克不到300元,上等羊脂玉每克10000元甚至更高。这完全是文化价值决定经济价格的典型案例。在我国许多地方,如辽宁岫岩、青海格尔木和甘肃肃南、河南南阳、镇平、陕西蓝田、江苏苏州、扬州、徐州、安徽蚌埠、广东四会和揭阳等,玉文化产业成为当地支柱性的产业。用"点石成金"这样一个成语可以概括玉在现代文明中的经济开发意义。和田玉、青海玉、俄罗斯玉、阿富汗玉、韩国玉、缅甸硬玉(即翡翠)、东海水晶,辽宁阜新和云南保山、四川凉山、内蒙古阿拉善等地的玛瑙,湖北郧阳、郧西、竹山的绿松石,包括近年开发的云南黄龙玉和山西大同玉,在中华文化的传统价值观驱动之下,这些中国境内外的美丽石头都在变成经济资源。毫无疑问,未来还会有更多的石头变成资源,如南京雨花石、安徽灵璧石、西北的黄河奇石等。

山西地处玉石之路数千公里路途的终端,其文化资源优势无可比拟。关键是需要各级领导和文化主管部门先有本土的文化自觉意识,充分认识到玉石之路是丝绸之路的前身这一事实及其文化意义。雁门关作为先秦时代西玉东输的重要关口或码头,其得天独厚的地理优势显而易见。如果说有一个雁门文化,那么它的深根就在于华夏文明中西玉东输的资源依赖现象。玉料是当年最重要的国家战略资源,代马、胡犬,以及丝绸、金属、茶叶、皮革、驼毛等物资都是附带运输的商品。可以说是西玉东输拉动了丝绸之路上所有商品贸易。按照分清主次和溯源求本的原则,需要努力澄清事实,让比世人熟知的丝绸之路更早的玉石之路逐渐浮出水面。

上述观点的主要证据就在古代史书中,在四重证据法中这称为"一重证据"。主要是西汉的《史记·赵世家》和《战国策》。据《史记·赵世家》记载,赵惠文王十六年,苏厉在给赵惠文王的信中写到燕国破齐国、灭韩国之后,和秦国对赵国形成东西夹击之势,并有如下告诫之语:"燕尽齐之北地,去沙丘、钜鹿敛三百里,韩之上党去邯郸百里,燕、秦谋王之河山,间三百里而通矣。秦之上郡近挺关,至于榆中者千五百里,秦以三郡攻王之上党,羊肠之西,句注之南,非王有已。踰句注,斩常山而守之,三百里而通于燕,代马胡犬不东下,昆山之玉不出,此三宝者亦非王有已。"据唐代学者张守节的《史记正义》："句注山在代州西北也。"指的就是今天的雁门山。所谓"东下"，说的是来自北方和西方草原上的稀有物资代马、胡犬与和田玉这三种珍宝，是从我国西北经过河套地区输送到山西北部，再经过重要关口雁门关而南下中原王朝。

一般理解"昆山之玉"是新疆昆仑山特产的和田玉的简称。张守节《史记正义》称"沙州昆山之玉"，点明在西域之沙州。雁门关不只是晋北和晋中晋南地区的交通要冲，也是玉石进入中原的最重要关隘。雁门一带在《穆天子传》中被称为"隃"，战国至汉时称"句注"，是黄河中游地区的农耕文化与北方草原游牧文化的接触、冲突与融合之要地。司马迁写到的"句注"即雁门山，其东面的"常山"，就是北岳恒山，因避讳汉文帝刘恒而改名常山。山西的地理格局基本上由两大山脉和五大盆地构成。两大山脉是东侧的太行山和西侧的吕梁山。雁门关处在这两大山脉之中，北有大同盆地，南有忻定盆地，而忻定盆地又连接着太原盆地及其南的两大盆地。雁门关以南到中原几乎无险可守，控制住雁门关就相当于控制住中原国家的咽喉和命脉。这就是从周穆王到汉高祖，国家的最高统治者都要亲自来到这里的奥秘吧。

就玉石之路与丝绸之路关系而言，可以援引哲学家的名言来诠释，即"熟知非真知"。德国人李希霍芬19世纪末在对玉石之路毫不知情的条件下，从西方人视角提出丝绸之路的命名。玉石之路则是中国学者根据文献记载和考古发现的玉文化分布情况，近年来新提出的昆仑山和田玉进入中原的路线。可以说玉石之路是丝绸之路的前身，丝绸的对外传播是和田玉对内运输和传播的副产品，同样重要的副产品还有小麦、大麦、家马、马车、黄金等。根据这种原生和派生的关系，世人不熟悉的玉石之路，显然对华夏文明的形成具有更加重要的意义。中国人自古习惯"玉帛"连称，玉必须排在帛即丝的前面，因为玉器的包装要用到帛，或者说玉是至高无上的宝物，丝绸是其包装与陪衬物。以前人们不知道玉石之路的存在。从文化自觉和文化自信的视角看，如今可以按照古汉语的表达习惯改称"玉帛之路"，这样才更能体现与时俱进的新知识状况。2014年7月中国文学人类学研究会与甘肃省委宣传部、《丝绸之路》杂志社等合作组织"重走玉帛之路"计划，就是为了实践这种知识上的更新过程。

认识雁门关在玉石之路和西玉东输方面的重要意义，自然对《穆天子传》所讲述的周穆王出雁门关北上河套地区，然后用玉璧祭拜黄河宗神，再沿黄河西游昆仑山求取美玉一事，发生认识上的转型：那不是虚构的文学叙事，而有真实的历史底蕴！玉石之路雁门关道的起源至少在西周早期，或许能上溯到商代，距今三千多年，比丝绸之路约早一千年。对此问题的继续求证，能够让雁门关所在地获得重要的文化资源。对当今的符号经济和文化产业来说，无异于找到一座文化金矿。

此外，玉石之路黄河道，大约始于四千年前，比陆路的雁门关道还要早约一千年。因为传世文献中几乎找不到什么记录，要证明此条水路运输线，主要靠物证，即第四重证据。这需要从河曲、保德、兴县、临县、柳林、石楼等地沿黄河流向做拉网式调查，尤其是调研龙山文化遗址及其用玉的情况。

传说中的"玉璧村"，后来简略叫作"碧村"。村外有一座紧邻黄河岸的土丘，叫小玉梁。在该山上可看到史前城墙的遗迹，还有遍地的灰陶片。经专家辨识，是龙山文化的陶片。笔者随后拜访当地的玉器收藏家，在其家中看到龙山文化玉器，全是不加纹饰的素器，与黄河西岸已经发现的神木石峁遗址龙山文化玉器如出一辙。在收藏家的藏品中还有几个玉贝。如果能够确认这批玉器属于龙山文化时代，那将是非常重要的研究线索。在兴县以北的保德县，考古工作者已经发现商代铜贝的大量存在。1971年山西保德县城西南黄河岸边的林遮峪村商墓中一次出土109枚磨背式大型无文铜贝，目前是山西省博物院的镇馆之宝。保德还有商代玉琮出土。这些发现十分重要，有学者认为保德铜贝是中国最早的货币雏形，证明商代或更早沿黄河地带已经有发达的商贸活动，其贸易对象很可能包括沿黄河上游而来的西北玉料。

"走西口"商贸活动可以上溯到三千年前，这是以往不曾想到的。就黄河对岸的神木石峁遗址而言，石峁古城下方就是黄河支流秃尾河。黄河东西两岸的龙山文化城池和玉礼器在沉睡四千年之后相继重见天日，而且都临近黄河或其支流，这都是证明史前玉石之路黄河道存在的线索。

五、雁门关的文化环境

丝绸之路是一个历史地理概念,它涵盖的主体内容是欧亚非的政治、经贸、文化交流。《辞海》在"丝绸之路"条目下就讲:"丝绸之路是横贯亚洲的交通道路,亦称丝路。"然后,介绍了丝路的主要路径"河西走廊",并点了一下从内地去西域的其他几条支线。最后一句话从历史文化意义上作了概括:"丝路在历史上促进了中国与欧亚非各国的友好往来。"

中国与欧亚非的合作交流是人类社会经济发展规律和文化发展规律驱使下的必然运动形态,这是丝绸之路作为一个文化概念所反映的核心主题。我们可以站在人类社会发展的角度,提出这样几个学术问题:在张骞之前中原和西域有无交流?若有,路线如何?交流物资是什么?在张骞出使西域之前,中原同西域、中国同欧亚非的交流不可能是空白的,因为人类社会的发展是不停顿的,多元交流也是不能中断的。

解决丝绸之路历史长度和宽度的问题,必须有文物实证。截至目前,新疆和长城周边地区的考古成果丰硕,含有多种文化成分的文物大量出土。有的学者按文物所含的文化成分排列出一条春秋战国时期的"文化经济交流之路",有的学者亲自踏勘和研究了商周时的丝绸之路、玉石之路。这些成果,都在掷地有声地告诉人们,在张骞之前就有一条热闹非凡的丝绸之路,同时先秦商周时的雁门关就以重要的位置凸显在丝绸之路上。专家学者们的研究成果证明:早在先秦时期,万里长城上的第一关雁门关就是玉石之路上的重要商埠。雁门关不仅仅是军事意义上的"关",还具有今日"海关"的意义。所以可以毫不夸张地讲,确立雁门关在丝绸之路上的位置,不仅是给丝绸之路续接历史长度、拓展历史宽度、挖掘文化深度,也是丝绸之路上的一个断代工程。

1.古广武城

雁门关下古代州历史上曾有3个广武城,按照始建年代分别是战国时期的古广武城、辽乾亨年间的旧广武城和明洪武七年（1374）的新广武城。旧广武城、新广武城在民国时期划归雁门山之北的山阴县，中华人民共和国成立后因成为全国重点文物保护单位而声名鹊起，而位于雁门关内的代县古广武城，则因地震和战乱而毁圮湮灭，只留下一段段残垣断壁，记录着历史的沧桑。1958年，繁峙县人民政府①将古城遗址列为县级文物保护单位。2004年，山西省人民政府将古广武城在内的"代州三十九堡十二连城"整体公布为省级文物保护单位。

2.古城历史

战国初期，七雄争霸中原，无暇北顾，北方的楼烦、匈奴、柔然等少数民族部落乘隙发展壮大，并南下至恒山附近，占据山西北部地域。赵肃侯为加强北部边防，曾在雁门山上大规模修筑长城。到赵武灵王时期，一方面加强军事变革，实行胡服骑射，大力整肃军队；另一方面积极修建工事，夯筑城墙，提高防御能力。雁门关下古广武城的建设就是举措之一，这是代县历史上有文字记载的最早的筑城活动。

据清光绪版《代州志》记载，广武城初建于战国时期，秦始皇派蒙恬率领30万大军抗击匈奴就是从广武城出塞的。至汉高祖三年（前204）始置广武县。汉武帝时，李广、卫青、霍去病从广武城出发大破匈奴。李广先后担任过雁门、代郡、云中等地的太守，广武城是他经常驻守之地。

广武之名，源于秦汉时期著名的军事家李左车。李左车，战国时期赵国名将李牧之孙，"智者千虑，必有一失；愚者千虑，必有一得"即他的传世名言。秦末，六国复起，李左车辅佐赵王歇，为赵国立下汗马功劳，被封为"广武君"，是一位不可多得的兵家怪杰和军事奇才。汉高祖三年（前204）十月，淮阴侯韩信率兵攻打赵国，李左车以逸待劳、以守为攻的迎敌计谋未被赵军统帅采纳，赵亡被俘。但韩信以师礼相待，李左车遂献计献策，主张休养生息，慰劳将士，先声后实，恩威并举，以德施政，以仁服人，以武威慑，极具战略眼光，其

---

① 当时代县和繁峙县合并。

事迹分别记载于《史记》中的《张耳陈馀列传》和《淮阴侯列传》。因此,"广武"不仅成为雁门郡和广武县治所的城名,更是无形的"镇城之宝",后续修建的旧广武城、新广武城都沿用了这个名称。不同历史时期、不同地域的三个城池,都是以"广武"命名,三个城池都是围绕一个关隘——雁门关而建,这在中国历史上是少有的。

遗憾的是,北魏熙平年间古广武城一带发生强烈地震,古城遭受毁灭性破坏,雁门郡和广武县治所被迫由古广武城一并迁至上馆城(今代县城西关),广武古城遂遭废弃。

3. 古城布局

古广武城位于代县县城西南方向 7.5 千米处的阳明堡镇,东至广武村西,西至孙家磨村东,南至马站村北和东关村中央,北至下沙河村南,西北—东南约 2 千米,西南—东北约 1.7 千米,占地约 3.4 平方千米,西北缺角呈弧形,城池随地势布置,平面呈向西倾斜 30 度的长方形。整个古城地形平坦,平均海拔 864 米。现在的古城村位置相当于当年古广武城的东关,而马站和东关的位置则相当于古广武城的南关。

古广武城的东、南、西、北各有一个城门。可惜的是,四个城门现在均只能知道其大概位置,具体规模、形状已无从考察,甚至没有准确的史料线索。古城遗址也只剩下断断续续的城垣,完全看不出当年的恢宏气势。经实地测量,当年的广武城城垣只遗存约 2700 米(东墙 500 米,南墙 500 米,西墙 1000 米,北墙 700 米)。城墙底宽约 20 米,高约 15 米,全部用黏土分层夯筑。在古城西城墙下的孙家磨村,村民们在历史上就把位于该村的西城门称为"骆驼门",可见,当年从西域而来的骆驼商队正是由西城门走进古广武城,走向中原的。据知情老人讲,古广武城的城墙在民国初年还比较完整。

到近代,这里再次成为山西重要的战略要地。民国十二年(1923)山西省当局修筑北干线太同公路(太原至大同,现在的国道 208 线)时,在古广武城北门和西墙南端各开了一个豁口,太同公路穿城而过,把古城分为一小一大东西两个区域,形成目前格局。

古广武城，不仅城墙高耸，城门整备，而且还挖有护城河。发源于北部白仁岩沟内的繁沟河，就从古广武城西由北向南流入滹沱河。直到20世纪70年代末，繁沟河还是常年流水，现已断流干涸。

三国时雁门太守牵招曾引水进城。东汉末期的雁门郡，其治所就在古广武城。历史上，牵招是一位集政治、军事才能为一身的精英式地方首脑。他任职雁门郡守12年，恪尽职守，既指挥军民抵御外侵，又整顿社会治安；既垦荒屯粮发展经济，又"拣选有才者诣太学受业"，最为出名的政绩是修建了引泉入城的雁门渠。雁门渠在雁门古道东，古广武城北，是东汉时古广武城北部的一个大型水利工程。《代州志》载："郡所治广武，井水咸苦，民皆担辇远汲流水，往返七里。招准望地势，因山陵之宜，凿源开渠，注水城内，民赖其益。"东汉时，广武城人口众多，由于人多井少加之现有井水又苦又咸，居民汲水往返七里，百姓叫苦不迭。为了解决军民饮水和农业灌溉问题，牵招经考察后发现，雁门山南麓的泉水能够引到广武城内。于是他亲自勘察地形，组织军民开凿水渠，引泉入城，最终解决了城内军民饮水问题。至今在古城村北还有雁门渠的遗迹。

古广武城是古丝绸之路上的重要都市。古广武城在汉代和南北朝时期还是北方重要的国际大都市，也是一座民族融合的城市。西汉时期，在漫长的丝绸之路上粟特人频繁往来于中亚与中国之间，成为中世纪东西方贸易的承担者。他们曾在古广武城大量聚居，并设有萨保。萨保即北齐管理外籍商人的官员。根据北齐规定，外籍商人在二百户以上的，方可设萨保一职。可以想象，当年外籍商户在古广武城及周边地区数量之多、影响之大。这说明当时古广武城还是丝绸之路上一个国际化商贸都市。

当年的筑城工程，还直接形成一系列低洼地——古城附近大大小小的积水滩。如长郝水库、李家磨水库、东关水库等，极有可能就是修筑古广武城时取土后形成的低洼地，可见当年筑城规模之大、用土量之多。后人利用其改建为水库，在起到防洪、排涝等调节作用的同时，也为古城内军民提供了生产、生活用水。

4. 大小营盘

大营盘、小营盘是山西近现代重要的军事遗迹。大小营盘是代县阳明堡一带的村民对民国时期设在古广武城遗址内的两个兵营的俗称。因兵营的面积大小、设施多少和驻军多寡不同，称为大营盘和小营盘。大营盘在古城东北角，小营盘在古城西北部，国道208线横贯其间，两座营盘的对内对外交通均十分便利，占据天然的位置优势。两座兵营均背倚古广武城墙，既可以利用古城墙作为屏障，又踞交通要道两旁，形成掎角之势，利于战时相互增援和配合。

大小营盘修建于1920年前后。当时山西督军阎锡山为了保存实力，韬光养晦，多次拒绝参加军阀混战，使山西维持了数十年的和平与安定。他提出了"保境安民"的口号，表面上休养生息，暗中却加紧扩军备战，在晋北特别是雁门关一带设兵布防，并在古广武城内修建军营、驻扎军队。据史料记载，1925年晋军与国民军在晋北一带交战时，晋军就在雁门关以南的阳明堡一带大规模修建兵营，并在太和岭口修筑工事和弹药库。

大小营盘大规模的建设应当是在1935年进行的。1988年版《代县志》载："民国二十四年，阎锡山在阳明堡东北面的古城，修建大、小营盘两处，派军驻守。"

大营盘位于古广武城内东北角，军事要塞阳明堡的东北方，距阳明堡约2千米。大营盘呈边长约500米的正方形，东墙和北墙紧靠广武古城的城墙，利用古城的城墙作为兵营的墙体，整个营盘占地约370亩。1937年7月间，国民革命军陆军第70师第一补充团在此驻扎。"七七事变"爆发后，大营盘成为第二战区兵站的临时医院。1937年9月29日，阎锡山下达平型关、雁门关全线撤军的命令后，大、小营盘的驻军全部撤出，向忻口方向转移，代县随即陷落。1937年10月，大营盘有日本阳明堡机场的警卫部队、地勤人员500多人驻扎。到抗战后期，日本撤离时拆毁了营房。大营盘围墙在20世纪70年代初期尚存，1974年全国大搞农田基本建设时被当地政府组织社员逐段拆除，夷为平地，复垦为基本农田。

小营盘坐落在古广武城的西北部,阳明堡正北方向约 1000 米处。小营盘北墙距古城北墙约 150 米,东墙距国道 208 线约 150 米,西墙距古城西城墙约 400 米。营盘围墙墙基宽约两米,高三四米,东西长 190 米,南北宽 140 米,占地面积约 2.7 万平方米。小营盘的北部是长郝村和李家磨村,西部是孙家磨村和刘家磨村,南部是阳明堡,东部隔国道 208 线与古城村相望。抗战时期,小营盘驻扎着日军第 51 师团 21 旅团所属运输与警卫分队,也是日本侵略者的兵站。据有关抗战史料记载,从 1937 年 8 月南口战役开始至忻口战役前夕第二战区总监部第六分监部曾驻扎阳明堡。从军事管制、军事保密、设施条件和运输便利等因素来看,第六分监部设在古广武城内小营盘的可能性最大。1937 年 10 月 1 日,日本侵略者占领代县,小营盘一度成为日本侵略者军马场,饲养着许多战马,里面堆放着喂马的草料。中华人民共和国成立后,小营盘改造为代县粮食局阳明堡粮站的粮库,一直使用至今。

1990 年前后,文物贩子在古广武城西北 5000 米处的下沙河村附近盗掘出许多汉墓。从墓葬主人的身份来看,有许多是匈奴、鲜卑、粟特人,还有一些是中亚人,说明下沙河一带极有可能是古广武城富豪商贾的墓地。这些外籍商人的坟墓位于古城的西北方向,也表达了他们魂归故里的愿望。

目前,古广武城遗址逐步引起国内外研究机构的重视。21 世纪初,暨南大学、日本早稻田大学等院校的中国古城和秦直道研究专家,先后到古广武城遗址进行实地考察。2016 年,国家博物馆考古专家专程到古广武城进行考察。2017 年春,山西省考古研究所也组织团队对古广武城遗址进行了为期半个多月的考察。

保护古广武城遗址,有利于对古广武城历史进行挖掘和研究,有利于研究古代城池文化,对弘扬、传承中华民族历史文化具有十分重要的意义,可以为日后建立国家考古遗址公园奠定基础。

六、雁门关在先秦玉石之路上的地位

雁门关在秦汉之前就是草原丝绸之路上的一颗明珠,是通往西域和北方少数民族地域的一个重要始发站。有三点可以证明这个说法：第一是草原丝绸之路概念所表达的文化主题。"丝路"的文化主题就是中原与西域、中国与欧亚非交流的历史全过程，而不仅仅是汉以后的交流代号。第二是中原同西域、中国同欧亚非交流的主渠道不是固定的，在每一历史阶段都有一条代表性的繁华通道。譬如殷商时的玉石之路，汉唐时期的丝绸之路，明代的茶马古道，清代的万里茶道。第三是沿长城向西延伸的道路上的历史埋藏。近年来长城周边的考古发掘，向学界提供了商周时代丝绸之路的完整线路图。

1. 近年来已公布的两项学术成果，已在学术界确认了雁门关在草原丝绸之路上的地位。第一项成果是在商周时期中原同西域就开辟了一条繁华的玉石之路。玉石之路是中原和西域政治、经贸、文化等多元交流的一条主要线路。妇好墓是距今3000余年的商墓，从墓中出土了数百件新疆和田玉器。2002年中国社会科学院和中央电视台以妇好墓出土的随葬和田玉器是如何从新疆进入中原为线索，描述了从新疆出发，历经内蒙古、山西，进行考察认证的过程，绘出了玉石之路的线路图。考察结果是：今新疆的和田是玉石始发点，而长城上的雁门关则为终点。联结这两个端点的主要中间点有民丰、库尔勒、库车、吐鲁番、乌鲁木齐、包头、呼和浩特、杀虎口（右玉）、雁门关。考察组不仅画出了商周时新疆玉石进入中原的干道线路图，他们还按图走原路，对3000年前驼队和马队的行进速度、驻地，以及沿途沿袭至今的地名、村名进行了文物考证和逻辑推理。他们用还原的镜头，把商队的速度、运输歇脚点和因运输而成的地名、村名的含义，作了合情合理的相互印证和历史还原。玉石之路的研究成果还体现在古方的著作《冰清玉洁》中。而中国社科院文学研究所叶舒宪研究员把玉石之路和丝绸之路结合起来研究，认为玉石之路是丝绸之路的前身，并上升到文明的高度。他发表了《西玉东输与华夏文明的形成》[①]。

第二项成果是专家绘出了春秋战国时期的"文化之路"。这条"文化之路"是专家杨建峰从长城周边墓葬里出土的丰富文物中，抽出文物里所含的不同

---

① 叶舒宪：《西玉东输与华夏文明的形成》，《光明日报》2013年7月25日。

地域文化成分，按文化成分的异同点和位置，绘出的春秋文化之路。①杨先生对长城周边出土的文物进行潜心研究，找出文物中所含的北部与西部、中原的地域文化主体成分，以及被主体文化兼容的其他文化成分，特别是还详述了地域主体文化被外域文化渗透后的文化形态。

杨先生根据长城周边墓葬出土文物所含文化内涵的差别，划分出春秋战国时期的几个文化带。这几个文化带按次序排列，就连成了一条春秋战国"文化之路"，即古代中原与包括西域在内的北方地域的交流之路。

杨先生把春秋战国时期的文化带划分为西、中、东三个段：西段为"甘宁地区段"，中段为"内蒙古地区段"，东段为"冀北地区段"。这三个段的地域文化，既有紧密的联系，也有明显的差异和地域特色。从地理环境讲，雁门关是东段与中段的重要连接点。春秋战国时期，雁门关属赵地，且属赵与匈奴碰撞融合带。比如赵武灵王就曾在雁门关大筑长城和城池，今代州上馆镇就是赵武灵王大筑城池的产物。

2. 雁门关在草原丝绸之路上地位重要，还有几条重要史料可以佐证。（1）今新疆喀什有一处名叫"乌帕尔"的古城文化遗址，该古城约建于公元前3世纪，在遗址内发现了精美的石器和小件青铜制品，这无疑是中原传去的东西。（2）周穆王"绝隃之关陇"，郭璞认为，陇，阪也。疑此谓北陵西隃。西隃，雁门山也。我认为此即春秋时代的雁门关称谓。（3）战国时期在各边镇要塞设军市，军市所得课税归驻塞军事长官支配。如赵国名将李牧屯守雁门关时每两天宰一头牛犒赏士兵。②（4）汉文帝下令与匈奴开关互市。"关市"专指中原政府在边境关卡设立的市，供中原民众与边疆民族定期交易。这一时期的丝绸之路，肯定早于汉武帝时张骞所开辟的丝绸之路。

---

① 杨建华：《春秋战国时期中国北方文化带的形成》，文物出版社，2004年。
② 《武安君庙碑记》，碑现存于雁门关。

七、雁门关在汉唐丝绸之路中的地位

雁门关自身的存在,也有力地证明了它在草原"丝路"中所占的重要位置。

(1)代州博物馆藏有三百余件新疆和田玉饰物,是由春秋战国和汉墓中发掘所得。这些玉饰件有玉带钩、素面璧、谷纹璧和玉环件。它们全都来自雁门关下的沙河古墓群,这些墓为春秋以来下级戍边士兵的公墓群,说明当时雁门关一带驻军很多。

(2)代州在春秋战国时就有各类繁华的市场。特别是军市的开设,极大地推动了汉族与北方少数民族、中原与西域的经济贸易。《史记》云,军中所开之市曰军市,战国已有。盖在军队屯戍处开市,招徕商贩销售官兵所需物品。西汉初,云中守魏尚,其军市租尽以飨士卒。雁门关和飞狐口是赵国的重要关隘,重隘必有重军屯戍,重军必设大军市。其贸易所得,无疑会沿一条线路流向中亚各地。

(3)代州许多的古市场遗址尚待考证发掘。何谓古代的"市"?古代的"市"又是如何发展完善的?史籍已做过一些简单的正面回答。《汉书·食货志》记载,市为商品的交易场所和交易行为之所在。市随着人类商业贸易活动的发展而发展。《汉书》记载,神农时"日中为市"。那时的市场并无完备的建制,市罢各散,有如今日之地摊。开这样的市是为了部落间互通有无。之所以把时间定在"日中",是为了方便四方部落的往返。《汉书·食货志》还讲,在尧、舜、禹时已有了固定的市场。至商周时,市场建制就完善多了。"立市必四方,若造井(井田)之制。"朝廷还设立了掌管市场的行政长官"市师"。《东周列国志》称作"司市"。《史记》曰:"是以圣王域民,筑城郭以居之,制庐井以均之,开市肆以通之,设庠序以教之。""市肆"的含义就是把市场划成"井"字格,并以同类产品聚集各占"井"字中的一格。

从《史记》《汉书》的记载可知,重要关隘、重要城池和重要驻军是三位一体的。其中的经济支撑便是"军市"和"关市"。那么雁门关古代市场今安在?在雁门关的市场中,交换了北方和西域的哪些商品?要回答此类问题只能基于考古发掘。雁门关的文化遗址，正好能提供答案。雁门关拥有的文化遗址如下：（1）春秋时期勾注塞遗址仍然屹立在勾注山的铁裹门，那么塞的"治所"和"市场"位于塞的何方？目前具体位置虽未确定，但其肯定是存在的。（2）汉初的古广武遗址仍横卧在今古城村和上田村间，汉初的市在何处，市场下埋着哪些西域产的和北方产的商品？只要略作发掘，即可找到。（3）雁门关还有楼烦古城、枣户城、上馆城、阴馆城、平城等古城遗址，每一座古城遗址就应伴有一个市场。（4）雁门关下遗存有许多与"市"有关的地名、村名，并沿用至今。如"闹市""茶铺""盐店""埠家坪""麻布袋沟"等。这些名字说明它们是历史上商业物流的一个据点，也可以视其为早期商业文化的物化载体。（5）雁门关下繁荣的古代商业文化与春秋战国时山西的大商业家、政治家有密切的关系。譬如大盐商猗顿、大政治家傅说等等。

1.代州盛产千年名酒

代州的酒史可以上溯到西周时期的周穆王时代。《山西通志》记载，穆天子至此作《黄竹诗》。据《穆天子传》记载："日中大寒，北风雨雪，有冻人，天子作诗三章以哀民，曰：我徂黄竹，□员闷寒，帝收九行。嗟我公侯，百辟冢卿，皇我万民，旦夕弗忘。我徂黄竹，□员闷寒，帝收九行。嗟我公侯，百辟冢卿，皇我万民，旦夕勿穷。有皎者鹭，翩翩其飞。嗟我公侯，□勿则迁，居乐甚寡，不如迁土，礼乐其民。"周穆王在雁门关因为有人冻死而以诗哀民，同时举行祭酒之仪以祈求人民安居乐业。

战国时期，代州原本是代王属地，而后赵王设计在酒桌上杀了代王，代州归于赵国。此事在《战国策·燕策》上有记载："张仪为秦破从连横，谓燕王曰：……昔赵王以其姊为代王妻，欲并代，约与代王遇于勾注之塞，乃令工人作为金斗，长其尾，令之可以击人。与代王饮，而阴告厨人曰：'即酒酣乐，进热饮，即因反斗击之。'于是酒酣乐，进取热饮，厨人进斟羹，因反斗而击代王，杀之，王脑涂地。"这一段叙述既精彩地写出了赵襄子杀代王的经过，也反映了古代国的宴饮习俗。代、赵两国本是姻亲之国，赵襄子的姐姐嫁给了代王，两国在文化上多有往来，故而赵襄子杀死代王之后可把代国之地据为己有。《韩诗外传》记载,周舍死后,简子与诸大夫饮酒至酣,赵简子是赵襄子的父亲。从赵卿墓出土的系列青铜酒器以及同时期代县出土的陶酒壶可以看出,代、赵两国饮酒之风盛行。

宋朝张能臣的《酒名记》中记有"代州金波又琼酥",就是指代州的金波酒和琼酥酒,从酒名就可以知道其酒的颜色和性状。宋代朱翼中所撰的《北山酒经》详细记录了金波酒的制曲工艺,可见当时代州酒已经达到量产:

> 木香三两、川芎六两、白术九两、白附子半斤、官桂七两、防风二两、黑附子二两,炮去皮瓜蒂半两,右件药都捣罗为末,每料用糯米粉、白面共三百斤,使上件药拌和令匀。更用杏仁二斤,去皮尖,入砂盆内,烂研,滤去滓,然后用水蓼一斤、道人头半斤、蛇麻一斤,同捣烂,以新汲水五斗揉取浓汁,和搜入盆内,以手拌匀,于净席上堆放如法。盖覆一宿,次日早晨用模踏造,堆实为妙。踏成,用谷叶裹盛在纸袋中,挂阁透风处,半月去谷叶。只置于纸袋中,两月方可用。

莲盖夔龙纹方壶(赵卿墓出土)
笔者摄于山西省博物院

匏壶(赵卿墓出土)
笔者摄于山西省博物院

金代诗人赵秉文的一首《过代州》则让金波酒盛名远扬。据传金波酒的酿酒水源主要是代州城内东北隅甘井坊的八角井,味极甘美,适合酿酒。《明一统志》中也记载:八角井,在代州城内,味甘宜酿金波酒。由此可见,代州金波酒的酿制可谓源远流长，从宋代一直延续到明代。

2. 代州酒诗扬美名

在唐代诗人书写雁门的诗句中，可以看到代州酒的影子。唐代诗人崔颢所写的《雁门胡人歌》描绘了雁门地区少数民族的日常生活："高山代郡东接燕，雁门胡人家近边。解放胡鹰逐塞鸟，能将代马猎秋田。山头野火寒多烧，雨里孤峰湿作烟。闻道辽西无斗战，时时醉向酒家眠。"

从这首诗中可以看出，在没有战争的和平时期，雁门地区的少数民族跟汉人友好相处，代州所产的代马可以供少数民族打猎之用，少数民族也喜欢到汉人的酒家沽酒买醉。这一生活场景，从侧面表现出代州酒很受胡人喜欢。唐代张祜作的《雁门太守行》写出了战争的惨烈、征人的无奈。酒被征人随身携带在行囊中，在生死难料的战场上，酒是壮行色的好东西：

城头月没霜如水，趁趁踏沙人似鬼。灯前拭泪试香裘，
长引一声残漏子。驼囊泻酒酒一杯，前头滴血心不回。
闺中年少妻莫哀，鱼金虎竹天上来，雁门山边骨成灰。

不过，真正让代州酒名扬四海的，还是金代诗人、礼部尚书赵秉文称赞代州酒的诗歌。他在《过代州》中写道：

金波曾醉雁门州，端有人间六月秋？
万古河山雄朔部，四时风月入南楼。
汉家战伐云千里，唐季英雄土一丘。
系马曲栏搔首望，晚来闲杀钓鱼舟。

这首诗写得慷慨苍凉且洒脱豪放，雁门长风夹杂着金波酒香扑面而来，让金波酒也随着这首脍炙人口的诗名扬天下了。

连盖陶壶
代县文管所提供

北宋词人赵可在金朝为臣，他登上代州南楼，遥望早已易主的大宋山河，

不禁心情抑郁，伤悼之情不可断绝，于是借《雨中花慢·代州南楼》抒发情怀。代州酒在这里起到了借酒消愁的作用，一浇赵可胸中块垒：

> 云朔南陲，全赵幕府，河山襟带名藩。有朱楼缥缈，千雉回旋。云度飞狐绝险，天围紫塞高寒。吊兴亡遗迹，咫尺西陵，烟树苍然。时移事改，极目伤心，不堪独倚危栏。唯是年年飞雁，霜雪知还。楼上四时长好，人生一世谁闲。故人有酒，一尊高兴，不减东山。

到了明代，汪广洋所著的《凤池吟稿》中有一首《过雁门有感》，不仅写出了雁门的豪放气势，更抒发了畅饮代州酒的痛快："淋漓杯酒边，虎迹出龙泉，神物终呵卫，将门四百年。"

有清一代，诗人们书写代州酒的诗歌也不少，在美酒与美人的相伴中，兄弟情谊与人生感慨通通都抒发出来了。李良年有一首《雁门驿对酒赠妓》："银筝一曲夕阳微，叶尽榆关更不飞，句注沙明残雪岸，滹沱月上美人衣，暖倾白堕销银烛，冷怯雕鞍试锦围，欲折梅花簪鬓好，春光愁绝陇头稀。"

《山西通史》载："除太原府的太原外，代县也是出商人的地方。"战国时期的雁门人班壹曾因畜牧牛羊而富甲天下；魏晋南北朝时期的莫含也因通商内外而显赫一时。代州商人是晋商中的重要一支，雁门关古道上行走的晋商团队中也有代州商人的身影，可以说代州人的商贸活动也极大地促进了代州酒业的发展。

宋时代州已有酿酒业，在宋辽和平期间，两国贸易往来不断，商品流通频繁，雁门榷场便是宋代最出名的商贸地之一。据《雁门关志》记载，在辽宋的商贸中，辽的商品多为牲畜、毛皮、金、银、北珠、人参、猎犬、猛禽之类，宋则多为茶叶、酒、香料、丝织品、木材、棉麻、药材、印染工艺品等。宋、辽澶渊之盟后，形势进一步缓和，榷场贸易又有所发展。据考察，当年在白草口村（代县境内）、旧广武、新广武（皆在山阴县境）以及盆窑村附近（代县境内）曾经设置过榷场。北宋中晚期的嘉祐、治平、熙宁年间，代州有个叫高永昌的大商人，十几年间"笃志经营，略不少息"，奔走于边境各地。他多谋善断，捕捉商机，获利颇巨，一时声誉"甲于河东，金帛充盈，宝货山积，有若沧溟之水与巨岳之尘，虽善算者莫知其数量也"。

明清年间，代州商人穿越雁门古道，行走在新疆、蒙古乃至西伯利亚广袤的草原和大漠上，他们经营的货物主要有盐、粮、绸、铜、烟、酒、木材、皮货、毛毯、玉石、药材、钟表等，全国各地20多个大中商埠都有代州人的商号。在民间，代州商人素有"商埠经济多门路，财源如水流代州，东口至西口，喇嘛庙至包头，西宁库伦京津沪，走遍天下不发愁"的说法，可见当时代州商人的良好信誉和业绩。据黄鉴晖的《明清山西商人研究》所录数据，至乾隆末年，太原、忻州、代州商人势力极盛，可以从当时的征税情况一窥盛况。雍正九年，山西全省共征商税、纸房、酒课、牙当、契税等123196两白银，全省106个州县中，征税千两以上的共有35个州县，其中征税两千两以上的有10个州县，征税三四千两以上的有6个州县，代州就是这6个州县之一。清代代州有烧酒、黄酒，在民间还有"春分日造酒""六月六日制曲"风俗。据《代县志》记载，清代、民国年间除民间个体户酿酒外，城镇的"陆陈行"（粮店）都设有缸坊，主要出产烧酒（白酒）、黄酒。因为酿酒的主要原料是高粱和黄米，所以粮店都很富。

清代代州酒商最著名的是刘缸坊。据《代县文史》记载，在内蒙古土默川做造酒生意发了财的刘氏商人，于乾隆年间开始在王里道街大兴土木，修建豪宅，其豪华程度不亚于乔家大院。刘氏家族本是在明代从忻州解元村迁移到代县阳明堡镇南关村王里道安家落户的。王里道刘氏家族始祖刘一贤生有两子，长子刘祥、次子刘祚，起初族人只靠务农为生。到了四世祖刘显手里，眼看刘氏家族人口越来越多，养家糊口成了问题，生活所逼就拖家带口走西口到了土默川。初来乍到的刘显，人生地不熟，做生意没本钱，只好靠出苦力开垦那一望无际的荒地种高粱。因为土默川是蒙古部落的游牧之地，所以土地肥沃。那年正赶上风调雨顺，刘显所种高粱喜获丰收，堆积如山，当年靠卖高粱赚了一大笔钱财，为全家生产经营奠定了坚实基础。刘显生性憨厚，常拿钱粮救济附近的居民，深受大家爱戴。刘缸坊靠诚实守信占领了蒙古大草原市场，究竟赚了多少雪花白银很难说清，反正刘氏在家乡修建了豪宅，供子孙们读书科举及第。刘氏族人从阳明堡镇南关王里道到土默川的刘缸坊，

960里的路程用不着住别人家的店铺,因为沿途都有刘缸坊的字号。九世祖刘永吉官做到清朝的户部郎中,清光绪三年,山西普遭旱灾,代州为甚,饥民流散。州人51名捐银8565两助赈,其中刘永吉就捐献白银2800两。

3. 代州酒俗传至今

代州酒神祭祀始于何时,已经很难考证,不过,据现存于代县文庙的《重修酒仙庙碑记》,则可以窥见代州人祭祀酒神之俗由来已久:

> 酒仙之有庙,……□列遗碑已无片字,创建之由来盖不可考矣。后有碑记则乾隆庚午年重修者也。由庚午迄今三十余载耳……改作乃辛丑十月之朔,忽遭……庙庑虽幸无□而斯楼半成灰烬矣。郡人目睹心伤不忍听其颓废,于是合力募赀,□期兴事。不惜土木之费,聿昭金碧之辉。名虽取乎仍旧,塞几过于经始楼既更新庙,旋施彩歌功颂德。……将勒金石,纠事者请记于余。余本拙于文,而念酒以合欢,自朝祭燕享以至□公□寿其用□广……则酒仙不可无庙,酒仙庙不可无乐楼,固人情所同,然况生当盛世,或歌且舞,亦所以润色太平也。因陋就简尚恐亵我神明,若听其颓废而莫之理,其将何以为□,余甚乐纠事者,诚于事神,勇于急公,而不吝财不惜力以有此举也。爰勉应其请而为之记。
>
> 癸酉科亚魁候选知县马钟谦撰文。
> 代郡廪膳生员乔应迁书丹。
> 乾隆四十八年仲秋谷旦立。

从碑记的内容可以看出三点,其一,代县酒仙庙至晚到乾隆庚午年就已经存在了。其二,代州人祭祀酒神的仪式是盛大而虔诚的。其三,从碑文由候选知县撰文和生员书写这一点来看,政府对酒神祭祀也十分重视。

酒神祭祀之俗一直延续到民国。民国学者唐晏在其所著的《庚子西行纪事》中记载了代州考察的见闻:"初九日抵代州住西关外,代州城内祠宇最多,有曰酒仙祠者,则(祀)杜康刘伶太白。有曰李将军祠,则祀李牧。有曰句注祠,则祀山神。"

《元一统志》中按元好问《夷坚志》中所云还记载了一段关于以酒断案的趣事：晋王李克用墓，当地人曰为李皇陵。金天眷初，有盗发者。看坟寺僧言之郡守徒单贞，祭墓视之曰："君王英气盖世，身后不能庇一墓，乃为鼠辈所劫，独不能梦寐相告耶？"是夕守梦见晋王使人告云："吾墓中有酒，盗饮之，唇为所渍，皆黑色矣，可用此捕之。"明日获盗，寺僧居其半，悉掊杀之。至今学舍小儿犹黑污口者，必戏之曰："汝盗饮晋王墓酒耶？"

光绪《代州志》记载了代州的乡饮酒礼：

> 岁孟春望日，孟冬朔日，举乡饮酒之礼于学宫。燕平道监其礼，知州为主人，以乡之年高六十以上有德行者为宾，其次一人为介，有其次为众宾。以教官一人为司正，学弟子习礼者二人司爵，二人赞礼，二人引礼，一人读律令，僚佐皆兴，前期戒宾，宾礼辞，许。戒介亦如之。先一日司正率执事者诣明伦堂肄仪，设监礼席次于庭东，北向，布宾席于庭西北，南向，主人席于东南，西向，介席于西南，东向；众宾者长三人席于宾西，南向。东上皆专席不属。众宾席于西序，东向；僚佐席于东序，西向。……届日，执明执事者入其馔，设尊于案，实酒于尊，加幂勺，解爵在尊北，读律令者奉律令陈于中案。既办，燕平道朝服诣学官就次监礼。主人司正及属僚咸朝服入，……主人率属僚以下咸即席，赞礼者赞：扬觯。执事者引司正由东阶升，诣堂中北面立，宾、介皆起立。赞揖，司正揖，宾介以下答揖。司爵诣酒尊所，举幂酌酒于觯，进授司正。司正扬觯而语曰：恭迎朝廷，率由旧章，敦崇礼教，举行乡饮，非为饮食。凡我长幼，各相勉励，为臣尽忠，为子尽孝，长幼有序，兄友弟恭，内母宗族，外和乡党，无或废堕，以忝所生。请毕，赞者赞，司正饮酒。司正立饮毕，以觯授执事者，反于案。……司爵诣酒尊所酌酒实爵，授主人，主人受爵诣宾席，奠于案……司爵酌酒授宾，宾受爵，介从，诣主人席前，拜，送爵。

从以上内容可见，代州每年要举行两次乡饮，仪式极其隆重，酒在乡饮中扮演了重要的角色。

八、代州雁门关抢抓机遇，共享"一带一路"

目前，雁门关共享"一带一路"，在"一带一路"上建市入场，已有三个便利条件可利用。

第一，世界经济一体化。"一带一路"点燃了全世界的热情，亚、非、欧国家争相参与，习近平提出的"命运共同体"引发了共鸣。在2015年的博鳌亚洲论坛会上，习近平主席发表了《迈向命运共同体，开创亚洲新未来》主题演讲。会议开幕日，即2015年3月28日，经国务院授权，国家发改委、外交部和商务部联合发布了一份重要的具有可操作性的文件《推动共建丝绸之路经济带和21世纪海上丝绸之路的愿景和行动》。这份文件指出："'一带一路'建设是一项系统工程，要坚持共商、共建、共享的原则，积极推进沿线国家发展战略的相互对接。为推进实施'一带一路'重大倡议，让古丝绸之路焕发新的生机活力，以新的形式使亚、欧、非各国联系更加紧密，互利合作，迈向新的历史高度，中国政府特制定并发布《推动共建丝绸之路经济带动和21世纪海上丝绸之路的愿景和行动》。……共建'一带一路'是中国的倡议，也是中国与沿线国家的共同愿望。站在新的起点上，中国愿与沿线国家一道，以共建'一带一路'为契机，平等协商，兼顾各方利益，反映各方诉求，携手推动更大范围、更高水平、更深层次的大开放、大交流、大融合。"曾经的古州雁门，曾经在历史上辉煌极盛的晋商，应该积极行动起来，站在新的起点上，在新常态下，寻找机遇，找出契机，融入"一带一路"中的大市场，共享"一带一路"上的市场红利，实现转型跨越。"一带一路"沿线65个国家和地区近44亿人口。这是一个广阔的市场，这也是一个世界级的联合大市场，我们目前的首要任务是，找出与这个大市场的对接点和契合点。

亚投行意向创始成员国为57个。亚投行由中国倡导设立，是一个政府间性质的亚洲区域多边开发机构，重点支持基础设施建设。亚投行初始认缴资本目标为500亿美元，总部设在北京金融街。亚投行意向创始员国都非常了不得，其中有联合国 5 个安理会常任理事国中的 4 个、欧盟 28 个国家中的 14 个、经济合作与发展组织（OECD）34 个成员国中的 21 个。当年日本主导的亚洲开发银行创始国仅 31 个。亚投行在美日大力抵制的情况下，能够成功吸引如此众多国家共襄盛举，可谓极大的成功。这个热度和形势是对雁门古州极大的鞭策和促进，是极大的机遇和极大的动力。

第二，海关总署发布公告《关于开展丝绸之路经济带海关区域通关一体化改革的公告》，为山西融入"一带一路"，顺应中国经济新常态和贸易发展新业态提供了政策依据。国家提出要尊重企业自主选择与物流运作规律，加快经济紧密地区区域通关一体化的改革步伐。国务院从政策上为整个山西融入"一带一路"提供了保障，使得山西加入了"一带一路"一体化海关改革板块。2015 年 3 月 31 日，国家海关总署正式发布了第九号公告，决定自 5 月 1 日起，启动"丝绸之路经济带"海关区域通关一体化改革。山西、山东、河南等 9 个中部省市（区）共同被海关总署纳入"丝绸之路经济带"区域通关一体化改革板块。此举形成 10 关加 1 关的通关一体化格局，打破了省市（区）地域界线和海关行政区界线。这 10 个关是青岛、济南、郑州、太原、西安、兰州、银川、西宁、乌鲁木齐、拉萨。10 关加 1 关的改革后，企业可根据物流实际需要自主选择口岸清关、转关、区域通关一体化等任何一种通关方式。如山西企业从青岛口岸进口货物，第一可在青岛办理口岸清关手续，第二可以办理转关手续并使用监管车辆运输，第三可以利用属地申报资格在太原海关申报办理清关手续。太原海关关长吴海平对《经济日报》记者讲，这次改革实施后，将打通山西企业贯穿"丝绸之路经济带"的通关高速路，带动山西在更高水平上的高层次对外开放，促进与沿线其他国家的互联互通，建设国际物流"大通道"。[①]

第三，大西、忻雄高铁即将修通。忻州—雄安铁路是山西纳入京津冀一体化战略的重要通道，也是北京和城市副中心一体两翼的重要连接线。忻、代一带应该建立一个 3 小时半径圈的商业概念，即在以高铁 3 小时行程为半径

---

① 《丝绸之路经济带通关一体化改革试运行》，《经济日报》2015 年 4 月 2 日。

的圈内，设计一下当地将要从事的产业。大同至西安的高铁北起大同，经朔州、忻州、太原、晋中、临汾、运城、渭南9市31个县，纵贯山西。它于2010年3月开工建设，全程859公里，时速设计每小时250公里，该线是国家中长期铁路规划网的重要组成部分。2014年7月1日，太原至西安段开通，每天往返20对次客运列车，运行时间3个多小时。对于雁门来讲，大西高铁开到了雁门关的隧道口，忻雄高铁即将开到代州的家门口。大西高铁在忻州市行政区域内有3个站：代县、原平和忻州站。该路的开通，大大缩短了古州雁门"出关""入关"的时间，拓展了"入市""出市"经贸等经济活动的空间。目前，从代县自驾车出发，到省城太原约2个小时，到大同亦然。如果大西高铁全线通车，古州雁门即今代县站到原平仅需10分钟，到忻州需半小时，忻州站到太原站不足半小时。古州雁门到太原由原来的近3小时缩短为不足1小时。和过去相比，1小时圈，东到繁峙、西到原平、北到山阴、南到五台，而乘大西高铁往南走或再转乘其他高铁，那个活动半径则要出省了。从忻州往东走，不到3小时到北京，往南走快到西安。从大同往北走上高速公路到内蒙古呼和浩特，坐上大张高铁很快就到张家口。这样的活动空间、速度是前所未有的。

古州雁门及忻州全市有24类丰富的农作物，400余个特色农产品，例如，代州辣椒曾在古时候行销天下，是中国四大名椒之一。代县酥梨在农业部举办的全国大展中获过一等奖。还有野生绿色产品沙棘、营养低糖食品莜麦等。如把这些产品放在高速3小时圈内，定显得规模太小、数量太少。《忻州日报》在2014年8月27日头版头条发表了一篇报道，题目是《大西高铁全线开通之时——忻州准备好了吗》，该报道开篇就向读者发问。记者虽然没有提出商家的3小时半径圈这个概念，但是他提出一个很尖锐的问题：如果你是一位企业家，你是否从中嗅到了商机？如果你是一个下岗职工，你是否从中找到再就业的契机？如果你是一个初出茅庐的大学生，你是否从中找到创业的机会？因此，要充分利用上述条件，勇敢闯出去。

第一，到银川去，赶好"中阿博览"世界级大集。这个博览会是经国务院批准，由商务部、中国国际贸易促进委员会、宁夏回族自治区人民政府共同主办的国家级国际性综合博览会。

第二，到西安去，搭乘国际班列"长安号"到中亚去找市场、建市场。2014年5月19日下午，西安铁路局、西安国际港务区管委会联合推进中欧班列"长安号"常态化开行合作备忘录签字仪式在国际港务区举行。今后，凡从西安出发经过阿拉山口境出口到中亚、西亚、欧洲国家及俄罗斯西部等地，国际班列"长安号"都可以满足其要求。而且采用5种方式即可搭上国际班列进入中亚、西亚、欧洲市场。一是拨打铁路客服热线12306；二是直接拨打西安铁路局新筑车站客服电话029-82345422；三是登录铁路12306网站，申请办理国际货运；四是到西安国际港务区内的新筑火车站货运营业厅直接办理相关出关手续；五是应客户的不同需求，铁路客服人员亲自上门服务。

第三，到北京、雄安、张家口去。这里将是北京冬奥会和中国京津冀协同发展的核心地带，蕴藏着大量商机、先机。

大西、忻雄、大张高铁的开通，将极大地缩短山西北部与西安、北京、雄安、张家口的时空距离，带动沿线经济、文化旅游的发展。

第二章 丝绸之路

　　丝绸之路是中国古代横贯亚欧大陆、连接中外世界、贯通东西方文明的重要国际通道，从西汉张骞凿通西域到近代德国地理学家李希霍芬明确提出"丝绸之路"概念，两千多年来一直是中国与外部世界经贸、文化、宗教、艺术交流的全球性大走廊。习近平总书记根据全球局势变化，统筹国内国际大局，做出了推进"一带一路"建设的战略决策。该带东牵亚太经济圈，西系欧洲经济圈，被称为"世界上最长、最具有发展潜力的经济大走廊"。

　　山西具有表里山河的地理优势，自古就是兵家必争和多民族汇聚融合之地，更是东西方商贸、文化、艺术交流的战略通道。中国古代的玉石之路、丝绸之路、茶叶之路前后一脉相承：一方面是中国的指南针、造纸术、印刷术、火药传入欧洲，官方使节、僧侣、商人和中原盛产的丝绸、瓷器、棉布、茶叶、酒、铁农具和四书五经不断西传；另一方面是中亚西域使团、僧侣、留学生、胡商以及"胡"字牌产品胡萝卜、胡服、胡芹、胡麻、胡乐、胡旋舞、葡萄、苜蓿、核桃，西亚和欧美的商旅、使团、僧人、传教士以及自然科学书籍、珍宝、象牙、香料、玻璃、自鸣钟等从海陆两路不断地东来。

第一节
丝绸之路——古代中国贯通东西方文明的重要国际通道

一、张骞开玉门、凿通西域

公元前后，世界东方有强盛的大汉王朝，西方有罗马帝国。公元前140年，汉武帝刘彻即位。此时经过汉高祖文、景二帝50余年的休养生息，汉朝政治上完成了中央集权，经济逐步恢复而且积累了相当充实的财富，国力空前强盛。《史记》记载："太仓之粟陈陈相因，充溢露积于外，至腐败不可食。"这就完全改变了汉初"天子不能具钧驷，而将相或乘牛车"的贫困状况。汉武帝雄才大略，不甘久屈匈奴之下，于是决定扭转被动局面，改变屈辱求和的"和亲"之策，决心联合大月氏一举打垮匈奴。

然而，是不是西汉已强盛到有十分的把握去对付强敌匈奴呢？历史并非如此简单。因为当时在西北除了匈奴，还有诸多小国，它们有的被匈奴控制，完全听命于匈奴单于，有的则游离或持中立观望态度，苟安或打着小算盘。《汉书·西域传》讲："孝武之世，图制匈奴，患其兼从西国，结党南羌。乃表河曲，列四郡，开玉门，通西域，以断匈奴右臂……"可见，要想一举战胜匈奴，必须首先断其臂膀手足，廓清外围，方能有更大的胜算。

"西域"之称最早见于《汉书》，从狭义上讲指的是玉门关、阳关（今甘肃省敦煌）以西，葱岭以东，昆仑山以北，巴尔喀什湖以南，即汉代西域都护府的辖地；而广义上范围更大，除狭义上的地理疆域外还包括今天中国新疆天山南北及葱岭以西的中亚、西亚、印度、高加索、黑海沿岸，甚至地中海沿岸的东欧、南欧诸国。

从地理分布与气候特征来看，天山南麓气候干燥，水草稀少，汉初形成36国，多以农业为生，兼营畜牧，有城郭庐舍，故称"城廓诸国"。从其地理分布来看，由甘肃出玉门、阳关南行，傍昆仑山北麓向西，经且末（今且末县）、于阗（今于田县），至莎车（今莎车县），为南道诸国。出玉门、阳关后北行，由姑师（今吐鲁番）沿天山南麓向西，经焉耆（今焉耆县）、轮台（今轮台县）、龟兹（今库车县），至疏勒，为北道诸国。南北道之间，则是一望无际的塔克拉玛干大沙漠。这些国家包括氐、羌、突厥、匈奴、塞人等，人口不下三十余万。汉武帝以前，天山南路诸国多数已被匈奴征服，实际已成匈奴附属，也是匈奴扩张势力的一条重要补给带；而葱岭以西的大宛、乌孙、大月氏、康居、大夏诸国，因距匈奴较远，尚未沦为匈奴的属国，但多少受制于匈奴。尤其是大月氏，曾几度和匈奴发生军事冲突，并被匈奴打败，备受屈辱，被迫远离故土向西迁徙，但并未放弃复仇翻身的念头，总希望有朝一日与他国联手一洗前耻。所以从当时周边局势来看，联合大月氏，打通西域，在葱岭东西打破匈奴的控制局面，建立大汉王朝的权威和影响力，从而有效孤立和削弱匈奴，并最后彻底战胜匈奴是完全可能的。

汉武帝刘彻雄才大略。他即位不久，便果断决定联合大月氏共同夹击匈奴。于是下令选拔人才出使西域。张骞挺身而出，担当起出使重任。

张骞（前164—前114），汉中郡城固（今陕西省汉中市城固县）人。建元二年（前139），张骞奉命出使西域。他从长安出发，沿陇西（今甘肃省临洮县）一路西行进入河西走廊。这一带自大月氏人西迁后，已完全为匈奴人所控制。张骞穿越河西走廊时，不幸被匈奴抓获。为了打消其出使大月氏的念头，匈奴单于对其威逼利诱、恩威并用，但始终没有动摇其为汉朝通使大月氏的意志和决心。无奈之下，张骞在匈奴娶妻生子，一待就是十年。后来终于在元光六年（前129）寻得机会，历尽千辛万苦才逃离匈奴人的控制区。

就在张骞滞留匈奴期间，乌孙在匈奴教唆下西攻大月氏。大月氏人被迫又从伊犁河流域西迁，进入咸海附近的妫水地区。张骞得知后，没有向西北伊犁河流域进发，而是折向西南，进入焉耆，再溯塔里木河西行，过库车、疏勒等地，翻越葱岭，直达大宛（今乌兹别克斯坦费尔干纳盆地）。后在大宛国的护送下到达康居（今乌兹别克斯坦和塔吉克斯坦境内）。康居王又遣人将他们送至大月氏。然而时过境迁，此时的大月氏国王苟且偷安，已无意报复匈奴。尽管张骞在大月氏逗留经年，但始终未能说服大月氏人与汉朝联盟，共同夹击匈奴。其间，张骞曾越过妫水南下，抵达大夏的蓝氏城（今阿富汗的汗瓦齐拉巴德）。元朔元年（前128），张骞只好动身返国。

为安全起见，张骞越过葱岭后未走来时沿塔里木盆地北部的"北道"，而改行沿塔里木盆地南部，循昆仑山北麓的"南道"，过莎车，经于阗（今新疆和田）、鄯善（今若羌），进入羌人地区。孰料此时羌人也已沦为匈奴的附庸，张骞一行再次被匈奴别的部落扣留一年有余。后趁匈奴内乱之机，于前126年侥幸返回阔别13年之久的汉都长安。

失败乃成功之母。张骞第一次出使西域，尽管没有完成最初的既定目标，但却取得了意想不到的探路收获。因为这次出使，张骞既对西域的地理、物产、风俗习惯有了翔实的了解，又为汉朝开辟通往中亚各国的政治、军事线路提供了宝贵的信息。回长安后，张骞将其见闻向汉武帝作了翔实报告，尤

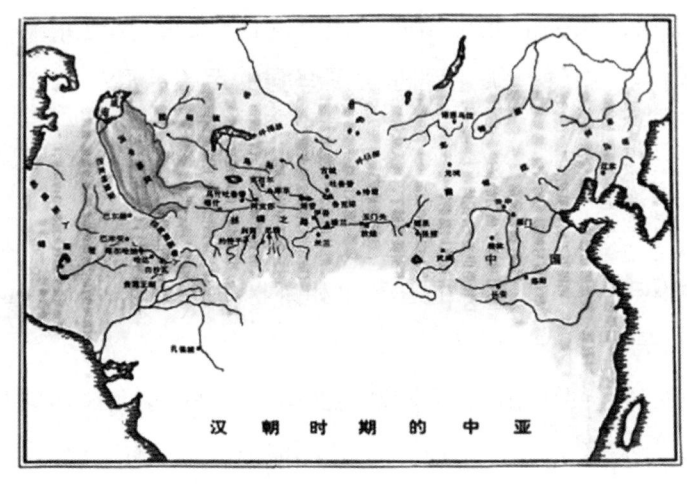

汉代的中亚地图，法国格鲁塞绘制，采自《草原帝国》

其对葱岭东西、中亚、西亚，以至安息、印度诸国的位置、物产、人口、城市、兵防等都作了说明。该报告的基本内容被司马迁《史记·大宛传》保存下来。这是中国，也是世界上对于中亚地区第一次最翔实可靠的记载。张骞因功被封为太中大夫。

元狩四年（前119），张骞第二次出使西域。这时已今非昔比，汉朝军队业已控制了河西走廊，正积极进行一次对匈奴最大规模的战役。张骞本次出使西域，本着联络乌孙共同抵抗匈奴及进一步加强与西域各部族友好往来的目的。尽管后来游说乌孙未果，但他分遣副使持节加强了与大宛、康居、大月氏、大夏等国联系，使得中西交通，特别是西汉与西域的关系得以建立。

前114年，张骞去世。此后，西汉同西域的关系进一步发展，乌孙与汉也开始和亲，汉王朝与西域各国的关系大为改善。半个世纪后的公元前60年，匈奴内部分裂，匈奴对西域的控制瓦解。汉宣帝任命卫司马郑吉为西域都护，驻守在乌垒城（今新疆轮台东），这是汉朝在葱岭以东、今巴尔喀什湖以南的广大地区正式设置行政机构的开端。

总之，汉通西域，虽源于军事目的，但张骞出使西域的影响，远远超出了军事范畴。至此，中外文明史上从新疆连接中亚细亚的一条横贯东西的国际大通道终于开通，并将西汉同中亚许多国家紧密联系在一起，极大地促进了全人类的文明交往与经贸发展。

二、山西名将卫青、霍去病北击匈奴，控制河西走廊，捍卫北疆，为张骞第二次出使西域、打通丝绸之路提供了坚强的军事后盾

1. 马邑之谋

秦汉之际，山西因其特殊的地理位置在军事和商业贸易等方面扮演着重要的角色，北部马邑就是当时中西文化交流的一个窗口。

马邑县位于今山西省北部朔州市，大同盆地西南端。马邑之名最早见于《史记·高祖本纪》"匈奴攻韩王信马邑"。《元和郡县志》曰："昔秦人

筑城于武周塞以备胡，城将成而崩者数矣，有马驰走周旋反复，父老异之，因依而筑，城乃不崩，遂名马邑。"其遥控长城，外连大漠，背居延而面燕京，右偏关而左雁门，南崎宁武，居三关之中。襟山带水，四塞为固，古墩野戍，回环盘护，固西北一大扼塞也。这一地理位置决定了其有重要的战略意义，不仅是汉王朝北部边防重镇，也是汉族和北方游牧民族商业贸易往来的重要关口。

北方游牧民族的草原文化与中原农耕文化在马邑地区形成一个文化交接带和融汇区。能够体现马邑在秦汉时的军事地位和文化特征的当属该地所发掘的汉代墓葬群。20世纪90年代，平朔考古队在朔县境内进行了四年多大规模发掘，出土器物有明显受北方游牧民族影响的痕迹，表明马邑是汉匈交流的地方。

马邑之谋是武帝时期对匈奴发动大规模战争的开始。元光二年（前133），雁门郡（治今右玉县古城）马邑县（治今朔州市）富豪聂壹对王恢说："匈奴刚和亲，讲信义，不会怀疑我们，我们可以利引诱匈奴，布置好伏兵，待其入伏，一举灭之。"武帝支持王恢的马邑之谋，一场大规模的伏击战拉开了序幕。时年六月，汉朝精选步骑32万大军埋伏于马邑近傍山谷，命聂壹向匈奴诈降。于是匈奴10万精骑南入武周塞（今山西省左云县），向马邑奔袭。后在距马邑百里的地方，发现上当后引兵而还。汉全军追击，终无功而返，马邑之谋落空。

马邑之谋败露后，汉初以来汉匈间较为和睦的民族关系终结。匈奴恨汉人失信，于是与汉断绝和亲关系，开始频繁地攻击汉边塞，边地由此无宁日。元光五年（前130），汉武帝发兵万余人修治雁门道路，为讨伐匈奴做积极准备。

2. 卫青、霍去病抗击匈奴

从元光五年（前130）开始，汉武帝积极准备，加快了对匈奴用兵的步伐。卫青、霍去病应时而起，成为抗击匈奴、护卫西域走廊的著名战将。

卫、霍虽为二姓，实为甥舅，且都与皇室关系密切。卫氏家族的代表人物是卫子夫。卫子夫是汉武帝第二任皇后，建元二年（前139）春，卫子夫以平阳公主家歌女得幸入宫，后因生太子刘据有功被册封为皇后。卫子夫除了有同胞一兄二姐外，还有一个同母异父的弟弟卫青。

卫青（？—前106），字仲卿，是卫子夫的母亲卫媪在丈夫去世后与郑季所生。卫子夫封后，武帝便将其同母异父的弟弟卫青提拔为建章监，加侍中。从此，卫青随侍皇帝左右，后又成为太中大夫，这也为他后来七征匈奴，任大司马、大将军，参决政事、秉掌枢机打下良好基础。

卫子夫共有同胞三兄妹，长兄卫长君、长姐卫君孺及次姐卫少儿。其中二姐卫少儿与平阳人霍仲孺生下霍去病。所以，霍去病与卫青又是甥舅关系。

霍去病（前140—前117），少年时就显露出卓越的军事天分。三姨卫子夫当上皇后，霍去病以皇后外甥的关系入宫拜为侍中。他不仅精于骑射，用兵灵活，而且注重方略，不拘古法。所以在公元前123年，年轻的霍去病就被汉武帝任命为骠姚校尉，初次随其舅父卫青出征。

元光六年（前129），卫青升任车骑将军，开始了他北伐匈奴的首次军事行动。这一仗，卫青军直打到匈奴龙城（今蒙古境内），斩敌首700级，功封关内侯。卫青首战告捷，为汉军战胜匈奴开了先声。其后，卫青又于前128年、前127年及前124年三次出击匈奴，斩杀无数，不仅收复了陇西、北地、上郡的北部及河南地，置朔方、五原两郡，而且云中、雁门两郡北界也得到恢复。从此，匈奴优势顿失，由主动变为被动。汉武帝非常高兴，特派使臣持大将军印赴塞上授印劳军，增封卫青8700户，封卫青三子为列侯，从征将校一并受赏，卫青由此名声大振。

元朔六年（前123），18岁的霍去病被提拔为骠姚校尉，率800锐骑随舅父卫青北伐匈奴。此次出征也是卫青、霍去病甥舅二人的首次合作。此战，霍去病率先垂范，率军追敌数百里，斩首匈奴2000余级，一战成名。汉武帝非常高兴，封霍去病为冠军侯。

元狩二年（前121），霍去病升任骠骑将军。当年，他就单独率军两次出击匈奴，给匈奴以沉重打击。迫于汉军的压力，匈奴浑邪王遣使约降，汉武帝恐其有诈，便命霍去病率军迎降。果然，匈奴军约降是假，霍去病果断出击，斩拒降者8000人，受降4万余人，大获全胜。此战两年后，汉军与匈奴展开了一场历史性的大决战。

公元前119年春，霍去病与卫青各率5万骑，分兵出定襄和代郡，迂回深入漠北，寻歼匈奴主力。同年，张骞第二次成功出使西域。卫青部首先与匈奴军遭遇，匈奴单于发觉情势不妙，乘夜率壮士数百人突围而逃，卫青派兵连夜追击200余里，俘斩匈奴兵将1.9万余人；而霍去病率军直接越过离侯山，北进漠北2000多里，与匈奴左贤王部接战。霍去病一鼓作气，俘虏匈奴王及将军、相国等83人，斩杀匈奴7万多人。此役，汉军大获全胜，汉武帝闻讯大喜，授卫青与霍去病大司马，从征将士一律论功行赏。此战后，匈奴远遁，漠南无王庭。

霍去病和卫青对匈奴发起的这次进攻性战争，一举打败匈奴，改变了汉朝长期在对匈奴战争中的守势状态，长久地保障了西汉北方长城一带，此战为汉朝进击匈奴最远的一次。

元狩六年（前177）九月，24岁的霍去病英年早逝，汉武帝因痛失爱将而难过不已，为表彰其六次抗匈之功，特从长安至霍陵百余里间以军阵形式为其送葬，葬仪之重仅次于皇帝。霍去病去世后，他的舅父卫青继续担起汉王朝的御敌重任。十年后，也就是汉武帝元封五年（前106），大将军卫青也因病去世。他一生七伐匈奴，建功无数，朝廷怀其功，谥烈侯，并将其安葬在茂陵附近。

汉武帝经过十数年的战争，凭借卫青、霍去病等的赫赫战功，最终将匈奴赶出了河套平原，汉军北出到燕然山、狼居胥山、贝加尔湖，西边进击到葱岭、塔里木河、阿拉木图一带。汉朝疆域不仅向北推进到沙漠边缘，而且占领了全部河西走廊与青海新疆大部分地区，于乌垒城（今新疆轮台东）设立了西域都护府。都护辖区包括今新疆及巴尔喀什湖以南的乌孙、帕米尔地区的无雷和费尔干纳盆地的大宛等，西汉疆域得以大面积拓展。

三、上党冯奉世平定莎车威震西域

1. 平定莎车

尽管自汉武帝后,经过卫青、霍去病对匈奴的几次打击,北方匈奴之患已基本消除,但不稳定因素依然存在,平定叛乱、安抚异族、维护丝路畅通和安全仍旧是西汉王朝一项重要而棘手的任务。名将冯奉世成为当时颇具影响力的一位杰出人物。

冯奉世,祖籍上党潞县,后迁到杜陵(今陕西省西安市东南)。冯奉世出身将门世家,史载其远祖冯亭,战国时曾担任韩国上党太守。秦国攻上党时,上党与韩国本土的道路被断绝。为了联赵抗秦,冯亭便将上党城献给了赵国。于是,赵国封冯亭为华阳君。冯亭与赵将赵括联合抗击秦军,长平之战殒命沙场。冯氏从此宗族分散,有的留在原籍,有的迁到赵国。其中冯奉世的祖父冯唐就是留居赵国的赵氏后裔。汉朝建立后,冯氏举家又迁到杜陵。汉武帝末年,冯奉世以良家子弟选为郎,当了宫廷卫兵。昭帝时,又被补任为武安县长官,三十多岁时因故免官。赋闲在家的冯奉世于是开始潜心《春秋》,研习经学、兵法。时任前将军的韩增从别处听说冯奉世的家世后,与之面谈,发现他确有真才实学,便奏请汉宣帝任命他为部将,随其一起攻打匈奴,因功升任郎官。冯奉世能文能武,军事才能更为突出,其一生的主要功绩也体现在军事方面。

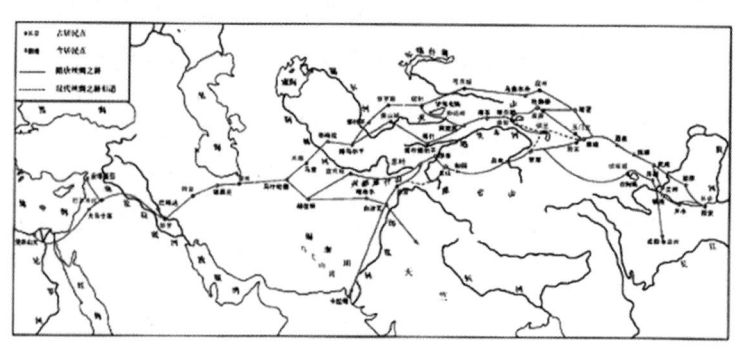

汉代欧亚丝绸之路地图

西汉中后期，朝廷为了维护丝路畅通，巩固对西北的控制，不断派出使臣和军队，加强汉朝与西域各国的政治、经济和文化联系，同时对叛乱者予以镇压。宣帝元康元年（前65），当时西域的乌孙国协助汉军打击匈奴有功，朝廷决定派使者前往予以安抚，同时进一步加强与西域各国的联系。汉朝廷吸取以往遣使不利的教训，于是在人选问题上十分慎重。前将军韩增认为冯奉世才智出众，堪当此任，便向宣帝推荐了他。冯奉世被授以卫侯，奉命持节出使大宛（今中亚费尔干纳盆地），并且护送大宛的使臣回国。

冯奉世一行走到伊修城（今新疆鄯善境内）时，属下都尉宋将向冯奉世报告说：莎车（今新疆莎车）贵族集团与邻国勾结叛乱，杀死了坚持与汉朝友好往来的国王万年，并杀死了汉朝使者奚充国。发动此地叛乱的不是别人，正是万年的叔父、已故老莎车王的弟弟呼屠征。新任莎车国王呼屠征派出使者向周边国家宣称：北道诸国属匈奴，南道诸国应服从他的指挥，莎车与匈奴已结成联盟，以西域霸主的身份与汉朝对抗，因此，由鄯善西去的道路已被阻断，西域交通陷入瘫痪。

怎么办？当时都护郑吉、校尉司马意提出走北道的想法。但面对西域各国复杂的政治局面，冯奉世沉着冷静，他与副使严昌进行了仔细的分析研究，认为莎车国内发生的政变，是引起西域动荡、交通断绝的根本所在，如不及早铲除立足未稳的莎车新王，势必贻误战机，天长日久，整个西域的安全便成问题。然而，要想铲除祸患，就需上报朝廷调动部队，谈何容易！加之情况紧急，冯奉世遂就近点兵，自任统帅，领兵一举攻克其都城。新任莎车王呼屠征兵败自杀身亡，莎车国复归安定。战后，冯奉世将平定莎车的前因后果详细奏报朝廷。汉宣帝闻讯后十分高兴，当即召见前将军韩增，称"将军所举得其人"。冯奉世之名从此威震西域。

平定莎车后，冯奉世继续西行，直抵大宛，受到当地的隆重接待。大宛君臣对他敬重有加，临别时还特赠送名马等表示与汉朝的友好。冯奉世荣归长安后，朝廷认为他不辱使命，提升为光禄大夫、水衡都尉，几年后因平定降汉胡人再升光禄勋。冯奉世由此成为当时汉朝处理边疆民族问题的杰出人物。

2. 平叛西羌

永光二年（前42）秋，陇西羌众发动反叛，通往西域道路再次受阻。加之，此时国内灾荒不断，四方饥馑，各地时有饿死人的报告传到朝廷，因而朝廷十分担心饥民铤而走险。在内外交困的情况下，元帝紧急召集丞相韦玄成、御史大夫郑弘、大司马车骑将军王接、左将军许嘉、右将军冯奉世五人朝议，共同商讨对策。朝堂上四大臣皆沉默不言，这时冯奉世站出来说："羌兵只是在境内叛乱，如不及时平定，就没有办法制服远方的蛮夷。我愿意领军出征。"当汉元帝询问征战所需时，冯奉世回答："军队不宜长时间地在外征战，而应顺从天意，速战速决。现在叛军大约三万，依兵法应加倍调用六万兵力。但考虑到羌戎使用的弓矛等兵器并不犀利，因此在调用兵力上可酌情降到四万人，这样一个月就可解决问题。"但丞相、御史、两将军皆以秋收大忙为理由不支持他的意见，说只能发兵一万去边地实行屯戍。冯奉世坚持认为"国家遭受饥荒，战士、马匹瘦弱，数量也不多，战争用的装备长期废置不修，夷狄各族都有轻视边疆官吏的心思，所以羌族才会首先发难。现在以一万人分守数处，贼兵见我方军队人少，一定不会害怕，战则军队受损士气低落，守则不能救助百姓。如果这样，怯弱的形势显露出来，羌族就会趁机进攻，各少数民族一齐响应，互相煽动起兵，我恐怕朝廷要征发的兵役就不止四万了，这不是金钱所能解决的"。尽管冯奉世一再据理力争，但他的建议最终未被采纳。元帝只同意出征兵员由一万增至一万二千人。冯奉世不得已，只好带兵以屯田为名出发。大军到达陇西之后，分兵三处屯驻。其后不久，两军小范围一接触，汉军的两名校尉就被杀身亡。于是驻屯的将士都感到力量薄弱，不敢轻易出动，以防首尾不能相顾。面对敌强我弱的情况，冯奉世赶忙绘制了地图，并写出作战计划，奏报朝廷，希望增加兵力。接到奏报后，元帝派遣太常弋阳侯带兵援助，并给冯奉世派去六万余人。

当年十月，援军到达陇西。十一月，汉军大举出击，大破羌众，斩杀捕获叛兵八千多人，缴获马牛羊数万头，其余羌人远遁塞外，陇西叛乱得到平息。次年二月，奉世班师回朝，汉元帝下诏晋其为关内侯。汉元帝永光五年（前

39），冯奉世病故，归葬故里（今黎城县停河铺乡石羊坟村）。

冯奉世的平叛活动，对于维护丝绸之路的稳定和畅通、对于巩固祖国西北边疆具有重要意义。

四、定远侯班超威震西域

除此之外，东汉的班超、班婕妤，其祖先也是山西人。班固在《汉书》中讲自己的家世："班氏之先，与楚同姓，令尹子文之后也。"秦国灭楚，斗班一家迁晋、代之间，就以"班"为姓。秦始皇末年，班氏远祖班壹为躲避战乱，定居楼烦，以畜牧牛马羊数千群而富甲天下。汉初，班氏为晋北第一豪门大姓。班壹之孙班长，开始步入仕途，"官至上谷守"。班长之子班回"以茂才为长子令"。班回之子班况生女为汉成帝妃，被封为婕妤。他们这一支班氏便由楼烦迁到长安附近的扶风。班婕妤弟弟班稚生子班彪，班彪又生班固、班超和女儿班昭。班彪、班固、班昭都是东汉著名的史学家和文学家，后人誉之为"三班"。班固之弟班超，是东汉一代名将，"投笔从戎"的成语典故便源自他。班超在东汉经略西域，功勋卓著，受封定远侯。原平市班政辅村已发现清同治八年（1869）的墓碑上书有"三班故里"四个大字，《原平县志》所收碑文则有"此地为汉代班彪、班固、班超之故里"字样。

第二节

高僧法显——中国民间第一位
陆去海归的伟大旅行家

　　法显（337—422），俗姓龚，平阳武阳（今山西省襄垣县）人①。东晋著名高僧、旅行家、翻译家、历史地理学家、中外文化交流先驱，世界历史文化名人。幼年岁荒家贫，在他3岁时，三位兄长相继夭折，父母惊惧，把他送到仙堂山寺出家，度为沙尼，20岁受比丘戒。东晋隆安三年（399），60多岁的法显深感佛界戒律经典缺乏，便和慧景、道整、慧应、慧嵬五人一道从长安法门寺出发，沿河西走廊、新疆，前往天竺（今印度）求法取经。次年他们到了张掖，遇到了智严、慧简、僧绍、宝云、僧景五人。后来慧达也加入其中。他们11人历经千难万险，同行的僧人或亡或散，最后只有法显等少数几人坚持下来，经河西走廊、敦煌以西的沙漠到焉夷（今新疆焉耆附近），向西穿过今塔克拉玛干大沙漠抵达于阗，南越葱岭，取道今印度河流域，经今巴基斯坦入阿富汗境，再返回巴基斯坦境内，后东入恒河流域，终于到达天竺（今印度），又横穿尼泊尔南部，至东天竺，在摩羯提国（即摩揭陀国）

---

① 关于法显的籍贯，《高僧传》《景祐录》《古今译经图纪》《开元录》诸书都说他是平阳武阳人。而《历代三宝纪》《大唐内典录》则说是"襄垣沙门"。日本学者足立喜六持襄垣说，2017年根据省政府主要领导的批示，山西省社科院历史所"襄垣与'一带一路'"课题组两次前往襄垣实地考察，认为襄垣说较临汾说更为确凿。

首都巴达弗邑（今印度巴特那）留住三年，学习梵书佛录。又经东天竺著名海港多摩梨帝（今印度加尔各答西南之德姆卢克）乘商船到狮子国（今斯里兰卡）留住二年。取得经书之后，再乘商船东归。商船原计划在广州港登陆，结果由于当时航海技术的局限，被海风吹到今山东半岛南部青岛港的崂山附近登陆，转取陆路，于义熙九年（413）到达建康（今江苏南京市）。

法显西行遍历印度、巴基斯坦后，又经狮子国（今斯里兰卡）携佛经，由海路回国。前后历时14年，游历三十多个国家和地区，行程四万余里，译经6部63卷100余万字。其中的《摩诃僧律》，也叫《大众律》，为五大佛教戒律之一，对中国佛教的发展起了促进作用，产生了深远的影响。尤其是其所著《佛国记》，被译为七种文字。

法显是中国民间第一个西行求佛，到印度取经、留学、旅行的中国高僧。据《高僧传·法显传》记述，他到的地方"皆汉之张骞、甘英所不至也"[①]。法显取经比《西游记》中所描绘的唐朝玄奘西天取经早228年，对中印佛教传承、东西方文化艺术交流贡献巨大。

法显在西行途中，途经耶婆提国。目前学术界对此地看法不一，有人认为耶婆提国是今天印度尼西亚爪哇岛。而国学大师章太炎先生早在20世纪20年代就发表《法显发现西半球说》，认为耶婆提为耶科陀尔，是今墨西哥的一个岛屿，进而提出法显早于哥伦布到达美洲，是人类历史上第一个到达和发现美洲大陆的中国人。此后有多位学者对此说持肯定态度。例如，原《人民日报》国际部编辑连云山先生1992年发表文章认为"第一个到达美洲的不是西班牙的哥伦布，而是中国东晋的高僧法显，时间在412年，比哥伦布要早1080年"。当然，也有学者不同意这一观点，四川大学历史系张剑先生结合现代航海技术分析当时的航程后认为法显去的耶婆提国不太可能是南美。然而历史是复杂的。即使在航天航海科技高度发达的今天，仍有马航神秘失踪事件，难道1500多年前的航船就没有可能漂到墨西哥？何况墨西哥历史学家已发现公元5世纪左右确曾有一艘中国商船到过墨西哥港。法显他

---

① 杜学文主编《三晋史话·综合卷》，山西人民出版社、三晋出版社，2016，第120页。

们乘坐的商船在海上被巨大风浪吹着漂了九十余日，就没有可能无意中到达美洲大陆的墨西哥吗？古代的历史不能用今天的技术推理和设想，正如法显所乘坐的船开始计划在广州港登陆却被风浪吹到青岛崂山一样。这难道都是巧合吗？

法显被中外专家誉为伟大的旅行家、翻译家，中国民间第一位陆去海归，践行"海陆丝路"的民族先贤。习总书记六次在不同的重要场合高度评价法显。鲁迅先生称赞法显是"空前之伟人，中华脊梁骨"。斯里兰卡史学家尼古拉斯·沙勒说："人们知道第一个访问过印度尼西亚的中国人的名字是法显。"日本学者足立喜六把《佛国记》誉为西域探险家及印度佛迹调查者的指南。印度学者称赞"中国旅行家法显和玄奘，给我们留下有关印度的宝贵记载"。斯里兰卡修建了法显纪念馆，至今仍有以法显名字命名的法显村、法显洞。

一、关于法显西行，唐高僧义净有句话，即"观夫自古神州之地，轻生殉法之宾，显法师则创辟荒途，玄奘师及中开王路"①。自是，作为拓荒者、开创者，法显受到广泛称赞。

二、法显西行是有原因的。魏晋南北朝时，群雄割据，战事不断，社会矛盾尖锐，而佛教界也十分混乱。梁僧祐在《弘明集》中说："今观诸沙门，同非其才，群居猥杂，未见秀异。"又说："或垦殖田圃，与农夫齐流，或商旅博易，与众人竞利，或矜恃医道，轻作寒暑，或机巧异端，以济生业，或占相孤虚，妄论吉凶，或诡道假权，要射时意，或聚畜委积，颐养有余，或指掌空谈，坐食百姓。斯皆德不称服，行多违法。"所以，《法显传》说："昔在长安，慨律藏残缺，于是遂至天竺寻求戒律。"②为此，法显于东晋隆安三年（399）从长安出发西行，历时14年，于东晋义熙八年（412）携所求梵本经律还青州，次年到建业道场寺，与佛陀跋陀罗合作译出佛教五大戒律之一的《摩诃僧律》四十卷（即《大众律》）、《杂阿毗昙心论》十三卷、《僧祇尼戒本》一卷；他还独自译出《方等泥洹经》《佛说大般泥洹经》《杂藏经》

---

① 义净：《大唐西域求法高僧传》。
② 章巽：《法显传校注》，中华书局，2008，第2页。

等。其中，《摩诃僧律》丰富了汉地律藏的内容；《泥洹经》第一次把"佛性"论思想引入中国。法显抄携并译出大批梵本经律，使中国佛教从印度本土得到佛学真传，古之罕有。法显的活动及其努力对中国佛教戒律的进一步完善和佛教思想的进一步发展产生了重大影响。

三、法显西行求法至返回东土，历经三十余国和地区，是中国最早翻越西域高山、深入印度内地的求法僧，也是中国第一位由陆路往印度、由海路返中国的留下实地记录的旅行家。"又记旅行见闻，撰《佛国记》（即《高僧法显传》），为研究古代中亚、南亚诸国历史和中外交通的重要资料。"①《法显传》讲的就是这个求法旅行过程，是中国古代第一部关于中亚、印度、南洋历史文化和历史地理的完整记述，也是中国与印度之间海陆交通的最早记录。②法显对西域的白龙堆、塔克拉玛干沙漠做了描述，对帕米尔地区的地理环境做出记述。有学者评论，法显在书中描述了高山冰裂风化作用所形成的石砾和露岩地面，生动记述了冰雪融水冲蚀形成的峻削峡谷。③其后，法显游历印度、巴基斯坦、尼泊尔、斯里兰卡等国，都留下了中国现存史料中最早、最翔实的有关海陆交通的记录。为此，近代地理学家丁谦写下了《晋释法显佛国记地理考证》。丁谦将《佛国记》一书中之地理状况，细分为揆地望、度情形、审方向、察远近、核时日、考道途、辨同异、阙疑似等八项，一一加以考证，由是，历来诸史中有关西域地理状况之记载得以衔接。

四、法显对所经国家或地区的风土人情，特别是西域和南亚地区的历史、文化及宗教情况也有较为全面的叙述。他在各地详细考察，据实记录，为研究中亚和南亚古代历史留下了不可或缺的历史文献。例如，《法显传》为研究笈多王朝旃陀罗·笈多二世超日王时期的印度经济、社会情况提供了重要资料。法显记述了旃陀罗·笈多二世施政举措以及当时社会的情况："人民

---

① 任继愈主编《佛教大辞典》，江苏古籍出版社，2002，第840—841页。
② （日）足立喜六：《法显传考证》，何健民、张小柳译，国立编译馆出版，商务印书馆印行，1937年5月，著者序。
③ 艾素珍：《魏晋南北朝时期边疆域外地理知识的发展》，《自然辩证法通讯》第二十卷，总114期，1998年第2期。

殷乐，无户籍官法。唯耕王地者乃输地利。欲去便去，欲住便住。王治不用刑罔，有罪者但罚其钱，随事轻重，虽复谋为恶逆，不过截右手而已。王之侍卫、左右皆有供禄。举国人民悉不杀生，不饮酒，不食葱蒜。唯除旃荼罗。旃荼罗名为恶人，与人别居，若入城市则击木以自异，人则识而避之，不相唐突。国中不养猪、鸡，不卖牲口，市无屠、酤及沽酒者，货易则用贝齿，唯旃荼罗、猎师卖肉耳。"①印度史学家恩·克·辛哈和阿·克·班纳吉指出："法显没有提到旃陀罗·笈多超日王的名字，可是关于这个国家，他叙述了许多有趣的事情。""他（法显，引者注）在这个城里（华氏城，引者注）发现了两个大佛教寺院，它们吸引了来自印度各地方的学生，并成为小乘佛教和大乘佛教的巨大研究中心。阿育王堂皇的宫殿的遗址使他惊异；他说，华氏城为阿育王所治，人民生活富盛，竞行仁义。吠舍的首脑们建造房屋，以行善施医。在华氏城有一所很出色的医院，那里免费供应病人食物和药品。在大城市和大路上都有休息的场所。"②印度著名史学家马宗达曾著书《印度人民的历史和文化》，指出："法显、玄奘、义净把自己的经历写成了相当厚的书，这些书有幸都完整地保存下来，并且译成了英文。三个人都在印度待了许多年，学习了印度的语言，几乎游遍印度。他们比希腊旅行家有无可怀疑的有利之处。"③1987年，印度著名史学家阿里教授在给季羡林教授的信中说："如果没有法显、玄奘和马欢的著作，重建印度史是完全不可能的。"④《法显传》也对斯里兰卡的佛教、民情、物产做了记述："诸国商人共市易，市易时鬼神不自现身，但出宝物，题其价直，商人则依价置直取物……其国和适，无冬夏之异，草木常茂，田种随人，无所时节。"⑤"《法显见闻录》详细记载了他在狮子国期间的所见所闻，许多材料都是斯里兰卡其他历史文献未曾记载的。因此，该书大大丰富了斯里

---

① 参见章巽：《法显传校注》，中华书局，2008，第46—47页；恩·克·辛哈、阿·克·班纳吉：《印度通史》（第一卷），商务印书馆，1973，第195页。
② （印度）恩·克·辛哈、阿·克·班纳吉：《印度通史》（第一卷），商务印书馆，1973，第195页。
③ 转引自郭鹏：《法显与〈历游天竺记传〉》，《文献》1995年第1期。
④ 转引自郭鹏：《法显与〈历游天竺记传〉》，《文献》1995年第1期。
⑤ 章巽：《法显传校注》，中华书局，2008，第125页。

兰卡的历史资料，是留给斯里兰卡人民的一份宝贵文化遗产。"①

此外，《佛国记》也是关于中国南海交通史的一部极为重要的巨著。古代中国与波斯（今伊朗）、印度、斯里兰卡、印度尼西亚等国的海上贸易，虽然早在东汉、魏晋时期就已经开始，然而《佛国记》中对信风和航船路线的详细描述和系统记载则为中国最早的海上航行记录。

总之，法显以亲身经历介绍了所经各国和地区的宗教、风俗、地理等情况，留下了许多关于中亚以及印度、斯里兰卡等国的重要史料，历来为各国学者和考古学者所重视，"如印度的马宗达、潘狄迦，英国的史密斯、拉普森，苏联的奥西波夫，日本的足立喜六和我国的季羡林、金克木等在他们的专著中都高度评价了法显的这本书"②。法显的西行求法活动及其结果的影响远远超出了佛教界和国界，对中外文化交流起到推动作用，在"一带一路"建设史上具有筚路蓝缕的拓荒地位。

---

① （斯里兰卡）百浪达：《法显在狮子国》，《聊城师范学院学报》，2001年第6期。
② 涂厚善：《〈佛国记〉与古代印度史的研究》，《华中师院学报》1981年第3期。

第三节

西去东来——魏晋北朝丝路中外高僧和佛教文化交流

魏晋南北朝—隋唐时期中外交往频繁，外国使臣、高僧、商旅云集平城、晋阳，山西对外大开放，丝路大繁荣。此时，中国与日本、韩国以及阿拉伯海周边国家和地区通过海陆丝绸之路的文化艺术交流已达到相当规模和程度。这种文化交流极大地加强了各国的互相联通，促进了各国的社会经济文化发展。考察该时期海上丝绸之路便可发现，随着时代发展，陶瓷制品逐渐超越丝绸成为中国的主要外销商品。同时，瓷器生产技术也逐步向海外传播。这个变化是前期丝绸之路发展的自然结果，也是中国陶瓷生产能力大幅提高，国内市场扩大，并畅销海外市场的结果。本时期，山西作为一个极具典型意义的国际交流活跃的开放地区，在丝绸之路发展中的承前启后、民族交融作用非常突出。特别是汉末一度中断的丝绸之路复通以后，不仅山西地区的官员、商旅、边将、高僧受命持节往返于这条国际通道上，而且欧洲和西域地区的使团、高僧和商旅也纷纷往来于晋阳、平城一带，有的外国商人几代人长期生活、经商于山西，甚至为官，死后葬在山西。法显西行、鉴真东渡、佛图澄东来入晋等一系列佛教文化交流的现象在古代史籍中多有记载。近年来，张庆杰先生等许多学者的著述对此现象有所探究，诸多考古发掘更为此提供了重要的实物佐证。

魏晋南北朝时期是山西区域文明发展的一个辉煌时代。纷乱的政局和动荡的社会并没有影响各种文明因素的滋生和成长。某种程度上说，南北、东西多种文明在山西冲击、碰撞之后逐渐合流，更加促进了山西文化的发展繁盛。山西作为北方游牧民族南下中原的跳板，东西方经济文化交流的交通要道，逐渐汇集了各种文化艺术的精华。以云冈石窟为代表的佛教石窟，其雕刻技巧和造型艺术都达到美轮美奂的境界。从西域和中亚传过来的乐舞、雕刻艺术元素，以及金银、玻璃器皿，极大地丰富了中华文明的内容。与此同时，本土的书法、绘画、文学等，也随着社会的进步从质朴迈向了多彩，开启了盛唐富丽堂皇的气象。其中，北朝书法以其苍劲雄浑独具一格，"北碑"成为与"南帖"齐名的书法艺术奇葩。

山西由于其独特的自然地理环境，历来为多民族共处融合之地。殷商时期，山西地区除了商王朝控制的地域外，还存在许多方国，如山西北部的土方、黄河沿岸的鬼方、今太原一带的子方等。这些方国或农耕，或游牧；或迁徙，或融合。周朝时，这种多民族共处的状况仍然继续。所谓"启以夏政，疆以戎索"，就是周成王在封唐叔虞时关于如何与周边少数民族共处的政策宣示。

汉代匈奴兴起，山西成为与匈奴直接抗衡的战略前沿阵地。这里既是和亲政策的策源地，又是与匈奴等少数民族开关互市的交易地，还是抗击匈奴战争的出发地，更是匈奴内附的安置地。这种状况一直延续下来，使山西成为匈奴、突厥、回纥、鲜卑、柔然、蒙古、契丹、女真等游牧民族与汉族互市、和亲、攻伐、交融的关键地带。也正因此，农耕民族与游牧部族的军事征战与物资交流成为常态，往往乱由此出，治由此始。永兴元年（304），南匈奴刘渊在左国城（今吕梁方山一带）自称汉王，后迁都平阳（今山西省临汾市）称帝，建立了第一个少数民族政权。上党地区的羯族人石勒于咸和五年（330）在襄国（今河北邢台）称帝，建立后赵政权。而鲜卑拓跋氏则在内蒙古、晋北一带建立代国，后迁都平城（今山西省大同市），建立北魏王朝。唐亡，分裂的五代十国时期开启。其中五代之后唐、后晋、后汉及十国中的北汉均以太原为基地创建。其首创者均为突厥之沙陀人。如后唐之李克用、后晋之石敬瑭、后汉之刘知远及北汉之刘崇等。这个过程中，源起于东北的契丹、女真，以及横跨欧亚的匈奴、突厥、鲜卑、蒙古纷纷活跃在山西，其中亦有许多西域与欧洲地区的人往来留驻于山西。

前秦建元二十年（384），前秦大将军吕光收复龟兹。这说明，在公元4世纪，西域地区存在一个由游牧民族组成的政权。其活动地域应该在龟兹与鄯善附近。[①]

东汉时佛教借丝绸之路东传中国，至魏晋南北朝时，中印的佛教交流渐成热潮。一方面是中土高僧西行求法，如法显、智严、宝云、宋云、慧生等。另一方面是西域各地高僧进入中原译经传道，故而内地出现了一大批西来高僧，如天竺的鸠摩罗什、昙柯迦罗，安息的沙门昙帝、安世高，大月氏的支娄迦谶、支曜，康居的康僧会、康巨等，难以尽数。其中，佛图澄便是一位有着重大影响力的西域高僧。

在佛教史上，佛图澄十分独特，传播佛教的贡献巨大。

1. 佛图澄

佛图澄（约232—348），本姓帛氏，亦称竺佛图澄，似与天竺有关系。生于龟兹，龟兹国人。石旭昊认为佛图澄是西域天竺人，是印度人，或临近天竺的巴勒斯坦人。[②]

佛图澄九岁的时候在乌苌国出家，后来两度到罽宾国学习佛法，受教于名师。佛图澄博闻强记，识见超群，据说能背诵经文数十万言，且热衷讲道，各地前来问学者络绎不绝。如天竺、康居名僧佛调、须菩提等均不远万里足涉流沙拜他为师。释道安、竺法雅、竺法汰、比丘尼安令首等都是他的弟子。据说他门徒盈万，身旁常有数百人追随。

永嘉四年（310），佛图澄79岁时，从西域来到洛阳，欲在此弘扬大法。但是时局纷乱，佛图澄欲在洛阳建寺的目的难以实现，便至北方之山野隐居。据《武乡旧志》记载，佛图澄是从洛阳来到武乡之神南山。今天这里仍有其说法道场——茅棚等遗迹。[③]

[①] 余太山主编《西域通史》，中州古籍出版社，1996，第87页。
[②] 石旭昊：《石勒皇帝与羯胡人之谜》，中国社会出版社，2011，第16页。
[③] 王辅刚主编《三晋史话·长治卷》，山西人民出版社、三晋出版社，第88页。

石勒起兵，攻城略地，杀生无数。佛图澄深感苍生多难，慈悲生灵，便来到石勒军中，劝其爱惜人命，施行德政，造福天下，终使石勒感化，并封佛图澄为大和尚。在后赵期间，佛图澄帮助石勒称帝，多有作为。石勒也非常尊重佛图澄，经常向他咨询朝中之事。这对于稳定当时北方的社会秩序、恢复农业生产起到十分积极的作用。

佛图澄对佛教传播的另一大贡献是争取到包括石勒在内的统治者对佛教传播的支持，把佛教纳入国家政权的保护之下，利用政权力量来帮助佛教发展。在后赵期间，佛图澄广收门徒，传播佛学，又建寺庙，遍及州郡。据说他所建的寺庙达八百九十三处。山西襄垣县城东北仙堂山之仙堂寺即石勒助佛图澄所建，为当时最宏伟的一处庙宇，是东晋时期的佛教圣地。

佛图澄重视戒律，据载"酒不过齿，过中不食，非戒不履"，并以此教授门徒。他对豪门建寺铺张奢侈十分反感，认为暴虐恣肆，杀害无辜，即使倾财事法，也无法解殃。

佛图澄一生虽然没有著述流传，亦未译经，但他授徒甚众，学识高博，影响极大，是历代佛教徒钦敬之人，有"神僧"之誉。

佛教从西方传来后，到南北朝时，与政府的关系发生了重要的变化。在后赵时，由于佛图澄等的努力，使佛教与国家政权结合起来，使政府允许内地普通民众信奉佛教。这也使佛教的中国化及在内地的发展迎来了一个关键机遇。而抓住这一机遇使佛教得到进一步发展的是北魏时期著名的西域高僧师贤、昙曜。

2. 师贤、昙曜

天兴元年（398），道武帝拓跋珪迁都平城，建立北魏。当时，道武帝及其后的明元帝并不排斥佛教，而是佛、道共信。道武帝时，曾任赵郡之高僧法果为道人统。法果是佛图澄的弟子，传承了佛图澄的佛义。他们认为太祖明叡好道，即当今如来，沙门宜尽礼。皇帝即佛，佛即皇帝。这一思想把世俗政权之君主与沙门之佛统一起来，改变了过去西域僧人只敬其佛不拜天子的传统，成为佛教中国化的重要转折点。复法后，师贤在武周山造"如帝身"

的佛像一尊，使文成帝是佛之化身更加具体化、形象化，引起各地佛界轰动。许多异域国家派使者来朝贡，或派画师来临摹画像，以使本国僧众一睹其容。文成帝又令师贤等人在京师为太祖以下五帝各铸佛像一尊，将佛教与国家政权紧密结合起来。这种"礼帝为佛"的思想不仅推动了佛教的中国化，而且使佛教的发展得到政府的支持，奠定了佛教在中国能够得到广泛认可的基础。

至太武帝拓跋焘时，佛、道二教的矛盾渐深。再者，佛教寺庙占有大量财富，教徒又参与了北魏六镇起义，引发太武帝灭佛。其后果是佛教寺庙被毁，僧徒被杀，宫廷争斗白热化。太武帝被毒杀后，文成帝拓跋濬继位，下令"复法"，命师贤为道人统，经管佛教事务。

北魏和平初年（460），师贤卒，昙曜继任，改道人统为沙门统。昙曜本来在中山，是一位道行极高的僧人。《魏书·释老志》言，他在文成帝复法的次年，被皇宫诏至京师。"值帝出，见于路，御马前衔曜衣，时以为马识善人。帝后奉以师礼。"这一"马识善人"的说法使昙曜具有了某种神意。昙曜继沙门统后，继续实行"礼帝为佛"的教义。之后，"昙曜白帝，于京城西武州塞，凿山石壁，开窟五所，镌建佛像各一。高者七十尺，次六十尺，雕饰奇伟，冠于一世"。正是由于昙曜向文成帝请求，北魏才开始在云冈开凿石窟，雕塑佛像。这些石窟被后人称为"昙曜五窟"。之后北魏各代皇帝均对武州山石窟之开凿予以重视。这不仅是佛教传播史上的重大事件，也是中国艺术发展史上极为重要的事件。平城由此也成为当时中国佛教的中心地区。

昙曜对中国佛教的贡献还表现在其对佛经的翻译上。据史籍记载，从文成帝和平三年（462）至孝文帝太和十年（486）间，沙门统昙曜在北台石窟寺召集了一批僧人翻译佛经，其中有《净度三昧经》《提谓波利经》《杂宝藏经》等。《魏书·释老志》载，昙曜与天竺沙门常那邪舍等译出新经十四部。而尤以其与西域三藏吉迦夜共同翻译的《付法藏因缘传》最具影响。该传全面讲述了印度佛教弘法历程，开启了中国佛教祖师传灯思想。①

据张庆捷先生研究，师贤是罽宾之贵族，生于今克什米尔地区。但是学界

---

① 云冈石窟研究院编《平城丝路》，青岛出版社，2015，第293页。

对昙曜是何方人看法不一。辛长青认为昙曜应为罽宾人或西域人,还有很多人注意到他来自凉州。但从凉州至内地,并不能证明昙曜是凉州人。① 不过,昙曜是西域某地之人应有一定道理。特别是罽宾为大乘佛教的发源地。大乘佛教以纯粹的佛说融合了犍陀罗、罽宾等地的传说与魔术,连同希腊、罗马的神像解释,形成一种超越原始佛教的教义。同时,在北印度创造出许多佛迹,如佛影、佛顶骨、佛钵以及佛塔、佛教石窟等,并允许把佛陀绘画、雕塑为人形,宣告了佛教法像时代的来临。而在云冈开凿石窟,正是大乘佛教传播之举。而罽宾一地也成为大乘佛教的重镇,很多高僧在此修行,如佛图澄就曾至罽宾习法。

由佛图澄至法果,而师贤,再昙曜,其佛教思想是一脉相承的。②

3. 鱼国人虞弘

虞弘(533—592),字莫潘,鱼国尉纥骥城人。其祖父是鱼国的领民酋长,父亲君陀曾任柔然国的莫贺去汾达官,后来出使魏,任朔州刺史。虞弘之家族在鱼国是颇有地位的。

虞弘墓葬惊现太原市晋源区,是20世纪末极为重要的考古事件,揭开了古代入华西域、中亚人的神秘面纱,填补了古代入华中亚民族生活研究的空白,引起学界震动,吸引了全世界的眼球。其价值与意义超过国外片治肯特和瓦尔赫沙的资料,"可以引申、拓展世界上关于丝绸之路和古代东、西方文化艺术交流的探讨"③。

2000年考古工作者发掘出完整的虞弘墓葬石棺、记有确切的入葬年代及墓主身份的墓志。其石棺上的雕像具有明显的粟特特征及相关的宗教内容,对了解公元六世纪中原与西域的文化社会交流有十分重要的意义。2000年,由美国芝加哥大学、哈佛大学、北京大学、中国社科院考古所等单位在北大联合召开的"汉唐之间东西方的文化互动"国际会议得知虞弘墓出土的实物后,

---

① 云冈石窟研究院编《平城丝路》,青岛出版社,2015,第267页。
② 云冈石窟研究院编《平城丝路》,青岛出版社,2015,第274页。
③ 张庆杰:《胡商胡腾舞与入华中亚人——解读虞弘墓》,北岳文艺出版社,2010,第24页。

立即将虞弘墓的发现列为本次会议的主要内容,并将虞弘墓石堂图案作为会议海报图案,以致听众云集,原定的会议室内外挤满各系来听会的教授和研究生,不得不临时休会,将会场调整到北大新建好的国际会议中心。

虞弘石椁浮雕(部分)

虞弘,据其墓志所言,"幼怀劲质","洞闲时务","迥拔枢机",在13岁的时候就担任莫贺弗,代表柔然国出使波斯、吐谷浑等国,后转任莫缘,出使齐国,并在北齐做官,任直突都督等官职。其"功振卷舒,理署僚府"。可见虞弘在当时很有成就。在北周武帝建德年间,虞弘由齐入周,授使持节、仪同大将军、广兴县开国伯,邑六百户,后又诏充可比大使,兼领乡团。至大象末(580前后),先在左丞相府,后迁领并、代、介三州乡团,检校萨保府。隋初开皇年间,敕领左帐内,镇押并部。开皇十二年59岁时在并州宅第去世,葬于唐叔虞墓东三里之地。①

从虞弘及其父亲的官职来看,其家善于从事外交活动。他的父亲曾代表柔然出使魏,而虞弘自己更是代表柔然出使波斯、吐谷浑,后又出使北齐。在齐、周任职时,均任使持节。墓志说"歙谐边款",就是指协调各种边境事务。除此之外,虞弘也多次领兵,如都督凉州诸军事、领乡团、镇押并部等。所谓乡团,是当时包括粟特人在内的外籍人士聚落的半军事化组织。镇押并部是指督察并州的军事。同时,虞弘担任过的一个十分重要的官职,就是"领并、代、介三州乡团,检校萨保府"。这既可视为对虞弘的重用,也可以看出当时在山西地区有很多外籍人士,并且已形成聚居地,需要政府加以管理。而虞弘则担任当时政府机构"萨保府"的官职,对外籍人员进行统一管理。

---

① 荣新江:《中古中国与外来文明》,生活·读书·新知三联书店,2001,第162页。

鱼国在哪里？有人认为是赫连勃勃所建之夏国，应在今宁夏灵武一带。但是这又与虞弘一族之经历有出入。因为虞弘曾出使波斯、吐谷浑等地。根据其墓葬所体现出来的文化特点，以及虞弘所任官职，他应该与粟特族有非常密切的关系。而粟特族在河中地带，即阿姆河与锡尔河之间的地区。所以，鱼国应该是这一带的一个存在时间短、面积不大的小国。因此，才能够被柔然控制，也才能代表柔然出使东部的魏、齐，西部的波斯等国。不过，据石旭昊研究，所谓"尉讫骥"，是以色列之音译。[①]而虞弘正是鱼国尉讫骥城人。若果真如此，虞弘所在之地就应该是以色列人东行时的一个停留地区。而虞弘也极有可能是以色列人的后裔。

4. 来自西域的一批粟特人

公元4世纪到8世纪，粟特人成为丝绸之路上最为活跃的商业民族。荣新江教授指出，并州是粟特人东迁的中转站，后到达代州。其中不少人客死中土。

翟突娑，据洛阳出土的《翟突娑墓志》记载，翟突娑，字薄贺比多，并州太原人。墓志中介绍他曾任宣惠尉等职。但是没有说在什么地方任职。后葬于河南洛阳崇业乡嘉善里，据此可知，翟突娑是隋朝人，应该主要活动于河南洛阳。"父娑摩诃，大萨宝。"其父翟娑摩诃既然担任过大萨宝，那么说明翟氏一族有祆教背景，而且在信仰祆教的西域人中有比较高的威望。向达先生曾从语言学的角度来分析，说"突娑"一词在波斯文中用以称呼景教徒，但是也可以用来称呼其他教徒。简单来说，"突娑"就是教徒的意思。所以他认为翟氏应该是祆教徒。[②]同时，所谓"萨宝"，是粟特人聚落之政教大首领。就是说他既要管理行政事务，也要管理宗教方面的事务。而粟特人聚落中流行的是祆教而非其他宗教。这也可以证实，翟氏是祆教信仰者。

但是，翟突娑一族是不是粟特人还有争议。从其信仰祆教，并有任萨宝

---

① 石旭昊：《石勒皇帝与羯胡人之谜》，中国社会出版社，2011，第65页。
② 向达：《唐代长安与西域文明》，重庆出版社，2009，第69页。

之职的背景来看，翟氏一门确实有明显的粟特文化背景。但是，通常所说的昭武九姓又没有翟姓一族。而且，有人认为翟姓可能出自高车国，①也有人说翟氏为丁零人。总之，从族源来看，翟氏到底是西域哪里人，尚无定论。但是，能够确认的是，在内地粟特人聚落中，除粟特人外，还有其他民族的人。例如，龙姓一族即焉耆人。

隋唐时期，太原地区是"胡人"非常集中的地区。向达曾言："太原又多藩族，或者亦出于西域。"②有名可考且著籍太原者如安师、康达、康武通、何氏、安孝臣及其先人等均为粟特人，③又如《米文辩墓志》言："米氏源流，裔分三水，因官食菜，胤起河东。"这就是说米国之米氏，进入内地后在河东一带定居繁衍。④由此而言，米芾也应该是米国之后。只是时长日久，其汉化程度已经非常高了。另据《康元敬墓志》知，康元敬及其父康忤相为并州太原人。⑤

在粟特人中，曾经在山西一带任职的很多。如下所列。

唐《康志达墓志》言其父康日知"建中三年将赵州，拔城赴阙，拜晋、慈、隰等州节度使"。⑥

唐安忠敬子安重璋，曾任泽州刺史，后升任泽潞节度使、潞州大都督府长史等。⑦

据统计，粟特人所任官职与山西有关的很多。此举几例。

曹怡，武职入仕太原元从，其祖父曹贵为北齐北武将军；

安附国，其父曾受授定襄郡公；

史索岩，曾受授隋晋王府库真；

康敬本，晋州洪洞县丞；其父曾受授阳城县侯；

史善法，其祖、父均受授并昭武校尉；

---

① 荣新江：《中古中国与外来文明》，生活·读书·新知三联书店，2001，第124页。
② 向达：《唐代长安与西域文明》，重庆出版社，2009，第69页。
③ 荣新江：《中古中国与外来文明》，生活·读书·新知三联书店，2001，第165页。
④ 荣新江：《中古中国与粟特文明》，生活·读书·新知三联书店，2014，第105页。
⑤ 毕波：《中古中国的粟特胡人》，中国人民大学出版社，2011，第27页。
⑥ 毕波：《中古中国的粟特胡人》，中国人民大学出版社，2011，第108页。
⑦ 毕波：《中古中国的粟特胡人》，中国人民大学出版，2011，第86页．

安令节,其祖父曾受授唐左卫潞州左果毅;

康威,其曾祖曾受授寿阳县开国公,祖父受授寿阳侯;

曹恽,祖父曾受授并州道行军总管;

史思礼,曾受授平阳郡仁寿府左果毅都尉;

康令恽,曾受授山阴县开国子;

史庭,祖父曾受授太原府长史;

安金藏,曾受授代国公;

安禄山,曾任云中太守兼充河东节度采访使等职。

除了上述粟特人外,还有包括波斯人等在内的其他西域民族人士在山西一带生活。[①]

5.景教徒伊斯

在西安发现的《大秦景教流行中国碑》(简称《景教碑》),在该碑汉文碑文结束后,有一段叙利亚文。其中写到在公元781年的时候,吐火罗巴里黑城(位于吐火罗斯坦的小王舍城)的长老珉礼(Milis)的儿子,时在长安任京都区主教的长老伊斯立此碑。

据《大秦景教流行中国碑》记载,在贞观九年(635)时,大秦国主教阿罗本来到长安,并受到唐太宗李世民礼遇。太宗派当时的宰相房玄龄带着仪仗卫队到长安西郊隆重迎接,并让阿罗本在皇帝的藏书楼中翻译《圣经》,还与他讨论了经义。贞观十二年(638),太宗下令由唐政府资助在长安宁义坊建"大秦寺",准许阿罗本在内地传教。当时景教被称为"波斯经教"。国都长安有景教徒20余人。一般认为,唐时,除武则天时期外,历代皇帝对景教都支持。其似乎也因能够得到朝廷的重视而忽略了在民间的发展。如果不是后来发现了此碑,人们对唐时景教曾经传入中国的情况还缺乏了解。[②]

《大秦景教流行中国碑》建于唐德宗建中二年(781)。其碑文由景净撰写。

---

① 毕波:《中古中国的粟特胡人》,中国人民大学出版,2011,第169页。
② 刘迎胜:《丝绸之路》,江苏人民出版社,2014,第183页。

在碑文中对景净进行了介绍。景净是中国的教父,区主教兼长老。其叙利亚名为亚当(Adam),从汉文碑文与叙利亚碑文看,他似乎又叫作灵宝。而出资建此碑者,就是伊斯。伊斯是景教世家出身。他的父亲珉礼就是景教徒。伊斯什么时候来到中国,史书记载不太清楚。但他在安史之乱时期效力于唐皇室,曾任郭子仪麾下朔方节度副使,随郭征伐安禄山、史思明之叛军,受到肃宗的赞赏,并赏其紫袈裟,后官至金紫光禄大夫、试殿中监等。同时,伊斯也因支持唐王朝平叛,得到唐肃宗"于灵武等五郡,重建景寺"的回报。①

据说伊斯为人和蔼,乐善好施,一旦认定应该做的事情就要努力实行。他把自己的俸禄和受赐的物品都捐献出来,其中就包括皇帝赏赐的玻璃器及金钱等,用于修缮大秦寺,又出资建《景教碑》,为人所称颂。

伊斯与山西的关系,主要是他在随郭子仪平叛期间建立的。安史之乱爆发,郭子仪被唐玄宗任命为朔方节度使,伊斯为副使。郭子仪当时驻灵武(今宁夏灵武县),率唐军东出河曲,击败了进攻山西北部的安史叛军,收复了云中(今山西省大同市)、马邑(今山西省朔州市)等地。玄宗西逃,马嵬兵变,杨氏兄妹被杀。太子李亨在灵武登基,是为唐肃宗。然时朔方精兵皆已调出,灵武虚弱。郭子仪带兵从河东道回至灵武护驾。后在回纥等少数民族军队的帮助下,先后收复了西京长安、东都洛阳,终使唐朝重兴。从伊斯受到肃宗的赏赐来看,他肯定军功不小。唐军联合部队中有回纥、吐蕃、于阗等将士。也许正是伊斯发挥其外族人士的作用,做了许多常人难及的事情。

总之,伊斯在随郭子仪平叛期间出了大力,他曾经在山西一带征战立功。

6.波斯人李素家族

秦汉以来,波斯与中国的关系一直比较紧密,特别是在唐朝。在波斯被阿拉伯人灭亡时,其国王卑路斯避难至中原。王子泥涅斯客死中原。丝绸之路上,波斯商人、教士等也往来穿梭,十分活跃。其中许多人驻留中原。一些人甚至得到唐皇室的重用,被赐皇姓。其中的李素家族即是如此。

---

① 李刚、崔峰:《丝绸之路与中西文化交流》,陕西人民出版社,2015,第97页。

据《大唐故李府君墓志铭》及《大唐故陇西郡夫人墓志铭》所载，李素（744—817），字文贞，波斯人。他的祖父李益，在天宝年间受波斯国王之命，来到中原，互通国好，受到唐皇帝的恩泽，充作"质子"，拜银青光禄大夫检校左散骑常侍兼右武卫将军，并且赐其李姓，封陇西郡。也就是说，李素的祖父作为"质子"在长安受到唐朝的高度重视，被授予了官职，并赐予皇姓、封地。李素一族从其祖父开始就改姓为李了。李素的父亲李志，曾经任朝散大夫、广州别驾、上柱国。荣新江在其《一个入仕唐朝的波斯景教家族》中对李素祖上的行踪进行了分析，认为其祖李益来唐充"质子"的说法似可怀疑。李素也不应该是波斯王之"甥"，应该是波斯王之胤嗣。可能是波斯王卑路斯至长安避难随行而来的波斯人。而其父李志在广州任职则可信度很大。南朝以来，广州就成为波斯与中国内地往来的核心地区，其中驻留的波斯人很多，景教徒也很多。李志在广州任别驾，是仅次于都督的地方长官。唐朝用李志这样的具有波斯背景的人来作地方长官，当然是为了便于对当时驻留广州的大批波斯人等各地"胡人"进行管理。可见当时李志地位的重要，以及唐王室对李志的重视。如果李素随父生活的话，他应该一度在广州停留，后被召回长安。①

李素的墓志少有提及其经历，但他"握算枢密，审量权衡"，应该比较精通天文历算之学。他在大历年间被召至宫中，任司天台的官员，时间长达五十余年，经历了代、德、顺、宪四朝。据其墓志所言，"公往日历司天监，转汾、晋二州长史"。这就是说，他在司天台担任了司天监，后来又转任汾、晋二州的长史之职。汾州在今之山西汾阳，晋州在今之山西临汾。可以肯定李素曾在山西任职。

西安发现的与李素有关的两通墓志，也透露了李素两位夫人的一些情况。李素先夫人为王氏，其墓志言"蒙敕赐妻王氏，封太原郡夫人"。似李素的妻子是皇室所赐，并被封为太原郡夫人。王氏去世后，李素于贞元八年（792）续娶卑失氏为妻。卑失氏，据荣新江考证，似为东北突厥人。其依据是曾经在西安发现了"唐特进右卫大将军雁门郡开国公"俾失十囊墓及其墓志。俾

---

① 荣新江：《中古中国与外来文明》，生活·读书·新知三联书店，2001，第210页。

失十囊为突厥人,俾失即为卑失。由此可证明李素续妻为突厥人。至于是否与俾失十囊有关系,还不能确定。王夫人生有三子一女。其中长子与女早亡。次子李景伾,曾获授朝请大夫试太常卿上柱国守河中府散兵马使,三子李景伏,曾获授朝散大夫试光禄卿晋州防御押衙。这二子均与山西有关。所谓河中府,即河东道首府,原为蒲州,后改为河中府。晋州则在河东道,隶属河中府,今临汾。卑失氏生有四子二女。其中二女皆亡。四子均各有其职。只有长子李景亮"袭先君之艺业",继承了李素的事业,后任"宣德郎起复守右威卫长史翰林待诏赐绯鱼袋"。总的来说,他们多任文职。

荣新江先生的研究也揭示了李素被唐王朝任用为司天台官员的原因——作为波斯人,李素掌握了不同于中国的天文历法知识。其中最主要的是《都利聿斯经》与《聿斯四门经》。所谓都利聿斯,据考为托勒密之音译。那么,以上所言之著作可能就是源自托勒密的天文学著作,经过波斯学者修改整理而成。李素是波斯人,自然与波斯学者相熟,并了解或掌握了这种来自希腊的天文学理论,或者在司天台时帮助波斯学者翻译这些著作。另外,据荣新江考证,在著名的《大秦景教流行中国碑》中,也发现了李素的字,碑中写作 Luka(路加)僧文贞。李素正是字文贞。其中有 Luka,是否李素的波斯名应该为路加,尚不可知。①

总的来看,波斯人李素家族与山西有比较密切的关系。虽然现在发现的墓志还没有具体说明他们在山西的活动,但是,至少李素、王夫人,及其二子与山西关联甚密。

7. 东来法僧——印度高僧普化大师等

魏晋以来,佛教信徒在中国内地与西域之间不断往来,或东行传法,或西行取经求法,可以说来往不绝。到唐宋更加频繁。宋代甚至出现了有组织的派遣沙门前往西天取经的记载。这些活动对佛教教义的传播产生了重要影响。山西是佛教重镇,特别是五台山,不论在印度,抑或在河中,都有极大的影响。如前所述,英国学者苏珊·惠特菲尔德在她的《丝绸岁月——从历

---

① 荣新江:《中古中国与外来文明》,生活·读书·新知三联书店,2001,第227页。

史碎片拼接出的大时代和小人物》中就介绍了一位从迦湿弥罗国（今克什米尔）往五台山朝圣的佛教徒楚达的故事。这似乎可以作为一种证据——中国的佛教在唐时已经有非常大的影响力。实际上，诸如楚达这样的东行法僧并不少见，而是非常之多。荣新江根据敦煌文献中所见的资料，揭示出晚唐五代时期印度东来巡礼的三藏普化大师在五台山的行踪。

关于三藏普化大师的敦煌文献，至少包括两篇牒言、一篇游记。这些牒言，是地方官府为普化大师所开的介绍性函件。其中第一篇提到，法师者，中印度之人也，是释种之苗。这就是说普化乃印度之佛教世家出身。他自幼出家，学到了丰富的法经，十分希望能够四处游方。为此，他离开了自己学习梵义的所在，攀登雪岭，翻越冰山，走过千里沙漠，春秋易替、寒暑交加也不以为苦，后决心至中原之地，发誓要拜谒五台清凉山，希望中华地区的英杰俊彦、各地官员帮助他，不要推迟，以"共成有学之心，必获无疆之福"。

第二篇则是同样的内容，说普化悲心普化，志存游方，远别中天，来经上国，翻传妙典，今则誓游震旦，愿睹文殊，继往哲之遗踪，踵前贤之令迹。所以，"所经郡国，要在逢迎，共助良缘，同修上善"。在这些牒言中，可以看出，中国中原地区称印度为"中天"，是出于其本为佛教之中心、发源地。而中国自称"上国"，乃是认为中国是世界各国之上的国家，具有更高的地位。同时，中原政府对佛教的传播持开放、支持的态度，所以才发出信牒，要求各地予以帮助。由此可见，当时佛教在中国内地的影响是很大的，一般官员对佛教教义也有相当的了解。

游记记录了三藏普化大师在五台山的经历。其中说普化生长在摩竭陀国，并在那烂陀寺出家，其梵号为啰么室利祢缚。约在后晋天福三年（938）四月十九日晨到达华严寺，晚上就住宿在大殿中念经。第二天，也就是二十日，"再启虔诚，重趋圣殿"。二十一日，登善住阁，礼肉罗睺。二十二日，游王子寺，上罗汉台，看新罗王子塔。二十三日，去金刚圣窟，访波利前踪。二十四日，上中台，又诣西台，"寻维摩对谈法座，睹文殊师子灵踪"。他还没有看完，天空就出现了五色云。二十五日，他又前往北台，住宿于东台。第二天，即二十六日晨，"斋上米铺，却往华严，驻泊一宵"。第二天，也就是二十七日，游竹林、金阁寺,过南台,住宿在灵境寺,礼圣金刚。次日,二十八日,至法花寺,又赴佛光寺,"宿于常住"。次日,即二十九日晨,斋于圣寿寺,宿福圣寺内。礼佛之间,忽然有祥云,并且在祥云中出现了菩萨三尊,人皆礼敬。第二天,也就是三十日,至文殊寺,游香谷梵宫,宿清凉寺。次日晨,也就是五月一日,游诸寺院,至华严寺告别,并且设了告别斋饭。"临途之际,四众攀留。""伏维千万",终于启程离开了五台山。从这些记载来看,普化来五台山巡礼,是他作为僧人的一大心愿。到了五台山后,他游历了五台,并朝礼了众多寺庙。特别是多次至华严寺礼佛,说明华严寺在他此行中的地位非常重要,也可以看出文殊菩萨在普化心目中具有崇高地位。普化在五台山期间也受到当地僧众的热情欢迎与接待。直至他要离开仍再三挽留。他的巡礼似乎非常成功,以至于在短短的几天时间里多次出现祥云、五彩云,都是极为吉祥之事。据荣新江先生考证,三藏普化大师至五台山,应该不晚于天福三年(938)。[①]

在东行僧人中,经敦煌前往中原者居多。其中五台山是他们巡礼求法的重要目的地。这与隋唐时期山西是中国佛教活动的中心有莫大的关系。当时,在五台山聚集了许多影响中外的大德高僧。实际上,五台山不仅是中国的佛教中心,而且具有国际性地位。武则天时曾准狮子国僧人释迦密多罗礼谒五台山,又命于阗僧人实叉难陀主持翻译《八十华严》等。这都说明隋唐时期五台山在佛教界的影响非同一般。

唐时,晋阳成为北都,在并、浩、介、石四州建有专供外商生活居住的"贾胡堡"。考古学家在灵石发掘得罗马梯拜流斯至安敦皇帝时代的16枚古铜钱。太原唐墓中,也曾发现大量古罗马金币,显然是由外国商人携入山西的。

到元朝,山西仍是丝绸之路的重要地带,并州是全国最大的葡萄酒生产基地。[②]意大利人马可·波罗所著《马可·波罗游记》即详载有山西太原、大同、平阳等地商业繁盛的情况。

[①] 荣新江:《丝绸之路与东西文化交流》,北京大学出版社,2015,第113页。
[②] 童丕:《中国北方的粟特遗存——山西的葡萄种植业》,2004年北京"粟特人在中国:历史、考古、语言的新探索"学术研讨会论文,载《中国汉学》第十辑。

第四节

北朝时期——山西是丝绸之路的重心和亮点

大量考古发现证实，魏晋南北朝丝绸之路的东起点在山西，尤其是北朝时山西与丝绸之路来往密切，当时中外东西丝路交流带上有两座中心城市，西有罗马，东有平城，繁盛了一个世纪，影响数百年。

东魏和北齐时，晋阳是北方军政中心，"齐氏别都"，"霸业所在"。东魏高欢凿西山大佛，建"晋阳宫"。北齐八帝，有四帝在晋阳即位。当时胡商辐辏，自然成为丝路东端之枢纽。例如，太原北齐东安王娄睿墓壁画中，就有《胡商驼队图》。为首一人深目高鼻，似大食人形象，右手牵着驼缰。右后又有一驼，驮着满载货物的大囊袋。两驼间，一人高大修长，浓眉深眼，似为波斯人，手牵一头驮着货囊的骆驼。两驼右侧还有二人二驼，相随前进。①墓道两侧壁画中的《胡商驼队图》真切地反映了经过长途跋涉来山西的丝路商队。

一、晋阳成为中国北方军政中心

山西自古以来就被称为"表里山河""四塞之地"，东有太行山，西有

---

① 山西省考古研究所、太原市文物管理委员会：《太原市北齐娄睿墓发掘简报》，《文物》1983年第10期。

吕梁山，南有中条山，北有恒山，可谓四山环抱，加上有黄河流经，形成相对封闭和独立的空间区域，素有"北门锁钥""中原北门"之称。因此，山西以其枢纽位置为东西文化的交汇与碰撞提供了重要的舞台。在历史上的北朝时期，丝绸之路使得这种交流越发的繁荣。东魏、北齐时期，晋阳作为别都，成为中国北方军政中心，是当时达官贵族云集之处。他们对奇珍异宝的渴求使得他们与从丝绸之路来到中原的西域商人有密切关系，这种关系就被定格在这些贵族们的墓葬中。

晋阳城位于晋中盆地北部，坐落于汾河西岸，是游牧民族由塞外进入中原的第一要地。到了东魏、北齐时期，晋阳成为中国北方军政中心。北朝时的晋阳与塞北诸镇的交通之发达是中原其他重镇无法比拟的，由晋阳出发经雁门关可通往塞北的任何一地，是中原王朝和草原游牧民族交流的重要通道。严耕望先生在其《唐代交通图考》中曾对古代经晋阳的交通路线进行了考证："其一，太原正北经忻代出雁门关，西北经朔州通单于都护府（今归绥西南）及河上三城道；其二，太原西北取汾水上游谷道，出楼烦关（今宁朔西南有楼烦岭）亦至朔州，此为太原北出之辅线；其三，雁门关内，由代州东北取滹沱河谷道至妫州（今怀来）、幽州；其四，代州雁门关正北通云州（今大同）道；其五，以云州为中点，西通单于都护府及河上三城，东经武州（今宣化）、新州、妫州至幽州，此为北疆之主要东西交通线；其六，汾河、滹沱河上游似可通水运，桑干河水运相当发达。"严先生上述诸道中，有五条交通线是从晋阳出发，其中一条还是晋阳通往塞北的水路，而剩下一条是以平城为中心的塞北东西交通线，而且每一道都可以和其他相通，从而形成一庞大的水陆交通网络，构成以太原府为中心的交通系统。

由此，北朝时期经晋阳至平城一线成为当时从中原通往西域的重要途径。在东魏、北齐时，此路线先由邺城出发，到达晋阳后再北上至平城、塞上云中、突厥牙帐哈尔和林，由哈尔和林往西经阿尔泰山、南西伯利亚和中亚北部，进入黑海北岸的南俄草原，直达喀尔巴阡山脉，横跨欧亚大陆。这条天然的草原通道，向西可以连接中亚和东欧，向东南可以通往中国的中原地区。当东魏、北齐与传统的中西交通路线隔绝，无法通过河西走廊进入西域时，这条路线就成为东魏、北齐沟通西域和中原地区的主要通道。这时的晋阳和平城是丝绸之路事实上的东端起点。

西域商人利用北方草原丝绸之路到达云中、平城，南下进入晋阳，再利用晋阳发达的交通网络进而到达长安、洛阳、邺城等地，或是再向东到今天河北的张北、赤城，内蒙古的宁城、赤峰，辽宁的朝阳、义县、辽阳，东经朝鲜而至日本。这就是连接西亚、中亚与东北亚的国际交通线。当时的晋阳胡商汇聚，商贸发达，可见当时山西与西域的交流之广、关系之密切。北朝晚期，别都晋阳已成为政治、经济中心，丝绸之路的起点也就随之转移到晋阳了。[1]

二、北朝山西与丝绸之路的物质交流

由于北方丝绸之路的畅通，各国的商人和使臣携带货物和贡物涌向山西，或择地定居，或展开商贸活动。这些胡商数量庞大、财大势雄，经营于中原各地。此时的山西作为丝绸之路的起始段，成为"利之所在，无所不到"的西域商人们重要的聚集之处。

目前，可以确认的来华外国商人包括粟特商人、波斯商人、大月氏商人和印度商人等。其中最多的商人是粟特商人，他们主要从事商贸和文化艺术等活动，形成一个以粟特人为主的"并州胡人"聚落。[2]粟特人原聚居于今天的乌兹别克斯坦地区，古称撒马尔罕。中国北朝的史书称撒马尔罕为康国，这里也是印度、波斯、突厥、中国商旅交汇的要地，更是丝绸之路西段必经之地。《旧唐书·康国传》对此有更详细的记载："其人皆深目高鼻，多须髯。丈夫剪发或辫发。其王冠毡帽，饰以金宝。妇人盘髻，幪以皂巾，饰以金花。人多嗜酒，好歌舞于道路。生子必以石蜜纳口中，明胶置掌内，欲其

---

[1] 梁芳：《北朝后期丝绸之路的重要节点——晋阳》，《文物世界》2013年第3期。
[2] 荣新江：《隋及唐初并州的萨保府与粟特部落》，《中古中国与外来文明》，生活·读书·新知三联书店，2001年。

成长口常甘言，掌持钱如胶之黏物。俗习胡书，善商贾，争分铢之利。男子年二十，即远之旁国，来适中夏，利之所在，无所不到。"表明该民族崇尚商业，从出生起，就开始培养经商的观念和基本技能，反映出粟特民族的商人不仅有文化，而且通晓多种语言、风俗，精于计算，有为商业利益奔赴万里、献身域外的冒险精神。

粟特商人频频往返于中土与西方间，甚至一度把持从拜占庭到波斯通往欧洲的皮毛贸易通道。他们将中国的丝绸运至西方，把西方金银器皿转运至中原，成为东西方贸易的中转商。据史料记载，许多粟特人穿过丝绸之路来到晋阳，如太原翟氏即为一例。①《晋书·慕容垂》："封翟檀为弘农王，翟德为范阳王，翟楷为太原王。"到北朝后期，翟氏家族仍是并州大族。还有粟特萨保虞弘及其父亲，据考古发掘的《虞弘墓志》记载，虞弘，字莫潘，鱼国尉纥驎城人，奉茹茹国王之命，13岁便出使波斯、吐谷浑等国。后，又奉命由波斯出使北齐，随后便在北齐、北周和隋为官，在北周一度"检校萨保府"，卒于隋开皇十二年（592）。②大量粟特人生活并活跃在山西，给山西带来了大量的西域物品和风俗，其中最典型的例证就是推动并发展了并州葡萄种植业，带来葡萄酒酿造业。

早在汉代，张骞出使西域时就将葡萄带回中原。但当时仅仅是将葡萄作为皇家观赏植物在上林苑种植。到东汉，葡萄酒产量仍十分有限，是当时非常珍贵的礼品。及至北朝时期，北魏太武帝平定西凉，从凉州迁徙大批人口到京畿地区，其中不乏精于种植葡萄的粟特人，葡萄的种植技术便在此时传入山西。这些粟特人内迁后同翟氏家族、虞氏家族一样，在并州世代居住，他们喜饮葡萄酒的风俗也随之传播开来，所以酿造葡萄酒的技术也一并在山西落地生根。到北齐时，葡萄的种植已很普遍。北齐著名农学家贾思勰所著《齐民要术》中就专门谈到葡萄的种植法、摘取法与保存法。《马可·波罗游记》记载了北朝晋阳的情况："其地种植不少最美之葡萄园，酿葡萄酒甚饶。契

---

① 姚薇元：《北朝胡姓考》，中华书局，1962，第310页。
② 张庆捷：《虞弘墓志考释》，《唐研究》第七卷，北京大学出版社，2002。

丹全境只有此地出产葡萄酒。"直到今天，太原清徐仍是全国四大葡萄名产地之一，而由当地所产葡萄酿制的葡萄酒也驰名全国，这要归功于通过丝绸之路来华的粟特人。

北齐达官贵族的墓葬多有胡商俑，形式丰富多样。此时期的胡商俑的背上常佩鞍架，铺长毯，毯上有货袋，货袋中常是满载货物，表现了他们以骆驼作为丝绸之路上的主要托运工具。比较典型的有太原娄睿墓、张海翼墓、张肃俗墓、贺娄悦墓、韩祖念墓中出土的胡商俑和载货骆驼俑。胡商与载货的骆驼是丝绸之路商队最重要的元素，也是当时丝绸之路上繁荣景象最直接的体现。在太原徐显秀墓中出土过一枚蓝宝石戒指，此枚戒指工艺复杂，由黄金戒托、戒指环与蓝宝石戒面组合而成，专家估计为墓主生前所佩戴之物。指环靠近戒托的披肩部分较粗，两端各铸有三分之一的纹饰，由一对怪兽首的形象组成。此怪兽似龙非龙、似狮非狮，是中亚地区常见的纹饰。指环最细处在戒托相对的位置，约占三分之一，为素面。黄金戒托中间厚边缘薄，外沿饰一圈联珠纹花边，内沿是一圈素面金边，主要用于固定蓝宝石戒面。引人注目的是，椭圆形蓝宝石戒面上阴刻有手持矛与盾的人物形象。图中人物头戴兽首形头盔，高鼻深目，身着紧身圆领半袖衫和紧身裤，脚蹬皮靴，双臂上弯，双手倒提着两件杖形器，既像代表权力的权杖，又像通神灵的法杖。此人身体略向左侧，头向右扭，两腿一前一后，似在舞蹈，又似在举行某种特殊的祭祀仪式，颇有古埃及正面律的特征。无论如何，该戒指图案中人物造型与衣饰以及指环上的联珠纹、两兽首相对之形，皆非中原传统式样，显然均来自西域。在其墓室的壁画中有一群女扮男装的侍女，其中一人左肩扛一胡床，其身后一人为女扮男装者，腋下夹着一个茵褥。在墓室西壁壁画正中为一红色骏马挺立于人群之中。马颈下挂一缨子，为蓝色竖条纹，极具萨珊风格。

在山西北朝晚期墓葬中还出土了不少西域风格的瓷器，这些瓷器不仅数量颇多，且造型精美，制作工艺也十分精湛。这些瓷器器壁较厚，以高岭土为胎，质纯白，稍粗，烧制温度相对较低。釉层多数浑厚均匀，釉色温润明亮，玻璃质感强。釉层与瓷胎收缩时间不一致，普遍出现冰裂纹。釉色多为黄绿釉，也有淡黄、茶黄、黄泛墨绿之色。器形主要有鸡首壶、灯、瓶、杯、盂、樽、盘、碗、盒、罐等。比较有代表性的为太原娄睿墓出土的瓷灯、贴花瓶和螺柄鸡首壶以及徐显秀墓出土的黄绿釉瓷灯、黄绿釉龙柄凤首壶等。在这些瓷器上装饰有很多联珠纹、莲瓣纹、忍冬纹等图案。其中联珠纹是源于波斯和粟特地区的装饰纹样,由西域商人通过丝绸之路传入中原地区,成为当时人们所喜爱的一种装饰图案。莲瓣纹和忍冬纹则体现了佛教文化的影响。在两汉之际,佛教从印度传入我国,佛教文化艺术中一些图案也随之传到中原。莲花和忍冬是佛教中神圣的花卉,以此作为物品的装饰纹样,不仅体现了佛教对北朝时期人们的社会生活影响之深,也为墓主人营造了死后能享受的虚幻仙境。

随着商品贸易的发展,在丝绸之路沿线的贸易逐渐由物物交换变为以货币为中介的交换,货币的出现是丝绸之路经济贸易发展到一定程度的体现。随着丝绸等大宗货物在丝绸之路上交易,外国的货币也来到中国。在中国境内出土的外国货币主要有东罗马的金币(约25枚)和萨珊银币(1930枚以上)。北朝晚期,山西是外商颇为活跃的地区,外国货币在大同、太原等地区都有出土。晚清时期,人们曾在灵石县发现罗马古铜钱16枚,上面的文字表明这些钱币是罗马皇帝梯拜流斯至安敦皇帝时代所发行的钱币。它们也许与灵石贾胡堡的外商有一定关系。在太原唐代墓葬中,曾发现波斯银币和古罗马金币,显然也是由外商携入中国的。

三、北朝时期的异域文化特色

魏晋南北朝时期建筑在继承秦汉遗风基础上,又大量吸收了少数民族和外来文化元素,由于政治上地域上的南北隔绝,南北地区建筑形成不同的风格,南方总体呈现秀丽、柔和、机巧的特点,北朝建筑与装饰的风格始则粗犷,略带稚气,继则雄浑巧丽,刚中蕴柔。在国家都城规划方面,战国以来的简单的棋盘形格局向对称轴线型封闭式棋盘格局转变,为隋唐时期的都城建设奠定了基础。但由于战乱频仍,北方名城在战火中不复存在。外来的佛教建筑遍地开花,成为这一时期建筑艺术中的一朵奇葩。这一时期山西建筑遗存以佛教建筑为主。北朝的寺庙、佛像就其数量、规模而言都为南朝所不及。

五台山佛光寺、显通寺、菩萨顶寺、碧山寺、观海寺创建于北魏，寿宁寺创建于北齐，恒山悬空寺创建于北魏，交城玄中寺初建于北魏，晋城青莲寺创建于北齐。

山西现存最早的塔是建造于北魏的千佛石塔，是北魏天安元年曹天度为亡父、亡儿在平城所造，是我国现存有代表性的早期石塔。抗日战争期间，石塔被侵略者劫往日本，塔刹被一位富于爱国热忱的工人藏了起来。1945年抗战胜利后，石塔塔身还中国，现陈列于台北"故宫"博物院，塔刹则一直存留在山西朔州。山西省大同市发现的北魏宋绍祖墓中出土了精美的仿木结构建筑石椁，从中也可以看出北朝建筑的风格。

魏晋南北朝时期的民居也具有鲜明的民族特色。北方各游牧民族没有固定的居所，常逐水草而迁徙，居住在"穹庐毡帐"里。当时鲜卑族人所使用的一种大型毡帐是百子帐，和今天的蒙古包很近似。汉族仍以住房为主，普通百姓居住的房舍大多采用木构架结构，墙壁为干打垒的土墙，屋顶呈悬山式或为平顶，房屋多围成院落，至于一般平民之家，不分南北，皆以茅草土坯屋居多。

魏晋南北朝时期，山西区域文明同样具有浓郁的"胡族"色彩和异域之风。魏晋南北朝时期是民族乐舞的大交流、大融合时期。由于民族、宗教的影响以及中西方交流的扩展，中华传统乐舞出现异彩纷呈之局面。随着北方游牧民族大量迁居汉族聚居地，西域乐舞也传入内地。佛教传入中国后，佛教传说和故事又丰富了乐舞题材。山西出土的乐舞石雕和陶俑突出地表现出"胡化""佛化"和"西化"特色。

中国传统乐舞起源很早，但从十六国混战到北魏统一中国北部100多年间，黄河流域社会和文化秩序遭到破坏，汉、魏传统乐舞日趋衰落，而西域乐舞逐渐东来。各少数民族政权先后建立，在吸收汉族先进封建文化的同时，必然要将本民族的文化推广开来。内迁之游牧民族与汉族相处之间，民族融合和互动逐渐加深。在这种强力推动和自发融合趋势的共同作用下，整个社会上层统治者及普通民众都受"胡风"浸润，学习胡舞已成风气，隋唐开《十部乐》之先河。此外，北朝时许多西域入中原商人在贸易谋利的同时，也将外来文化带入中国。

他们有些人也精通乐舞，和士开就是典型，善琵琶，会跳胡舞。《北史》载："（祖）珽善为胡桃油以涂画，为进之长广王，因言'殿下有非常骨法，孝征梦殿下乘龙上天'。王谓曰：'若然，当使兄大富贵。'及即位，是为武成皇帝，擢拜中书侍郎。帝于后园使珽弹琵琶，和士开胡舞，各赏物百段。"①

北魏在统一北方过程中，将所征服之处大夏国、北燕、西凉等地的音乐吸收到北魏宫廷音乐中来，并同鲜卑族本民族和汉族传统音乐相结合，形成兼容并包的音乐风格。拓跋鲜卑兴自漠北，是一个能歌善舞的游牧民族，鲜卑歌曲《真人代歌》流传甚广，"上叙祖宗开基所由，下及君臣废兴之迹，凡一百五十章"，北魏定都平城时"与丝竹合奏"，广泛应用于宫廷典礼和祭祀活动中。②公元428年，太武帝西征夏国，将夏国的乐工和乐器迁往平城，收为己用。夏国为南匈奴后裔所建，与西域往来频繁，因此，夏国的乐舞具有浓重的北方民族和西域色彩。据《隋书·音乐志》载，北魏太延初年，"后魏平冯氏，通西域，因得其伎，后渐繁其声，以列于太乐"③。安国乐和疏勒乐随之传入平城，并进入太乐署成为宫廷伎乐。公元439年，太武帝西征凉州，将西凉乐带入平城，作为北魏宫廷的太乐，在"嘉礼"时演奏。由此可见北魏的乐舞，含有十分浓重的西域乐舞的成分。后来孝文帝在太和汉化改革中曾经试图全面恢复中国古代传统音乐，但据《魏书·乐志》记载："虽经众议，于时卒无洞晓声律者，乐部不能立，其事弥缺。然方乐之制及四夷歌舞，稍增列于太乐。"④因此，北魏平城时期的音乐仍以北方少数民族音乐和西域乐舞为主，只是在原有基础上做了一些增补而已。

北魏民间普遍流行西域乐舞。表演西域乐舞的场景，也经常出现在北魏时期石窟造像和墓葬出土的文物中。北朝时期山西乐舞造像、石雕为我国石雕艺术之冠。云冈石窟造像就有许多乐舞的形象，包括许多乐器和舞蹈图像。这些乐器的形态、乐舞姿态和舞者服饰具有鲜明的鲜卑风貌和西域风格。如

---

① （唐）李延寿：《北史》卷四十七，中华书局1974年标点本。
② 张志忠：《大同北魏彩绘乐俑鉴赏》，《收藏家》2008年第12期。
③ （唐）魏征等：《隋书》卷一五《音乐下》，中华书局1974年标点本。
④ （北齐）魏收：《魏书》卷一〇九《乐志》，中华书局1974年标点本。

云冈第16窟明窗西侧"伎乐天",帷幔下乐队六人吹螺、横笛、击鼓、弹琵琶、击小铃。琵琶即外来乐器,从西域传入。下层为一排舞伎,束高冠着翻领敞胸紧身衣,跪右腿,合掌起舞。这是云冈石窟第一期的石刻,保留了浓重的鲜卑族风格和印度、西域的元素。而第二期第10窟前室顶部飞天,是一个优美的独舞,舞者上身裸露,斜披胳腋,脸形圆润,明显有中原化的趋势。第6窟墙壁上天宫伎乐,也属这一时期的精品。而云冈第43窟飞天充分反映了第三期时代特征,这一时期魏孝文帝和冯太后在太和改制中提倡汉化,因此称他们为汉化的鲜卑人。这一期飞天已着汉魏时装,宽袖外有窄长袖,而非裸露之身。从三期乐舞的发展演变可以看出北魏王朝的建立者鲜卑贵族为了政权的巩固和本民族的发展进步而逐渐汉化改制的历史情况。[①]

山西省大同市城东发掘了一批北魏墓葬,其中2号墓的墓室前部一组彩绘乐俑再现了北魏首都平城乐舞杂技演出的真实场景,为研究当时的音乐舞蹈提供了珍贵的实物资料。这些乐俑围成圆圈即兴演奏,中间是两位面相端庄慈祥、穿戴华贵的女舞俑,左臂前扬,右臂后甩,正轻舒长袖而舞,其间穿插有胡人形象和装束者的伎乐和杂技表演,应属于另外一个主题演出。八位彩绘乐俑均为女性,头和身双模合制,胳膊和双手另外捏塑,制成胎体之后组装成形,对局部精雕细刻,然后装窑烧制,最后进行通体彩绘,一般是以黑彩绘眉、眼、胡须,红彩涂脸、唇和手。题材继承了汉代贵族常常在宴会上举行乐舞表演的传统,造型生动传神,注重细部刻画,面相丰满,细眉长眼,微带笑容,端庄大方,耳垂有圆形饰物。可惜的是,乐俑所持的乐器已不存,根据其双手的不同动作,参考相关文献史料,对照云冈石窟、敦煌石窟、龙门石窟以及司马金龙墓石雕伎乐棺床等实物图像资料,初步推断她们所持不仅有中原的传统乐器,而且有许多西域传来的乐器。[②]

北齐、北周时期由于统治者的影响,"胡化"风潮呈回归趋势,西域乐

[①] 程乃莲:《云冈石窟中飞天造型刍议》,《美术观察》2005年第1期。
[②] 大同市考古研究所、山西省考古研究所:《大同市北魏宋绍祖墓发掘简报》,《文物》2001年第7期。

舞占领了舞台。6世纪后期，突厥兴起，统治着东起辽海西至波斯的广大地区，突厥与北周、北齐进行政治联姻，都要收集西域各国的伎乐，作为陪嫁或聘礼赠送对方，因此受到北周、北齐朝野的欢迎。于是，相传数千年的呆板生硬、枯燥乏味的高雅乐舞风光不再，节奏明快、情感强烈的西域乐舞逐渐占领了北朝的舞台，进而风靡朝野。山西省寿阳县贾家庄村库狄回洛墓出土的北齐胡人舞俑是北齐陶俑杰作，深目高鼻的胡人老叟，满脸皱纹，笑容可掬，豪放豁达，尽情歌舞。北齐、北周宫廷和民间各族乐舞异彩纷呈，成为我国隋唐乐舞大繁荣的序曲。

北朝时期，许多外国商人进入中原贸易，山西出土的许多金银和玻璃器皿所蕴含的浓郁的中亚、西亚等地的异域风格，体现了当时山西与亚洲其他国家交往密切。中亚、西亚以及地中海商人在中国的贸易活动及其带来的文化对中国产生了很大影响，是当时社会的鲜明特色之一。入华外商中比例最高者，应该是来自粟特的商人。粟特位于今天的中亚阿姆河与锡尔河之间的两河流域，以今天吉尔吉斯斯坦的撒马尔干为中心，由9个以上的绿洲小国组成，如康国、安国、史国、石国、曹国、米国等。粟特人崇尚经商，也以善于经商闻名于世。北魏建国后，中原与中亚间的丝绸之路上的障碍和关市限制基本被去掉，更多的粟特人涌向平城，然后又由平城进入中原，分赴各地贸易。在此时期，毫无疑问，平城事实上成为丝绸之路的东端。

除粟特商人外，史书记载，还有其他许多国家的商人入华贸易。比如大月氏商人，在北魏前期建都平城时，在平城很活跃，还把西方的玻璃制造技术介绍进来。从西方进口的玻璃器曾是北魏贵族斗富时一项重要的宝物。《洛阳伽蓝记》载："而河间王琛最为豪首……琛常会宗室，陈诸宝器……自余酒器，有水晶碗、玛瑙（杯）、琉璃碗、赤玉卮，数十枚。作工奇妙，中土所无，皆从西域而来。"玻璃容器被视为宝物，是由于北魏的人们已经充分认识到西方玻璃的艺术价值，特别是其晶莹透明的性质，是其他材料都难以比拟的。大月氏商人致使中国市场上一向被视为珍品的玻璃器皿价格大跌，退出珍品行列。

在北朝墓葬中，常可见到来自西方的器物，如在大同电焊厂北魏墓群内，曾出土了来自波斯的琉璃器和金银器，见于两个墓，一个墓出土了鎏金錾花银碗、银罐和磨花琉璃碗，一个墓出土了鎏金錾花高足银杯和素面银碗等。在大同小站村花圪塔台北魏墓，还出土过波斯的鎏金银盘和高脚杯等。山西省大同市封和突墓出土的北魏狩猎纹鎏金银盘，据专家考证是波斯萨珊王朝饮食器，是王室和贵族使用的皇家银盘，盘内狩猎图是萨珊王朝常见的图案。山西省大同市南郊北魏墓出土的八曲银洗，是来自大夏（今阿富汗）的饮食器。八曲花口式杯口，圈足亦为花瓣形，器内雕摩羯相搏图，外壁有大夏文铭文，现仅可释读"XOSO拥有"若干字。

除当时北国中心平城以外，当时的晋阳（今山西省会太原市）也出土了许多有西方元素的珍品。太原市王家峰村北齐徐显秀墓出土的金镶嵌宝石戒指，联珠纹戒面镶蓝宝石，阴刻人物，双手持器，似在舞蹈或祭祀，当与天神或英雄崇拜有关，为中亚、西亚甚至地中海的舶来品。墓室西壁壁画正中为一红色骏马，挺立于人群之中。马颈下挂一缨子，为蓝色竖条纹，充满了萨珊风格，一望而知源自丝绸之路。在这匹马的鞍袱下沿，有一行联珠纹人物图案，外是一圈联珠纹，内是戴花冠的人头图案，在正壁与东壁壁画中的侍女波斯锦长裙上，还有类似的联珠纹对兽、对花草图案等。这些花纹，很可能就是史籍或者出土文书中所记载的"波斯锦"。此外，山西省太原市王郭村娄睿墓出土北齐陶卧驼、陶立驼，背上都背着行囊，栩栩如生，仿佛正行走在魏晋南北朝时期中西方贸易的道路上，其正是中西交通的明证。

平城和晋阳出土的北朝珍贵文物真实有力地证明了在魏晋南北朝时期，亚洲各地和地中海诸国的使者和商人曾云集这两个中国北方地区的大都市，异域的宗教思想和文化艺术曾被广泛吸纳，盛唐时代"万国来朝"的景象已经粗具规模。这些异域文明大量涌入山西，促进了山西文化的发展，大大丰富了中华传统丝路文明的内容。

四、气势恢宏的北朝壁画墓

绘画和壁画艺术在魏晋南北朝时期同样趋于缥缈纯美的高超境界。由于绘画艺术的进步、佛教的传入和道教的发展，北朝壁画吸收中外各种文化元素的精华并加以糅合创新，达到空前的精美和壮丽。山西地区留存的墓葬中有多处体现这一时期集南北、中外风格于一身的艺术。

1. 娄睿墓

娄睿墓是太原地区发现的一座北齐时期大型壁画墓，因其气势恢宏、技艺精湛的壁画而扬名于世，是研究北朝文化的珍贵实物资料。

娄睿墓位于山西省太原市晋祠王郭村西南一公里，汾河以西，悬瓮山及太汾公路之东畔。1980—1982年发掘。该墓是由封土、墓道、甬道和墓室四部分组成的砖构单室墓。墓主为鲜卑人，北齐世祖高欢妻娄太后兄之子，武平元年（570）于晋阳入葬。

北齐娄睿墓在历史上长期被误认为北齐的斛律金墓。如明嘉靖《太原县志》记载："斛律丞相墓在县（太原县，今太原市南郊晋源镇）西南十五里。"发掘结果却证明是北齐娄睿墓，始证方志之误。

娄睿，鲜卑人，本姓匹娄，简称娄，墓志记载他是"太安狄那汗殊里"人。在东魏、北齐之世，他是一个很有影响力的历史人物。太安郡属朔州，原是北魏北方六镇之一的怀朔镇，治所在今内蒙古固阳县西南。他的姑母娄昭君是高欢的嫡妻，即北齐武明皇太后。娄睿自随高欢"信都起义"，先为帐内都督，曾平定叛乱，收复炽关，为北齐建立军功，先后封东安王、司空、司徒、太尉。大统二年（566）晋封大司马统领全军，三年（567）为太傅、太师，兼录并省尚书事、并省尚书令，成为宰辅重臣。

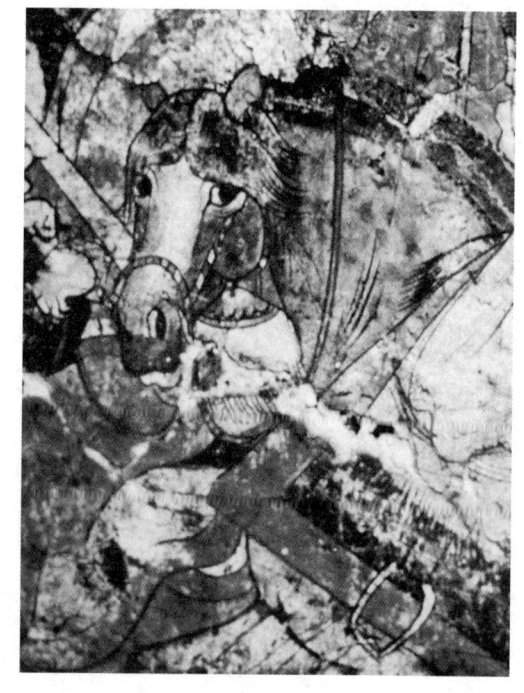

娄睿墓壁画（组图）

娄睿墓规模宏伟，墓冢高大，又经夯打，虽历千余载，仍占地400余平方米。底部东西长17.5米，南北深21.5米，墓顶呈拱形，高约6米。其墓道长约21.3米，呈坡形，南北向，北接甬道。甬道长8.25米，后部有青石墓门。墓室为砖构单室，平面呈方形，边长5.7米。四壁在高2.8米处开始向内斗合叠涩成四角钻尖状，高6.6米。该墓虽屡遭破坏，但随葬品很多，除已毁坏的外，经初步整理，尚有870余件。据统计，有陶俑610件、陶牲畜42件、陶模型16件、瓷器76件、陶器13件、装饰品85件、石刻17件、墓志1合、壁画71幅、其他类15件。从出土瓷器的装饰来看，可以明显地看出西域文化与佛教艺术的影响，反映了几种民族文化的交流和融合。

娄睿墓宏伟壮观的壁画，影响遍及国内外。壁画共71幅，总面积200.55平方米。壁画内容分两大部分。一部分以长卷形式描绘了墓主人生活中的一些奢华的场面，如出行、归来、宴事等，还有显示鲜卑贵族巨大财富的马群、驼队。另一部分则表现了墓主人的佛教信仰和迷信思想，如多神鬼鸟兽。这些壁画既分栏分组，又前后呼应，人物姿态各异而情趣一致，造型准确，生机盎然，反映了画家对生活观察之入微和运思之精妙，其艺术水平超越了前代，是承上启下的实物资料。娄睿壁画代表北齐绘画水准，是研究北齐音乐、服饰、内廷、丧葬等的重要例证，亦是北朝中原地区壁画艺术的卓越代表。它的出土震惊了学术界。

2. 徐显秀墓

2000年发现于太原市王家峰的徐显秀墓则以更加绚烂的身姿、更丰富的内涵引得世人去遐想那个时代。该墓是继娄睿墓之后在太原地区发现的又一座大型北齐壁画墓,与娄睿墓相较,虽时代相近,但风格迥异,别具特色。2002年该墓葬入选"全国十大考古新发现",2006年被评为全国重点文物保护单位。

该墓位于山西省太原市迎泽区郝庄镇王家峰东"王墓坡"。2002年由省、市文物考古研究所联合发掘,出土器物共计500余件。壁画是这次考古发掘最重要的收获之一。遍布全墓的彩绘壁画保存基本完整,共约330平方米,气势恢宏壮观,形象生动写实,色彩斑斓如新。

值得称道的是,徐显秀墓壁画展示了一种新的布局结构,壁画组合是全景式的,画家设计墓室效果时采用了完整场面的处理办法,没有分栏绘画,每一组绘画都是整体画面的一部分。这种处理画面的方法在敦煌石窟壁画中可以看到,但具体表现方法,尤其是人物的立体构成处理,可能受到波斯、印度艺术影响,同时融合了本土的审美特点。其实,这种对外来文化特别是中西亚波斯、粟特文化的偏爱,正是北朝时期所谓"胡化"的必然结果。该墓从墓室、甬道、天井、过洞一直到墓道,每一组画面都与另一组画面有过渡和衔接,构成一幅完整的家居图和出行仪仗图,形成一个庄严肃穆的整体氛围,再现了墓主生前的豪华与排场。同时,也寄托了墓主对另一世界美好生活的希冀和向往。

该墓是目前发现的同时期墓葬中保存最好的大型壁画墓,为研究北朝晚期的葬俗、葬制、墓室壁画的规制和题材提供了珍贵的资料,对中国绘画史的研究具有重要的价值,为更全面地了解北齐历史文化和中外文化交流提供了新的资料。徐显秀墓的壁画不仅布局和谐,脉络清楚,而且绘画技艺精湛,还是对当时现实社会生活的描绘与记录。有专家研究后赞叹:徐显秀墓壁画人物性格传达得准确生动不可置疑,表明南北朝人物绘画已经发展到相当精妙的高度。整个墓室完整地展现了墓主人生活的场景,人物众多而且比例合适,穿插丰富,布局合理,具有真人大小的人物处理,可以说是一种艺术创举。它不仅展示了世人期待已久的北朝绘画艺术风采,也让我们从中触摸到一个民族文化碰撞、交融的时代!

此外，在徐显秀墓葬中能够发现众多的外来文化因素，如《牛车出行图》《鞍马出行图》的人物中，不难发现那些高鼻子、大胡子、眼似铜铃的西域商人或仆人。这些人物形象让我们看到各种民族的融合，他们和谐共处。壁画生动再现了1500年前的社会关系和民俗民风。透过画面，人们看到一个多民族文化大融合的繁荣历史场景。这些达官显贵的墓葬显示：这片繁荣开放的热土，正徐徐拉开了隋唐盛世的序幕……

3. 九原岗壁画和北朝造像艺术

北齐留给忻州的珍贵遗产不只是长城。同北魏诸帝一样，高欢父子也尊崇佛教，高欢执掌东魏大权期间在太原之西的天龙山开凿石窟就是明证。他儿子文宣帝高洋，天保元年（550）即位之始便拜法常法师为国师，开我国封僧人为国师风气之先。而且，北齐诸帝还"割八州之税，以供（五台）山众衣药之资"，"此中伽蓝，数过二百。仙居灵贶，触地而繁"（《古清凉传》），将北魏孝文帝拉开兴盛大幕的五台山佛教进一步推向高潮，使北齐成为五台山佛教发展史上的一个重要阶段。

更为珍奇的是，忻州还遗存有北朝壁画。北朝壁画是在九原岗一座北朝墓葬中发现的。九原岗北朝墓位于忻府区兰村乡下社村东北约600米，是市级文物保护单位"九原岗墓群"中的一座。

2012年12月，当地群众反映该墓有被盗情况，遂经国家文物局批准，由山西省考古研究所和忻州市文物管理处联合组成考古队，于2013年6月下旬开始抢救性发掘。当年12月，现场清理初步告一段落，在墓内共清理壁画200多平方米，出土了大量陶俑残片和数十件铁棺钉，另外还出土了少量的陶器、瓷器残片。

该墓为带斜坡墓道的单室砖墓，坐北朝南，由封土、斜坡墓道、甬道和墓室四部分组成。墓道平面呈长方形，两壁呈阶梯状，由上至下分为四层，每层向内收约0.25米。从盗洞断面观察，墓道修筑方法为先开挖长方形土圹，再在东西两壁用土坯垒砌以增加墓道墙体强度，然后在土坯墙上抹一层厚1—2厘米的草拌泥，最后抹白灰进行壁面绘画。墓道东壁中部有一竖直的长方形盗洞，盗洞挖至墓道底部后沿墓道东壁第四层进入墓室，东壁第四层壁画几乎全部被毁。甬道位于墓道与墓室之间。甬道两壁及顶部均绘有壁画，可惜破坏严重，现仅残存顶部小面积壁画。墓室砌筑于方形土圹内，四壁墙体原均有壁画，现大部分已不存，仅顶部保留有星象图。从墓室填土中出土的壁画残片数量来看，墓室四壁壁画已被大面积盗揭。

墓内壁画主要分布于墓道东、西、北三壁，甬道及墓室残存较少。墓道东、西两壁壁画自上而下各分为四层，第一层主体绘仙人、畏兽、神鸟等形象，四周以流云、忍冬补白。其中有《山海经》中记载的一种食虎豹的马"䮝"和一种食蛇的怪兽"彊良"。

东西两壁第二层北段壁画内容均为狩猎场景，所绘人物、动物形象生动，内容丰富。南段均为幕僚和侍者。在西壁的狩猎场景中，有一头戴将军帽者骑在马背上正准备弯弓射箭，其前方为奔跑的鹿群，其身后一人手拿令旗，似在指挥整个狩猎队伍。东西两壁第三层均为出行队列，所绘人物为站立的武士形象，所有武士均佩戴弓箭。西壁南端为一骑马的少年人物形象，其前方为一只猎狗和一只雄鹰正在捕杀兔子，少年右臂前伸似在指挥捕杀活动。东壁第四层因开挖盗洞已全部被毁，西壁第四层为出行队列，全部为站立的武士形象。墓道北壁绘有一座规模宏大的庑殿顶木结构建筑，屋顶正上方绘一火盆，左右两侧各绘一兽首鸟身的怪兽形象。屋檐下绘有侍女形象6人。甬道东西两壁壁画已破坏殆尽，仅残存顶部一畏兽。墓室四壁壁画大部分被盗，顶部保存较好，为星象图，其中东壁上方还残存有三足乌。

该墓因多次被盗，记载墓主生平事迹的墓志已被盗，而出土的人体骨骼数量也特别少，且保存状况很差。根据墓葬规模推测，墓主人位高权重。从壁画中人物形象和表现手法来看，该墓与太原北齐武平二年（571）徐显秀墓、北齐武平元年（570）娄睿墓有许多相似之处，初步推断其年代为北朝晚期即北齐时代，墓主则是北齐高氏集团的一位核心人物。从壁画内容及规模来看，该墓无论对空幻世界的想象还是对现实生活的描绘都比同时期其他壁画墓的内容更加丰富，狩猎场面也更加逼真宏大。墓道北壁壁画中的木结构建筑在同时期墓葬中是首次发现，用绘画的形式展现了北朝建筑的风采。清代同治年间，九原岗曾经出土过东魏时期《刘贵墓志》，该墓志书法曾经轰动一时。该墓葬的发掘不仅可以填补忻州地区北朝墓葬考古发掘的空白，而且使山西省北部区域北朝墓葬的分布情况更加清晰，对研究北朝社会生活、绘画艺术以及我国古代建筑史都具有非常重要的价值和意义。

几乎就在发掘清理九原岗北朝壁画墓的同时，2013年9月28日，忻府区秀容街道办事处西街村委在小区院内进行地下管道改造工程时，发现地下埋藏有佛教造像。9月29日，山西省考古研究所、忻州市文物管理处、忻府区文管所组成联合考古队开始进行考古发掘。

埋藏佛教造像的场所为一窖藏坑。经初步整理，窖藏共出土佛教石刻造像39尊，其中立式佛像7尊、坐式佛像6尊、立式菩萨像4尊、骑象普贤菩萨1尊、立式弟子像1尊、背屏式像3尊、跪式供养人像1尊、帐帷佛龛1尊、佛头9尊、菩萨头3尊、弟子头1尊、莲花座1尊、盘龙榫柱残件1件。另外还出土有圆盘盏形陶器1件、壶形泥质器1件及瓷片、砖、瓦等物件。

造像材质以石灰岩为主，28件，另有砂岩8件、白石3件。大部分造像没有文字题记，有确切年代题记的造像只有1件。该造像为一立佛，通高137厘米，像高90厘米，砂岩质，舟形背光。佛像圆肉髻，波发，长颈，溜肩，左手掌心向外下垂，右手残，跣足立于仰莲座上。外着双领下垂式袈裟，腰部系带结，垂飘于双膝下部。袈裟下摆及裙摆呈外八字，叠三重。背光后上部线刻供养人物，榜题供养人姓名。下部为碑记，线刻方格，21行，足行16字，楷书，字径约2厘米。碑文内容为建义寺沙门、魏故新兴太守邢阳家族、济南太守杨道等人慨佛法嚣微，感恩酬德渤海王高欢，为造人中王像，碑文刊记时间为"大魏武定二年岁次甲子二月丙辰朔十五日庚午"。

"大魏武定二年"即公元544年，正是高欢执政后期。忻州在北魏太平真君七年（446）置肆州，到北周大象元年（579）迁置广武县（代县），其间历130余年。北魏孝文帝迁都洛阳后，忻州因地处恒州和并州之间，是当时重要的南北交通要道。北魏正光年间，塞外六镇纷乱，流民充塞并、肆，尔朱荣以此创立基业，后高欢承接流绪，终成霸业。因此，东魏、北齐之时，肆州成了国之藩屏，军事上的重要性引发政治、经济和文化的繁荣，佛教文化的传播和开窟造像也盛极一时,今定襄县七岩山便有东魏天平三年龛记和北齐天保七年造像及碑记。于仲荦《北周地理志》亦有"大魏武定七年肆州永安郡定襄县高岭以东诸村邑仪道俗等造像"的记载。此次窖藏佛教造像的出土,对于研究忻州北朝到唐的佛教文化艺术和五台山地区佛教传播具有重要价值。

五、北朝丝绸之路与山西的文化交流

在北齐胡化的风气影响下,西域商人不仅带来了西方的商品,也带来了西方的绘画、音乐、舞蹈和各种工艺品。以萨珊波斯为代表的西亚文化和以粟特为代表的中亚文化,分别经由丝绸之路进入山西境内,使得当时的山西文化集中体现了中原与各族文化的融合,呈现出丰富多彩的面貌。

1. 乐舞

魏晋北朝时期是民族乐舞的大交流、大融合时期。由于民族融合、宗教传播以及东西方文化交流的拓展,中国乐舞出现异彩纷呈之局面。随着北方游牧民族大量迁居内地,西域乐舞也传入中原。佛教传入中国后,佛教传说故事也极大地丰富了乐舞题材。山西出土的此时期的乐舞石雕和陶俑突出地表现出"胡化""西化"的特色。

北魏定都平城时"昏晨歌之,时与丝竹合奏",西域乐舞广泛应用于宫廷典礼和郊庙祭祀活动中。① 公元428年,太武帝西征与西域往来频繁的夏国,将夏国的乐工和乐器迁往平城。故而,北魏的乐舞具有浓郁的北方民族特色和西域色彩。据《隋书·音乐志》载,北魏太延初年,"后魏平冯氏及通西域,因得其伎,后渐繁会其声,以别于太乐"。安国乐和疏勒乐随之传入平城宫廷。公元439年,太武帝西征凉州,将西凉乐舞带回平城,作为北魏宫廷的太乐,在"嘉礼"时演奏。足见,北魏时期山西的乐舞具有十分浓重的西域乐舞特色。

北魏时期社会上普遍流行西域乐舞,并出现在北魏时期石窟造像和墓葬出

---

① 张志忠:《大同北魏彩绘乐俑鉴赏》,《收藏家》2008年第12期。

土的文物中。云冈石窟造像就有许多乐舞的形象，包括许多乐器和舞蹈图像。这些乐器的形态、乐舞姿态和舞者服饰具有鲜明的鲜卑特色和西域风格。[①]山西大同曾发掘一批北魏墓葬，其中的乐俑围成圆圈即兴演奏，中间是两位面相端庄慈祥、穿戴华贵的女舞俑，左臂前扬、右臂后甩，正轻舒长袖而舞，中间穿插有胡人形象和装束的伎乐和杂技表演。

到了北齐、北周时期，由于受统治者的影响，"胡化"风潮呈回归趋势，于是节奏明快、情感强烈的西域乐舞逐渐占领了山西的舞台。其中特色最为鲜明的便是胡腾舞。

胡腾舞是一种节奏感强烈又有乐器伴奏的男性舞蹈，多由单人表演，热情奔放，源于中亚"昭武九姓"中的石国。北齐达到最盛。这是当时"胡风"兴盛的标志之一。在《北史》和《北齐书》中都记载当时有人善跳"胡舞"。例如，《北史·魏收传》载："收既轻疾，好声乐，善胡舞。"《北史·祖珽传》载："擢拜中书侍郎。帝于后园使珽弹琵琶，和士开胡舞，各赏物百段。"根据史料分析，是粟特商人把这种西域舞蹈带到了山西，而这种舞蹈也集中体现了东西文化的交流和融合，是西域各族文化乃至西亚文化与中原文化在丝绸之路上共同孕育的结晶。它的产生和流传，是古代民族大融合背景下各族艺术相互吸纳和借鉴的结果。胡腾舞受到各族人民的喜爱，并很快风靡中原，同时还被引入宫廷。

胡腾舞的图像在北齐和隋唐墓葬中不断出现，在山西最具有代表性的是虞弘墓汉白玉石椁后壁正面雕绘的胡腾舞图案。在汉白玉石椁的椁座背后也彩绘有胡腾舞的图案，这些图案就是胡腾舞流行于山西的绝好证明。

胡腾舞俑
高13.4厘米，舞者深目高鼻，头戴尖顶帽，身穿窄袖长衫，裙裾飞扬，足蹬弯头软靴，身背酒葫芦，右臂上举，左臂屈肱身侧，左足立于覆莲花圆台上，右腿屈伸上提，做舞蹈状。这件铜俑是目前国内仅见的"胡腾舞"雕像，1996年被定为国家一级文物。(甘肃山丹县博物馆藏)

---

① 程乃莲：《云冈石窟中飞天造型刍议》，《美术观察》2005年第1期。

2. 杂技

杂技在古代又称百戏，杂技表演在山西源远流长，具有鲜明的民族性和地域性，是上自宫廷下到民间都喜闻乐见的娱乐项目。至迟在春秋时已有多种杂技表演项目，西汉开始兴盛，并吸收大量外来表演形式，项目更丰富，技巧更高难，成为当时社会的重要娱乐项目。北魏沿汉魏晋旧制提倡百戏。北魏时期中亚和西域的表演者大量流入中原，为中国杂技注入新的活力。在出土的北魏文物中，大型杂技有多人表演的缘幢、履索和马术等，小型杂技多单人表演，有跳丸、叠案和踏跷等。山西省大同市安留村出土北魏胡人驯狮石灯，证明北魏时期已经出现了这样的娱乐节目。山西沁县南涅水石刻即有杂技形象，该石刻佛像四周为杂技百戏，一人顶竿，中间倒悬二人，竿顶一人倒立，正中二人，一人下腰，一人倒立，右上角三人击鼓，下一人着间色裙及长跷（即高跷）。直至今天，高跷在山西一带还异常盛行。山西榆社县石棺石刻上的高跷也具有鲜明的民间特色。北齐帝王及贵族喜爱"胡戎之伎"，山西省太原市义井贺拔昌墓即出土了北齐胡人杂技俑。①

3. 绘画艺术

东魏、北齐时山西曾流行一种出于中亚的绘画技法，其方法与传统的中原绘画不同，需要用特别炼制的胡桃油来调颜色作画，因其来自西域，故称为"胡画"。这种绘画方法对北齐的绘画技艺产生了较为重大的影响。在太原北齐徐显秀墓的壁画中，还出现了一种前所未见的所谓"染低不染高"的晕染法，即在人物的眼窝、嘴角、脖颈等低处用橘黄颜色晕染，使图像看起来具有生动的立体感和真实感，是流行于西域的一种画法。直到8世纪左右这仍是龟兹画家最常用的人物画技法之一。据张彦远的《历代名画记》载，北齐时代形成一种名为"简易标美"的新画风，这种画风即用简洁准确的线条表现人物造型，注重表现所绘之物的总体轮廓和结构动势，再加上富有变

---

① 杨茂林等：《山西文明史》，商务印书馆，2015，第601页。

化的色彩晕染，就使人物形象有了立体之感，开启了当代画坛的新局面。此画风在娄睿墓室壁画中已有所反映，在徐显秀墓壁画中则更为明显。这两座墓葬中的精美壁画，代表了北齐绘画的最高水平。

北朝时期，中亚服饰图案也随着粟特人进入山西。在太原北齐徐显秀墓中，还有不少西来的服饰，如男女主人身旁各有一侍女，头梳双髻，身着红色长裙，裙腰及胸，上窄下宽，饰以联珠纹，联珠纹内绘有对兽。这种带联珠纹的纺织品，就是所谓的波斯锦。墓室东壁的牛车后有一内着白色长裙的侍女，裙边饰有花瓣，裙上饰有联珠纹，联珠纹内有一头戴莲花冠的人头像，这也是中亚流行的图案。

4. 石窟艺术

宏伟华丽的佛教石窟造像是魏晋南北朝时期最耀眼的星辰。佛教传入中国是在东汉时期。魏晋南北朝时期，人们对现实的无助和对来生的憧憬，促成了佛教的空前发展，开窟造像蔚然成风。山西幸存的北朝佛教艺术遗存中有两百余处石窟寺、摩崖造像和难以计数的单体造像和造像碑。大同市云冈石窟名列中国四大佛教石窟之一，其整体宏大的规模和造像精美的雕工蜚声中外。山西省太原市天龙山石窟开凿始于东魏、北齐时期，是北朝石窟雕刻艺术的精品，而且生动呈现了石窟雕刻艺术从北朝向隋唐过渡的进程。值得指出的是，从这些佛教石窟造像可以看出，佛教传入中国早期的造型和服饰中具有鲜明的西域风格，北朝早期造像即多为高鼻深目、薄衣贴体的异族模样。

云冈石窟艺术受印度艺术影响较深，开凿之际正当印度石窟艺术趋向成熟，并沿着丝绸之路向东传播之际。云冈石窟没有脱离印度造像的母体规范，佛像是犍陀罗式的，同时还吸收了北印度的秣菟罗艺术风格。《魏书·释老志》记载："太安初，有师子国胡沙门、邪奢、遗多、浮陀、难提等五人，奉佛像三，到京都。皆云：备历西域诸国，见佛影迹及肉髻。外国诸王相承，咸遣工匠，摹写其容，莫能及难提所造者，去十余步，视之炳然，转近转微。"犍陀罗造像的特征大体可归结为：头部呈希腊神像面容，脸部椭圆，五官端正，眉毛细长而弯曲，鼻梁端直并与额头连成直线（所谓希腊鼻子），嘴唇薄而上翘且有髭须,头顶肉髻多刻希腊式的波纹状卷发,身上则披着通肩式袈裟(偶有右袒式)。秣菟罗式雕刻传统以显示裸体、突出肉感为特征,典型的表现手法为"薄衣透体"。云冈石窟第16窟大佛水波纹肉髻,第18窟大佛与南壁胁侍的袈裟,不管如何变化,或为千佛袈裟或为通肩袈裟,都是秣菟罗袈裟的变形。第20窟的露天大佛,则几乎全是犍陀罗模式,尤其是那两撇微微上翘的髭须,更是犍陀罗的典型特征。[①]

5. 祆教的传入

波斯古老的宗教琐罗亚斯德教,即中国史书中的祆教、拜火教,是起源于西亚,流行于西亚和中亚的一种宗教。其崇拜光明与火,视火为神圣之物,在公元518年由波斯人带到中原,曾受到北魏、北齐、北周、南梁等统治阶级的支持。从北魏开始,北齐、北周相继在鸿胪寺中设置祆教的祀官。一些北齐和北周皇帝也身体力行,竞相拜粟特人所信仰的祆教天神,表示对粟特人的重视和尊重,尤其是在北齐武成帝高湛和后主高纬时期达到极盛。《隋书》卷七《礼仪志》中记载:北齐"后主末年,祭非其鬼,至于躬自鼓舞,以事胡天"。学者们一般都倾向于将这里的"胡天",解释为粟特人信仰的祆教神。由此也体现出当时外来宗教文化在中原地区的传播与发展。可见当时祆教已具有了较高的地位。很多祆教的神庙在晋阳及其周边地区出现,目前在介休保留有现存的唯一祆神庙。不过,祆教文化因素则更多体现在这一时期的墓葬中,比较有代表性的是太原北齐徐显秀墓、娄睿墓和隋代虞弘墓。

在徐显秀墓和娄睿墓中都出土了形制相似的灯盏,以及鸡首壶、瓶、樽等随葬品。这些器物便是祆教礼器,尤其是灯盏,上部似碗,却并无安置灯捻之处,因此推测此灯盏可能是用作祭火坛。在墓门及门额上又刻绘有古代伊朗神灵森莫夫和焰肩祆神,这些现象都可以证明此二墓受到祆教文化的影响。[②]在虞弘墓石椁底座上刻绘有熊熊燃烧的祭坛以及祭坛旁边的鹰身人首祭

[①] 赵一德:《云冈石窟文化》,北岳文艺出版社,1998年。
[②] 郎保利、渠传福:《试论北齐徐显秀墓的祆教文化因素》,《世界宗教研究》,2004年第3期。

司图像，说明这是一座祆教信仰者之墓。[①]由此可知，以波斯祆教为载体的异域文化因素不仅传到山西，而且成了当地丧葬文化的一部分。

祆教徒有独特的葬俗，死后实行天葬或瓮棺葬。当时的并州是粟特人主要聚集地之一，有许多粟特人聚落，因而这种葬俗得以在山西留存。有研究成果表明晋阳城中有相当数量的粟特祆教徒，也有祆教的天葬场。《旧唐书》卷一一二记载开元年间："太原旧俗，有僧徒以习禅为业，及死不殓，但以尸送近郊以饲鸟兽。如是积年，土人号其地为'黄坑'。"[②]徐显秀墓也恰好反映了祆教的葬俗，在其墓中考古学者们发现墓主人骨骸非常少，并且掺杂着别人的骨骸。据文献记载和中外学者的研究，在粟特祆教徒看来，尸骨所剩越少越好。所以其葬俗中，一般是将尸体置于野外和一特定场地，有时甚至先切割开来，让鹰犬啃食，而后将残余骨骸收拾起来，装入容器下葬。

---

① 祆教信徒认为火是其最高神阿胡拉·马兹达的象征，包含太阳和其他天体的光辉，显示了善神的力量、伟大，以最纯洁的形式闪耀着最高的真理。火是神圣和纯洁的，因此祭司们在主持拜火仪式时要戴上口罩，避免污染了圣火。现代的祆教徒仍保持这一传统，由此能更好地证明虞弘墓石椁底座图像中具有祆教的特征。
② 不少学者如岑仲勉、林悟殊认为其"旧俗"可以上溯到北朝。

第五节
北魏平城——丝路大繁盛时代的明证

学术界通常认为丝绸之路的东起点是长安、洛阳。其实,历史上并非所有朝代都是这样。特别是汉、唐之间的魏晋南北朝。北魏即定都平城97年,在近一个世纪内,今天的大同成为丝绸之路的东端。古代史家早有定论并记录在案,当时西域、中亚、欧洲各国的商旅、使团络绎不绝地来往于大同、晋阳,更有大批的西域使团、商旅、僧人和外国商品进入并州。《魏书·西域传》和《北史·西域传》记述西域诸国,都是记载距离代(平城)多少里。

一、北魏时期平城是丝绸之路的重心

平城作为草原丝绸之路的起点,从相关史书的记载可以得知这一论断的可靠性。《北史》卷九十七《西域传》在记述某国的方位时,往往采取两种方式,主要是以某国"去代"多少里加以表述的,如鄯善国"去代七千六百里",且末国"去代八千三百二十里",于阗国"去代九千八百里",蒲山国"去代一万二千里",悉居半国"去代万二千九百七十里",权于摩国"去代一万二千九百七十里",渠莎国"去代 万二千九百八十里",车师国"去代万五十里",且弥国"去代一万五百七十里",焉耆国"去代一万二百里",龟兹国"去代一万二百八十里",姑默国"去代一万五百里",温宿国"去代一万五百五十里",尉头国"去代一万六百五十里",乌孙国"去代一万八十里",

疏勒国"去代一万一千二百五十里",悦般国"去代一万九百三十里",者至拔国"去代一万一千六百二十里",迷密国"去代一万二千一百里",悉万斤国"去代一万二千七百二十里",忸密国"去代二万二千八百二十八里",破洛那国"去代万四千四百五十里",粟特国"去代一万六千里",波斯国"去代二万四千二百二十八里",伏卢尼国"去代二万七千三百二十里",色知显国"去代一万二千九百四十里",伽色尼国"去代一万二千九百里",薄知国"去代一万三千三百二十里",牟知国"去代二万二千九百二十里",阿弗太汗国"去代二万三千七百二十里",呼似密国"去代二万四千七百里",诺色波罗国"去代二万三千四百二十八里",早伽至国"去代二万三千七百二十八里",伽不单国"去代一万二千七百八十里",者舌国"去代一万五千四百五十里",伽倍国"去代一万三千里",折薛莫孙国"去代一万三千五百里",钳敦国"去代一万三千五百六十里",弗敌沙国"去代一万三千六百六十里",阎浮谒国"去代一万三千七百六十里",大月氏国"去代一万四千五百里",安息国"去代二万一千五百里",条支国"去代二万九千四百里",大秦国"去代三万九千四百里",阿钩羌国"去代一万三千里",波路国"去代一万三千九百里",小月氏国"去代一万六千六百里",罽宾国"去代一万四千二百里",吐呼罗国"去代一万二千里",副货国"去代一万七千里",南天竺国"去代三万一千五百里",叠伏罗国"去代三万一千里",拔豆国"去代五万一千里"。还有一种说法是"去长安"多少里,如高昌"东去长安四千九百里",嚈哒国"去长安一万一百里"。这些史料都表明北魏早期以平城作为草原丝绸之路的起点。

北魏文成帝始,平城中西交通和经贸、文化交流进入一个新的阶段。其时中原与中亚间的丝路上交往的障碍和关市限制已去掉,大量粟特商人涌向平城,然后进入中原各地贸易。泰常四年(419),明元帝祭东庙时,"远蕃助祭者数百国",其中有大量来自波斯、粟特、柔然、高车等西域、中亚国家的使节和商人。当时东西丝路带上有两座中心城市,西为罗马,东为平城,繁盛了一个世纪,影响数百年。

出土文物也有力地证明了亚洲各地和地中海诸国的使团和商旅曾云集太

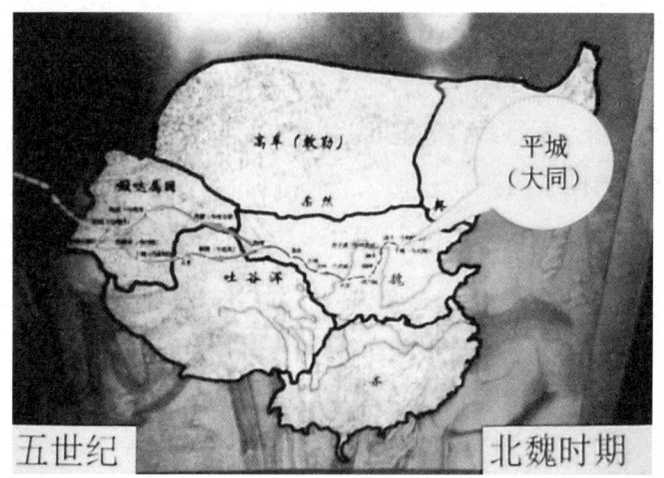

原、大同。大同北魏墓群出土的波斯鎏金高足银杯、银盘、银碗,太原北齐徐显秀墓壁画和金镶嵌宝石戒指,娄睿墓出土的陶卧驼、陶立驼,表明"平城事实上成为丝绸之路的东端"。北朝开创了丝绸之路的新时代,其特点是,汉代的丝绸之路主要与官方发生关系,而北朝以后的丝绸之路,不仅把中断多年的丝绸之路再度恢复,而且来往的深度、广度、规模、次数都数十倍地超越了两汉,深入民间,奠定了盛唐时期丝路辉煌的基础。史实证明"山西在魏晋北朝时期曾一度成为丝绸之路的东端"。[①]1983年在朔州汉墓中,出土过不少西域人面貌的铜俑。东汉后期,南匈奴五部内附,部众3万余落20多万人被安置在并州。大批乌桓人又入居代北。这些均是民族大融合、中西交通丝路大繁盛的明证。

二、北魏早期草原丝路的开拓

北魏政权,伴随着鲜卑族的逐渐汉化,尤其是孝文帝迁都洛阳之后,政治、经济、文化重心转向中原,代北地区与草原地区的联系渐趋衰弱,曾经发挥中外联系作用的北方草原丝绸之路也随之逐渐衰弱。

---

① 杨茂林等:《山西文明史》中卷,商务印书馆,2015。

公元 258 年，盛乐曾为北魏之都。《魏书》云："（力微）三十九年，迁于定襄之盛乐。"这一时期，神元帝拓跋力微作为鲜卑族拓跋部的首领，与曹魏建立了"和亲"关系。特别是在拓跋力微四十二年，派遣太子沙漠汗到洛阳作人质。

鲜卑拓跋部前期活动在大兴安岭嘎仙洞①。史称鲜卑拓跋部统领幽都之北，广漠之野，畜牧迁徙，射猎为业。其发展壮大的过程十分艰难。在拓跋力微父诘汾南迁时，草原地区发生了重大变化。此前，北魏曾有两次南迁的机会，一次是宣皇帝推寅在位期间，"南迁大泽，方千余里，厥土昏冥沮洳。谋更南徙，未行而崩"。其所迁居的"大泽"地区虽然方圆千余里，但昏冥低湿的环境给民族的发展带来许多不便之处。另一次是献皇帝邻在位期间，史载，神人指点："此土荒遐，未足以建都邑，宜复徙居。"但拓跋邻因为年老未能迁居，到其子诘汾即位后，邻命其南移，因为迁移过程面临高山深谷，九难八阻，本不打算迁移，幸赖神兽先行导引，数年才走出困境，"始居匈奴之故地"。力微率领部众开始居长川。到了拓跋力微三十九年，"迁于定襄之盛乐"。鲜卑族拓跋部早期迁移走的是一条从北向南的线路，是嘎仙洞—大泽—匈奴故地—长川—盛乐。这里的"大泽"即今呼伦湖。匈奴故地，即匈奴冒顿时活动的阴山一带。长川，位于今内蒙古兴和县西北。而盛乐，在今内蒙古和林格尔县。迁出嘎仙洞的拓跋部首领，先迁呼伦湖，后转阴山一带，最后向东迁徙到长川，最终以盛乐为中心定居，从而开启了北魏历史发展的新篇章。盛乐成为汉代以后代北地区新的交通中心。王凯先生云：

> 自鲜卑拓跋力微于公元 258 年迁于定襄之盛乐，盛乐逐渐成为漠南地区的政治、军事、经济和文化中心，漠南交通道路格局为之一变，其枢纽由九原东移到定襄。②

其后，鲜卑族拓跋部采取多种方式与魏晋王朝建立联系，力微派遣太子

---

① 今内蒙古呼伦贝尔市鄂伦春自治旗阿里河镇西北。
② 王凯：《北魏盛乐时代》，内蒙古人民出版社，2003，第 237 页。

沙漠汗入质曹魏，目的是"且观风土"。司马光曰："鲜卑索头部大人拓跋力微，始遣其子沙漠汗入贡，因留为质。"①其后与曹魏"聘问交市，往来不绝"，可见除了政治往来外，双方还建立起以官方的"交市"为方式的朝贡经贸关系。为了安抚拓跋部落，曹魏"奉遗金帛缯絮，岁以万计"。这说明在曹魏末年洛阳与盛乐的交通线已经建立。

公元267年，拓跋力微年迈，沙漠汗"以父老求归"，晋武帝"具礼护送"。到了拓跋力微五十六年六月，沙漠汗再次入晋。两年后返回时，"晋遗帝锦、罽、缯、彩、绵、绢诸物，咸出丰厚，车牛百乘"。从洛阳到盛乐可以行走规模庞大的牛车，足以证明这条交通线畅通。拓跋力微五十八年，沙漠汗返回塞南，"诸部大人诣阴馆迎之"，在塞南害死沙漠汗，力微随即病死。②

力微病卒后，拓跋部内部分崩离析。力微之子拓跋禄官将部落一分为三，他自己率领一部驻守在上谷北，濡源之西，东接宇文部，拓跋猗㐌率领另一部驻扎在"代郡之参合陂（今内蒙古凉城县永兴乡一带）北"，其弟猗卢统帅一部，"居定襄之盛乐故城"。正如魏收所言："自始祖以来，与晋和好，百姓乂安，财畜富实，控弦骑士四十余万。"猗卢又率领部落"迁杂胡北徙云中、五原、朔方。又西渡河击匈奴、乌桓诸部"，形成了"自杏城（今陕西黄陵西南）以北八十里，迄长城原，夹道立碣，与晋分界"的格局。

此后，猗卢继续向北拓展疆土，开拓草原丝绸之路。拓跋猗卢三年，"度漠北巡，因西略诸国"，经过长达五年的征战，"诸降附者二十余国"。这二十余国自然成为鲜卑族拓跋部开拓草原丝绸之路的业绩。拓跋禄官死后，拓跋猗卢统一了拓跋三部。

永嘉之乱时，拓跋猗卢率军连续击退匈奴刘聪与石勒的军队，接受晋怀帝授予的大单于之位，被封代公，拓跋猗卢"以封邑去国悬远，民不相接"，便向西晋并州刺史刘琨"求句注、陉北之地"，刘琨"乃徙马邑、阴馆、楼烦、繁畤、崞五县之民于陉南，更立城邑"，形成了"东接代郡，西连西河、朔方，

---

① 《资治通鉴》卷七十七《魏纪九·元皇帝上》，中华书局，1956，第2459页。
② 《魏书》卷一《序纪》，中华书局，1974，第4—5页。

方数百里"的新地,拓跋猗卢"乃徙十万家以充之"。随着统治区域的扩大,拓跋猗卢在继位后的第六年(313年),开始大规模营建北地的都城,"城盛乐以为北都,修故平城以为南都。帝登平城西山,观望地势,乃更南百里,于灅水之阳黄瓜堆筑新平城,晋人谓之小平城,使长子六修镇之,统领南部"。① 从而使盛乐、故平城和新平城成为连接内地与草原丝路的重要节点。

拓跋郁律继位后,公元317年打败占据朔方郡的刘虎,刘虎的从弟路孤率众归附,形成了"西兼乌孙故地,东吞勿吉以西,控弦上马将有百万"②的割据局面,其中乌孙"居赤谷城在龟兹西北,去代一万八百里"③,勿吉"在高句丽北,旧肃慎国也"④。此时鲜卑拓跋部已经成为控制北方草原地区的最大政治势力,同时也操控了北方草原丝绸之路的主要交通线路。

拓跋郁律之后,拓跋贺傉即位,四年后亲政,"以诸部人情未悉款顺,乃筑城于东木根山(今大青山),徙都之"。后因为石虎率领五千人进攻边郡,"帝御之于句注(山西代县雁门山)、陉北,不利,迁于大宁"。拓跋翳槐与拓跋纥那交替夺取王位,最后拓跋纥那复位,"城新盛乐城,在故城东南十里"。昭成皇帝什翼犍即位后,建国二年(339),已经出现了"东自濊貊,西及破洛那(古西域国名,今中亚费尔干纳盆地,即汉代的大宛),莫不款附"的局面。这说明什翼犍初年,北魏已经通过草原丝绸之路与中亚地区建立起联系。次年春,"移都于云中之盛乐宫"。建国四年,"筑盛乐城于故城南八里"。⑤ 孝文帝曾说"昭成营居盛乐"是鲜卑族拓跋部历史上的一件大事。

拓跋珪即代王位之后,对盛乐颇为重视。登国元年(386)二月,"幸定襄之盛乐。息众课农"。十年十二月,"还幸云中之盛乐"。⑥ 拓跋珪以盛乐为中心,通过一系列的军事行动,开拓了多条道路,不仅连接了通往中原地

---

① 《魏书》卷一《序纪》。
② 《魏书》卷一《序纪》。
③ 《魏书》卷一百二《西域·乌孙传》。赤谷城,意为红色山谷之城,今吉尔吉斯斯坦伊塞克湖州。
④ 《魏书》卷一百《勿吉传》。
⑤ 《魏书》卷一《序纪》。
⑥ 《魏书》卷二《太祖纪》。

区的道路，而且沟通北方地区的草原丝绸之路也被开通。

北征过程中，拓跋珪以征服库莫奚①开拓草原丝绸之路为目的，实现了交通线路的畅通。登国三年五月癸亥，拓跋珪"北征库莫奚。六月，大破之，获其四部杂畜十余万，渡弱落水。班赏将士各有差。秋七月庚申，库莫部帅鸠集遗散，夜犯行宫。纵骑扑讨，尽杀之"②。《魏书》卷一百《豆莫娄传》云："登国三年，太祖亲自出讨，至弱洛水南，大破之，获其四部落，马牛羊豕十余万。"弱落水即今内蒙古的西拉木伦河，为西辽河的北源。虽然此次征讨，对库莫奚部落是严重的打击，然而经过十几年的发展，该民族又恢复和壮大起来，并与北魏王朝建立起密切的关系。该年的"十有二月辛卯，车驾西征。至女水，讨解如部。大破之，获男女杂畜十数万"。次年正月袭破高车诸部落之后，"二月癸巳，至女水，讨叱突邻部，大破之"。③《魏书》卷一百三《高车传附吐突邻传》云："初，太祖时，有吐突邻部，在女水上，常与解和部相为唇齿，不供职事。登国三年，太祖亲西征，渡弱洛水，复西行趣其国，至女水上，讨解如部落破之。明年春，尽略徙其部落畜产而还。"拓跋珪率领大军西征所经女水在今蒙古国西南。胡三省注："女水在弱落水西，去平城三千余里，后魏显祖改曰武川。"今人考证女水当在长川之西，赤城之西北。④拓跋珪在登国三年和四年的两次北征证明了由盛乐北行的草原道路通畅。

登国五年（390）三月，拓跋珪开始"西征"。师"次鹿浑海，袭高车袁纥部，大破之，虏获生口、马牛羊二十余万"。鹿浑海是漠北的湖，位于今蒙古鄂尔浑河东侧的乌格集淖尔，一说今新疆布伦托海。⑤四月，拓跋珪"行幸意辛山，与贺骊讨贺兰、纥突邻、纥奚诸部落，大破之"。六月，返回牛川（呼和浩特市西南），这说明意辛山在牛川的北面。九月，拓跋珪"讨叱奴部于囊曲河，

---

① 活动范围东达今辽宁省阜新市附近，西到内蒙古克什克腾旗以南一带。
② 《魏书》卷二《太祖纪》。
③ 《魏书》卷二《太祖纪》。
④ 冯惠民：《通鉴地理注词典》，齐鲁书社，1986，第35页。
⑤ 中国历史大辞典·历史地理卷编纂编委会编《中国历史大辞典（历史地理）》，上海辞书出版社，1996，第843页。

大破之。冬十月，迁云中，讨高车豆陈部于狼山，破之"。曩曲河流经今青海玉树及川西北一带，云中在今内蒙古托克托县，狼山即今内蒙古阴山山脉的一部分。登国六年二月。拓跋珪"幸纽垤川"，并在七月、十一月两次以纽垤川（今内蒙古达尔罕茂明安联合旗境内艾不盖河）为据点与其他军事力量作战。同年九月，拓跋珪占据五原，并在榶杨塞北树碑记功。登国八年六月，拓跋珪继续"北巡"。次年三月，又"北巡"，"使东平公元仪屯田于河北五原，至于榶杨塞（稒阳，今内蒙古固阳县境内）外"。①皇始年间，并州地区渐趋平定，天兴元年（398）七月，迁都平城。

道武帝拓跋珪在登国年间向北、向西所进行的军事行动，显然政治意义大于经济意义，但其所采取的一系列行动，"无疑证实了草原丝绸之路的畅通"。②

三、平城时代草原丝绸之路的拓展

北魏在逐步向南发展的同时，对于北方草原地区的经营依然十分重视，这是因为丝绸之路的畅通对于北魏的发展具有重要的战略意义。从迁都平城伊始，北魏就不断出动大军对威胁草原丝绸之路的高车、柔然诸部加以征讨。

天兴二年（399）正月甲子，拓跋珪在南郊举行祭天仪式。一周后，"庚午，车驾北巡，分命诸将大袭高车，大将军、常山王遵等三军从东道出长川，镇北将军、高凉王乐真等七军从西道出牛川，车驾亲勒六军从中道自驳髯水（在今内蒙古集宁西北）西北"。此次北巡是为了进攻高车，进攻的地点在内蒙古境内呼和浩特、集宁、兴和一线，表明高车已经威胁到北魏政权，故拓跋珪有北伐的举动。"二月丁亥朔，诸军同会，破高车杂种三十余部，获七万余口，马三十余万匹，牛羊百四十余万。骠骑大将军、卫王仪督三万骑别从西北绝漠千余里，破其遗迸七部，获二万余口，马五万余匹，牛羊二十余万头，

---

① 《魏书》卷二《太祖纪》。
② 薛瑞泽：《北魏早期草原丝绸之路的开拓》，见山西省社会科学院、中共代县县委、县人民政府编《山西与"一带一路"暨代县历史文化旅游资源开发学术研讨会论文集》，内部资料，2016年9月。

高车二十余万乘,并服玩诸物。还次牛川及薄山,并刻石记功……"①三月,拓跋珪从北伐前线返回。此次北征横扫大漠腹地的高车,说明从代北至大漠地畅通无阻。

天兴四年十二月,拓跋珪"诏征西大将军、常山王遵等率众五万讨破多兰部帅木易於,材官将军和突率骑六千袭黜弗、素古延等诸部"。第二年二月,拓跋遵到达安定郡的高平。面对北魏军队的强力攻势,木易於等逃走,拓跋遵追赶到陇西瓦亭不及而还。此役,"获其辎重库藏,马四万余匹,骆驼、牦牛三千余头,牛、羊九万余口。班赐将士各有差。徙其民于京师"②。道武帝拓跋珪的北伐和西征,除击败沿边地区少数民族之外,也维护了草原丝绸之路的畅通。

此后,从明元帝到孝文帝迁都洛阳之前,北伐与西征继续进行。明元帝对北方草原地区的开拓仍以征柔然为主。"(永兴)二年春正月甲寅朔,诏南平公长孙嵩等北征蠕蠕,因留屯漠南。夏五月,嵩等自大漠还,蠕蠕追围之于牛川。壬申,帝北伐,蠕蠕闻而遁走。车驾还幸参合陂。"③驻守漠南是为了防止柔然再次进攻,果然长孙嵩返回时被围困在牛川,幸赖明元帝亲自率军北伐才解围。永兴五

大同操场城北魏一号遗址

---

① 《魏书》卷二《太祖纪》。
② 《魏书》卷二《太祖纪》。
③ 《北史》卷一《魏本纪·太宗明元帝纪》。

年（413）四月，明元帝西巡，"诏前军奚斤等先行，讨越勤部于跋那山"，七月，"奚斤等破越勤倍泥部落于跋那山西，获马五万匹，牛二十万头，徙二万余家于大宁，计口受田"①。北魏广宁郡在今河北省涿鹿县，周伟洲先生认为跋那山在今包头市西。由此可见，代京近郊跋那山仍然为鲜卑其他部落所掌握。②

神瑞元年（414）十二月初一，柔然再次进犯，明元帝亲率大军北伐，第二年的正月才"至自北伐"。③可见明元帝时期，随着以柔然为代表的草原民族的崛起和对草原地区的掌控，草原丝绸之路面临阻塞的可能。

太武帝即位之初，柔然成为北魏北方的重大威胁，反击柔然成为太武帝的首要之举。故而太武帝多次派军北伐西征。始光元年（424）八月，"蠕蠕率六万骑入云中，杀掠吏民，攻陷盛乐宫。赭阳子尉普文率轻骑讨之，虏乃退走"。太武帝随即"诏平阳王长孙翰等击蠕蠕别帅，破之，杀数千人，获马万余匹"。十二月，派遣"平阳王长孙翰等讨蠕蠕"，太武帝亲自讨伐，三天两夜抵达云中。面对柔然的大规模包围，太武帝临危不惧，柔然被迫退兵。始光二年十月，太武帝第二次大规模征讨柔然，"东西五道并进：平阳王长孙翰等从黑漠，汝阴公长孙道生从白黑两漠间，车驾从中道，东平公娥清次西从栗园，宜城王奚斤、将军安原等西道从尔寒山。诸军至漠南，舍辎重，轻骑赍十五日粮，绝漠讨之，大檀部落骇惊北走"④。神䴥元年（428）八月，北魏再次击退柔然的骚扰。次年四月，太武帝分东西两道进攻柔然，其中，太武帝从东道向黑山（今内蒙古和林格尔西北）进军，平阳王长孙翰从西道向大娥山（五原郡之西北）进军，相约"同会贼庭"今蒙古国哈拉和林附近。五月，北魏大军舍弃辎重，轻骑袭击柔然，到栗水（今蒙古西北翁金河）后，

---

① 《魏书》卷三《太宗纪》。越勤部一作"越勒部"。《魏书》卷二十六《尉古真传》云："太宗西巡，古真与奚斤等率前军讨越勒部，大破之，获马五万匹，牛羊二十万头，掠二万余家西还。"同书卷二十九《奚斤传》云："车驾西巡，诏斤为先驱，讨越勒部于鹿那山，大破之，获马五万匹，牛羊二十万头，徙二万余家而还。"卷三十《闾大肥传》云："神瑞中，为都将，讨越勒部于跋那山，大破之。"
② 周伟洲：《周伟洲学术经典文集》，山西人民出版社，2013，第37页。
③ 《北史》卷一《魏本纪·太宗明元帝纪》。
④ 《魏书》卷一百三《蠕蠕传》。

大檀西逃。太武帝继续沿栗水西行。六月，到达兔园水（即推河，今蒙古国吐沁河），此地"去平城三千七百里"。随后北魏军队在大范围内搜索柔然残余武装力量，"东至瀚海，西接张掖水，北渡燕然山，东西五千余里，南北三千里"[①]。经过此次大规模军事进攻，柔然趋于衰落。

太延二年（436），柔然主吴提又发兵挑衅。太延四年，太武帝分三路大军征讨。"乐平王丕、河东公贺多罗督十五将出东道，永昌王健、宜都王穆寿督十五将出西道，车驾出中道。至浚稽山（今蒙古图音河南），分中道复为二道，陈留王崇从大泽向涿邪山，车驾从浚稽北向天山。西登白阜，刻石记行，不见蠕蠕而还。"第二年，太武帝在西征沮渠牧犍时，吴提再次犯塞，甚而威胁到北魏都城代京的安全。太平真君四年（443），太武帝亲至漠南，分四道出兵，当到达鹿浑谷（今蒙古后杭爱省沃勒吉特东南鄂尔浑河之东）后，与吴提的柔然军队相遇，在颇根河（今鄂尔浑河）大败吴提的军队，追击到石水（今色楞格河）班师而还。

太平真君十年正月，北魏分兵东、西、中三道北征，太武帝与其长子拓跋晃为中道出涿邪山（高阙塞北千余里，今蒙古戈壁阿尔泰东南额德伦金山），柔然主吐贺真的别部千余家归降。九月，北魏又分三路大军北征，迫使吐贺真翻越穹隆岭（今蒙古国杭爱山山脉东段一峰）远遁，北部边疆趋于稳定。到了太安四年（458）十一月，文成帝又御驾亲征，骑十万，车十五万，旌旗千里，遂渡大漠，吐贺真远逃，其部落数千归附。皇兴四年（470），柔然主予成犯塞，献文帝亲自率军"北讨"，分东西两道，与献文帝会于女水之滨，"乃选精兵五千人挑战，多设奇兵以惑之。虏众奔溃，逐北三十余里，斩首五万级，降者万余人，戎马器械不可称计。旬有九日，往返六千余里，改女水曰武川，遂作《北征颂》，刊石纪功"。此后，予成再也构不成威胁。太和十六年，孝文帝派遣大军征讨柔然。此后，柔然与北魏大规模军事冲突较少，双方处于和、战交替之中。

在道武帝、明元帝、太武帝多次北征柔然的过程中，大多是分多路进攻，

[①] 《魏书》卷一百三《蠕蠕传》。

从东、西两路到东、西、中三道并进，说明从代京到北方草原地区的道路是畅通的。在进军过程中，北魏军队往往携带大量辎重，并有战车相随，如文成帝进攻柔然时，有辎重车十五万辆相随。可见当时草原丝绸之路也为北魏军事提供了便利。这些进攻都是以代京作为行动的起点，相关史料也从多个角度证实了代都为草原丝绸之路的起点。

四、北魏草原丝路贸易往来

公元5世纪，平城与西域的贸易，改变了平城居民的生活。西域珍物培养了敛财、炫富的社会风气。西域商人的往来及佛教的传播，促进了平城玻璃制造业以及佛教的发展。北魏时期，平城地区昭武九姓人口聚集，佛教石窟寺广泛分布，以及"四月初八"民俗日的形成，体现了平城在丝路区域建构中，对于民族融合和文化交流的重要作用。

北魏早期对草原丝绸之路的大规模开拓，使北方草原地区丝绸之路呈现繁盛的景象。来自周边的国家和地区多通过这条道路辗转到达盛乐或平城，推动了北魏对外商贸交往。①

在东北地区，太武帝时期，北魏与朝鲜半岛的高句丽、百济通过北方草原丝绸之路建立了联系。太延元年（435）六月，高句丽王高琏"始遣使者安东奉表贡方物，并请国讳"。太延二年正月，"遣使者十余辈诣高丽、东夷诸国，诏谕之"②。太武帝"遣员外散骑侍郎李敖拜琏为都督辽海诸军事、征东将军、领护东夷中郎将、辽东郡开国公、高句丽王"。李敖到达高句丽的都城平壤后，"访其方事"。正因为此次双方建立起朝贡关系，"后贡使相寻，岁致黄金二百斤，白银四百斤"。太和十五年（491），高琏死后，孝文帝"举哀于东郊"，并派遣大鸿胪拜高琏孙高云为高句丽王，"赐衣冠服物车旗之饰"，"自此岁常贡

---

① 薛瑞泽：《北魏早期草原丝绸之路的开拓》，见山西省社会科学院、中共代县县委、县人民政府编《山西与"一带一路"暨代县历史文化旅游资源开发学术研讨会论文集》，内部资料，2016年9月。
② 《魏书》卷四上《世祖纪上》。

献"。①在短短的五十余年,北魏通过草原丝绸之路与高句丽建立了朝贡关系,虽然是官方的往来,但通过这条道路,高句丽的黄金、白银被运往平城,高句丽也获得了"衣冠服物车旗"等物品。北魏与朝鲜半岛的百济建立起联系是在延兴二年(472),百济王余庆上表表达了对大魏的仰慕之情,并进献一鞍。献文帝对其使节非常重视,"礼遇优厚",甚至派遣专人作为特使护送使节回国。②

这种朝贡的现象一直延续到北魏末年。在勿吉国的影响下,其旁的大莫卢国、覆钟国、莫多回国、库娄国、素和国、具弗伏国、匹黎尔国、拔大何国、郁羽陵国、库伏真国、鲁娄国、羽真侯国,"前后各遣使朝献"。③

北魏与西域国家和地区的交往是随着北魏占领区域逐步扩大、力量不断强大而形成的。道武帝初年,因为"经营中原,未暇及于四表",西域地区的贡献也不再至,有关官员建议按照汉代的惯例,请求通西域,一方面"可以振威德于荒外",另一方面"又可致奇货于天府"。但是道武帝没有采纳相关官员的建议,一直到明元帝都未与西域建立联系。太武帝时期,随着北魏的影响愈来愈大,"魏德益以远闻",太延年间,"西域龟兹、疏勒、乌孙、悦般、渴盘陁、鄯善、焉耆、车师、粟特诸国王始遣使来献"。太武帝接受官员的建议,"于是始遣行人王恩生、许纲等西使",结果被柔然截获。北魏随即"又遣散骑侍郎董琬、高明等多赍锦帛,出鄯善,招抚九国,厚赐之"。董琬、高明从乌孙国王那里听说"破洛那、者舌皆思魏德,欲称臣致贡",董琬自己出使破洛那,派遣高明出使者舌,取得了巨大成功,"已而琬、明东还,乌孙、破洛那之属遣使与琬俱来贡献者,十有六国。自后相继而来,不间于岁,国使亦数十辈矣"。④

---

① 《魏书》卷一百《高句丽传》。
② 《魏书》卷一百《百济传》。
③ 《魏书》卷一百《勿吉传》。
④ 《北史》卷九十七《西域传》。《魏书》卷四上《世祖纪上》记载,太延元年,"二月庚子,蠕蠕、焉耆、车师诸国各遣使朝献"。五月,"遣使者二十辈使西域"。六月,"丙午,高丽、鄯善国并遣使朝献"。七月,"粟特国遣使朝献"。太延"四年春三月庚辰,鄯善王弟素延耆来朝"。太延"夏四月丁酉,鄯善、龟兹、疏勒、焉耆诸国遣使朝献"。五月,"遮逸国献汗血马"。

太延初年，鄯善国派遣使节贡献。四年，鄯善王"始遣其弟素延者入侍"。太武帝平定凉州后，鄯善成为东西交通的必经之路，出使西域的北魏使节都要经由鄯善。太平真君六年（445）八月，北魏收复鄯善。太平真君八年十二月，"鄯善、遮逸国并遣子朝献"，次年五月，太武帝派遣交趾公韩拔为鄯善王，"赋役其人，比之郡县"。①丝路古国鄯善成为北魏直接管辖的地方，便利了东西交通。鄯善西有且末国，其西北有于阗国，"于阗国，在且末西北，葱岭之北二百余里。东去鄯善千五百里，南去女国三千里，去朱俱波千里，北去龟兹千四百里，去代九千八百里"。太平真君年间，吐谷浑为了躲避北魏的进攻，向西进入于阗境内，杀其王。献文帝末年，柔然进攻于阗，于阗上表求助，献文帝答应"练甲养卒，一二岁间，当躬率猛将，为汝除患"。于阗作为地处中西交通要道的国家，甚至截留使者所贡献的物品，"朝廷遣使者韩羊皮使波斯，波斯王遣使献驯象及珍物。经于阗，于阗中于王秋仁辄留之，假言虑有寇不达。羊皮言状，帝怒，又遣羊皮奉诏责让之。自后每使朝贡"。②

车师国，太武帝初年，始遣使朝献，诏行人王恩生、许纲等出使。太延元年二月，"蠕蠕、焉耆、车师诸国各遣使朝献"，三年三月，"龟兹、悦般、焉耆、车师、粟特、疏勒、乌孙、渴盘陁、鄯善诸国各遣使朝献"。③太平真君十一年，车师国因为连续八年饥荒，"车师王车夷落遣使琢进薛直上书"求助，太武帝"下诏抚慰之，开焉耆仓给之"④。丝路沿线的国家焉耆、龟兹、乌孙、疏勒等国纷纷遣使朝贡。

乌孙国西北有悦般国，太平真君九年（448），遣使朝献，随着使节的到来，"并送幻人，称能割人喉脉令断，击人头令骨陷，皆血出或数升或盈斗，以草药内其口中，令嚼咽之，须臾血止，养疮一月复常，又无痕瘢。世疑其虚，乃取死罪囚试之，皆验"。同年，"再遣使朝贡，求与官军东西齐契讨蠕蠕"，受到太武帝的赞扬。故而太武帝"仍诏有司，以其鼓舞之节，施于乐府"，"自

---

① 《魏书》卷四下《世祖纪下》。
② 《北史》卷九十七《西域·于阗传》。
③ 《魏书》卷四上《世祖纪上》。
④ 《北史》卷九十七《西域·车师传》。

后每使朝贡"。①在疏勒西北的破洛那国（在今中亚费尔干纳盆地），"太和三年，遣使献汗血马，自此每使朝贡"。②在葱岭之西的粟特国，"其国商人先多诣凉土贩货，及魏克姑臧，悉见房。文成初，粟特王遣使请赎之，诏听焉。自后无使朝献"。③大月氏国，"太武时，其国人商贩京师，自云能铸石为五色琉璃。于是采矿山中，于京师铸之，既成，光泽乃美于西方来者。乃诏为行殿，容百余人，光色映彻，观者见之，莫不惊骇，以为神明所作。自此，国中琉璃遂贱，人不复珍之"。④珍稀物品通过草原丝绸之路陆续运抵代京。

中亚、西亚地区的相关国家和地区与北魏的交往信息在史书中也有更多披露，例如大秦，与中原王朝的交通大多通过水路实现，所谓"东南通交趾。又水道通益州永昌郡"，如果从西域沿水道，可以"从安息西界循海曲，亦至大秦，回万余里"。⑤这就说明从北魏的都城代京到大秦有陆路和水路两途。关于北魏与波斯通过丝绸之路交往的情况在史书中有颇多记载，从文成帝开始即有波斯不断朝贡的记录，具体而言有文成帝太安元年十月、和平二年八月，献文帝天安元年三月、皇兴二年四月，孝文帝承明元年二月，到孝文帝迁都洛阳以后，延续代京时代的传统，宣武帝景明四年十月，孝明帝熙平二年四月、神龟元年七月、正光二年闰五月、正光三年七月波斯多次派遣使节朝贡。⑥对于波斯的频繁朝献，张政烺先生指出："据《魏书》所载，全魏之世，波斯遣使中国凡十次，皆当第五世纪下半，及第六世纪之初。此等使节，究为国使，抑为商人冒充，不可得知。然无论如何，元魏时，中国与亚洲西部交通之繁，从可知矣。"⑦北魏早期与中亚地区的往来也多通过草原丝绸之路实现。悉万斤国（又名粟特、康国，都城悉万斤城，今乌兹别克斯坦撒马尔罕），延兴三年十月，开始遣使朝献，承明元年，

---

① 《北史》卷九十七《西域·悦般传》。
② 《北史》卷九十七《西域·破洛那传》。
③ 《北史》卷九十七《西域·粟特传》。
④ 《北史》卷九十七《西域·大月氏传》。
⑤ 《北史》卷九十七《西域·大秦传》。
⑥ 参见《魏书》相关帝纪。
⑦ 张政烺编注、朱杰勤校订《中西交通史料汇编（第三册）》，中华书局，1977，第95页。

太和三年十二月、四年七月多次遣使朝贡。即使北魏迁都洛阳之后，也仍然延续此前的传统，派遣使节朝贡。①孝文帝太和元年九月，印度半岛的诸国"车多罗、西天竺、舍卫、叠伏罗诸国各遣使朝贡"②，显现出北魏在全球的影响愈来愈大。

北魏前期主要是在代北地区发展。借助草原丝绸之路的开通，北魏加强了与周边国家和地区的往来，除了获得来自域外的物品外，也扩大了北魏的影响，使其影响力远远超出其所控制的地区。

北魏平城时期主要的对外贸易区是西域③，以官方朝贡方式为主，民间为辅。西域各国对北魏的朝贡始于太延元年（435），至太和十八年（494），60年间，共计80次，贸易涉及吐谷浑、鄯善、于阗、焉耆、龟兹等24个国家。④再加上河西诸政权与平城的贸易往来，先后有一百多次贡使到平城朝贡。⑤丝路贸易对平城居民的物质生活和精神生活产生了重要的影响。

1. 丝路贸易对平城居民的影响

（1）西域珍宝

平城时期，来北魏朝贡的西域各国带来大量珍宝，"东北各国和蠕蠕带来的则是马、文皮、貂内皮等畜产品"。⑥据史书记载，来自西域的珍宝主要有动物、幻人、宝剑、佛衣、颜料、乐器及其他珍宝，共分七个类别。这些珍宝除进入国家府库外，很大一部分成为达官贵族的奢侈消费品。太和元年（477）四月，蠕蠕使者来到平城，求观宝物，"乃敕有司出御府珍玩金玉、文绣器物，御厩文马、奇禽、异兽，及人间所宜用者，列之京肆，令其历观焉。比拔见之，

---

① 参见《魏书》相关帝纪。
② 《魏书》卷七《高祖纪上》。
③ 本处所言之西域包括河西诸政权及西域各国。
④ （日）前田正名：《平城历史地理学研究》，书目文献出版社，1994，第148—149页、235页、296—303页。同一时期，东北诸国对北魏的朝贡始于太延元年，至北魏迁洛，东北诸国贡使到平城计92次。南朝与北魏的朝贡始于天兴元年，至太和十八年，共计41次。
⑤ 王万盈：《北魏时期的周边贸易述论》，《北朝研究》第二辑，燕山出版社，2001，第63页。
⑥ （日）前田正名：《平城历史地理学研究》，书目文献出版社，1994，第305页。

自相谓曰：大国富丽，一生所未见也"。①魏中书令李冲，为文明太后所幸，"赏赐日至数千万，进爵陇西公。密致珍宝、御物以充其第，外人莫得而知焉。冲家素清贫，于是始为富室"。②北魏平城时期的墓葬物品同样透露出西域珍宝纳入官贵之手的事实。例如：大同南郊区出土的银碗、银罐、银杯，③大同市小站村出土的银盘等皆可为佐证，④详见下表。

表一　北魏平城时期西域朝贡至平城的珍宝

时期	年代	珍宝	详情	备注
太祖	无	无	无	无
太宗	无	无	无	无
世祖	太延三年（437）	汗血马	（太延三年，十有一月）破洛那、者舌国各遣使朝献，奉汗血马；破洛那国……太和三年，遣使献汗血马	《魏书》卷四《世祖纪上》，第88页；《北史》卷九十七《西域传》，第3221页
世祖	太平真君九年（448）	幻人	悦般国……真君九年，遣使朝献。并送幻人	《魏书》卷一百二《西域传》，第2268—2269页
世祖	正平元年（451）	黑橐驼	迷密国……正平元年，遣使献一峰黑橐驼	《北史》卷九十七《西域传》，第3221页
高宗	和平六年（465）	汗血马宝剑	夏四月，破洛那国献汗血马，普岚国献宝剑	《魏书》卷五《高宗纪》，第123页
高宗	和平六年（465）	佛袈裟	疏勒国……文成末，其王遣使送释迦牟尼佛袈裟一	《北史》卷九十七《西域传》，第3219页
显祖	不明	驯象	于阗国……献文末……先是，朝廷遣使者韩羊皮使波斯，波斯王遣使献驯象及珍物	《北史》卷九十七《西域传》，第3210页

---

① （北齐）魏收：《魏书》卷一百三《蠕蠕传》，中华书局，1974，第2296页。
② 《魏书》卷五十三《李冲传》。
③ 山西大学历史文化学院、山西省考古所、大同市博物馆：《大同南郊北魏墓群》，科学出版社，2005，第224—243页。
④ 参见马玉基：《大同市小站村花疙瘩台北魏墓清理简报》，《文物》1983年第8期，第23—28页。

续表

时期	年代	珍宝	详情	备注
高祖	延兴三年（473）	狮子	悉万斤国……其国南有山，名伽色那山，出师子。每使朝贡	《北史》卷九十七《西域传》，第3221页
	不明	朱砂雌黄白石胆	宕昌羌者……高祖时，遣使子桥表贡朱沙、雌黄、白石胆各一百斤	《魏书》卷一百一《宕昌传》，第2242页
	太和二年（478）	大马名驼珍宝	九月丙辰，曲赦京师，龟兹国遣使献大马、名驼、珍宝甚众	《魏书》卷七《高祖纪上》，第146页
	不明	琵琶	后魏有曹婆罗门，受龟兹琵琶于商人	《旧唐书》卷二十九《音乐志》，第1069页

（2）官员贵族生活

北魏官员经商风气很盛，皇室、官吏纷纷经商牟利。西域与各地的珍宝均纳入平城官贵之手，成为他们经商聚财的资本。恭宗拓跋晃，"贩酤市廛，与民争利"[①]；高宗时，"牧守之官颇主货利"[②]；魏咸阳王元禧，"昧求货贿，奴婢千数，田业盐铁遍于远近，臣吏僮隶，相继经营"[③]；西兖州刺史郑羲，"西门受羊酒，东门酤卖之"[④]。

北魏平城珍物云集，官私营利，养成了官贵敛财、炫富的社会风气。太和十一年（487），平城连续两年干旱，饥荒严重，大臣韩麒麟曾表奏其因："今秋京都遇旱，谷价踊贵。实由农人不劝，素无储积故也。……自承平日久，丰穰积年，竞相矜夸，遂成侈俗。车服第宅，奢僭无限；丧葬婚娶，为费实多；贵富之家，童妾袨服；工商之族，玉食锦衣。农夫餔糟糠，蚕妇乏短褐。故令耕者日少，田有荒芜。谷帛罄于府库，宝货盈于市里；衣食匮于室，丽服溢于路。饥寒之本，实在于斯。"[⑤]然而，积重难返，直至魏室南迁，平城官贵锦衣玉

---

① 《魏书》卷四十八《高允传》。
② 《魏书》卷一百一十《食货志》。
③ 《魏书》卷二十一上《咸阳王传》。
④ 《魏书》卷五十六《郑羲传》。
⑤ 《魏书》卷六十《韩麒麟传》。

食、炫财斗富的奢侈之俗丝毫未改。太和十八年（494），迁都之际，韩显宗曾上书："顷来北都富室，竞以第宅相尚，今因迁徙，宜申禁约。"①迁都洛阳后，奢侈之习愈演愈烈。魏河间王元琛，任职秦州刺史期间，"多无政绩，遣使向西域求名马，远至波斯国，……琛常语人云：'晋室石崇，乃是庶姓，犹能雉头狐腋，画卵雕薪；况我大魏天王，不为华侈！'……琛常会宗室，陈诸宝器，……作工奇妙，中土所无，皆西域而来"。②

2. 西域商人与平城民众

进入北魏平城的西域商人主要有三类：行商、坐贾、贡商。

贡商。此指来平城朝贡的贡使。关于贡使的商人身份，已有定论。王万盈在《北魏时期的周边贸易述论》一文中曾讲："这种以所谓贡使形式进行的商品交易乃是西域商人采用的一种自我保护甚至欺诈的手段。所谓贡使，乃是商贾冒充。"③日本学者前田正名在《平城历史地理学研究》一书的第六章——《平城的商业贸易》中曾写道："各国贡使前来平城始自太延元年，而借朝贡之名开展官营贸易和私人贸易，已是尽人皆知的事实。"史称自太延以后，随着北魏通往西域道路的开通，西域贡使"相继而来，不间于岁"。由此可见，往来于西域和平城之间的贡使商人甚多。

行商。此指从事长、短途贩运的流动商人。据现有史料，来自西域的行商可明确国别的有安息商人、大月氏商人、粟特商人等。《魏书》载："安同，辽东胡人也。其先祖曰世高，汉时以安息王侍子入洛。历魏至晋，避乱辽东，遂家焉。……同因随眷商贩，见太祖有济世之才，遂留奉侍。"安同系安息国太子安世高之后，在魏太祖拓跋珪朝至平城，并定居为官。《北史·西域传》载："大月氏国，……去代一万四千五百里。……太武时，其国人商贩京师。""粟特国，……去代一万六千里，……其国商人先多诣凉土贩货，及魏克姑臧，

---

① 《魏书》卷六十。
② （北魏）杨衒之著、杨勇校笺：《洛阳伽蓝记校笺》卷四。
③ 王万盈：《北魏时期的周边贸易述论》，《北朝研究》第二辑，燕山出版社，2001，第64页。

悉见虏。"凉土，即凉州之地，时领张掖、武威等十郡，治姑臧（今甘肃武威）。自西晋末始，河西地区已有粟特聚落，粟特商队以凉州为大本营，形成敦煌—张掖—武威—金城—洛阳一线的经商之路。①凉州是粟特商人来往中原的要地。太延五年（439），魏世祖平灭北凉，行商凉州的粟特商人进入平城。史书中还有不少不明国别的西域商人经凉州前往平城通商，魏世祖西征沮渠氏时，曾因其阻断西域商人来往平城而定罪："知朝廷志在怀远，固违圣略，切税商胡，以断行旅，罪四也。"②

坐贾。此指定居平城的西域商人。《续高僧传》记载，曾有天竺僧佛陀，与道友相从，游历诸国，"遂至魏北台之恒安焉。时值孝文，敬隆诚至，别设禅林，凿石为龛，结徒定念。国家资供，倍加余部，而征应潜著，皆异之非常人也。恒安城内康家，资财百万，崇重佛法，为佛陀造别院，常居室内，自静遵业"。③南北朝时期的康姓大多来自西域之康国，"康国者，康居之后也。……并以昭武为姓，……奉佛，……太延中，始遣使贡方物"。④从康家对佛法的崇重，可以推断此康家也许是太延年间来到平城的康国商人。另外，康家对佛陀的慷慨资助，也可以进一步佐证其西域商人的身份。据相关考证，两晋南北朝时期，西域商人与僧人关系密切，在西僧东行弘法的过程中给予了诸多帮助。⑤

西域商人对平城民众生活的影响，通过以下两个个案可以得到展示。

龟兹琵琶与曹婆罗门。《旧唐书》载："后魏有曹婆罗门，受龟兹琵琶于商人，世传其业，至孙妙达，尤为北齐高洋所重，常自击胡鼓以和之。"⑥

---

① 张元林：《粟特人与莫高窟第285窟的营建》，云冈石窟研究院编：《2005年云冈国际学术研讨会论文集》，文物出版社，2006，第401页。
② 《魏书》卷九十九《沮渠牧犍传》。
③ （唐）释道宣：《续高僧传》，中华书局，2014，第158页。
④ 《魏书》卷一百二《西域传》。
⑤ 参见尚永琪：《3—6世纪佛教传播背景下的北方社会群体研究》，科学出版社，2008，第107—115页。
⑥ （后晋）刘昫等：《旧唐书》卷二十九《音乐志》，中华书局，1975，第1069页。

曹婆罗门①因商人之琵琶而改变了一生,且成就了活跃于北齐及隋初的一个琵琶家族——曹婆罗门、曹僧奴、曹昭仪、曹妙达。《北史》载:"乐人曹僧奴进二女,大者忤旨,剥面皮;少者弹琵琶,为昭仪。以僧奴为日南王。僧奴死后,又贵其兄弟妙达等二人,同日皆为郡王。"曹妙达因善弹琵琶,著称于北齐和隋初,且成为龟兹乐的代表人物,《隋书》载:"龟兹者,起自吕光灭龟兹,因得其声。……开皇中,……时有曹妙达、王长通、李士衡、郭金乐、安进贵等,皆妙绝弦管。"

大月氏商人与平城的琉璃制造业。《北史》载:"大月氏国,……去代一万四千五百里。……太武时,其国人商贩京师,自云能铸石为五色琉璃,于是采矿山中,于京师铸之。既成,光泽乃美于西方来者。乃诏为行殿,容百余人,光色映彻,观者见之,莫不惊骇,以为神明所作。自此,中国琉璃遂贱,人不复珍之。"据此可知,北魏太武时期,大月氏商人来到平城,不但带来了琉璃,而且带来了琉璃制造的工艺,促使平城琉璃制造业形成和发展,使平城琉璃遍地,供过于求,不复珍贵。琉璃制品还用于建造佛寺,魏昌黎王冯熙曾在平城造皇舅寺,《水经注》载:"又南迳皇舅寺西,是太师昌黎王冯晋国所造,有五层浮图,其神图像,皆合青石为之,加以金银火齐,众彩之上,炜炜有精光。"火齐,即齐珠,有解为玫瑰宝珠,琉璃之别名。大同地区出土了大量玻璃器皿,种类多样,"有瓶、钵、杯、珠、手镯、人头、立像等,大致分为透明与半透明两种"。②大同市迎宾大道出土的玻璃壶、大同市七里村出土的玻璃碗,"属于典型的北魏传统造型。这两件玻璃器应当是平城本地制造的"。③这些出土的玻璃器物印证了北魏平城时期琉璃业的兴盛。

"西域商人的东来,是东西物质文明交流的历程,同时也是文化交流的

---

① 魏晋南北朝时期,"婆罗门教徒与出身婆罗门种姓的佛僧相混杂,是常有的事,很不容易把两者剥离"。参见:严耀中:《〈隋书·经籍志〉中婆罗门典籍与隋以前在中国的婆罗门教》,《世界宗教研究》2009年第4期,第23页。故曹婆罗门是婆罗门教徒还是佛教徒,难以断定,且不在本书研究之范围,故仍以"曹婆罗门"称之。
② 高丁丁:《北魏平城的琉璃制造》,《文物世界》2008年第4期,第33页。
③ 倪润安:《北魏平城墓葬中的河西因素》,《魏晋南北朝史的新探索》,中国社会科学出版社,2015,第619页。

历程。佛教的传播，是同商路的开辟和发展密切相关的。"①

3. 丝路贸易中的佛教

5世纪，随西域商贸东传平城的佛教主要体现在两方面——衣物、艺术。

衣物。主要有佛衣、佛材。《北史》记载，北魏文成帝末期，西域之疏勒国王曾遣使送佛衣一件："疏勒国，……文成末，其王遣使送释迦牟尼佛袈裟一，长二丈余。高宗以审是佛衣，应有灵异，遂烧之以验虚实，置于猛火之上，经日不然，观者莫不悚骇，心形俱肃。"《魏书》记载宕昌羌者，"其地东接中华，西通西域，……高祖时，遣使子桥表贡朱沙、雌黄、白石胆各一百斤。自此后，岁以为常，朝贡相继。"朱砂是彩绘材料，云冈石窟内的雕像就有北魏时期的红底色。

艺术。完成于北魏平城时期的云冈石窟，就是西域佛教艺术东传平城的例证。例如，"金装佛像"的造像法。所谓"金装佛像"是指"在佛像上贴金、彩绘，在白毫处镶嵌珠宝，是北魏当年的习惯做法。这种'金装佛像'的做法，出自佛经，始于西域"②。再比如，"伎乐天人"的雕像，即为来自西域的乐舞形象之再现。《魏书》载："世祖破赫连昌，获古雅乐，及平凉州，得其伶人、器服，并择而存之。后通西域，又以悦般国鼓舞设于乐署。"

西域佛教东传平城，对平城居民的生活产生了很大的影响，促进了石匠和信徒两类与佛教相关的人群的增多。

石匠。北魏兴安二年（453），魏文成帝在西域僧人昙曜建议下，在平城西之武州塞，凿石开窟，拉开了北魏一朝云冈石窟寺七十余年的开凿史。其中，有近半个世纪的开凿工程是在北魏平城时期进行的。其间，参与开凿的工匠难以计数。以日本学者吉村怜的推测，仅昙曜五窟的开凿，累计天数为9941天，人工数为554340人。③与云冈相关的一则传说——《青盐和辣椒》，也从一个侧面形象地反映了北魏平城时期大量石匠参与云冈石窟开凿的事实：

---

① 尚永琪：《3—6世纪佛教传播背景下的北方社会群体研究》，科学出版社，2008，第108页。
② 张焯：《云冈石窟编年史》，文物出版社，2006，第113页。
③ 大同市东方历史文化研究院编：《云冈之谜》，山西人民出版社，2004，第37—38页。

"传说很早以前,在这里干活的人成千上万。他们用勤劳的巧手雕出一尊尊姿态丰腴的菩萨、庄严法相的石佛,……有一天,武州山谷里叮叮当当的锤击声骤然没有了!负责监工的工头急忙跑出来,厉声喝骂道:'这般畜生刁民,难道要造反不成?'他来到洞外,山上山下一路查看,原来匠人们已经昏死过去。……正当工头愁眉不展、束手无策时,有一位老石匠来到工头跟前说:'监工大人,我在凉州干了一辈子石匠,也遇过此事,大人不必着急,我自有良法。他们患的是软骨病风湿症,只需两味药——青盐、辣椒便可治愈。刚才我也累倒在佛像脚下,昏死了过去,佛菩萨给我托梦说在武州山西边的一个小洞里有白花花的青盐,挖开可食用几十年。'监工没办法只好让老石匠去石洞里取青盐。……在古代,青盐很少,很珍贵,家中青盐多就算有钱,……皇帝命千百万工匠开窟造像,自然需要大量的青盐。哪知监工趁机克扣工匠们饭食中的青盐,让手下人悄悄藏在了西头的石洞里,伺机倒卖发大财。……做饭的师傅将监工克扣青盐的事告诉了大伙,于是,大伙就想了这样一条妙计来对付监工。"[1]故事中的"凉州石匠"既符合太延五年北魏平定凉州"沙门佛事皆俱东"[2]的史实,也可作为平城佛教受西域影响之佐证。

信徒。平城时期受西域影响,佛教信徒众多,有真信者、假信者,而且产生了相应的民间信众团体——义邑。

真信徒。以北魏宗室为例,有入道为沙门者,有居家修行者,有西行朝拜、求法者。道武帝拓跋珪之玄孙拓跋和,孝文帝太和年间,"出为沙门"。[3]景穆帝拓跋晃之孙拓跋太兴,太和年间,十几次上表朝廷请求出家,获准,于四月初八,由皇太子亲自为其落发,入道为沙门,法名僧懿,居于嵩山。景穆帝曾孙拓跋弼,世宗朝,"入嵩山,以穴为室,布衣蔬食,卒"。[4]景穆帝之孙城阳王元鸾,"虚心玄宗,妙贯佛理"[5],修持五戒,不饮酒,不食肉,

---

[1] 大同市东方历史文化研究院:《云冈传说》,山西人民出版社,2004,第10—12页。
[2] 《魏书》卷一百一十四《释老志》。
[3] 《魏书》卷十三《河南王传》。
[4] 《魏书》卷十九上《济阴王传》。
[5] 赵超:《汉魏南北朝墓志汇编》,天津古籍出版社,2008,第46页。

长年吃斋。20世纪60年代，敦煌莫高窟曾发现绣有北魏"太和十一年，广安王惠安"字样的发愿文绣品一件，经考证，"它应该是从平城一带被人带到敦煌来的"①。百姓多行祈福禳灾之举，位于云冈石窟第17窟明窗东壁的《太和十三年比丘尼惠定造像记》载："……太和十三年，岁在己巳，……比丘尼惠定身遇重患，发愿造释迦、多宝、弥勒像……以此造像功德，逮及七世父母、累劫诸师、无边众生，咸同斯庆。"②

假信徒。以魏室外戚为例，文明太后之兄长、昌黎王冯熙，曾在平城兴造佛寺——皇舅寺。③太和初，冯熙外任洛州刺史，"为政不能仁厚，而信佛法，自出家财，在诸州镇建佛图精舍，合七十二处，写一十六部一切经。延致名德沙门，日与讲论，精勤不倦，所费亦不赀。而在诸州营塔寺多在高山秀阜，伤杀人牛。有沙门劝止之，熙曰：'成就后，人唯见佛图，焉知杀人牛也。'"④可见冯熙之立寺、起塔、写经，只为借佛事邀功、报答皇恩，并非真心向佛。敦煌遗书S0996之题记所载印证了这一点："是以使持节、侍中、驸马都尉、羽真、太师、中书监、领秘书事、车骑大将军、都督诸军事、开府、洛州刺史、昌梨（黎）王冯晋国，仰感皇恩，撰写十'一切经'，一经一千四百六十四卷，用答皇施。愿皇帝陛下、太皇太后……大代太和三年，……于洛州所书写成讫。"⑤

义邑。义邑是北魏初期至隋唐之际，在北方以在家佛教徒为中心结成的信仰团体。他们以所造尊像为信仰中心，主要活动有斋会、诵经、写经等。在云冈石窟第11窟东壁上层，有《太和十七年邑义信士女等五十四人造像记》载："邑师道育……邑师普明、邑师昙秀、邑师法宗。太和七年，岁在癸亥，八月卅日，邑义信士女等五十四人，……是以共相劝合，为国兴福，敬造石

---

① 敦煌文物研究所：《新发现的北魏刺绣》，《文物》1972年第2期，第45页。
② 员小中：《云冈石窟铭文楹联》，山西科技出版社，2014，第33页。
③ 郦道元：《水经注》，卷十三；2015年大同市旧城改造中曾于永泰东门内百米处，发现一兽面瓦当，该瓦当呈圆形，只剩下三分之一瓦面，背面竖书"皇舅寺"三字，刮纹工艺，楷体，字体拙朴，无规制。
④ 《魏书》卷八十三上《冯熙传》。
⑤ 张焯：《云冈石窟编年史》，文物出版社，2006，第116页。

庙像九十五区及诸菩萨。"①此造像题记出现在北魏迁洛前一年,说明平城时代之平城已经有了义邑这样的民间佛教信众群体。

4. 平城在丝路区域建构中的表现和作用

平城这一丝路中心有着怎样的历史建构过程？在丝路文明发展史上有怎样的作用？山西朔州山阴、应县、怀仁等地安、康、米、石、何、曹等姓氏聚集的现象,山西大同及朔州两地有较多石窟寺的现象,大同、朔州地区"四月初八"的民俗日的形成,或可以回答这两个问题。

（1）朔州三县昭武九姓的聚集

山西省朔州市所辖的应县、山阴及怀仁三县,根据1991年山西省第四次人口统计资料,安、康、米、石、何、曹等姓氏均在千人以上,而且有不少村庄是以这些姓氏命名的,以应县为例,有曹庄铺、康辛庄、曹娘子村、米寨;以怀仁县为例,有曹庄、安宿疃、石庄、曹老四庄等。②

这一现象的历史可以上溯至魏晋,"从魏晋时期开始,由于商业上的原因和粟特本土民族受到嚈哒、突厥、大食等势力的侵袭,促使大批粟特人向东迁徙,他们有的进入漠北突厥汗国,有的入仕北魏、北齐、北周、隋、唐各级军政机构,有的则一直以商业民族的形象活跃在中国中古社会中"③。

就平城而言,粟特入境的历史始于太延五年（439）,北魏平灭北凉,"悉见虏"。④此后,粟特人多次往来平城,仅《魏书》所载官方往来就有19次。平城内也有定居经商的粟特商人,如本文所举之太和年间恒安城内之康家。与粟特人相关的人、物在大同地区发掘的北魏墓葬中多有展现,如,2000年4月,在雁北师范学院（今大同大学）扩建时发掘的11座北魏墓葬中,共出土11件胡俑,均为伎乐俑,个个浓眉大眼、深目高鼻,"服饰与墓葬中的众俑不同,应是西域少数民族形象。……所持乐器可辨识的有横笛、筚篥、排箫和琵琶,

---

① 员小中:《云冈石窟铭文楹联》,山西科技出版社,2014,第27页。
② 参见殷宪:《〈唐石善达墓志〉考略》,载《唐研究》第十二卷,第476—477页。
③ 荣新江:《隋及唐初并州的萨保府与粟特聚落》,《文物》2001年第4期,第84页。
④ 《魏书》卷一百二《西域传》。

这说明西域音乐在北朝占有非常重要的位置"。[①]大同市南郊区曾出土粟特人的装饰用品——环状金耳饰。[②]

北魏迁都洛阳后,平城衰落,此时粟特人的行迹较少见诸史籍。1999年7月,山西太原虞弘墓的出土,证实了北齐、北周、隋及唐初,在并、代、介三州有粟特人的聚落。[③]代州虽不属于平城京畿之地,也在郊甸之内。唐宪宗年间,西突厥之别部——沙陀部从西域东迁至代北,形成了以李克用为首的代北军事集团,此一集团之核心为"沙陀三部落",即沙陀、萨葛、安庆三部落。萨葛即索葛,均为粟特的不同音译;而安庆部落,从其都督史敬存的出身看,亦当即粟特人部落。在唐末五代时期,这一支代北武装在李克用的带领下,登上了晚唐五代的政治舞台。沙陀三王朝的嬗代,不但延续了南北朝以降武人政治的胜利,而且在一定程度上影响了中古政局的走向。[④]粟特人的后代也因此在史册中留下了印记,安山盛、安金佑、安金全、安审信、安审通、安审琦、安审晖、安守邻、安守忠等安氏一门四代均被列入朔州名人录。[⑤]宋辽金元时期,地方史志当中的大同、朔州两地的昭武九姓人氏渐少,但仍有记录,如:米信,历后汉、后周、宋三朝,宋太宗太平兴国四年(979)随宋军伐辽,因功封新武军节度使。[⑥]明清两朝,昭武九姓几乎不见于史书。

从上述史实可见,自北魏平城时期开始,经齐、周、隋、唐、五代、宋、元、明、清各朝的积淀,粟特人在平城地区(核心区为大同、朔州)留下了历史的印记,所以才会有当今朔州之应县、怀仁、山阴三地安、康、米、石、何、曹等姓氏聚集的现象。这一历史过程也是平城这一丝路中心区域建构的过程,是这一胡汉交汇之地民族交流与融合的历史见证。

---

① 刘俊喜:《山西大同北魏墓葬考古新发现》,载《北朝史研究》,商务印书馆,2004,第475页。
② 山西大学历史文化学院、山西省考古研究所、大同市博物馆:《大同南郊北魏墓群》,第374—375页;大同市考古研究所:《山西大同七里村北魏墓群发掘简报》,《文物》2006年第10期。
③ 荣新江:《隋及唐初并州的萨保府与粟特聚落》,《文物》2001年第4期,第84—89页。
④ 孙瑜:《唐代代北军人群体研究》,社会科学文献出版社,2012,第378—390页。
⑤ 钟声扬:《朔州历代名人录》,山西人民出版社,2000,第173—178页。
⑥ 钟声扬:《朔州历代名人录》,山西人民出版社,2000,第190—191页。

（2）同朔地区中、小佛教石窟寺的建立

经初步调查统计，在大同市及朔州市所辖县、区内，自北魏以来的中小佛教石窟寺及摩崖造像有26处。其中，只有焦山寺石窟、鹿野苑石窟、鲁班窑石窟、吴官屯石窟等4处曾经有人进行过初步调查研究，且以考古学研究为主。

表二 大同及朔州市辖区中小佛教石窟寺及摩崖造像

所属市	所属县区	石窟寺或摩崖造像名称	地理位置	洞窟及造像数量	时段	备注
大同市	南郊区 6处	吴官屯石窟	云冈镇吴官屯村西	32座	北魏	
		鲁班窑石窟	云冈镇云冈村西北	3座	北魏	
		焦山寺石窟	高山镇高山村北	11座	北魏	
		鹿野苑石窟	马军营村小石子村西	11座	北魏	
		佛字湾	马军营村小站村西		辽代	
		玉龙洞石窟	口泉乡白洞村东南	5座	明代	
	天镇县 1处	盘山石窟	玉泉镇滹沱店村东南	2座	唐代	
	阳高县 2处	龙泉寺	狮子屯乡苏家窑村西北	3座	北魏	
		桥弯石窟	友宰镇大辛庄乡村西			不详
	广灵县 3处	圣泉寺	宜兴乡西宜兴村南摩天岭	4座	北魏	
		直峪口灵峰庵石窟	宜举乡直峪口村南之南梁山湾内			不详
		黑鱼洞石窟	一斗乡黑鱼洞村东北黄岸山	1—2座		不详
	浑源县 1处	千佛岭	千佛岭乡龙咀村西南约3000米千佛岭顶	3座		不详
	左云县 5处	睡佛寺	马道头乡原平村	4座	北魏	
		石厂石窟	马道头乡石厂村		北魏	
		雕洛寺	店湾镇		北魏	
		浮石山石窟	五路山		北魏	
		石穿窿墓	小京庄乡前坪村		辽代	
	大同县 1处	琉璃洞	许堡乡大王村南约5000米处	上中下3层		不详
	灵丘县 1处	曲回寺石佛塚	灵丘县曲回村	306座	唐代	

续表

所属市	所属县区	石窟寺或摩崖造像名称	地理位置	洞窟及造像数量	时段	备注
朔州市	山阴县1处	千佛寺	下喇叭乡榆村洼村西南	55座	北魏	
	平鲁区2处	千佛洞	平鲁区北固山东面			不详
		乌龙洞摩崖造像	平鲁区阻虎乡			不详
	怀仁县3处	清凉寺文殊窟	怀仁县何家堡乡悟道村西	1座	辽代	
		娄子口罗汉洞	清凉寺西南娄子口村	18座	辽代	
		吴家窑雕窝寺	吴家窑镇吴家窑村		明代	

由表可见，在平城曾经的京畿之地①——今山西大同、朔州两地，自北魏平城时期云冈石窟开凿之后，直到明代，历代都修建有中、小佛教石窟寺。这些石窟寺的兴建史也就是平城作为丝路东端重心的建构史，同时也证实了平城这一丝路重镇在佛教文化传承史上具有重要的历史地位。

（3）"四月初八"民俗的历史演变

《魏书·释老志》载："世祖初即位，亦遵太祖、太宗之业，每引高德沙门，与共谈论。于四月八日，舆诸佛像，行于广衢，帝亲御门楼，临观散花，以致礼敬。"此段史料说明自元魏定都平城以后，从太祖朝至世祖朝，均遵循四月初八行像、礼佛的习俗。行像、礼佛之俗，源自西域、印度，东晋法显之《佛国记》对此有记载："于阗，……法显等欲观行像，……从四月一日，城里便扫洒道路，庄严巷陌。……像入城时，门楼上夫人、采女遥散众华，纷纷而下。"元魏承其俗，历朝相沿，高祖朝曾因此俗劳民伤财，下令禁断。太和十三年（489），诏曰："升楼散物，以赉百姓，至使人马腾践，多有毁伤，今可断之，以本所费之物，赐穷老贫独者。"②

至今，四月初八已成为大同、朔州地区民俗中的重要节日。每年此日，

---

① 关于北魏京畿之地的范围，参见张焯：《北魏平城京畿行政区划的演变》，载《云冈石窟编年史》，第402—410页："太和十年后的新司州，……其范围，大致缩小至今大同市、朔州市及内蒙古集宁市南部。"
② 《魏书》卷七下《高祖纪第七下》。

不论城市还是乡村，百姓都要赶庙会，而庙会的场所既有佛寺也有道观、祠庙。2016年的四月初八（5月14日），以大同市华严寺为例，众多市民如往年一样早早地赶到佛寺祭拜，祈求菩萨保佑。佛寺两边照例摆满了各种小吃和工艺品，汽车公司还利用这一天在华严寺举办车展。同样，在阳高县罗文皂镇孤山村五龙圣母庙也举行了庙会。圣母庙对面的戏台还有来自地方剧团的戏剧表演。大同县西安家堡村的龙王庙庙会，除了拜龙王之外，还要祭拜九天圣母。因为，据当地民间传说，四月初八这一天，还是九天圣母娘娘给人间不满12岁的儿童赐福消灾的吉日。

　　四月初八民俗活动，反映出源于西域的礼佛习俗，在平城地区经过1600多年演变，不但没有了佛、道之别，而且与民间信仰融合，成为本地民俗，是丝路东西文化交流融合的又一佐证。

第六节
云冈石窟——东西佛教文化艺术交流融合的世界明珠

宏伟华丽的佛教石窟造像是魏晋南北朝时期世界东方艺术宝库中最光彩耀眼的星辰。佛教在东汉传入中国，到魏晋南北朝时期，人们对现实的无助和对来生的憧憬，促成了佛教的空前发展，开窟造像蔚然成风。山西有 200 余处石窟寺、摩崖造像和难以计数的单体造像和造像碑幸存至今。大同市云冈石窟名列中国四大佛教石窟之一，其整体宏大的规模和造像精美的雕工蜚声中外。20 世纪 70 年代法国总统蓬皮杜访华，将大同云冈石窟列为首选必访之地。太原市天龙山石窟是北齐石窟雕刻艺术的精品，生动呈现了石窟雕刻艺术从北朝向隋唐过渡的风貌。此外，许多墓葬出土的佛教造像虽然小巧，但同样代表了山西魏晋南北朝时期佛教造像的高超水平。值得指出的是，从石窟造像艺术可见，佛教传入中国早期佛像造型和服饰具有鲜明的西域风格。北朝早期造像多为高鼻深目、薄衣贴体的异族模样，中后期逐渐汉化，渐具中原汉族士人的样貌和着装特征，呈现出秀骨清像、褒衣博带的南朝名士形象，表明佛教这种外来文化传入中土后，经历了本土化的渐变过程。

一、云冈石窟

位于今山西省大同市以西约16公里的武州山南麓的云冈石窟，与敦煌莫高窟、洛阳龙门石窟和麦积山石窟并称中国四大石窟，被联合国教科文组织列入世界文化遗产。该石窟群依山开凿，气势恢宏，规模空前，东西绵延1000多米，现存主要洞窟45个，大小编号洞窟254个，大小窟龛252个，各类佛教人物造像59000余尊（身），各类龛式、塔形和图案20000余个（处），代表了公元5至6世纪中国杰出的佛教石窟艺术。

云冈石窟（局部）

文献记载和考古发掘成果均表明，这批人类佛教文化艺术史上伟大璀璨的石窟建筑，始凿于公元5世纪的北魏王朝时期，是丝绸之路上中印佛教文化艺术交流的直接产物，更是中国第一座开凿于国家首都附近的封建帝国皇家佛教石窟寺院。

云冈石窟按照开凿的时间可分为早、中、晚三期，不同时期的石窟造像各有特色。其中第16至20窟是北魏名僧昙曜负责开凿的，又被称为"昙曜五窟",是云冈石窟的第一期工程。昙曜五窟气势磅礴,具有浑厚、纯朴的西域情调。中期石窟则以精雕细琢、装饰华丽著称于世,显示出复杂多变、富丽堂皇的北魏时期艺术风格。晚期窟室规模虽小,但人物形象清瘦俊美,比例适中,是中国北方石窟艺术的榜样和"瘦骨清像"的源头。云冈晚期石窟的窟室布局和装饰,更加突出地展现了浓郁的中国式建筑、装饰风格,反映出佛教艺术中国化的不断深入。

云冈石窟不仅有高超的艺术性,而且具有深刻的文化内涵。北魏王朝建立者鲜卑族的民族之魂被赋予其中。鲜卑族经过几代人从北方草原南下中原汉地,以强悍的武力占领和统治了北中国几个世纪之久。著名的"昙曜五窟"就是北魏王朝自道武帝以后几位早期帝王形象的化身和再现。

二、佛教的兴盛与石窟的开凿

当拓跋鲜卑于公元386年建立北魏政权,并于398年迁都平城时,佛教传入汉土已有300多年的历史了。[①]经过输入、译经之过渡,汉土佛教已然进入成熟的义学发展时期,中国人对外来的佛教有了进一步的理解,并能将其思想加以融合、吸收和发展。

拓跋氏自太祖道武帝开始,就与佛教发生关系。据称其"好黄老,颇览佛经"(《魏书·释老志》),在统一北方的战争中,见沙门都致以敬礼,并利用佛教收揽人心。北魏任用赵郡沙门法果为"绾摄僧徒"的道人统,开始形成北魏早期的僧官制度。继道武帝之后的太宗明元帝同样崇奉佛法。虽然北魏太武帝曾下令灭佛,给北魏佛教很大打击。但其后继位的文成帝,很快就下令重兴佛教。以后的献文帝、孝文帝等均信奉佛法。云冈石窟正是在文成帝时期开始营造,并一直持续到北魏正光年间的大型佛教石窟寺。

[①] 佛教传入汉土的时间,记载很多,认定《魏书·释老志》所记"永平"说者较多。即在汉明帝(58—75年在位,年号"永平")时传入。参见汤用彤《汉魏两晋南北朝佛教史》,中华书局,1983。

1. 文成帝恢复佛法和佛教思想中国化

北魏正平二年（452），文成帝拓跋濬继位，改元兴安，随即下诏恢复佛法。《释老志》所载文成帝诏书，历数佛法之功德，并允"诸州郡县，于众居之所，各听建佛图一区，任其财用，不制会限"。至此，随着佛教的复兴，佛教艺术以前所未有的规模和速度在北魏国土上发展壮大。《魏书·释老志》：

> 是年，诏有司为石像，令如帝身。既成，颜上足下，各有黑石，冥同帝体上下黑子。论者以为纯诚所感。

这是文成帝复佛法后的第一次佛教艺术建设，意义十分重大，有两点值得注意：

其一，"诏有司为石像"，而不是其他。以石质材料雕刻佛教艺术造像，是早期印度佛教艺术和犍陀罗佛教艺术的显著特征。翻译了《犍陀罗佛教艺术》一书的王冀青先生在《约翰·休伯特·马歇尔与英属印度美术考古学》一文中指出："迄今为止，在犍陀罗地区还从未发现过绘画作品，更没有发现过古希腊罗马式的佛教绘画作品。因此，犍陀罗艺术风格只适用于雕塑作品。"其实，在雕塑前还应加上一个定语"石质"，要知道马歇尔或其他学者在论述犍陀罗佛教艺术特点时，引用的佛教艺术品几乎全部以各种石质材料雕刻而成。强调这一点是非常重要的，因为佛教艺术进入中国后，不是以石质雕塑为唯一表现手段，所以，在了解和研究其艺术流派和表现方式方面存在着重要的认识界限，不了解这一点，就不可能准确地探索各种佛教艺术在表现上的本质特征。这一点，对云冈石窟尤为重要，就目前我们所了解的情况而言，云冈石窟是当时（5世纪）世界上规模最大的佛教艺术工程，它所体现的不仅是印度及中亚佛教石质雕刻艺术的传播和发展，更是佛教艺术适应中国实际，并以中国方式加以塑造的重要里程碑。

其二，"令如帝身"，即石像之形，要似皇帝身体特征。对佛教艺术由印度及中亚传至中国后的中国化问题，要从两方面来认识：一是外在表现形式不断中国化；二是由佛教思想中国化导致佛教艺术中国化。在这里，我们讨论的是后者。众所周知，印度佛教有释迦艺术崇拜，即以佛陀（或其象征物）为中心塑造形象，出家僧人只拜佛陀，而"不奉世俗礼法，故不拜父母和王者"。[①]东晋时江南庐山僧慧远为维护这一习俗，多次与当时执政的桓玄论辩，并著《沙门不敬王者论》等文章。然北方僧侣领袖、北魏道人统法果却公开要求僧徒礼拜帝王。《魏书·释老志》：

> 初，皇始中，赵郡有沙门法果，诫行精至，开演法籍。太祖闻其名，诏以礼征赴京师。后以为道人统，绾摄僧徒。……初，法果每言，太祖明睿好道，即是当今如来，沙门宜应尽礼，遂常致拜。谓人曰："能鸿道者人主也，我非拜天子，乃是礼佛耳。"

佛教思想的中国化，使佛教艺术随之附和，"令如帝身"即是例证。

以上两点说明，佛教艺术在中国成规模发展的开端，是以石雕佛像为表现手段的，继承了印度释迦崇拜的传统方式，但这种继承是经过中国化思想的改造而完成的。因此，佛教艺术的中国化，是从佛教思想中国化导致的艺术形象中国化开始的。这一表现在北魏时又显得异常突出。《魏书·释老志》：

> 兴光元年秋，敕有司于五级大寺内，为太祖已下五帝，铸释迦立像五，各长一丈六尺，都用赤金二十五万斤。

五级大寺虽已无存，但根据这种思想所造的石窟，应该是云冈石窟现编号第16、17、18、19、20五个大型洞窟，即所谓昙曜五窟。

2. 昙曜五窟

《魏书·释老志》："和平初，师贤卒。昙曜代之，更名沙门统。初昙曜以复佛法之明年，自中山被命赴京，值帝出，见于路，御马前衔曜衣，时以为马识善人。帝后奉以师礼。昙曜白帝，于京城西武州塞，凿山石壁，开窟五所，镌建佛像各一。高者七十尺，次六十尺，雕饰奇伟，冠于一世。"

[①] 参阅国家文物局教育处编《佛教石窟考古概要》，文物出版社，1993。

一个多世纪以来的研究表明，昙曜五窟就是云冈石窟中编号第16、17、18、19、20五个洞窟。位于云冈石窟西部窟区，从东到西一字排开，长120余米，且在同一水平线上，规模宏大，气势磅礴。

表三　昙曜五窟相关数据统计表

单位：m

窟号	16	17	18	19	20
窟内东西宽度	12	13.8	16.5	25.5	21
窟门口至北壁深度	10.7	9.3	10	18	10
洞窟地面至窟顶高度	15	16.2	16.2	17.5	16
主尊造像高度	13.5	15.6	15.5	16.8	13.7

注：第20窟明窗与窟门崩坍，窟门口至北壁深度以第19窟西耳洞南端外侧为参照点，第19窟窟门口至北壁深度也以此点测出。

上表各项数据显示，昙曜五窟规模宏大。从各洞窟数据的差别，也可看出昙曜五窟在规模上的统一性。此点很重要，它告诉我们，尽管个别洞窟和造像在式样、风格上有一定差异，但其整体统一安排的意图极其明显。此外，我们还从昙曜五窟的综合情况，获得以下信息：

——佛教石窟艺术的继承和发展。在云冈石窟开凿之前，印度、中亚和我国新疆以及河西地区已开凿一定规模的佛教石窟寺，其中不乏所谓的"大像窟"。[①]这里需要特别注意的是，无论了解佛教教义的传播，还是了解佛教艺术的发展，充分考虑继承和被继承关系，从而确定研究对象的历史艺术位置，都是极其重要的一环。从这一意义上看，云冈昙曜五窟正是继承西域地区早期佛教石窟中"大像窟"的手法，而凿出的大型佛像洞窟。不仅如此，昙曜五窟在继承基础上的发展也是显而易见的，洞窟规划的完整统一、五个洞窟的统一设计以及雕刻艺术风格等，无不浸透着中华民族传统艺术思想之精华。

——昙曜五窟各洞主尊造像之高大，不仅是艺术上继承的结果，更是社会政治的需要。上文所引《魏书·释老志》记载中，明确了"兴光元年秋，

---

① 参阅国家文物局教育处编《佛教石窟考古概要》，文物出版社，1993。

敕有司于五级大寺内，为太祖已下五帝，铸释迦立像五"的事实。那么，同一时间段（453至460）内，在云冈开凿五个大像窟的用意就不言而喻了。这也说明，云冈从开凿昙曜五窟开始，就体现出强烈的中国化趋势。

——除规模宏大外，昙曜五窟的三世佛造像题材，也是为人们所重视的问题。关于三世佛，《魏书·释老志》有如下记述：

> 浮屠正号曰佛陀，佛陀与浮图声相近，皆西方言，其来转为二音。华言译之则谓净觉，言灭秽成明，道为圣悟。凡其经旨，大抵言生生之类，皆因行业而起。有过去、当今、未来，历三世，识神常不灭。

以佛教教义阐明三世佛的含义，是宗教的"自然"一面，另一方面，对于云冈石窟所体现的三世佛，中国学者还将其与当时的社会背景结合起来，进一步揭示三世佛题材在云冈出现的必然性。这源于北魏时佛教在发展中经过第一次重大挫折之后企盼永久的强烈意识。

三、石窟艺术的外来文化特征

对佛教及其艺术传至平城的历史的研究成果表明，云冈的建造及其艺术形式之表达，具有历史的必然性。早期云冈艺术来自西方，即使云冈中晚期造像，亦有外来艺术元素。

1. 北魏与西域国家的往来及其佛教中心地位的确立

文献表明，西域诸国在北魏国家形成前的较长时间内，即具有发达的佛教意识形态。东晋高僧法显于公元401年西行经过这些地区时，有多达四千余名僧人在鄯善和焉耆修习佛法。北魏建立后，亦与西域诸国往来频繁，《北史·西域传序》：

> 太延中，魏德益以远闻，西域龟兹、疏勒、乌孙、悦般、渴盘陁、鄯善、焉耆、车师、粟特诸国王始遣使来献。……于是，始遣行人王恩生、

许纲等西使。……又遣散骑侍郎董琬、高明等多赍锦帛，出鄯善，招抚九国，厚赐之。……已而，琬、明东还，乌孙、破洛那之属遣使与琬俱来贡献者，十有六国。自后相继而来，不间于岁，国使亦数十辈矣。

与此同时，北魏凭借强大的军事实力，在不断扩展其疆土的同时，进一步使平城成为北方佛教中心。《魏书·释老志》：

太延中，凉州平，徙其国人于京邑，沙门佛事皆俱东，象教弥增矣。

凉州，即今天河西的甘肃武威地区。《魏书》记载："凉州自张轨后，世信佛教。"由此可见，4世纪上半叶以来，与西域诸国距离更近的凉州，就一直是佛教传播的重要地区。文成帝时期的道人统师贤和沙门统昙曜，均是来自凉州的佛教高僧。

北魏强大的军事力量，也导致多个西域国家经常遣使朝贡。当然，这些使者中不乏佛教信徒，他们献给北魏皇帝的贡品不可避免地包括佛教法物，当然也会有专程送上佛教艺术品者。《魏书·释老志》：

太安初，有师子国胡沙门、邪奢、遗多、浮陀、难提等五人，奉佛像三，到京都。

通过分析北魏与西域乃至中亚国家的文化关系，人们不难发现，最可能影响云冈艺术作品样式的，应是从印度和中亚各国甚至更远的西方进入北魏京城的佛教意识和法物。不管怎样，那些传入北魏京城的西方佛教作品，直接或间接地影响着云冈的雕刻，这是毫无疑问的。

不仅如此，北魏国家依仗强大的军事力量，还从各地虏获战俘、财物，从而壮大国家的经济基础。自天兴二年（399）至太和五年（481），无论虏获的人口还是财物，数量都是极其庞大的。对此，宿白《平城实力的集聚和"云冈模式"的形成与发展》作出以下结论：

从建都平城之年起，凡是被从北魏灭亡的各个政权区域内强制迁徙，或是从南北战场俘获的人口、财物，主要都集中到平城及其附近。集中的数字是庞大的。就人口而言,最保守的估计,也要在百万人以上。而被强制徙出的地点如山东六州、关中长安、河西凉州、东北和龙(即龙城)和东方的青齐,又都是当时该地区经济、文化最发达的地点。这几个地点合起来,甚至可以说是北中国当时的经济、文化发达地区的全部。迁移的同时,还特别注意对人才、伎巧的搜求。

……因此,这座近百年的北魏都城——平城及其附近,自道武帝以来,不仅是北中国的政治中心,而且也形成了北中国的文化艺术中心。加上这里集聚的大量劳动人手和从北中国征调来的巨大财富,平城内外筑造了一批批规模宏伟的建置,就不是偶然的事了。在许多大规模的建置中,就劳动量之大和工期之长而言,应以幸存于今的云冈石窟,即《魏书》所记的武州山石窟寺称最。

以上研究成果说明,在以陆上丝绸之路为纽带的人类文化交流中,公元4到5世纪的融合达到一个新的高度,其中蕴含的多元文化性又是这个高度最突出的部分。

2. 云冈石窟艺术的外来因素

进一步对云冈石窟考察可发现,所谓"西方样式"在被改造后应用于云冈艺术的表现,以犍陀罗风格最为突出。主要包括佛教人物造像、佛教理念表达、图像布局形式等几个方面。

(1)**大像窟的渊源**

从昙曜五窟相关数据统计表看到,昙曜五窟无论坐像还是立像,多为占据窟内大部分空间的大型造像,此外中部窟区的第13窟、第5窟,乃至第14窟也塑造了大像,这些平面椭圆形、穹隆顶洞窟,被统称为大像窟。而巴米扬两尊大佛中的35米高的东大佛似乎年代要早些,因而可以为云冈大像的渊源提供线索。[①]

[①] 长广敏雄:《云冈雕刻的西方样式》,《云冈石窟》第十二卷,京都大学人文科学研究所1954年版。

（2）佛像服饰和顶髻纹饰的外来形式

云冈早期佛像不外乎袒右肩和通肩两种服装。第20窟露天大佛及其东侧的胁侍佛像，就分别穿了这两种服饰。前者来自印度，后者具有欧洲特点，均为犍陀罗佛像所使用。云冈中晚期石窟虽然出现了所谓"褒衣博带"之中国式的宽大服装，但依旧有不少佛像仍穿着袒右肩和通肩服饰。其中袒右肩服饰并非完全印度穿法，而是将整个左臂和左胸腹贴体遮盖，右侧斜搭右肩一角，露出与左斜披边饰同样的衣纹，裸露右臂及右上胸。这种衣饰正是所谓"因复左肩，右开左合"的情况，是袒右肩的着衣样式在中国的改造和发展。

衣纹方面，云冈佛像所穿服饰沿袭了更多的犍陀罗和秣菟罗艺术形式。如第19窟南壁东西两隅的立佛像，是早期造像中通肩袈裟立佛像的代表作品。在这里我们看到袈裟下垂至脚踝处的分散状，但上半身至左右双胯仍表现出袈裟紧贴身体的特点。

虽然云冈多数佛像顶髻只雕刻出发式形状的素面形式，但依旧有不少佛像头顶发髻雕刻了类似犍陀罗形式的波状缕发。第16窟主佛像、第13窟西壁七佛像、第6窟中上层龛像中的佛像，乃至晚期的个别佛像亦为波状缕发。其中第16窟主像立佛的雕刻最具立体感，更加接近犍陀罗之写实精神。

（3）胡人形象的塑造

在云冈，佛弟子和夜叉多以胡人形象塑造。佛弟子像以第18窟主像东侧弟子像最为突出，上下两排5位弟子像，胡汉形象间隔布局。其中紧靠主佛像左侧的弟子像，深目高鼻，雕刻生动写实、细致入微，欧罗巴人种特征明显。以胡人形象塑造的护法夜叉，在第9、10窟，第6窟也多有表现，其中第6窟中心塔柱下层造像龛两侧的像，造型生动、雕刻细腻，尽管为体现夜叉的凶悍而略微夸张，但仍可以看出塑造依据显然非汉族形象。

胡人形象的出现，一是说明北魏平城时代经常有来自西域、中亚或更远的外国商人来此经商拜佛；二是说明在设计雕刻时，或有来自西方佛教发达地区的人士参与。大量出土于大同地区的北魏墓葬的陶俑或壁画中，也有胡人形象出现，亦证明北魏平城地区与西域、中亚来往非常频繁。当然更不能排除他们在一定时间内常驻北魏的可能。

（4）七佛与弥勒的犍陀罗排列及其在云冈的创新

大家知道，云冈图像中的三世佛造像，既有三尊佛像并坐的排列，也有二佛并坐与弥勒的排列，还有七佛像和弥勒的排列。其中七佛像和弥勒的排列，从犍陀罗到云冈发生了既有继承又有创新的变化。

在犍陀罗的浮雕构图中，往往不论塑造对象在宗教意义上的地位高低，均塑造得同样大小高低。这体现了欧洲文化特点，亦成为犍陀罗艺术构图的主要特征之一。自然，当需要塑造宗教地位相当的七佛与弥勒时，其艺术构图就恰如其分地选择犍陀罗最拿手的艺术表现方式了。于是我们看到一幅幅由8个人物并排在一起的浮雕板，他们由7位头顶肉髻的佛像和1位头顶宝冠的菩萨像组成。此种情形一直是犍陀罗艺术表现七佛和弥勒的重要方式。

在云冈，七佛与弥勒同样是重要的表现对象，但当人们看到第11窟和第13窟中以犍陀罗式横向排列的大型七佛形象时，却未在同一画面中看到头顶宝冠的弥勒菩萨像。通过对洞窟整体布局进行进一步的观察后可以发现，两个洞窟的弥勒形象被以另外的形式表现出来：第11窟的七佛像并排出现在西壁的大型屋形龛下，而弥勒出现在与西壁七佛列像同等高度并紧邻的洞窟北壁西侧（由于壁面风化坍塌，仅见龛式造像痕迹）；第13窟的七佛像并排出现在南壁明窗与窟门间的三顶瓦垄顶下，而弥勒被塑造为主像，位于洞窟北壁，并占据洞窟的大部分空间。云冈的这种继承犍陀罗表现形式而将弥勒重新安置的做法，不仅遵循了中国传统人物塑造中的"奇数"传统，亦表现了北魏云冈时期佛教弥勒信仰盛行的宗教特征。

（5）"六美人"两侧的犍陀罗式浮柱

偶数并列的佛教人物由两侧的浮柱装饰，是典型的犍陀罗画面特征之一。

在云冈，虽然没有出现完全的犍陀罗式作品，却出现了符合上述犍陀罗浮雕板画面布局特征的作品。这就是雕刻在第7、8双窟后室南壁明窗与窟门间的供养天人龛。这两个龛均为跪式或坐式的供养天人，由于人物身材比例协调、面貌清丽宜人而被称为云冈"六美人"，同时，其龛形装饰也是云冈石窟独一无二的。

第7窟的画面一方面继承了犍陀罗画面的基本特征（横向拉开式长方形

画面、两侧立浮柱、人物数量为偶数等），另一方面又将云冈已经大量使用的盝形帷幕形式，在将八字格去掉后加以运用，同时人物形象也是云冈早中期风格。所以我们完全可以将它视为多元表现形式的融合结果。它是犍陀罗画面的残留形式，一是虽然出现了两侧浮柱，但在形状和长度上没有完全体现，二是在云冈以后的龛式雕刻中再没有出现类似的情形，有的只是以中国式屋形龛装饰的七佛画面，虽然画面依然是横向长方形的犍陀罗形式，但其装饰的人物数量已由八个变为七个，由偶数变为奇数了。

通过以上各例云冈和犍陀罗艺术之间的比较我们发现，两者的显著区别，也是最能代表两者民族特性的是画面中的建筑形式，在犍陀罗中，两侧的浮柱是其标志性的艺术特点，而云冈的标志则是画面上方的瓦垄屋顶，或表示城门的瓦顶门楼。

四、中西文化艺术融合的舞台

作为规模宏大的中国早期石窟寺，云冈早期造像几乎以直接的方式继承了包括犍陀罗、秣菟罗等佛教艺术在内的外来艺术形式。与此同时，虽然古代大同一直是多民族的聚居地，但厚重的汉族文化已然在此居于重要地位。拓跋鲜卑的北魏政权在统治中大量吸收汉族文化营养，促进了社会经济文化的发展。由此从中期造像开始，大量汉族文化因素出现在洞窟内外，与传统佛教艺术一起，形成多元文化碰撞、融合的新面貌。

1. 阿特拉斯与云冈夜叉发型

阿特拉斯，这一希腊神话里的擎天之神，常被犍陀罗艺术家用来表现筋骨强健的裸体夜叉，以保卫佛法。依据佛经描述雕刻的云冈夜叉形象，不仅有手持武器或托举佛塔、龛像的"摄地形类诸罗刹"地夜叉，也有勇健、飞腾空中、能啖鬼的天夜叉。但并非裸体，多数夜叉穿了短裤（犊鼻裤），后来的形象（第6窟）还穿上了菩萨服装。虽然不少夜叉之面目已被刻画成温文尔雅了，但其头顶发式却一直以多种样式的逆发为标志，甚至还出现了极具鲜卑民族特色的辫发形式。

（1）逆发。即夜叉和妖魔的专用发型。在云冈，将夜叉和妖魔的头发立起上竖，以表示强悍之特点。

——大逆发，浓密的厚发向后上方蓬松竖直，粗壮的垄形发丝线条中雕刻阴线。

——平头逆发，表现为纵向垄形，以表现向上竖起的特点。

——翻卷逆发，满头粗大的垄形发式之发梢作卷曲状，与之呼应的是大发梢下再做一层卷曲状的小发梢，形成双层翻卷逆发形式。

——装饰逆发，将位于头顶中央的一条线于发际处一分为二，向两侧划为圆形卷曲状，平添了不少艺术韵味。

——夜叉分发，即一种将较短的头发分成几份，分别向前后左右梳理整齐的发式。

（2）夜叉索头辫发。亦即拓跋鲜卑等北方少数民族发式在洞窟中的再现。《南齐书·魏虏传》云："魏虏，匈奴种也，姓拓跋氏……亦谓鲜卑。辫发左衽，故呼为索头。"显然"索头"发式与"辫发"是一样的。"索发"显然是指辫发，即将头发编成辫子。要特别指出的是，云冈索头辫发雕刻最为突出的往往是夜叉飞天，或是飞行夜叉乐伎。索头辫发在第7、8窟和第6窟中的夜叉形象中表现较为突出。

2. 中华建筑进驻佛教石窟后的中外艺术融合

来到第9窟，首先映入眼帘的是出现在北壁中央的门楼。在这里，我们看到一个由正脊、垂脊、鸱尾、瓦垄组成的庑殿顶，加之屋顶下一斗三升人字拱雕刻，以及过梁式方形门等，一个完整意义上的汉族传统门楼呈现在眼前。屋脊上的金翅鸟、三角火焰纹，屋檐下手牵璎珞的成群飞天簇拥博山炉、化生人物、莲花门簪、忍冬、联珠等组合图案，在表达佛教意义的同时，也体现出强烈的东西方艺术融合特点。与此同时，第9、10双窟前室东西两壁上的交脚弥勒，也端坐在以瓦顶、屋脊、斗拱和层塔、棱柱组成的三间式屋形龛中，甚而将一座雕刻了包括踏步、月台、栏杆在内的象征寺院的完整中国建筑置于后室的因缘故事图像中。①

石窟寺首次将中国殿堂式建筑雕刻出来，置于重要位置，并且将门侧立框和门上额楣的重点部位以"镂绘青琐"②装饰。这种专用于宫殿、佛寺或王公府邸等较高等级建筑物的做法，也是平城地区皇家殿堂建筑流行的样式。北魏迁都洛阳后，佛寺宫殿仍沿用这种做法。③

作为佛教雕刻，在以传统佛教崇拜物为主体的塑造中，也十分注重对装饰形式的选择，在自然体现鲜明地域民族特色的同时，也使艺术形式更加多样化了。第9窟外方内圆的窟门顶设计，就是这种多样化形式的集中代表。我们看到，虽然为了表现中国传统建筑形式而将位于前室北壁的窟门凿为过梁式方形口，但位于后室一侧的窟门则为圆拱形门洞。一座窟门以内外两种不同结构组合并相互衔接并非易事，而人们在第9窟前后室出入观赏，并无不适，反而称奇。

早期窟室乃至第7、8窟中，装饰弥勒像的龛式为盝形龛（表示弥勒所在兜率天宫），而第9、10窟前室东西两壁装饰弥勒像的则是体现中国传统建筑形式的屋形龛。这是佛教石窟寺中首次使用中国式龛形。这不仅使石窟寺的佛教龛像增加了新形式，也证明了云冈在中国石窟艺术发展中承上启下的历史事实。自此，以瓦垄顶、正垂屋脊、鸱尾以及斗拱形为特征的中国式佛龛形式大行其道，成为佛教石窟寺中国化进程的一个缩影。

虽然中国建筑形式进驻并占据重要位置，但其中的西方元素仍多有显现，仅柱式、柱头就有四种：一是第9、10双窟明窗两侧仍然使用了在第7、8窟就已出现的方形重层塔科林斯柱头形式，甚至在第9窟前室西壁和第10窟前室东壁两个交脚佛像屋形龛下，也雕刻了同样的西方式柱形、柱头；二是双窟前立壁左、右明间杜的下部由方形础座、圆雕狮子和束腰平座共同构成基座，上部为向上逐渐收分的八角形柱身，柱头上置栌斗，形成中西合璧的列柱形式；三是双窟前室北壁装饰交脚菩萨和倚坐佛的盝形龛使用了来自西方的爱奥尼

---

① 第9窟后室南壁东侧的"兄弟二人出家缘"，出自《杂宝藏经》。
② 《西京赋》"青琐丹墀"，《吴都赋》"青琐丹墀"，刘逵注："琐，户两边以青画琐文。"
③ 北魏洛阳永宁寺南门"列钱青琐，赫奕华丽"，又河间王府后园迎风馆"窗户之上，列钱青琐"。

亚柱头；四是第9窟前室南壁东侧上层的圆雕八角短柱，"柱头略像方形小须弥座，柱中段绕以莲瓣雕饰，柱脚下又有忍冬草叶由四角承托上来。这个柱的外形极似印度式样，虽然柱头柱身及柱脚的雕饰，严格地全不本着印度花纹"[①]，这当然也是一个具有多元文化特质的艺术作品。

在这里，文化、艺术的碰撞融合被恰到好处地表达出来。视觉上并无不适之感的美术设计，使来自不同地域的建筑形式有机结合，当是云冈艺术的特点之一。

3. 三道宝阶与连三踏跺

在1992—1994年洞窟前的考古发掘中，于第20窟露天大佛前发现了垒砌十分规整的"凸"字平台及其中央无任何磨损的三道九层台阶，并根据地层关系确定其为北魏至辽代时期的遗存。在中国古建筑中，将其称为连三踏跺。但与高大佛像及其周边环境相比较，眼前的古代连三踏跺显得异常娇小玲珑，并且位于高大佛像盘坐双腿前方较近的位置。这是给参拜者拾级而上的台阶吗？

2015年8月初，"2015跨文化亚洲佛教艺术工作会议"在云冈召开，会上韩国首尔大学教授李柱亨在介绍犍陀罗艺术的研究成果时，展示了一幅似为红色岩石雕刻的犍陀罗式佛教艺术作品：画面上部中央正面雕刻了三道向上的阶梯，中央阶梯口雕刻佛陀立像，两侧阶梯口各立护法天王；三道阶梯的左右和下方布置表达佛陀"诞生""降魔""说法""涅槃"等四件大事的图像。显然，此石雕板所示内容为佛经故事"佛升忉利天为母说法"。这是表现释迦牟尼佛上忉利天为母亲摩耶夫人说法后沿三道宝阶而下的故事，因而亦称"三道宝阶"。[②]图像中央垂直向上的三道阶梯，使人直接联想到云冈露天大佛前的三道台阶，其与犍陀罗艺术图像的三道宝阶布局十分相近。犍陀罗浮雕板上的三道宝阶，是一个意义明确的图像表达。而露天大佛前的

[①] 梁思成、林徽因、刘敦桢《云冈石窟中所表现的北魏建筑》，中国营造学社1936年4月再版。
[②] 这是一个表现释迦牟尼佛上忉利天为母亲摩耶夫人说法后沿"鬼神作三道宝阶"还下的故事，因而亦称"三道宝阶"。故事通过摩耶乳汁入释迦口，儿子为母说法，在宣传佛教思想的因果观同时，颂扬了人间母子之情。

九层三道台阶，似为具有使用价值的台阶建筑，即连三踏跺。但如上所述，露天大佛前的三道台阶不仅娇小玲珑，且与古建筑记述之"四条垂带拢着三组踏跺石"之形制不同。三组踏跺石高于两侧的垂带，所谓"四条垂带"也只是以两条宽、两条窄的形式出现，成为三组踏石的基础承托。由此，在不排除此为中国传统台阶建筑之连三踏跺的变化形式的基础上，可以推测其也可能是佛经故事"三道宝阶"的象征形式。理由是：

（1）露天大佛前的连三踏跺，是"三道宝阶"佛经故事的图像转化形式，这一转化形式借鉴了犍陀罗石雕图像"三道宝阶"的形式。

（2）露天大佛前的连三踏跺不具有实际使用价值。如上所述，与高大佛像及其周边环境相比较，露天大佛前的连三踏跺显得异常娇小玲珑，并且位于大佛像盘坐双腿前方较近的位置，结合其出土时"石花"犹在且未有任何磨损之事实，其应是一种象征。

（3）记述"三道宝阶"故事的《佛升忉利天为母说法经》有"……四部大众歌呗赞叹，天作伎乐充塞虚空，散花烧香导从来下，阎浮提王波斯匿等，一切大众集在宝阶，稽首奉迎"之语。大佛前置三道宝阶，当众多佛教信仰者聚集大佛前，于三道宝阶周围迎接佛陀，就营造了"一切大众集在宝阶，稽首奉迎"的现场氛围。

作为世界上不多见的、多元文化汇聚的大型艺术作品，云冈石窟蕴藏了历史上东西方文化的最大规模碰撞交融，见证了不同文化的相互理解和包容，成为最具世界意义的文化遗产。因此，对以犍陀罗艺术为主的西方佛教艺术流派与云冈艺术关系的研究，是一个重要的课题，也是一个复杂的课题，需要反复探索和深入研究。

五、羊头山石窟

羊头山位于山西省高平、长子、长治三县交界处。羊头山是北魏至唐佛教活动的主要场所之一，据记载始建于北魏孝文帝太和年间，原名定国寺，北齐时改名宏福寺。羊头山石窟开凿于北魏至唐，山腰千佛殿有碑一通，高4米，宽1米，厚40厘米。四面满雕佛像，共有小佛像2000多尊，碑底雕有5龛，正面碑身中心雕火焰形大龛，内置坐佛一尊；侧面雕佛像两龛，为一佛二菩萨。发髻光滑，面相方圆，宽衣博

高平羊头山石窟

带，肩膀较平，从造型风格来看为北魏风格。羊头山石窟主峰顶有两座石塔，塔形制独特；一区佛龛，龛为三块巨石叠成，下为卧羊，中为佛龛，上为瓦垄式屋顶，龛内置一佛二菩萨，佛像跏趺而坐，面形衣饰皆属北魏风格。三号窟门外两侧雕的是菩萨造像，面部风化比较严重，但仍能看出菩萨的发型是高髻，衣饰飘带流畅自然。石窟是一石开两窟，两个窟门也有所不同。正面是两只展翅的凤凰，周边雕有花草；窟石东侧的窟门有两条小龙。整个石窟表面共有大小龛30余处。从整体上看是北魏时期的。五号窟是羊头山石窟中最大的一组窟，一石开三窟，较大的一门门外两侧雕有二力士，仰首相向，形态生动，脚踏瑞兽。石窟石门上有为它遮风挡雨的石头。窟内原有多处题记，现大多已难以辨认，只有正壁右下方的题记仍清晰可见，年号是"大魏正始二年"。东侧窟进深浅，雕的是释迦、多宝二佛，"秀骨清像"，臂长过膝，四肢细长，典型的北魏风格。

六、碧落寺石窟

碧落寺石窟为北魏晚期石窟艺术的代表。碧落寺位于山西晋城市西北约7.5公里处的泽州县巴公镇南连氏村东，依山而筑，是古泽州境内创建时间最早、建筑规模最大、声望最为显赫的寺院之一。据石窟西窟外石阶旁题记，

寺始建于北魏太和六年（482），完成于唐大和六年（832）。碧落寺东院现存北齐及唐代石窟三窟，为碧落寺最具价值之所在。西窟门高1米，宽0.83米，平面为长方形。窟内雕佛、菩萨、供养人、力士等像共计65尊。坐佛着袈裟，结肉髻，跏趺而坐，舟形背光，有北齐武平七年题记。由石窟风格及窟门外"大齐武平七年"题记可推断其当属北齐遗物。有9尊基本完整的佛像，造像神态自如，肌肤丰润，比例适度，装饰华美。在西窟的内壁上，在窟内或坐或立、或大或小的佛、菩萨、弟子间，布满了供养人线刻画像及题名，其中供养人题名84处，线刻供养人近千。略计有像主21人，大都邑主6人，邑主1人，教化主2人，都维那5人，维那4人，邑子44人，另外尚有比丘、比丘尼等多人。根据题记和记中职官等推断，大部分为北朝石刻。画中人物大都头梳高髻，腰系羊肠纹裙，袒胸露臂，或赤足，或高靴，显露出一种庄重秀丽、温柔典雅、明朗而含蓄的神情，衣褶纹饰随肢体的运动而起伏聚散。作者巧妙运用阴阳结合的线刻技法，使得线条柔和流畅、疏密有致、刚柔相济，颇具神韵。

七、南涅水石窟

南涅水石刻造像在山西沁县县城东北的南涅水村出土。据碑文记载，这批石刻造像上自北魏，下至北宋，积累了北魏、东魏、北齐、隋、唐、宋六个朝代的民间石雕艺术珍品，题材大多以佛教内容为主。造像多为以四面开龛造像的方形石块叠垒成塔形，为国内稀有。

石刻分为碑文石刻、造像石塔、个体造像三大类型。碑刻主要是作题记用的，有文像并刻和纯文石刻两种，造像石塔的石刻多为正方形和锥形，每组5—7块，都垒成塔形，每块石刻周围都雕有佛龛，龛内有佛像。每一龛内除一佛像外，还分别衬有数目不等的菩萨、僧侣、力士。造像或行，或立，或坐，形态各异，栩栩如生。佛龛用龙首和各种花卉图案装饰。图案奇出多变，同是用龙首装饰，龙首取势却变化多端，有的垂首，有的昂首欲飞，有的逍遥平视，有的怒欲吞云，有的嬉戏吐雾，有的口衔佩玉。个体造像共50尊，大小不一，大的高 3 米余，小的仅 0.3 米，分佛、菩萨、罗汉三种。造像的衣着、形体、形态刻画得细腻、逼真、生动。造型具有不同时代特征，是中国石雕艺术的珍宝。南涅水石刻造像群，是在云冈石窟的影响下出现的，但却不同于各地的石窟造像，

南涅水石刻

不是远涉深山悬崖凿窟的塑像雕刻，而是因地制宜、就地取材凿石成像成塔。或大或小，既易取置，又简便经济。南涅水石刻造像是历史、文化、佛教、民俗的佳品。北魏中晚期造像一般为秀骨清像，服装为汉式宽衣博带，庄严慈祥，面带微笑，显现出文雅、和善、亲切的神情，具有汉民族文化特有的凝重、典雅气息。这种式样一度风行北魏全境，成为造像的规范。羊头山石窟、碧落寺石窟和南涅水石刻所处的地理位置，曾是北魏王朝从平城迁都到洛阳的必经之路，从这三处石窟的特色和风格，可以看出从云冈石窟到洛阳石窟风格过渡的痕迹，特别是宽衣博带的服饰风格及文雅亲切的神情，鲜明地表现出汉族式风度气质，表现出孝文帝大刀阔斧汉化改革的历程。

八、天龙山石窟

天龙山石窟，创建于东魏。东魏权臣高欢坐镇晋阳时，曾在天龙山修建避暑宫，并开始在天龙山开凿石窟，即东峰的第 2、3 号窟。高欢子高洋建立北齐后，以晋阳为别都，并继续在天龙山开凿石窟，即东峰的 1 号窟和西峰的第 10、16 号窟。此后，隋唐两代继而为之。共存石窟 25 座，跨越 4 个朝代，历时 400 多年，反映出各个时期的不同风格和艺术成就，却又有一脉相承的传承关系。两座东魏窟和三座北齐窟都是方形窟室，三壁三龛的形制，东魏尊像组合皆三尊像，为正壁释迦、左壁弥勒、右壁阿弥陀。东魏像清瘦，

造像手法朴实、简洁，仍是"秀骨清像"的风格。北齐像减少了动感，重在对形体结构的雕造，雕塑语言臻于完美。同时，还可以看到龛形和窟形上对于建筑结构的关注——相当精确地再现了当时木构建筑的原貌。北齐的第1、10、16号窟，窟前增加了仿木结构的前廊，廊雕二柱，柱头承普柏枋，枋上有一斗三升斗拱，补间则施人字形叉手，是现存北齐的唯一建筑实例，有重大的研究价值。天龙山石窟以成熟、饱满和细致，以浓厚的民族性和地方性为其特色，以"小而精"著称，体现了不同于其他石窟的独特风格。

九、西山大佛

太原西山大佛，又称蒙山大佛，位于山西省太原市西南20余千米处的蒙山。西山大佛所在的寺院，原为东魏所建的大庄严寺。大佛始凿于北齐文宣帝高洋天保二年（551），经五个皇帝二十余年，在后主高纬时凿成。《北齐书》卷八《幼主纪》记载，纬"凿晋阳西山为大佛像，一夜燃油万盆，光照宫内"，所以蒙山大佛也称为西山大佛。"宫"就是指历史上著名的北齐陪都晋阳宫。大佛坐落于蒙山北峰之阳，南向，依山凿制，由于年久风雨剥蚀，岩石表层风化严重。1363年，寺毁阁倾，大佛头部脱落，从此大佛之腹、手、腿、足以及基座和大阁遗基就被掩埋于山石、残砖和泥沙之中，不为后人所知，现已整修。西山大佛是中国首座露天开凿的摩崖大佛，开凿时间比乐山大佛早一个多世纪。西山大佛最显著的特征是高大，佛像高约66米，仅低于四川乐山大佛。无疑，西山大佛是中国摩崖石刻中的精品。

魏晋北朝时期山西不仅有大型石窟造像群，还有许多雕工精湛、造型奇美的单体造像精品。山西省太原市华塔村出土了许多尊北朝造像，正是这些单体造像的典型代表。如东魏郭妙姿造释迦坐像，释迦身着褒衣博带，结跏趺坐，袈裟宽博，衣裙覆于座前，身后有背光及二胁侍，台座正面刻博山炉、护法狮子，整体刻画简洁明快，代表东魏造像的较高水平。[①]北齐时期释迦七

---

① 东魏郭妙姿造释迦坐像，现藏于山西省博物院。

尊像，主尊释迦佛居中坐于仰莲台座上，侧有二弟子、二菩萨、二胁侍恭立，佛坛下部为二供养人跪立，中为莲花化生手托摩尼宝珠供养，两侧有二狮及天王，舟形背光周边浮雕宝塔、飞天，背后也有彩绘佛像。该像雕法严谨，装饰华丽，气度不凡。北齐观音菩萨五尊像，砂石质，贴金彩绘，透雕双树背光，高浮雕伎乐飞天及二龙奉塔，主尊观音菩萨头戴化佛宝冠，身佩璎珞，后施说法印，是北齐菩萨造像精品，被认为是女性化菩萨之始作。[1]北齐释迦头像汉白玉质地，螺发高耸，脸庞轮廓圆润优雅，双目轻合，鼻梁劲挺，薄唇柔美，嘴角微微内敛，是北朝佛教造像之极品。[2]另一尊北齐释迦头像方中见圆的脸型，已开唐式佛像的先河，采用圆刀法刻画面部的弧形和五官，是一件极为优秀的作品。另外，山西省交城县王村慈民寺征集的东魏释迦立像，褒衣博带，舟形背光。从面相及服装上看，已是典型的汉族名士风范，具备北魏晚期到东魏佛教造像的典型特征。[3]总而言之，山西出土的这些单体造像具有很多相同的元素，如褒衣博带，或者具有开创意义，如女性化菩萨造像，这些都或多或少地体现出北朝佛教汉化以及大众化的趋势。

  毋庸置疑，佛教造像是北朝时期山西文化的精粹，但还有一些其他题材的石刻作品也体现了当时艺术的精湛，同样具有鲜明的异域风格。如山西省大同市智家堡北魏墓地出土的石棺床，立面边缘装饰连续的忍冬纹和水波纹，足部饰铺首、花卉和动物形象，雕刻细腻，异域风格鲜明。大同北魏司马金龙墓出土的雕饰精美的石床，床足雕出承托状的力士，足间雕壸门，壸门以上雕忍冬图案，图案中雕出伎乐、龙虎、凤凰、金翅鸟等，还有四个雕刻精细的石屏趺，都是少见的北魏石雕艺术珍品。[4]

---

[1] 北齐时期释迦七尊像，现藏于山西省博物院。
[2] 北齐释迦头像，现藏于山西省博物院。
[3] 东魏释迦立像，现藏于山西省博物院。
[4] 廉婷：《浅论大同司马金龙墓石雕柱础的艺术风格》，《沧桑》2008年第5期。

十、阿育王塔——国内罕见的佛寺名塔

在今山西省代县人民政府院内,有一座十分罕见的佛寺名塔。考古学家、著名长城研究专家罗哲文先生考察后曾感叹地说:"我们不能说这座塔是全国第一,但绝对是国内罕见。"

佛祖释迦牟尼涅槃之后150多年,古代印度孔雀王朝的第三代国王诞生了,这就是在佛教史上占有重要地位的阿育王。

阿育王用武力统一了大部分南亚次大陆和今阿富汗部分地区。在幼年时,阿育王孤身用一根木棍杀死一头勇猛的公狮。18岁时作总督,镇压了阿般提省的暴乱。传说在阿育王登上王位前杀了99位兄弟姊妹。阿育王率本部落军队以杀10万人、俘虏15万人、伤残50万人的巨大代价,才统一了今北印度、南印度大部分地区。这一串串血淋淋的数字,一个个血流成河的场面,成就了阿育王这个重要历史人物。功成名就也促使他自我反省,于是他选择了礼佛传教,摒弃暴力,追求和谐。

阿育王于公元前269年正式登基,并举行了浩大的登基典礼。他前半生的功绩是坐稳王位、基本统一印度,被史家称为"黑阿育王"时代。"白阿育王"时代描述的是阿育王的后半生,这时他信奉了佛教,号曰"无忧王"。阿育王皈依佛教后,第一件事就是大兴佛教建筑,发愿在全世界建84000座奉祀佛骨的佛舍利塔。第二件大事是组织了第三次佛教徒大结集,祛除了外道,整理了佛教经典,编撰了《论事》。在第三次佛教大活动中,阿育王邀请了以著名高僧"目犍连子帝须"长老为首的1000多名得道高僧,在华氏城举行了讲经、辩经、整理典籍、法会等活动。

阿育王在古印度帝王之中是无与伦比的,他对历史的影响同样可居古印度之首。他统治时期是古印度史上空前强盛的时代,其本人也是印度历史上最伟大的帝王。后世将"护法名王"之冠授予阿育王,是对于他保护佛教、传播佛教的历史性褒奖。

在孔雀王朝时期,佛教依靠行走在丝路上的僧人、商旅、贡使传播。阿

育王派出的传教布道者要越过丝路上不同地域文化的障碍,越过自然界千山万水的阻隔,越过各种部落信仰和价值的障碍。阿育王的文化理念能被遥远的东方古州雁门人接受,并变成物化载体——阿育王塔,这是文化渗透力和文化亲和力的表现。

从释迦牟尼创立佛教到阿育王时代的一个半世纪,佛教经历了七位持法和两次大结集。但这期间佛教与耆那教、婆罗门教、阿耆昆伽等教派相比,还没取得绝对优势,更未走出国门。第三次大结集之后,阿育王派遣了许多支由王子、公主参加的佛使团,到今斯里兰卡、缅甸、叙利亚、埃及等地传教布道。

代州阿育王塔所在的圆果寺中保存了《敕建圆果寺塔记》碑文。该碑文首先讲了佛诞之日与两国纪年间的联系,指出了代县佛教法事活动日子的来历。碑文说,释迦牟尼诞生于蓝毗尼园时,中华历史纪元是周昭王二十四年甲寅四月初八,

代州阿育王塔

佛的涅槃日是中华历史纪元的周穆王五十二年壬申二月十五日。这个历史记载与当今代县佛教徒教习教规十分吻合。代县现有350余自然村,几乎每村都有佛庙,每年阴历四月初八,佛庙不论大小,总要办场庙会。规模大的庙会,要请八音鼓班唱四天大戏。庙会期间,当地高僧、庙头、名流以及名望高的居士和大供养者,要出资举行大型的佛事活动,寺院要给捐献巨款者立碑刻石。而且佛教庙会与当地商贸活动紧密结合,有时各庙名流也会来个雅集,或参禅讲法,或游山玩水,或舞文弄墨。释迦牟尼涅槃的日子,即周穆王五十二年的二月十五日也被雁门僧众记住并发扬光大,每月的初一、十五,每座寺

庙僧众及居士都要入寺换服、吃斋、诵经、修禅、转殿等，做集体功课。

《敕建圆果寺塔记》，正本已亡佚。明成化十九年（1483）癸卯，时任僧正洪选视察当时的圆果寺时，看到一轴珍藏于寺内的锦绫装裱的古老卷轴，该轴有文数篇，"记（阿育王）塔兴废、源流在卷轴"。于是，他专心研读诸文，细细查阅历代典籍，深感卷轴之珍贵，"诚恐相传，而易于遗毁。是以，谕集本寺诸僧，雇工砻石，誊序其由，立于塔前"。清康熙三十三年，阿育王塔大修顶部时，又将刻在石上的诸文统统录为纸本传于后世。

《敕建圆果寺塔记》的学术价值很大，记录了许多关于释迦牟尼的信息。

现在雁门关的村民，祖祖辈辈传下一个文化概念：关上的武安君庙与代州城中的距离远达50里的慈云庵为上、下庙，每日上、下庙里的晨钟暮鼓遥相呼应，即当关上的钟声、鼓声偃息后，慈云庵的钟声和鼓声就会响起来。这是一个非常有意思的文化现象，因为两庙性质根本不同。关上供奉的是战国名将李牧，还有三国时的关公、勾注山的山神，甚至还有马神爷，一切均与战争、战神有关。代州城中的慈云庵，在唐时大兴佛教中起建，是圆果寺的子庙，专收云游尼姑，挂单尼姑颇多。庵中供奉的是佛陀、观音，居住的是尼姑。慈云庵凭僧正司设在圆果寺的优势，获得了剃度权。在慈云庵出家的弟子，均须到雁门关上的石窟洞中学习三月或半年，在雁门关上完成一定的学业，然后再到慈云庵举行正式剃度仪式，到州府设在圆果寺的僧正司注册登记，然后再转塔7天，才能领取度牒。一个是兵戈战争，一个是念经禅定；一个是血与火，一个是善与慈，这两个对立面，却构成统一的矛盾体。更令人惊诧的是，不知从何时开始，僧侣们驻在雁门关上，为李牧将军、关羽将军添续香火，守候和供养这两位战神。战争与佛，"黑阿育王"与"白阿育王"，何其相似！

西域的阿育王、耶舍和雁门的慧远、昙鸾，组成一个跨5个世纪的佛教传播接力。阿育王在"白阿育王"时代，做的第一件大事就是向全世界传播佛教教义。方法有二：一是在全世界造佛舍利塔，二是搞第三次佛教徒大集结。500余年后，雁门本土出了两位在佛教发展史上占有一席之地、在高僧中位居前列的大德高僧，这俩人就是净土宗创始人慧远和昙鸾。与阿育王组合的是耶舍尊者,耶舍又是何方神圣?禅宗排有西天传法世系,计有28祖,耶舍位列第18;中国佛教有500罗汉,而耶舍尊者又位列第40,在中西方均有座次。耶舍是和佛祖同时代的人,他是古印度萨婆派的一位大师、论师,他的许多理论启发和丰富了佛教教义。耶舍尊者的重要理论是"内明论",即通过一种现象认识同一种事物的不同。如一位瓷器大师,用同样的原料,做出形状、大小、颜色毫无二致的10只瓶子,用同一口窑烧出,但如果用小木棍敲击这10只瓶子,则会发出不同的声音。人们根据声音,可找出瓶子的不同点。这样的认识方法,层层剥皮,步步跟进,能找出无穷的不同,由此认识方法,演变出佛教的"内明论"。阿育王请他的搭档找出安放84000座塔的地方。这些塔有佛祖的灵性,阿育王"发五天诸塔,并取龙宫舍利,使鬼王碎七宝末(《佛说阿弥陀经》曰:砗磲、金、银、玛瑙、珊瑚、琉璃、琥珀),一夜造成八万四千所"。

阿育王和耶舍及众鬼神安放舍利塔的过程,也是播种慧根的过程。同时,安放阿育王塔的故事,也阐明了"佛性"和"因缘"互相感应。阿育王礼请耶舍尊者,尊者指端放出84000道光明,通瞻洲界。有一处光明泯灭,阿育王就以金棺银椁盛装佛骨舍利与七宝,马上令飞羽神鬼安葬到那里。这84000处安葬点谁也不知道,只有阿育王见过,耶舍尊者见过。尽管"飞羽神鬼"亲自安葬,恐怕也记不太清。这些埋在深山老林或厚土之下的塔,当机缘来了,就会自动显瑞,降祥兆于人间,让有慧根和修行到一定程度的人去认识去感应。

也许有了佛骨舍利这个慧根,雁门才出了高僧慧远和昙鸾,才创造出佛教的一支——净土宗。

慧远(334—416),俗姓贾,雁门郡楼烦人,出生于一个高等级的门阀世家。他在少年时代饱读儒学,旁通老庄,13岁随舅父令狐氏游学,21岁时随道安出家。慧远出家后,修建的第一座道场就在勾注山脉中的白人岩山。慧远在佛教传播史上做出了重大贡献,成为净土宗的主要创始人,使佛教大众化。他的传教方法有两种,一种是把佛教教义与中国东晋时的国情相结合,力求符合大众文化低之特点,只要求诵阿弥陀佛,去掉许多修行、功课礼仪和繁文缛节,就可到达西方净土。另一种是在讲解佛经时,常常触类旁通地引用老子、庄子之要义，融释、儒、道于一炉，为佛教文化的生根壮大提供了一片文化沃土。慧远著作颇丰，主要有《大智论要略》20卷、《沙门不敬王者论》1卷等。

昙鸾（476—542）是北魏时代的高僧和名医，山西代县人。自号"魏玄简大主"，魏孝静帝称其为"神鸾"，梁武帝称其为"肉身菩萨"。他的理论奠定了净土宗立宗的理论基础。佛学主要著作有《往生论注解》2卷、《略论安乐净土义》1卷；医学著作亦颇丰，主要有《调气论》《论气治疗方》《疗百病杂丸方》《服气要诀》等。

无论阿育王造塔、耶舍尊者点化雁门，还是慧根因缘让雁门出了慧远、昙鸾两位大师，其实质都是丝绸之路中印佛教文化交流的产物。

第七节

隋唐盛世——山西在与西域交流中的
重要地位与巨大作用

隋朝自建立之始，就面临西突厥对其统治的严重威胁，为了解决边患，巩固中央集权，隋文帝一方面加强防范突厥和吐谷浑在军事上对隋统治的威胁，另一方面努力保持中原与西域的交往。隋炀帝即位之初，曾派大臣韦节和杜行满出使西域诸国，结果获得了玛瑙杯、佛经、十舞女、狮子皮、火鼠毛和"五色盐"等奇珍异宝和舞女、歌伎。从此他便萌生了"远略"西域的念头。隋炀帝统治期间，隋朝开始了对西域的有计划、有目的的经营。大业年间，是隋朝国力最强盛、版图最辽阔的时代。大业中，西域高昌、康国、安国、石国、焉耆、龟兹、疏勒、于阗、钹汗、吐火罗、挹怛、米国、史国、曹国、何国、乌那曷、穆国、漕国等"相率而来朝者三十余国，帝因置西域校尉以应接之"。[①]

隋炀帝为经营西域、巩固隋朝在西部广大地区的统治，在人才选用、军事征讨、亲临威慑、财源供给等方面都曾有过缜密的安排，使得隋朝在汉魏以来通西域的基础上，与西域的经贸文化交流，进入一个新的历史阶段。

公元7世纪，唐朝代隋而兴，唐太宗李世民联合漠北铁勒诸部灭东突厥

---

① 《隋书》卷八十三《西域传》。

汗国，西域各族为之震动，各地首领纷纷要求归附，尊唐太宗为"天可汗"。贞观四年（630），原属西突厥的伊吾城主率所属七城自愿归顺唐朝，唐朝置西伊州（后改称伊州），西域门户洞开，高昌、焉耆、龟兹、疏勒等纷纷归附。这些都为唐朝统一西域各地创造了条件。进入中唐后，中国封建社会驶入高度发展的快车道。这期间，另一位山西人武则天在唐朝与西域各国的交流中也起到举足轻重的作用。

一、裴矩经营西域

大业初年，西域各国商人到张掖和中原互通贸易，隋炀帝派遣裴矩监管。裴矩的出色表现使得隋炀帝能够成功地经营西域并对后世产生深远影响。

裴矩，字弘大，河东闻喜人。炀帝继位之后，担任过民部侍郎，是一位出色的外交家、战略家、地理学家、民族问题专家。他在隋炀帝的西域政策的制定、执行上起着举足轻重的作用。

早在隋文帝时，裴矩就有安抚岭南的功劳，抚慰突厥的经验。至隋炀帝时，隋朝北方边境压力大减，此时"西域诸蕃，多至张掖"，与隋朝进行互市贸易。隋炀帝以裴矩为驻张掖特使，主管同西域各国的商业和文化联系，并导使入朝。

裴矩被隋炀帝任命专掌经营西域事后，甚为忠诚称职。他知道炀帝"方勤远略"，上任初，接旨到达张掖以后，看到这里胡商云集，往来如织，商业贸易非常兴盛，便在征收关税之际，有意给这些胡商很多优待，逐渐赢得西域和境外胡商的信任，双方关系也日益亲近。

裴矩乘机向胡商询问该国的风土人情及山川地理。闲暇之时，又阅读了大量有关西域地区的典籍。不到一年的时间里，裴矩不但弄清了从敦煌至西海（今地中海）之间的三条丝路的大致走向，而且还把丝路所经"四十四国"的地理位置、"山川险易"以及所产奇珍异宝搞得一清二楚。他在对西域各国的山川、风土等进行调查研究后，发现自东汉以后中国对西域各国情况知道太少，"虽大宛以来，略知户数，而诸国山川未有名目。至于姓氏风土，服装物产，全无纂录，世所弗闻"。又由于西域各国"兼并诛讨，互有兴亡。一考于前史，三十余国。其余更相屠灭，仅有十存"，"或地是故邦，改从今号或非旧类，因袭昔名"。[1]为了加强内地和西域的联系，使朝廷对西域各国情况有真实详细的了解，裴矩在张掖、武威管理商业交通事宜的同时，广泛地采访了西域各国的商人，收集了这些地区的政策、风俗、山川、交通、物产等大量资料，写成《西域图记》三卷，叙述了44国的情况，"仍别造地图，穷其要害"，详述"发自敦煌，至于西海，凡为三道，各有襟带"，上奏朝廷。[2]裴矩在上奏炀帝时劝炀帝经营西域，提出这是统一国家、安抚万民的需要，而且提出以当时国家的威德和国力完全能够做到。炀帝闻奏大喜，"每日引矩至御坐，亲问西方之事"，于是"慨然慕秦皇、汉武之功，甘心将通西域，四夷经略，咸以委之"。[3]裴矩受命复往张掖、敦煌等地，"自是西域胡往来相继"。[4]

在此基础上，他还将《西域图记》上呈炀帝。这是有史以来中国人撰写的第一部专门记载西域和丝路情况的图文并茂的史学专著。它详细记录了44国山川、人物、风土、服饰、物产等资料，并绘有地图。

《西域图记》原书三卷，是迄今已知的有关西域一带最早的地方志书，因此在新疆方志史上有重要的地位。惜原书早已散佚，只在《隋书·裴矩传》中幸存原序。序言中叙述了中国通西域到地中海的大道"发自敦煌，至于西海，凡为三道，各有襟带"。这三条大道是：北道，在天山北路，由伊吾（今

---

[1] 《隋书·裴矩传·西域图记序》。
[2] 《隋书》卷八十三《裴矩传》。
[3] 《隋书》卷八十三《裴矩传》。
[4] 《资治通鉴》卷一百八十。

新疆哈密市）经蒲类海（今新疆巴里坤）、铁勒等地，而至西海；中道，即天山南路的北道，由高昌（今新疆吐鲁番）、焉耆（今新疆焉耆回族自治县）、龟兹（今新疆库车）等地而至西海；南道，即天山南路的南道，由鄯善、于阗（今新疆和田）、朱俱波（今叶城地区）等地而至西海。在这三道中，中道和南道越过崇岭分别到达波斯（今伊朗）和拂霖（即东罗马帝国）等西亚、欧洲各国。西域各国商人、使者等也通过这三道东来，会集敦煌进行商业贸易和文化交流。其中，新疆的伊吾、高昌、鄯善，并为西域门户，而敦煌则为其咽喉之地，更为重要。

裴矩为编撰《西域图记》倾注了大量心血。为了详述西域各国山川险要和绘制相应的地图，他对西域各国的地理情况详加收集，并将资料上的记载与现实地理对照核实，凡名称相符的照录，凡山川名称更改或有山川而无名称的皆加以采撰，又依据调查的结果绘制地图。裴矩绘制的西域地图所涉猎的面积"纵横所亘，将二万里"，包括今地中海东岸、咸海以南广大地区，相当广阔。

《西域图记》一书的价值很大，它不仅对当时隋朝了解西域、经略西域有很大意义，还保留了很多有关西域的史料，成为研究隋唐时西域情况的一个重要资源。

据这本书的序文记载，由于突厥和吐谷浑霸占了西域各国，因此丝路受阻，贸易不畅。最为重要的是裴矩从胡商那里打听到，西域各国希望结好，愿意臣服隋朝。裴矩还鼓动隋炀帝，以隋之威德，将士骁勇，灭掉突厥、吐谷浑易如反掌。

裴矩将这本书献给炀帝后，勾起了炀帝打通西域的兴趣。大业五年，炀帝亲征，打击阻隔西域贸易的吐谷浑，拓地数千里；后命裴矩引高昌、伊吾等西域二十七国到焉支山（今甘肃省山丹县）参加盟会；大业六年，又邀西域各国派使者、商旅到东都洛阳观看百戏会演，借以夸耀隋朝之盛威。此后，炀帝又遣将军薛世雄与裴矩至西域伊吾筑新城，由此隋与高昌关系更加密切。炀帝还接受裴矩的建议，派遣使者出访波斯、印度等国，使一度中断的丝绸之路进一步向西延伸。

裴矩和他所撰写的《西域图记》，不但导致突厥的瓦解和吐谷浑的灭亡，促进了丝绸之路的畅通，而且对推进隋唐中外文化、艺术交流以及丝绸之路的繁盛都有非常重要的作用，为隋唐时期中西贸易的发展做出了不可磨灭的贡献。

大业三年（607），隋炀帝有事到北岳恒山，西方来助祭者达十余国。裴矩还遣人以厚利说服高昌王鞠伯雅、伊吾吐屯设等入朝。隋炀帝西巡时，次焉支山，"高昌王、伊吾设及西蕃胡二十七国"，身穿盛服，佩戴珠玉，铺着地毯，焚香奏乐，歌舞相趋，谒于道边。又令武威、张掖等地的侍女，盛装列阵，队伍长达数十里。由于裴矩谙熟西域地理民情，因此成为隋炀帝处理西域事务的得力助手。隋炀帝特任命他为民部侍郎，又迁黄门侍郎，许他参与朝政，并派他到张掖引导西域各族首领入朝，使隋朝与西域各国的关系更加密切。

炀帝为西域之路重新畅通扫除了障碍，铲除了横于隋朝与西域间、占据西域东南隅的吐谷浑势力。吐谷浑本是辽西鲜卑慕容涉归之子。西晋末，吐谷浑率其部落迁徙到今青海地区，逐渐征服当地羌族，并与之融合。北周时，其首领称可汗，建立吐谷浑汗国。首都伏俟城在青海湖西15里，控制了"西平（今青海乐都）、临羌城（今青海徨源）以西，且末以东，祁连以南，雪山以北"[①]的大片地区，文帝时不断入侵隋边境。大业初，铁勒侵扰边塞，炀帝遣将军冯孝慈率军出敦煌抗御，使铁勒请降。炀帝又令其袭击吐谷浑，大败之。[②]大业三年（607），隋炀帝派裴矩出使铁勒，"讽令击吐谷浑以自效"。铁勒可汗契苾歌楞发兵，大败吐谷浑。大业四年（608）七月，炀帝又派大将杨雄、宇文述等平定吐谷浑，慕容伏允可汗逃遁，"其故地皆空，东西四千里，南北二千里，皆为隋有，置州、县、镇、戍，天下轻罪徙居之"[③]。大业五年（609）三月、四月，炀帝亲巡河西、陇右，五月宴群臣于金山之上。同时派兵部尚书段文振、太仆卿杨义臣、将军张寿等围击伏允，伏允率数十骑逃出。六月，炀

---

① 《隋书·吐谷浑传》。
② 《隋书·吐谷浑传》。
③ 《资治通鉴》卷一百八十一。

帝经大斗拔谷，至张掖。高昌王伯雅来朝见，伊吾（今新疆哈密市）吐屯设等献西域数千里之地于隋，炀帝大悦，"置西海、河源、鄯善、且末等四郡"，并"御观风行殿，盛陈文物，奏九部乐，设鱼龙曼延，宴高昌王、吐屯设于殿上，以宠异之。其蛮夷陪列者三十余国"①。炀帝在置西海、河源、鄯善、且末等四郡之后，又"命刘权镇河源郡积石镇，大开屯田，扞御吐谷浑，以通西域之路"②。

可见隋朝经略西域，符合当时政治、经济发展的需要，具有积极意义。首先，使西突厥归附，赶跑了吐谷浑，加强了隋朝中央集权。西域的经通，使许多国家倒向隋朝，成为瓦解西突厥和吐谷浑的同盟军。其次，隋朝对西域的经略，结束了自东汉以来中原与西域联系长期受阻的局面，加强了中原与西域之间的友好往来。再次，促进了隋朝与西域社会经济的繁荣。边患既除，沿边经济就有了保证。

隋炀帝西域政策能成功，裴矩可以说功不可没。他著《西域图记》增进了中央政权对西域的了解；持绥怀之略处理民族问题，极大地巩固了隋朝统治，促进了隋朝与西域社会的经济文化交流。特别是他在重新打通西域丝绸之路中所做的贡献，至今仍有现实意义。

二、武则天加强对西域的管理

为了加强对西域的治理，唐代统治者在广袤的西域之地建立了军政一体的都护府。都护府是唐代设在边疆负责统领周边众多羁縻府州的军政最高权力机关，是唐王朝加强地方统治、处理民族关系的重要举措，也是唐朝前期政治清明、经济发展、社会繁荣的原因之一。这项制度对后世产生了非常深远的影响。都护府的任务是"抚慰诸藩，辑宁外寇，觇候奸谲，征讨携贰"③，唐代主要有单于、安北、安南、安东、安西、北庭六大都护府，武则天于长

---

① 《隋书》卷三《炀帝纪》。
② 《资治通鉴》卷一百八十一。
③ 《旧唐书》卷四十三《职官志一》。

安二年（702）在庭州设置的北庭都护府（今新疆吉木萨尔北破城子），是武则天当政时期的一项重大举措。北庭都护府取代金山都护府，昆陵、濛池二都护府归北庭都护府管辖。①景云二年（711），北庭都护府升为大都护府，与安西都护府分治天山南北。天山以北包括阿尔泰山和巴尔喀什湖以西的广大地区归北庭都护府

唐代金棺：泾川县大云寺出土，高6厘米，长7.5厘米，宽6厘米。棺盖及棺身用金片、珍珠、绿松石镶嵌成大莲花，周围又饰以金片组成的小莲花，莲蒂、莲叶均对称。

统辖；天山以南直至帕米尔以西、阿姆河流域的辽阔地区属安西都护府管辖。贞元六年（790）北庭都护府被吐蕃攻陷，前后存在90年。

北庭都护府所辖之地是古代西域的重要组成部分，本属两汉旧疆，汉朝衰微以后，先后成为匈奴、鲜卑、蠕蠕、铁勒、突厥等游牧部族的活动范围，唐初这一带尽属西突厥。西突厥支持高昌叛唐，致使唐与西域诸国的商路受阻。贞观十四年（640），唐军击败了追随突厥反唐的高昌麹氏王朝，高昌地区归唐朝所属，唐朝于此置西州，又建庭州于可汗浮图城（今吉木萨尔），同年置安西都护府，府治设在西州，这是唐朝在西域建立的第一个高级军政管理机构。其后几经周折，贞观二十一年（647），唐朝大规模用兵西域，终于打败同唐朝作对的西突厥势力，攻下焉耆、龟兹等地，收其降部，完成统一西域的宏图大业。随之唐朝置焉耆、龟兹、毗沙、疏勒等都督府，府下领藩州若干。次年迁安西都护府于龟兹城，并置龟兹、于阗、疏勒、碎叶（今吉尔吉斯斯坦托克马克）四个军镇，史称"安西四镇"。唐朝对西域各地的统一管辖局面基本形成。

唐高宗初立，降归的原西突厥首领阿史那贺鲁叛唐，率众西徙，唐朝发

---

① 昆陵、濛池是唐政府在西突厥十姓地区设置的两个都护府。

兵平叛。唐显庆二年（657）高宗派兵灭掉西突厥，在西域建立起军政合一的都护府制度。都护府有力地执行了唐朝的政令，完成了管理西域、保卫祖国边疆的历史使命。

西突厥被灭之后，唐朝在西突厥十姓部落之地置昆陵、濛池二都护府，二都护府隶属安西都护府①。唐高宗显庆三年（658），安西都护府升格为大都护府。第二年（659），唐朝设置金山都护府（659—702），治所设在庭州，管辖天山以北、巴尔喀什湖以南、阿尔泰山以西的广大地区。金山都护府隶属安西大都护府，昆陵、濛池二都护府隶属金山都护府。唐高宗龙朔元年（661），唐朝在于阗以西、波斯以东十六国，设置隶属安西大都护府的十六都督府。唐高宗咸亨元年（670），吐蕃夺取龟兹城，安西都护府治所迁到碎叶城。长寿二年（693），治所回迁到龟兹城，并在此固定下来。安西都护府（包括安西大都护府）从唐太宗贞观十四年（640）开始设置，到唐宪宗元和三年（808）终止，存在了大约170年。安西都护府是唐朝中央政府与西域羁縻府州之间的纽带，它代表中央行使对西北边疆的主权，管理边防、行政和各族事务，都护由汉官充任，唐朝派重兵分驻四镇，它们成为唐朝经营西域的重要基地。

武则天设立北庭都护府之后，安西都护府只统领四镇，管辖天山以南，主要防备吐蕃的侵犯与骚扰，北庭都护府则镇抚天山以北，从西部牵制东突厥，由此军事格局趋于完备。

安西、北庭都护府既是唐在西域的最高行政机关，又是最高军事指挥机关。其机构完善，官有定员，职有专任，所有军事民政事务都由专门机构负责。大都护府设大都护一人，是主管官，从二品，是唐朝高品命官，其位仅次于三公，与尚书仆射同列。其职责明确：招抚安置归附唐朝的各部族，维护所管辖区内的社会秩序，对付外来军事寇掠，考察所属官员，论功行赏或量罪惩处。在阿尔泰山以西的突厥人聚居地、塔里木盆地、锡尔河和阿姆河

---

① 安西都护府和安西大都护府乃是唐朝管理西域的一个军政机构的不同时期的名称，其统辖安西四镇，最大管辖范围曾一度完全包括天山南北，并至葱岭以西至波斯，在武周时代北庭都护府分立之后，安西都护府分管天山以南的西域地区。

之间的河中地区、阿姆河以南地区的吐火罗斯坦，唐朝中央政府实行羁縻府州制度。所谓羁縻，"羁"就是从军事和政治上加以控制，"縻"就是以经济和物质利益给以抚慰，即在少数民族地区设立特殊的行政单位，保持或基本保持少数民族原有的社会组织形式和管理机构，承认其首领在本民族和本地区的政治统治地位，任用少数民族地方首领为地方官吏。少数民族除在政治上隶属中央王朝、经济上有朝贡的义务外，其余一切事务均由少数民族首领自己管理。这一特殊的行政管理政策，曾为中国这一多民族国家的形成和发展做出过巨大贡献。中国历代王朝在认识到少数民族地区特殊性的基础上，都曾给予其一定的自主权，在行政管理上实行类似的民族自治政策。羁縻府、州、县的都护、都督、刺史作为唐朝命官享受国家固定俸禄，肩负朝廷使命。并且，这些官职实行终身制和世袭制。

都护府内的军事系统保证了羁縻制度的实施。唐朝中央政府在西域各重要城镇都驻有重兵防守。在安西和北庭两都护府的军事系统中，最高长官都护和副都护兼任治府所在地的都督或刺史，握有兵权。驻防的军队按唐朝中央政府的军制，分军、守捉、城、镇等数级。各地驻防军的官兵，统一由安西、北庭两个都护府统帅。各级军官都是唐朝中央政府任命的。北庭大都护府共管辖 5 个军、4 个镇、14 个守捉、1 个堡。昆陵和濛池两都护府管辖的游牧民，在和平时期，放牧牲畜，从事生产，在战争时期，一部落即为一都督府，每都督征发一定的人员参军作战，所以没有定额的兵员和军马。据《新唐书》卷五《兵志》记载：西域的一般军事建制是"大曰军，小曰守捉，曰城，曰镇，而总之者曰道。……此自武德至天宝以前边防之制"。其设置的官职如下：军的首脑是经略使，多由刺史兼任。大军兵额达万人。军下是守捉，守捉有守捉使。守捉之下是城。城下为镇，镇是驻屯边防军队的基层单位。镇设镇将一人，正六品，副镇一人，正七品，录事一人，仓曹、兵曹参军二人。镇下有烽，烽下有戍。烽、戍有帅。道，是在统一西域的用兵过程中出现的建制，其首脑为总管。各羁縻都督府、州有自己的武装，其兵额不限，是唐朝军队的组成部分，其主要任务是，平时镇守封疆，维持本地区社会秩序；遇战事，则由安西、北庭两都护凭中央所颁"天子信宝"调遣，参与战事。

唐朝中央政府，曾下令在西域地区大兴屯田。如：安西都护府驻地有20屯，北庭都护府驻地有20屯。唐朝的税收制度，也在西域地区实行。如：在焉耆、龟兹、疏勒、于阗及轮台等地征收商税，补充军费。据《通典》卷六《食货六》记载，北庭都护府贡阴牙角五支、速藿角十支、阿魏截根二十斤。唐朝的府兵制，也在西域地区实行。唐朝在西域的军队，有战事则打仗，无战事则守戍边防，并进行屯田。屯田土地，大约每屯50顷，北庭在千顷以上。为管理好屯田，还专门设有支度营田使。另外，唐朝中央政府任命的都护、都督、刺史管理各州的事务，代表唐朝中央政府执行唐朝的民政、司法等法令，并处理民间的纠纷。

唐朝在西域推行的军政合一的都护府，其组织系统之完备，职责之明确，执行政令之统一，效果之显著，超过了以往任何朝代所设立的政权机构。它完成了保卫祖国疆域、有效地管理西域的历史使命。西域都护府的建立使西行更加容易，使者相望于道、往来不绝，有利于这一地区的经济开发，繁荣了丝绸之路南北道诸城镇，促进了中西文化交流。

三、萨宝府——中古时期管理祆教事务和在山西生活的粟特诸胡商聚落的重要军政机构

隋唐时期是中国东方文明与西方文明交流融合的重要时期。在此时期，西北陆上丝绸之路东起长安、洛阳，向西经过中亚草原及绿洲地区，再延伸至地中海沿岸地区，如一条绿色丝带，把唐朝、中亚、西亚和东欧诸国连接起来。粟特由于其独特的地理区位和喜欢经商的社会特征，而成为丝路的纽带。

萨宝和萨宝府一直是学界讨论颇为热烈的一个话题。萨宝是中古时期管理祆教事务和胡人聚落组织的机构。据姜伯勤先生研究，"萨宝"一职最早可上溯到北魏。[1]到北齐，鸿胪寺典客署设有"京邑萨甫"2人和"诸州萨甫"1人。[2]北周、

---

[1] 姜伯勤：《敦煌吐鲁番文书与丝绸之路》，文物出版社，1994，第231页。
[2] 《隋书》卷二十七《百官志中》。

隋萨保（隋名萨保，唐名萨宝）皆有京师与诸州之分，北周萨保下设有司录；隋设有雍州萨保（视从七品），另在有二百户以上胡人的地方设有诸州萨保（视正九品）。①唐代提高萨宝府地位，设萨宝（视流内正五品）、萨宝府祆正（视流内从七品）、萨宝府被（祆）祝（视流外勋品）、萨宝率府（视流外四品）、萨宝府史（视流外五品）等官，②另外，见于记载的还有萨宝府杂史、萨宝府长史、萨宝果毅等职，③皆由胡人担任。

粟特人很早以前一直活动在锡尔河与阿姆河之间的地区，主要范围在今天的乌兹别克斯坦。到隋唐时期，在河中地区建立了诸多城市国家，如康国、安国、石国等，在中国史籍中被称为昭武九姓。粟特地区处于中亚西部丝绸之路的干线上，一直以来粟特人就以经商著称，"利之所在，无远弗至"，成为当时东西方贸易的主要参与者。从北朝到隋唐，大批经商的粟特人进入中国及其周边地区。作为丝绸之路上的商业民族，粟特人把东西方物质文化中的精髓，转运到对方。中古中国的许多舶来品，大到皇家狩猎队伍中的猎豹、长安当炉的胡姬，小到宫廷妇人玩耍的拂菻狗，都由粟特人从西方各国转运而来。他们以朝贡为由，穿梭在丝绸之路上，成为推动中西方文化交流的最主要的力量。

粟特人东行的丝绸之路从西域北道的据史德、龟兹、焉耆、高昌、伊州，或是从南道的于阗、且末、石城镇，进入河西走廊，经敦煌、酒泉、张掖、武威，往东南经原州，入长安、洛阳，或东北向灵州、并州、云州乃至幽州、营州，或者从洛阳经卫州、相州、魏州、邢州、定州、幽州可以到营州。在这条道路的各个主要城镇，几乎都留下了粟特人的足迹，有的甚至形成聚落。④

---

① 《隋书》卷二十八《百官志下》。
② 《通典》卷四十《职官典》。
③ 萨宝府杂史见《天一阁藏明抄本天圣令校正：附唐令复原研究》，中华书局，2006，第243页。萨宝府长史见《龙润墓志》，见《隋唐五代墓志汇编·山西卷》，天津古籍出版社，1991—1992年，第8页；又见《全唐文补遗》第五辑，三秦出版社，1998，第111页。萨宝果毅见《新唐书》卷七十五上《宰相世系表》五上"（郑）行谌，萨宝果毅"。
④ 荣新江：《北朝隋唐粟特人之迁徙及其聚落》，《国学研究》1999年第6期。

四、入华粟特商人的山西情结①

2007年，在山西省汾阳市胜利西街发掘了一座唐墓，出土了一方唐代《曹怡墓志》。墓主人曹怡为来自中亚昭武九姓胡曹国的后裔，其父曹遵曾任"皇朝介州萨宝府车骑骑都尉"之职。这个家族是循丝绸之路入华的粟特人，入籍隰城，定居在今汾阳一带。从曹怡祖孙三代的任职经历来看，这是一个典型的以军功和武职入仕的粟特人家族，曹怡好读《诗》《书》，其家族崇尚文学和礼乐，表现出浓厚的汉化色彩，反映了入华粟特人"夷形华心"的发展轨迹，本人又因参加了李渊父子领导的晋阳起兵而成为太原元从功臣。这是汾阳一带首次发现的粟特人墓志，它为研究北朝后期到隋唐时期汾州、介州地区的粟特人聚落以及中古时期山西地区的中西文化交流史提供了重要材料，具有重要的意义。据报道，该墓志分为志盖和志石两部分，志盖篆书4字"曹君墓志"，志文共15行219字。兹将志文转录如下：

> 君讳怡，字愿悇，隰城人也。曹叔振铎，周文之昭，建国命氏，即其后也。祖贵，齐壮武将军。父遵，皇朝介州萨宝府车骑骑都尉。君禀灵海岳，感气星辰，家着孝慈，国彰忠烈。起家元从，陪翊义旗；后殿前锋，殊功必致，于是授公骑都尉，用旌厥善。汪汪挺黄宪之度，谔谔含周舍之风。乡塾挹其轨仪，僚庶其俯仰。宜应享兹多福，锡（赐）以永龄。天不愁遗，遽沾风烛。粤以永徽六年六月景辰奄卒私第，春秋七十有五。遂年十月一日葬于城西北二里。赗襚接趾，赴吊如林，缨冕悽伤，缁素哀悼。其词曰：言契诗书，动符礼乐；门笃义方，家崇文学；岂谓梦洹，泣琄餐玉；燕赏停欢，歌钟罢曲。②

---

① 本部分重点吸收和参考了中国唐史学会副会长、首都师范大学历史学院教授、博士生导师王永平先生的成果，特此说明并致谢。
② 山西省考古研究所、汾阳市博物馆：《山西汾阳唐曹怡墓发掘简报》，《文物》2014年第11期，第28—32页。

墓志对墓主一生的经历介绍虽很简略，但在这简短的描述中，却为研究丝绸之路上的移民和入华粟特人曹氏后裔提供了一个重要的样本。

1. 粟特后裔攀附华胄

墓主曹怡虽自称隰城人，为周文王之子曹叔振铎的后裔，但其父曾任职于"皇朝介州萨宝府"的经历，却透露他实际上是来自中亚昭武九姓之一曹国的粟特人后裔。

隰城，在北朝至唐前期一直为汾州西河郡的治所。但在西汉初置时名隰成，属西河郡（治所在今内蒙古鄂尔多斯东南），其县故治并不在今山西汾阳，而是在柳林西5公里处的穆村。新莽时改名慈平亭，东汉时撤销。据光绪《永宁州志》载："隰成故城，在州治西，汉县，隶西河郡。"[1]《水经注》曰："其水（离石水）又南出西转迳隰城（成）县故城南。汉武帝元朔三年，封代共王子刘忠为侯国，王莽之慈平亭也。胡俗语讹，尚有千城之称。其水西流，注于河（黄河）也。"永宁州即离石，柳林原属离石管辖。三国时期曹魏的西河郡治兹氏（今山西省汾阳市）。西晋徙汉之隰成于兹氏，并改成为城，省兹氏为隰城，隶西河国，从此隰城移至今汾阳。北魏时西河郡隶汾州，州治蒲子城（今山西交口县蒲依村），孝昌二年（526），被山胡攻陷，刺史裴良率众移至隰城。从此隰城又成为州、郡治所。同年，北魏还在晋州平阳郡（今山西省临汾市）一带侨置过西河郡和隰城（寄治今山西洪洞西南）。[2]北周建德五年（576），废汾州，西河郡隰城改隶介州。隋开皇三年，又废西河郡，隰城直属介州。大业三年（607），州改为郡，复西河郡，治隰城。[3]唐初，西河郡改称浩州，武德三年（620）复改为汾州，仍治隰城。唐肃宗上元元年（760），改隰城为西河县。[4]从此隰城在历史上不复存在。所以，《元和郡县图志》"河

---

[1] （清）姚启瑞纂修，李文凡、李晨生点注：《（光绪）永宁州志》卷五《古迹》，山西古籍出版社，1996，第23页。
[2] 《魏书》卷一百六上《地形志》。
[3] 《隋书》卷三十《地理志》。
[4] 《新唐书》卷三十九《地理志》。

东道汾州西河郡"条说:"西河县,本汉兹氏县也,曹魏于此置西河郡,晋改为国,仍改兹氏县为隰城县,上元元年改为西河县。"志主自称隰城人,隰城应该就是指其占籍所在地北朝以来的汾州西河郡。

关于曹氏源流,据《元和姓纂》记载有两支:一为"颛顼元孙陆终第五子安为曹氏,至曹挟,周武王封之于邾,为楚所灭,遂复曹氏",二为"周文王第十三子振铎,封曹,亦为曹氏。因宋所灭,子孙以为氏"。曹挟受封地邾国(又名郳国、邹国),在今山东邹城境内;振铎受封地曹国,在今山东定陶。从入华的昭武九姓曹国人后裔来看,他们大多攀附这两支曹姓华族,尤其是以附会中土贵胄谯郡(治谯县,今安徽亳州)曹氏者居多。

表四 入华粟特人曹氏后裔郡望源流表

姓名	年代	性别	婚姻	郡望	源流	备注
曹谅,字叔子	?~614	男	安氏	济阴定陶	晋平西太守曹袄之后	《汇编》永徽〇〇八,第135页
曹德,字建德	575~649	男	淳于氏	谯人也	今贯河南洛汭乡兴化里焉。汉祖苗者,即君之先也	《汇编》总章〇三五,第504页。收入《洛阳出土少数民族墓志汇编》,第320页
曹氏	594~653	女		洛州阳河南人	其先有周之苗裔	《汇编》永徽〇八七,第187页。收入《洛阳出土少数民族墓志汇编》,第319页
曹钦,字三良	594~667	男		京兆好畤人	其先黄帝之后,陆终之子安,实为曹姓	《续集》乾封〇一四,第166-168页
曹氏	593~677	女	康君夫人	沛郡谯	汉相曹参之后	《汇编》仪凤〇一〇,第633页
曹明照	684~723	女	折府君	谯郡	金河贵族,父兄归化	《汇编》开元一八三,第1284页
曹恽,字德恽	?~726	男	贾氏	其先沛国谯人	后代因官,遂家于夏府,故今为朔人也	《全唐文补遗》第8辑,第369页
曹嵩禅师	671~756	男	康氏		曹氏之先,盖六终之别族	《续集》圣武〇〇三,第667-668页

续表

姓名	年代	性别	婚姻	郡望	源流	备注
曹某,字润国	729～775	男	石氏、刘氏、韩氏	含州河曲	分枝周后	《汇编》大历〇四三,第1787—1788页
曹乂,字元意		男	南阳张氏		周成王母弟叔铎之后,冠冕蝉联	《汇编》元和〇一九,第1962—1963页。元和二年(807)葬
曹庆,字宗礼	798～846	男	陇西李氏、清河张氏、上党樊氏	谯郡曹府君	曹氏之先,源流远矣。……得姓绵远……	《汇编》大中〇〇七,第2257页
曹府君	781～847	男	清河张氏	钜鹿	轩辕之苗裔	《续集》大中〇〇八,第974—975页
曹弘立,字弘立	806～864	男	武威石氏	谯郡	其先汉相之裔……大魏之后	《汇编》咸通〇九二,第2450页

注:《唐代墓志汇编》简称《汇编》,《唐代墓志汇编续集》简称《续集》。

上表是从出土墓志中检索出的有郡望和占籍地的昭武九姓曹国后裔,共13人,其中明确表示郡望为谯郡者有6人(其中2人占籍河南、1为朔人),钜鹿2人,京兆1人,定陶1人,河南1人,2人不详。在这13人中又以自称或可能出自曹叔振铎一系者居多,有10人,占比达77%;而出自颛顼元孙陆终后代一系者仅有3人,占比才23%。从志主曹怡自称出自周文王之子曹叔振铎一系的情况来看,他和大多数入华粟特胡人曹国后裔一样,选择了攀附中土最大的一支曹氏贵胄。

2. 武职入仕,太原元从

从《曹怡墓志》看,这是一个典型的以军功和武职入仕的粟特人家族。曹怡祖父曹贵为北齐壮武将军,曹怡本人则被唐朝授予骑都尉。其中最引人注目的是曹遵的任职,这也成为判定这个家族是中亚昭武九姓粟特人城邦曹国后裔的最直接和最有力的证据。张庆捷先生指出:"由曹怡祖父、父亲和他的经历来看,颇耐人寻味。其父官制与祖父不同,不存在继承世袭关系。"①

壮武将军，不见于北齐官制，始见于南朝梁所置的众多杂号将军之一，《隋书·百官志》列其秩为武职24班之第12班，见于同班者还有武骑将军，在北齐官品中列为第四品。《通典》曰："壮武将军，梁置杂号。陈有之，大唐因之。"唐代列为武散官，为正四品下阶。②由此比照，曹贵所任武职也应在四品左右，应该属于高级武官。

曹怡的父亲曹遵曾任"皇朝介州萨宝府车骑骑都尉"。王永平先生认为，此介州并非指其占籍地隰城所属的北周至隋朝时的介州（因为此介州已于隋大业三年改称西河郡），而是指唐初曾短暂设置过的不包括隰城的介州，所以称隋末唐初时汾阳曾属介州是不对的。据《新唐书·地理志》"河东道汾州西河郡"条载："义宁元年以介休、平遥置介休郡，武德元年曰介州，贞观元年州废，以二县来属。"又据《通典·职官典》载："武德四年，置祆祠及官。"由此可见，曹遵任职时间应当在唐初武德四年至贞观元年之间，任职地当在其占籍地汾州之邻州介州。

表五 义宁元年—贞观元年的汾州与介州

州郡名		治所	时间	备注
汾州（西河郡）	浩州	隰城（汾阳）	武德元年，西河郡改称浩州	《元和郡县图志》卷十三，第380页
	汾州		武德三年，浩州改称汾州	
介州（介休郡）	介休郡	介休	义宁元年，以介休、平遥置郡	
	介州	平遥	武德元年，改称介州；贞观元年，州废，以二县归汾州	

关于萨宝府，姜伯勒先生认为，萨宝府之官属，均从商队组织发展而来，同时又参照了中原的"开府"制度，其僚佐可分为三类：祆祠官员，如祆正、祆祝等；萨宝府武官，如萨宝率府、萨宝果毅等；萨宝府书记官，如萨宝府

---

① 张庆捷：《汾阳市博物馆藏墓志选编》，三晋出版社，2010年。
② 参见《唐六典》卷五，《新唐书》卷四十六《百官志》。

史等。①曹怡父亲曹遵所担任的"萨宝府车骑骑都尉"一职，未见于其他记载，应当属于萨宝府武官，为萨宝府职官体系中的一个新见官职，可补文献记载之缺失。

至于曹怡所获授骑都尉，当为武德七年（624）颁布的十二级勋官制度中的视从五品五转勋官。据《旧唐书·职官志》载："勋官者，出于周、齐交战之际，本以酬战士，其后渐及朝流。……武德初，杂用隋制，至七年颁令，定用上柱国、柱国、上大将军、大将军、上轻车都尉、轻车都尉、上骑都尉、骑都尉、骁骑尉、飞骑尉、云骑尉、武骑尉，凡十二等，起正二品，至从七品。"②可见勋官是用来奖励军功的。勋官虽然拥有入仕的权利，但更多的是用于养老。从墓志来看，志主曹怡虽然因功获骑都尉勋职，但他并未真正入仕，而是终老田园的。

勋、散、职事官，曹怡祖孙三代出任的都是武职，这也是入华粟特人任职的普遍现象。据不完全统计，入华粟特人曹氏后裔担任的大多是武职，见表三：

表六　入华粟特人曹氏后裔任职表

姓名	年代	家族任职	任职	资料来源
曹谅，字叔子	？~614	祖贵，齐明威将军；父林，齐定州刺史	隋泾州酒城府鹰扬	《汇编》永徽〇〇八，第135页
曹德，字建德	575~649	祖雅，齐□郡中正。父宾，隋鹰阳（扬）	□戎副尉	《汇编》总章〇三五，第504页。收入《洛阳出土少数民族墓志汇编》，第320页

---

① 姜伯勤：《萨宝府制度源流论略——汉文粟特人墓志考释之一》，《华学》第3辑，紫禁城出版社，1998，第290—308页。

② 《旧唐书》卷四十二《职官志》。又《新唐书》卷四十六《百官志》："五转为骑都尉，视从五品。"

续表

姓名	年代	家族任职	任职	资料来源
曹氏	594~653	父刚，隋海州录事参军、盐州司马		《汇编》永徽〇八七，第187页。收入《洛阳出土少数民族墓志汇编》，第319页
曹钦，字三良	594~667	曾祖义，周镇东将军、仪同三司、宁远大将军、使持节并汾晋忻四州诸军事、并州总管、华阳郡公；大父宝，隋开府仪同三司；显考整，隋上开府仪同三司，	左骁卫大将军、上柱国、云中县开国公	《续集》乾封014，第166—168页
曹氏	593~677	祖樊提，周上大将军；父毗沙，隋任胜州都督		《汇编》仪凤〇一一，第633页
曹恽，字德恽	?~726	曾祖徹，随车骑将军、豫章都尉、臻州道行军总管；祖祥，左武卫郎将、会稽都尉、并州道行军总管；父雄，千人主、沃野镇将；	唐化州司户参军、上柱国	《全唐文补遗》第8辑，第369页
曹嵩禅师	671~756	嗣子彦璟，大燕游击将军、守左威卫翊府左郎将员外置同正内供奉、上柱国		《续集》圣武〇四三，第667—668页。
曹某，字润国	729~775		云麾将军、守左金吾卫大将军、马军都虞候	《汇编》大历043，第1787—1788页
曹（康）惠琳	726~779	曾祖锽、秦州清德府果毅；祖澄芝，居高不仕，考宁，游市将军、邠州嘉阳府折冲。舅氏赠绵州刺史元裕以为后嗣，遂称曹氏焉。昆季四人，仲兄震，游击将军、守武卫郎将；仲弟荣，云麾右卫大将军、兼光禄卿；季弟说，朝散大夫、守都水使者；表弟景琳，龙武军使、试光禄卿	唐游击将军、守左领卫翊府郎将、上柱国	《续集》大历〇四一，第720页

续表

姓名	年代	家族任职	任职	资料来源
曹景林	730～782	曾祖秀，右卫长史；祖智，左卫中郎、赠恒王府司马；父元裕，左金吾卫中郎、赠绵州刺史	唐云麾将军、左龙武军将军、知军事、兼试光禄卿，上柱国、谯郡开国公，赠扬州大都督	《汇编》建中〇一五，第1831页
曹庆，字宗礼	798～846	曾祖讳颖，祖讳雅，父讳琳，并逃荣退禄	东都留守左衙飞骑尉、上轻车都尉	《汇编》大中〇〇七，第2257页
曹府君	781～847	祖讳秀，字成丞，不乐荣禄；父讳荣，字荣，幽州先锋赴团使、游弈军军将；嗣子君晟，充堂前亲事将	幼习典彰，久闲军振。终于本镇雄军界万泉栅身亡	《续集》大中〇〇八，第974－975页
曹弘立，字弘立	806～864	曾祖治，易州□将；祖玉，易州衙前兵马使；烈考长，易州衙前将	云州押衙、靖边将	《汇编》咸通〇九二，第2450页

从上表来看，除少数不乐仕进者外，这些曹氏粟特人后裔及其家族大多以军功入仕或任武职，这也反映了粟特人骁勇尚武和习于征战的民族特征。

墓志称，曹怡"起家元从，陪翊义旗"。所谓"元从"，又称"太原元从"，是指跟随李渊、李世民父子太原起兵的功臣。唐高祖李渊建唐称帝后，以太原起兵将士为"太原元从"。

表七 太原元从功臣表

姓名	太原元从	民族	资料来源
裴寂	武德元年八月六日，诏曰：朕起义晋阳，遂登皇极，经纶天下，实仗群材。……其太原元谋勋效者，宜以名闻。裴寂、刘文静恕二死。长孙顺德、刘弘基、赵文恪、窦琮、刘政会、刘世龙、殷开山、柴绍、唐俭、武士彠、张平高、许世绪、李思行、李高迁等，并恕一死。总章元年三月六日诏，太原元从，西府旧臣等三十六人为一等功臣，其中参加晋阳起兵的有武士彠、殷开山、刘弘基、刘政会、唐俭、窦琮、长孙顺德、史大奈、庞卿恽、钱九陇、柴绍、张平高、裴寂、李思行、秦行师、许世绪、李高迁、刘义节、段志玄等。据史大奈孙《史思光墓志》说，大奈为"太原元从功臣第一等"，这些参加过晋阳起兵的一等功臣，应即太原元从功臣	汉	《唐会要》卷四十五《功臣》，第935、第938－939页。《大唐故太中大夫守安州都督府别驾上柱国乐陵县开国公史（思光）府君墓志铭》关于刘文静、刘政会、刘弘基的种族，据司马鸿南、马驰：《大唐创业与北朝蕃姓余裔》，《唐都学刊》1995年第1期，第19－24页
刘文静		匈奴	
长孙顺德		鲜卑	
刘弘基		匈奴	
赵文恪		汉	
窦琮		鲜卑	
刘政会		匈奴	
刘世龙		汉	
殷开山		汉	
柴绍		汉	
唐俭		汉	
武士彠		汉	
张平高		汉	
许世绪		汉	
李思行		汉	
李高迁		汉	
庞卿恽		汉	
钱九陇		汉	
秦行师		汉	
刘义节		汉	
段志玄		汉	
史大奈		突厥	
朱君卿	唐元从、上骑都尉	汉	《汇编》神功〇〇五，第916页
李云	唐初起义元从人也	汉	《汇编》神龙〇〇二，第1043页
李果	唐初，应务接权，响见慕义，通议大夫、太原元从	汉	《续集》开元一三〇，第542页
段威	皇朝元从、银青光禄大夫	汉	《汇编》开元二四四，第1325页
许洛仁	以元从功臣，官至冠军大将军、行左监门将军	汉	《旧唐书》卷五十七《许洛仁传》，第2298页

续表

姓名	太原元从	民族	资料来源
曹怡	起家元从，授骑都尉	粟特	《发掘简报》
龙世义	为唐元从、仪同	焉耆	《续集》延载〇〇二，第333页

唐王朝对这些功臣及其子孙给予各种奖赏和优待。如武德元（618）八月六日，首先封赏了裴寂、刘文静、武士彠等17名"太原元谋勋效者"；①第二年，又出库物一百五十万段，以分赐太原元从人；②后来，天下平定，罢遣兵员，当初追随高祖太原起兵的义军三万余人愿留宿卫，朝廷分给"渭北白渠旁民弃腴田，号'元从禁军'。之后老不任事，以其子弟代，谓之'父子军'"③。太宗贞观九年十一月诏："其内外姻亲、生平故旧、太原元从官人及历试之所文武僚佐，……或才用不中，阶品屈滞；或家道贫匮，子孙沉沦。须有矜量，咸使得所。"④高宗永徽三年十二月二十八日敕："其太原元从及秦府左右，仍各加阶。"⑤总章元年三月六日诏："以太原元从、西府功臣为二等。"⑥史大奈即被评为"太原元从功臣第一等"。⑦开元十一年正月，玄宗巡幸并州，下令："元从户复五年。武德功臣及元从子孙，有才堪文武未有官者，委府县搜扬，具以名荐。"⑧代宗广德二年大赦诏："武德、元从功臣，勋业特崇、子孙沉翳者，委所司勘责，各与一人为官。"⑨志主曹怡大概就是因为元从被授予骑都尉勋职，之后，在高祖遣散兵员时，复员回归隰城，终老故里。

李渊太原起兵时，和曹怡一起参加并追随李渊义旗南下的胡人还有不少。详见下表：

---

① 《唐会要》卷四十五《功臣》。
② 《册府元龟》卷一二七《帝王部·明赏》。
③ 《新唐书》卷五十《兵志》。
④ 《册府元龟》卷六三《帝王部·发号令》。
⑤ 《唐会要》卷四十五《功臣》。
⑥ 《新唐书》卷三《高宗纪》。
⑦ 参见《大唐故太中大夫守安州都督府别驾上柱国乐陵县开国公史（思光）府君墓志铭》。现藏于洛阳师范学院。
⑧ 参见《旧唐书》卷八《玄宗纪》，《册府元龟》卷一七二《帝王部·求旧》。
⑨ 参见《册府元龟》卷八十一《帝王部·庆赐》。

表八 参加太原起兵的胡人表

姓名	种族	著籍	相关记载	资料来源
龙润	焉耆	并州晋阳	义旗西指,首授朝散大夫,又署萨宝府长史	《续集》永徽〇三五《龙润墓志》,第75页
龙(世)义	焉耆	并州晋阳	属太君豹变,早预攀龙,特口隆恩,授公骑都尉。(龙寿)父世义,为唐元从、仪同	《续集》龙朔〇二三《龙义墓志》,第132页。延载〇〇二《龙(寿)府君夫人墓志》,第333页
曹怡	曹国	隰城	起家元从,陪翊义旗;后殿前锋,殊功必致,于是授公骑都尉	《发掘简报》
安延	安国	河西武威	及皇运伊始,宣力义旗,授上开府上大将军	《汇编》永徽〇七六《安延墓志》,第180页
安度	安国	长沙	君往以大唐起义之功,帝授陪戎之职。遂豚迹闾里,不事王侯	《全唐文补遗》第2辑《安度墓志》,第161页
支茂	月氏	京兆华原	圣唐膺运,早预义旗,率募乡间,军门送款。加授朝请大夫,仍除本县户曹	《汇编》永徽〇一六《大唐故户曹骑都尉支(茂)君墓志》,第140页

上表仅为墓志中查到的部分参加太原起兵的胡人,其中龙润、龙(世)义为一对父子。据荣新江考证,龙姓一般是指西域焉耆王国居民东迁中原以后所用的姓氏,故龙氏父子应当是焉耆的后裔。①

3. 丝路来客,华心夷形

从《曹怡墓志》来看,其家族是一个北朝时就入华的粟特人家族,来自昭武九姓的曹国。粟特人生活在古代中亚的河中地区,他们以泽拉夫善河(古称粟特河)为中心,在阿姆河(中国古称妫水、乌浒水)和锡尔河(中国古称药杀水)之间建立了许多大大小小的城邦国家,在中国史籍中往往把他们称为昭武九姓(又称"九姓胡")。在这些城邦国家中,又以康国的势力最

---

① 荣新江:《隋及唐初并州的萨保府与粟特聚落》,《文物》2001年第4期,第84—89页。

为强大,诸国皆听命于它。据《隋书·西域传》载:"康国者,康居之后也。……旧居祁连山北昭武城,因被匈奴所破,西逾葱岭,遂有其国。支庶各分王,故康国左右诸国,并以昭武为姓,示不忘本也。……米国、史国、曹国、何国、安国、小安国、那色波国、乌那曷国、穆国皆归附之。……人皆深目高鼻,多须髯。善于经商,诸夷交易多凑其国。"又说:"曹国,都那密水南数里,旧是康居之地也。国无主,康国王令子乌建领之。"粟特人自古以来就以善于经商而闻名于世,利之所在,无所不到。他们的商业活动大多以转运贸易为主。撒马尔罕为中世纪中亚地区的贩运中心,"异方宝货,多聚此国"①。粟特人正是利用这种地处欧亚大陆交通枢纽的有利条件,积极从事商贸活动,西到波斯、拜占庭,东到中国,南达印度,东北至蒙古草原,都留下了他们的足迹。直至明初,这里依然保持着贸易的传统,据《西域番国志》"撒马儿罕"条载:"城内人烟俱多,街巷纵横,店肆稠密,西南番客多聚于此。货物虽众,皆非其本地所产,多自诸番至者。"

粟特人在长期从事国际长途贸易活动的过程中,在丝绸之路沿线建立了许多移民聚落点,其中山西地区是粟特人东来的重要落脚点之一。据荣新江先生研究:汉唐之际,粟特人沿丝绸之路大批东行经商,有许多人就此移居中国,一去不复返。粟特人东来贸易,往往以商队的形式,由商队首领率领,结伙而行,他们少则数十人,多则数百人,并且拥有武装以自保。这些有组织的粟特商队的首领,汉文音译作萨保、萨甫、萨宝等。粟特人在丝绸之路上的一些便于贸易和居住的地点留居下来,建立自己的殖民聚落。这条道路从西域北道的据史德(今新疆巴楚东)、龟兹(库车)、焉耆、高昌(吐鲁番)、伊州(哈密),或是从南道的于阗(和阗)、且末、石城镇(鄯善)进入河西走廊,经敦煌、酒泉、张掖、武威,往东南经原州(固原),入长安(西安)、洛阳,或东北向灵州(灵武西南)、并州(太原)、云州(大同东)乃至幽州(北京),到处都留下了粟特人的足迹。北朝隋唐时期仅著籍太原的粟特人就有虞弘、翟突娑、安师、康达、康元敬、康仵相、康武通、何氏、

---

① (唐)玄奘、辩机著,季羡林等校注:《大唐西域记校注》卷一,上册,第87页。

安孝臣和他们的先人以及来自西域的焉耆人龙润、龙(世)义、龙澄、龙敏、龙寿、龙睿等龙氏家族成员。①

4. 龙氏家族

焉耆为西域古国、丝路重镇。西汉时为匈奴附属国,后遣子入东汉为质。北魏时在此设镇管辖。隋唐时,焉耆与内地联系不断加强,成为唐"安西四镇"之一。后为吐蕃所占,又与回鹘共治,至13世纪被蒙古亡。其王族为龙姓。故中原焉耆皆以龙为姓。太原龙润即是一例。

20世纪80年代,在太原小井峪东出土了龙姓家族的墓志。出土六方龙姓家族墓志,计有《龙润及妻何氏合祔墓志》(简称《龙润墓志》)、《龙澄墓志》、《龙义及妻游氏合祔墓志》(简称《龙义墓志》)、《龙敏墓志》、《龙寿妻粟氏合祔墓志》(简称《龙寿墓志》)、《龙睿及妻张氏合祔墓志》(简称《龙睿墓志》)等。其中龙润最为著名。

龙润(561—653),字恒伽,并州晋阳人。根据墓志来看,龙润是西域人士,曾任萨宝府长史,具有祆教背景。因其姓龙,应该是焉耆国人。其祖先从什么时候、因什么来到内地,墓志并没有说明。但是,从其墓志中了解到他曾祖等人的事迹。龙润的曾祖父,叫康基,做过高齐之青州、莱州二州的刺史。祖父叫盆生,在元魏,也就是鲜卑拓跋北魏任冀州刺史,曾受到朝廷的嘉奖,并授仪同三司。龙润的父亲叫求真,北周时拜仪同三司。看来龙氏一族先后都受到鲜卑贵族的重视,各有官职。这种家族背景为日后龙润能够出任萨宝府长史打下了基础。因为政府肯定需要有威望、有广泛人脉的人来办事。至隋时,龙润一族的情况在其墓志中没有说明。但可能李渊父子建唐时,龙润一族是支持的,或者龙润本人也参与了某些重要的事件,所以墓志中说"唐基缔构,草昧区夏。义旗西指,首授朝散大夫,又署萨宝府长史"。这就是说,唐初立时,本为隋朝人士的龙润也参与了反隋之义事,被授予朝散大夫。后来又做萨宝府长史。这也说明唐王朝对焉耆国人龙润是非常信任的。他有相

---

① 参见荣新江:《中古中国与粟特文明》,生活·读书·新知三联书店,2014年。

应的家世，又出自西域，而且支持李唐。这些条件对龙润来说都很重要。贞观二十年，龙润已经80多岁了，"驾幸晋阳，亲问耆老，诏板授辽州刺史"。在贞观二十年的时候，唐太宗李世民曾经来到太原，见到龙润，亲自询问龙润的父老，并且板授其为"辽州刺史"。由此看来，龙氏一族与李氏的关系匪浅。而"板授"辽州刺史则是李世民对故旧的名誉嘉奖，龙润并不需要去赴任。龙润于永徽四年在自己的府邸安仁坊去世。两年后与其夫人何氏合葬于并州城北二十里的井谷村东义井村北。

在同一地点出土的还有同一龙姓家族的墓志，均为龙润之后。他们分别是其子龙义，显庆二年卒；子龙澄，为唐而战死，于龙朔元年葬于家族之墓地；子龙敏于开耀元年，即公元681年卒。其他还有龙润之孙龙寿，于延载元年，即公元694年卒；曾孙龙睿于开元二十九年，即公元741年卒，其墓志均收入《隋唐五代墓志汇编·山西卷》。据荣新江介绍，龙润夫人何氏，应该是昭武九姓何国之女。子孙墓志中也有对夫人的记载。如龙义夫人为游氏，龙寿夫人为粟氏，龙睿夫人为张氏。由此可知，在龙润时期，仍然保持了与西域人士的联姻，而其子孙则开始与内地汉族人通婚。这也反映了龙氏一族逐渐汉化。[①]

从龙润任萨宝府长史来看，至少在龙润时期，西域人仍然比较集中，基本形成独立的聚落，所以才需要设萨宝府来管理。后来，胡人汉化程度渐深，胡汉融合渐深，萨宝府也就逐渐没有存在的必要了。

直到唐末，散居在今河西走廊和哈密等地的焉耆人依然保持着尚武的传统，据敦煌文书S367《光启元年十二月廿五日书写沙、伊等州地志》残卷记载："龙部落，本焉耆人。今甘、肃、伊州各有首领，其人轻锐，健斗战。"看来焉耆人一直保持着尚武的传统。

从龙润家族的出仕情况及其事迹来看，可以看出这个家族一直保持着焉耆人的尚武传统。如：

龙康基（又作基），曾任高齐青、莱二州刺史（《龙润墓志》）；齐上开府仪同三司，中书舍人（《龙义墓志》）；齐左千牛府郎将（《龙敏墓志》）。

[①] 荣新江：《中古中国与外来文明》，生活·读书·新知三联书店，2014，第167页。

龙盆生，元魏冀州刺史，进号仪同（《龙润墓志》）。

龙求真（又作真），周拜仪同三司（《龙润墓志》），隋任鹰扬（《龙澄墓志》），周显州司马（《龙敏墓志》），周黎阳总管府鹰扬（《龙义墓志》），周任显州司马（《龙寿墓志》）。

龙澄，字玄靖。西明府旅帅。授骁骑尉，寻转任校尉。"以武艺见知，擢任西明府旅帅。从军北伐，论绩积策勋，授骁骑尉，寻转任校尉。耻居下职，思效深功。"

龙义（又作世义），字怀亮。骑都尉，"属太君豹变，早预攀龙，特口隆恩，授公骑都尉"（《龙义墓志》）。唐元从仪同（《龙寿墓志》），朝散郎。

龙寿，字孝德，以勇闻，屡献戎捷，策勋上柱国。（《龙睿墓志》）

西域人生性豪爽，喜乐好酒，普遍能歌善舞，有酿造葡萄酒的传统，并且擅长经商，焉耆人也如此。据《魏书·西域传》载：焉耆国，"俗尚蒲萄酒，兼爱音乐"。也就是说焉耆国很早就善于酿造葡萄酒和喜好音乐舞蹈。

龙润家族东迁入华后也保持了这个传统，据《龙润墓志》载："妍歌妙舞之乐，常在闻见之中；肥醴甘腒之馔，不离左右之侧。"妍歌妙舞和肥醴甘腒大约指的就是具有浓郁西域风的歌舞和饮食。

至晚在唐初，来自西域的"酒家胡"就将葡萄酒酿造技术传入了河东地区。生活在隋末唐初的河东大诗人王绩在《题酒家壁五首》诗之二中就有"竹叶连糟翠，蒲萄带曲红"句，之五中有"来时长道贳，惭愧酒家胡"句。王绩题咏的酒家就是粟特人经营的酒店。这说明至晚在唐初，山西地区就能酿制葡萄美酒。

到 21 世纪初，法国学者童丕（Eric Trombert）先生经过详细考证，进一步指出："山西的葡萄种植实际上很古老，是古老的粟特—游牧民族合作的遗存。"他认为山西地区从北朝以来就有大量的西域移民，其中尤其是以粟特人最引人注目，因为正是这些粟特人将葡萄种植技术引进山西地区。

张庆捷先生认为大量粟特人生活在并州，推动了葡萄种植业的发展，催生了葡萄酒酿造业。1999 年，在太原南郊王郭村发现的虞弘墓出土的汉白玉石椁上就雕刻有胡人酿造葡萄酒图像。

荣新江先生也指出，在粟特聚落中通常生长有旺盛的葡萄，形成葡萄园，这是粟特移民种植的结果。种植葡萄和酿造葡萄酒是粟特人或其聚落中其他中亚人经常从事的一项活动。

除《龙润墓志》外，《虞弘墓志》也提到，虞弘在北周大象末（580年前后），领并、代、介三州乡团，检校萨保府。这一带正是以太原为中心的地区，也是粟特人沿丝绸之路入华后的重要移民聚集区，虞弘所领三州乡团应当就与这些胡人聚落有关。据《元和郡县图志》载：汾州灵石县有贾胡堡，"在县南三十五里。义宁元年，义师次于霍邑，隋将宋金刚拒不得进，屯军此堡，有霍山神见灵"。贾胡堡，应该就是循丝绸之路入晋的粟特人聚落点。近代在灵石还曾发现16枚罗马古钱币，也应该是粟特人东来经商的遗物。而在北周建德五年（576）至隋大业三年（607）期间，汾州已经并入介州，隰城正好归介州管辖。所以曹怡墓志的发现，再一次证明了汾州、介州这一带是胡人东来的重要聚居区。

5. 曹氏家族

曹怡的祖父曹贵任职北齐。当时晋阳作为北齐政权的别都，具有重要的政治地位。北齐统治者曾长期经营并驻跸晋阳，使之成为北齐政权实际上的统治中心。一般认为，北齐统治者是鲜卑化了的汉人，在生活方式和宗教信仰上具有很深的鲜卑化痕迹。陈寅恪先生认为"北齐之宫廷尤以其末年最为西域胡化"。[①]当时在北齐政权中胡人有很多，仅史书中提到较著名者就有康阿驮、穆叔儿、曹僧奴、曹妙达、何海、何洪珍、何朱弱、史丑多、安未弱、安马驹等十数人，都是来自西域的粟特人。其中曹婆罗门、曹僧奴、曹妙达祖孙三代和曹怡家族一样，都是来自曹国。据《旧唐书·音乐志》载："后魏有曹婆罗门，受龟兹琵琶于商人，世传其业；至孙妙达，尤为北齐高洋所重。"《北史·恩幸传》又载："其曹僧奴、僧奴子妙达，以能弹胡琵琶，甚被宠遇，俱开府封王。"曹僧奴还将两个能歌善舞的女儿送进宫廷，成为后主高纬的

---

① 陈寅恪：《隋唐制度渊源略论》，上海古籍出版社，1982，第42页。

妃嫔，据《北史·后妃传》载："乐人曹僧奴进二女，大者忤旨，剥面皮，少者弹琵琶，为昭仪。以僧奴为日南王。僧奴死后，又贵其兄弟妙达等二人，同日皆为郡王。为昭仪别起隆基堂，极为绮丽。"另有画工曹仲达，"本曹国人也。北齐最称工，能画梵像，官至朝散大夫"①。向达先生认为，曹仲达当亦妙达一家。②同样来自曹国的曹谅家族与曹怡家族一样，也是以军功入仕北齐，曹谅的祖父与曹怡的祖父同名曹贵，为北齐明威将军，父曹林为北齐定州刺史。③由此可见，来自曹国的粟特人在北齐政权中是异常活跃的。

从《曹怡墓志》来看，曹怡家族到曹怡这一代已经汉化很深。曹怡家族仿效中土士族，占籍隰城，攀附周文王之子曹叔振铎一系。如果不是其父曹遵曾任"皇朝介州萨宝府车骑骑都尉"之职，暴露了他们是来自中亚昭武九姓之一曹国的话，几乎完全看不出这是一个入华的粟特人家族。

曹怡家族所奉行的道德准则和家世门风为"家着孝慈，国彰忠烈"，"言契诗书，动符礼乐；门笃义方，家崇文学"。忠孝仁慈节义正是华夏传统价值观的核心理念，而诗书礼乐文学则是中古时代士族门风传承的集中体现。陈寅恪先生在论及中古时代的士族时曾说："所谓士族者，其初并不专用其先代之高官厚禄为其唯一之表征，而实以家学及礼法等标异于其他诸姓。……凡两晋、南北朝之士族盛门，考其原始，几无不如是。魏晋之际虽一般社会有巨族、小族之分，苟小族之男子以才器著闻，得称为'名士'者，则其人之政治及社会地位即与巨族之子弟无所区别，小族之女子苟能以礼法特见尊重，则亦可与高门通婚，非若后来士族之婚宦二事专以祖宗官职高下为唯一之标准者也。……夫士族之特点既在其门风之优美，不同于凡庶，而优美之门风实基于学业之因袭。"④所谓士族之"学业"，即在于经学（诗书礼乐）传家和文学传承。

---

① （唐）张彦远撰，承载译注：《历代名画记全译（修订版）》卷八，贵州人民出版社，2009，第414页。
② 向达：《唐代长安与西域文明》，生活·读书·新知三联书店，1957，第19页。
③ 《唐代墓志汇编》永徽〇〇八《曹谅及夫人安氏墓志》。
④ 陈寅恪：《唐代政治史述论稿》，上海古籍出版社，1982，第71—72页。

《曹怡墓志》赞曹怡"汪汪挺黄宪之度,谔谔含周舍之风"。

黄宪之度,据《世说新语·德行第一》载:"郭林宗至汝南,造袁奉高,车不停轨,鸾不辍轭;诣黄叔度,乃弥日信宿。人问其故,林宗曰:'叔度汪汪如万顷之陂,澄之不清,扰之不浊,其器深广,难测量也!'"①郭林宗即东汉名士郭泰(128—169),为当时士林领袖。黄宪,字叔度,也为东汉名士,因隐居不仕,人称征君,其风度学识,广受士林赞誉,史家评价说:"黄宪言论风旨,无所传闻,然士君子见之者,靡不服深远,去玼吝。"②郭泰称赞他的器度渊深博大,就像那浩瀚的万顷水塘,澄不清,搅不浑,难以测量!所以,后来"叔度汪汪"就成了一个褒扬性极强的成语,专门用来形容令人叹为观止的非凡气度。《曹怡墓志》用此典是为了称赞曹怡有非凡的气度。

周舍之风,出自刘向《新序·杂事第一》:"昔者周舍事赵简子,立赵简子之门三日三夜。简子使人出问之曰:'夫子将何以令我?'周舍曰:'愿为谔谔之臣,墨笔操牍,随君之后,司君之过而书之;日有记也,月有效也,岁有得也。'简子悦之,与处。居无几何而周舍死,简子厚葬之。三年之后,与诸大夫饮,酒酣,简子泣。诸大夫起而出,曰:'臣有死罪而不自知也。'简子曰:'大夫反,无罪。昔者吾友周舍有言曰:"百羊之皮,不如一狐之腋。"众人之唯唯,不如周舍之谔谔。昔纣昏昏而亡,武王谔谔而昌。自周舍之死后,吾未尝闻吾过也。故人君不闻其非及闻而不改者亡。吾国其几于亡矣!是以泣也。'"③谔谔,以直言争辩。赵简子说:"自从周舍死后,我只能听到大家对我百依百顺的声音,再也听不到周舍那样的铮铮直言了。"《曹怡墓志》用此典称赞曹怡有耿直敢言的风格。

正因为曹怡有如此完美的人格和高尚的品德,所以《曹怡墓志》说"乡塾挹其轨仪,僚庶其俯仰",连乡塾都将他作为学习的楷模,同僚们也都纷纷仿效他的举止。

---

① (南朝·宋)刘义庆著,张万起、刘尚慈译注:《世说新语译注》,中华书局,1998,第4页。又见《后汉书》卷五十三《黄宪传》。
② 《后汉书》卷五十三《黄宪传》。
③ (汉)刘向撰,赵仲邑注:《新序详注》,中华书局,1997年,第14页。

从《曹怡墓志》来看，虽然不免谀美夸张之嫌，但也反映曹怡家族受中华传统礼乐文化和中古士族风尚之浸润既深且巨，已经是一个完全汉化了的粟特家族。同时，这个家族又保持了粟特人骁勇尚武的传统，以军功和武职入仕。所谓"夷形华心"，正是对这类入华胡人家族的最好写照。

由于隋唐时期山西开放的程度比较高，西域文化对山西在很多方面都有渗透，向达先生曾说："开元、天宝之际，天下升平，而玄宗以声色犬马为羁縻诸王之策，重以蕃将大盛，异族人居长安者多，于是长发胡化盛极一时。此种胡化大率为西域风之好尚：服饰、饮食、宫室、乐舞、绘画，竞事纷泊；其极社会各方面，隐约皆有所化，好之者盖不仅帝王及一二贵戚达官已也。"①

---

① 向达：《唐代长安与西域文明》，生活·读书·新知三联书店，1957。

第八节
国际都市——盛唐时期规模空前的晋阳城

城市是人类物质、精神文明发展、汇聚、展示的核心舞台，是了解一个时代的窗口。隋唐之际，尤其是唐代，伴随对外开放和丝路辉煌，城市发展的脚步更加稳快，从市坊分立到界线模糊的发展轨迹，说明原先以政治中心为主要职能的城市已经开始向多样化转型，这是物质文明发展到一定程度的必然产物。盛唐时代，城市文明最突出的体现是城建规模扩大，管理内容增加，对外开放的力度和规模空前，长安、洛阳、晋阳即这一时期开放城市的典型代表。

城市的发展与商业文明并生互动，既有自发的因素，也有规划的因素。从自发的视角看，城市的兴起依赖人口和产业基础及地利之便，这是城市发展的初级阶段必备要素。从管理的视角看，城市规划的应用则是其发展到一定阶段的产物，如双附郭县。从北齐开始，即已出现双附郭县。如当时的太原郡从晋阳县又析出龙山县，形成二县管理模式。隋代，由于大一统国家建立，并实施了一系列稳定社会秩序、恢复社会经济的措施，城市也开始繁荣兴盛起来，表现为人口迅速增加，手工业、商业日益繁荣，城市规模扩大等。到唐代，双附郭县已达到15对。其中，京城长安甚至发展为四附郭县。附郭县的产生，说明随着城市人口剧增，商业发展，城市的规划也在适时调整。"后唐同光二年（924），设置了军巡院，掌京城斗讼之事，领诸厢，抚治百姓，在三京（洛阳、开封、太原）形成军巡院、厢、坊京城城市管理系统。唐末五代战乱，理治安、治刑狱，城市管理亟待加强。唐代左、右巡，左、右街使推动了管理都城城市的职能；而由禁军所隶军巡院执行城市徼巡，负责治安和狱讼，军巡院得以完善和发展。……城市社会管理由唐代的坊市制转变为宋代的厢坊制。""随着城市规划的扩大和管理内容的增加，在城市规划、建设和管理三者中，管理的作用益发凸显。应该指出的是，……由县管理城市而不再管理乡村的重要城市管理机构在唐代仅存在了34年，但它毕竟显示了中国古代城市管理的新理念。"①

隋唐时期，在全国最有影响力的城市主要有六：首都长安、东都洛阳、北都晋阳、中都蒲州和广州、扬州。

一、北都晋阳——世界第三大国际都市

晋阳（即今太原）是一座历史悠久的古城，始建于春秋战国之际的赵简子时期。它的大规模营建主要集中在唐代和明代。晋阳是唐开国皇帝李渊、李世民父子的起兵之地，有"龙兴之城"的说法。因与北方草原接壤的地理位置，又被视为"中原门户"，是朝廷倚重的北方重镇。

唐代以晋阳为北都。据《通典》载，唐代"北至太原、范阳，西至蜀川凉府，皆有店肆，以供商旅"。同时，以晋阳为中心，向西南，经汾州、晋州、绛州、龙门关或蒲津关，可通

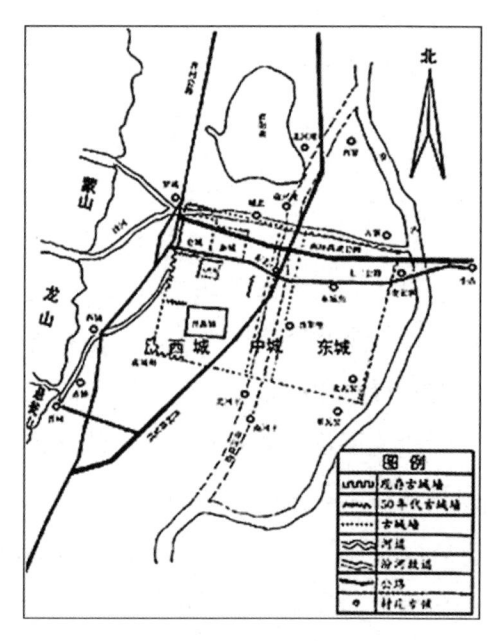

晋阳古城城垣示意图

---

① 韩光辉、林玉军、魏丹：《论中国古代城市管理制度的演变和建制城市的形成》，《新华文摘》2011年第20期。

往国都长安；向南，经潞州、泽州，越太行山天井关，可通东都洛阳；东出井陉关，经河北恒州、定州，可通幽州（今北京），并可进而联系东北地区靺鞨、渤海诸部及高句丽、新罗、日本等国；向北经忻州、代州、朔州、云州，可通向突厥、回纥诸部。

突出的政治、军事因素，使得唐代晋阳获得了优先发展权。晋阳作为陪都，始于则天武后时期。继光宅元年洛阳被当作神都后，唐代就开始实行长期的陪都制度。长寿元年晋阳被改为北都。神龙元年武则天下台，神都恢复为东都，废北都。开元十一年玄宗北巡晋阳，复建北都。"此后二百年，太原一直是全国仅次于长安、洛阳的第三政治中心。"[①]天宝元年改称晋阳为北京。肃宗至德二年，建凤翔郡为西京，长安遂为中京。宝应元年，建五都体制：长安为上都，洛阳为东都，凤翔为西都，江陵为南都，晋阳为北都。但西都和南都不久即废。从唐高宗显庆年间陆续建立的陪都，在太原（本并州，改称太原府）、河中（本蒲州，改称河中府）、蜀郡（本益州，改称蜀郡，又改称成都府）、凤翔（本岐州，改称凤翔府）、江陵（本荆州，改称江陵府）五处。这几处陪都建置的时期不一，作为陪都的年代亦长短不同。北都晋阳在建都、撤都的过程中，虽具体称号有改易，但陪都的地位并无变动。

晋阳作为陪都，地位次于洛阳，号称世界第三大国际化都市，因而被视为"王业所基、国之根本"。唐代晋阳进行了大规模的城建工程，气势恢宏，规模空前，史所罕见。

唐朝之前，太原城的基础是晋阳古城。晋阳古城相传是春秋时赵简子家臣董安于所建。北齐文宣帝在董安于所建晋阳古城的遗址上造大明宫，后扩建为城，称大明城。太原城在唐代大的增扩主要有两次：一次是贞观年间，唐太宗令名将李勣在汾河东岸增筑东城，至此，太原城横跨汾河两岸，西、东、中三城结为一体。另一次是武后时筑东西城之间的中城。太原城成为一座由东、西、中三城组成，跨汾水的城套城的连环城。太原府衙门和晋阳县衙门都设

[①] 谭其骧：《山西在国史上的地位——应山西史学会之邀在山西大学所作报告的记录》，《晋阳学刊》1981年第2期。后收录于《明清史研究辑刊》等多家期刊。

在府城中，城内建筑层层叠叠，鳞次栉比，规模宏大。其仓城中还有受瑞坛。唐代太原城在宋初赵氏兄弟三下河东时被毁。在今太原西南古城营村一带，发现有唐惠明寺遗址和唐大明城殿台遗址，村西有唐西城西墙。

隋唐时长安、洛阳、晋阳成为当时世界上前三大国际化都市。这一时期来到中国的外国商队主要是粟特（阿姆河、锡尔河地区，希腊人称索格第安那）人、吐火罗（阿姆河以南大夏故地）人，外来的突厥人则主要从事服兵役等工作。粟特商人尖帽、翻领的服饰和好酒的特点构成这时各类丝路文物中最常见的形象；突厥人的形象则为长发披肩，接近普通中国北方游牧民族。

骑卧驼胡俑

经过长时期营建，北都晋阳成为士马精强、人口众多的北方著名重镇。至天宝元年时，太原人口已从贞观十三年的200936人增加到778278人。大量的人口，为晋阳商业经济的发展创造了条件，注入了活力，使晋阳成为举足轻重的国际都会。

从城市发展的规律看，"一个以政治或军事理由所建立的城市，往往可以不受本地经济资源的制约，以强制的方式取得更多的资源，来扩大此城市至必要的规模水平"。①作为唐之北都，盛唐时晋阳的城市建设正是走了这样一条非比寻常之路。

二、中都蒲州

唐以隋朝县域为依据，按地区的要冲性、户口的多寡、资地的美恶、政务的繁闲，把全国的疆域划分为1500余个等级不同的县域。据载，"唐制有

---

① 赵冈：《中国城市发展史论集》，新星出版社，2006，第6页。

赤县、畿县、望县、紧县、上县、中县、中下县、下县之差。赤令其品正五、畿令其品正六、上县令其品从六，望、紧同之，中县令其品正七，下县令其品从七。其后又有次赤、次畿之名"①。

蒲州城始建于北魏登国元年（386）。公元497年，孝文帝亲幸蒲州，又遣专使在此祭祀禹舜，同时下诏修建平阳、蒲州、安邑三地的尧、舜、禹庙。北魏永熙三年（534）高欢兵据蒲州，随后十多年，他先是在公元538年"造舟为梁"，在黄河上建蒲津浮桥，后又于543年在中潬岛上建城。其后宇文父子在经营蒲州的十几年间，不仅建造了名播华夏的鹳雀楼，而且在城外开凿了惠渠和永济渠，用于农田灌溉。北魏末期，蒲州商贾云集。隋初普救寺、大兴国寺等宗教设施大增，一片繁盛景象。

唐朝十道之中，蒲州属河东道，最大时辖13县，人口达到46万，在同等州府中幅员最广。开元八年（720）唐朝定蒲州为六大雄城之一。其后一度改蒲州为河中府。开元十二年（724），蒲州被升为四辅，置为中都，与西都长安、东都洛阳并驾齐驱，遥相呼应，为京畿之地。蒲州在800多年间形成城垣、衙署、贡院、祠庙、寺观、园林名胜、渠堰堤坝、街市民居规制完备的城市。城周围有高大的城墙、城楼、城门、瓮城、护城河；城西黄河上有中潬城；祭祀庙宇有禹庙、关庙、孔庙等；寺观有栖岩寺、普救寺、万固寺、大兴国寺、开元寺和寥阳宫等；建筑名胜有鹳雀楼、逍遥楼、白楼、避暑楼、唐河亭、绿莎厅、瑞云亭、安民堂、望川亭、爽心亭、乐安庄、四桂堂、成趣园等，呈现了"六街三市通车马""风流、人物类京华"的繁荣景观。这从建制上证明了蒲州在政治上和经济上的核心城市地位。

鹳雀楼远眺

---

① （宋）王钦若等：《册府元龟》卷七百一《令长部》。

原浮桥每年入冬后在黄河进入凌汛季节时难免被流凌冲毁,"绠断航破,无岁不有。虽残渭南之竹,仆陇坻之松,败辄更之,罄不供费,津吏成罪,县徒告劳,以为常矣"①。开元年间将蒲州城西黄河上的蒲津浮桥由原来的用竹索系连改为用铁索系连。铁桥横跨于大河之上,长达2公里余,系连大木船千艘。这项改造工程不仅技术难度大,而且耗费巨大,仅用铁一项(包括两岸铁牛、铁人、铁山、铁柱、铁案以及系桥铁索)就达500吨以上,这无疑是唐开元年间举国最浩大的一项工程,堪称当时世界一流的巨型工程。时人形容其规模和交通繁盛的状况:"曙色除开,济济相排,如川失水,一物时来,蹄声如雨,车音如雷。"

作为六大雄城之一和国之中都,蒲州的城市规模可想而知。仅从人口看,天宝元年(742)时,蒲州人口就从贞观十三年(639)的173784人增加到469213人。蒲州经济发达,土地丰饶,造纸、酿酒等手工业发达,加上占据特殊的交通位置,自然成为隋唐时期山西的第二大城市。

蒲州的影响,从上述世界桥梁史上的杰作蒲津渡浮桥的规模就可以看出。这座横跨黄河的浮桥比西方波斯军队架的博斯普鲁斯海峡浮桥还要早48年,堪称世界第一浮桥。在西魏大统四年(538),蒲津渡浮桥形成建制,543年政府曾派兵把守,脱离临时建筑的性质。据《隋书·食货志》载:"户口岁增,诸州调物,每岁河南自潼关,河北自蒲坂,达于京师相属于路,昼夜不绝者数月。"蒲州位于西都长安与东都洛阳之间,控扼长安的漕运路线,沟通晋阳与长安,位于秦晋豫金三角,成为河东、河北进入国都的必经要道,交通枢纽地位日益凸显。蒲津渡虽是维系国民经济和国家政治、军事及文化交流的咽喉要塞,但脆弱的浮桥却难堪咽喉要道的重任。桥梁专家茅以升在其主编的《中国古桥建筑史》中写到,在唐开元九年(721),蒲津渡开始有了永久性浮桥,但是,无论固定地锚还是系船绳索,面对汹涌的黄河水,都不能保证浮桥坚固,浮桥毁坏频繁、严重。永济蒲津渡桥的重修成了突出任务。

开元年间,随着国库充盈,国力大幅度提升,加上各地对于山西铁、盐

---

① 《全唐文》,中华书局1982年版,第2277页。

的需求旺盛，对蒲津渡浮桥的改造成为一个重要议题于开元年间被提出，于是"唐开元九年（721），唐玄宗倾国之巨力，在蒲州开辟了一项浩繁巨大的工程，耗去了全国年产铁的三分之一。这就是重修蒲州城外的蒲津河桥。这一次修桥，将原有的旧桥全部用竹索系桥、采用木桩作亘的旧办法改掉，全部采用铁索铁锚，修建了一座耗资巨大的黄河浮桥，将秦晋紧密地连接起来"[①]。这次唐玄宗李隆基倾全国之力建筑的铁桥，以名相张说为工程总指挥。桥建成后，政府不仅派兵把守，还派专人负责日常维护，派专门的造船厂负责生产船只，以替换损坏的船。春汛的时候，还要把尖底船换成平底船，以减少对河水的阻力。此外，还有人专门负责收取过桥费。这座长200步、宽300余米的大桥无论施工难度、建筑艺术，还是技术水平都是世界一流的，在公元8世纪是空前的，反映了盛唐国力的强盛、技术水平的高超和山西对外开放的发达。

山西永济出土的唐代蒲津黄河铁桥上的铁牛、铁人

① 刘泽民等主编《晋商史料全览》（运城卷），山西人民出版社，2006，第358页。

遗憾的是，这座名城进入公元13世纪经历了1231年的蒲州之战，战火几户荡尽了城中的一切，闻名于世的蒲津浮桥和鹳雀楼都被毁掉。明代洪武年间，曾兴起一个大规模的筑城高潮——朱元璋下令各大中城市改造或加固城垣，山西即有30余座府城、州城或县城得到改建、扩建和新建，[①]蒲州城和浮桥也分别在洪武二年和四年开始重建，一度部分恢复昔日的风采。但到明末崇祯年间，蒲州经过战火蹂躏，再度成为破败不堪的空城。公元1911年，蒲州府废。1948年，永济县治迁出蒲州。1959年，为建三门峡水利工程，蒲州城最终被废弃。

---

① 杨晓国：《遗产生态的魅力》，山西经济出版社，1997，第68页。

第九节

中外交往——"一带一路"全球视野下的五台山佛教文化

闻名中外的佛教圣地五台山为文殊菩萨的道场。五台山佛教文化的核心就是文殊信仰。具有深厚历史文化底蕴的文殊信仰与现实社会生活有着千丝万缕的联系，认识并利用好这一宝贵的文化资源，是一件非常有价值的事情。五台山佛教文化可以担当"一带一路"的战略重任——可以借助五台山佛教文化与"一带一路"沿线各国的历史文化渊源，讲好山西的故事，传播山西的好声音、正能量。五台山不仅仅是推动山西经济社会发展的一大品牌，更应该成为山西推进"一带一路"的一面旗帜、一颗明珠。

在"一带一路"建设中，身处中部的山西虽然暂未发挥承东启西的地缘优势，但它西邻丝绸之路的集散中心陕西，向东穿越京津冀出海，可达日本、韩国、朝鲜，东南方向则与新、马、泰等国家由海上丝绸之路南北贯通。加之当今科技发达、交通极为便利，在此大背景下，山西的地位与作用尤当显现，特别是五台山居于中枢，跻身核心，是"一带一路"建设中的精神亮点。"一带一路"虽是以经济交融为主体的，但在整个过程中，佛教的传播始终是其中的枢机所在，甚至可以说没有佛教的传播就没有河西走廊的开拓，而没有河西走廊的开拓，则丝绸之路的畅通便成问题。而五台山佛教正是在中原发生战乱时引领佛教东入中原的关键所在。事实上，正是五台山佛教的东来西去促进了"一带一路"的经济繁荣与社会发展。这个历史事实,使山西在"一带一路"经济大潮中不仅地位特殊,而且大有可为。

历史上有许多"一带一路"沿线国家的僧人顺着古丝绸之路慕名来华参拜五台山。这些外籍僧人有的留在五台山,有的在瞻仰五台山后去其他地方弘扬佛法。尤其值得注意的是,有些回原籍的僧人因对五台山崇仰无比,便在本国修建了以"五台山"命名的寺庙,这就是后来在韩国、日本、加拿大等许多国家有以"五台山"命名的寺庙,并且这些地方也尊崇文殊信仰的缘由,而这也说明了五台山文殊信仰流播广泛。据王国棉女士研究,五台山与"一带一路"有着深厚的不解之缘。

一、五台山与"一带一路"的历史关联

素称"华北屋脊"和"清凉山"的五台山,早在北魏时期就与丝路紧紧地联系在一起,尤其在北魏定都平城(今山西大同)的97年中,来自西域、中亚各国的商旅、僧人使团,络绎不绝地涌向大同。大同成为丝绸之路东段最著名的国际大都市。当时的山西和江南、四川同为全国的三大丝绸产地。在上承两汉下启盛唐的魏晋南北朝时期,山西作为丝绸之路的承接带,堪称丝绸之路的重心所在。山西出产的潞绸不仅畅销国内,而且出口日本、东南亚和欧洲多个国家和地区。据《魏书》记载:太武帝拓跋焘祭东岳庙时,"远番助祭者数百国",其中就有来自波斯、粟特、柔然、高车等西域、中亚、西亚国家的使节和商人。五台山作为北魏丝绸之路中的重要节点,广受来往丝绸之路的各国商旅朝拜。唐代慧祥在《古清凉传》中就详细记载了北魏孝文帝时在五台山创建佛光寺和五台山当时香火兴旺的情形。

到了繁荣强盛的唐代,五台山被公认为文殊菩萨的应化道场,成为万众瞩目的佛教圣地。据《清凉山志》记载,唐太宗视五台山为"祖宗植德之所";武则天巡游并州时,向慕高德,就(五台)山致礼,并令德感法师掌管全国僧尼事,使五台山成为全国佛教的"首府",五台山佛教迈入鼎盛时期;唐大历四年(769),代宗批准锡兰(今斯里兰卡)来华传法僧人不空三藏的奏

折,尊文殊菩萨为天下寺庙斋堂中的"上座",命全国各地广建文殊寺院,且让文殊菩萨居于观音、普贤、地藏诸菩萨之首,使五台山成为国家级的道场,并明确了五台山在佛教界的尊崇地位。

因遥闻五台山文殊师利灵应,印度僧人菩提仙那和越南僧人佛哲慕名奔赴五台山,先后瞻礼了清凉寺、菩萨顶真容文殊、金刚窟文殊灵迹等。唐开元二十三年(735),鉴真因受到日本僧人的盛情邀请,便与唐僧道璇一起东渡日本,见到圣武天皇时向其讲述了五台山佛教的盛况,并借此将五台山文殊信仰传到日本。此后来华瞻礼佛法的外籍僧人更是络绎不绝。如:斯里兰卡多罗、不空、般若三藏,新罗僧人慈藏、慧超、行寂、崇济、郎智,罽宾国人佛陀波利,日本僧人灵仙、圆仁、惠运、宗睿、慧萼、圆觉、济诠等等。

五台山佛教在唐代对外交流非常频繁,影响极为深远。在海上丝路,五台山佛教也同样影响甚大。据《大唐西域求法高僧传》所载,当时从海路前往印度的高僧几十人之中就有并州常愍法师及其弟子。而北印度沙门智慧法师,遥闻五台山文殊灵迹,遂生崇慕之心,便前来朝拜。临近广州时遭遇狂风怒袭,被迫返还,不得已便又重新修整,最终于建中二年(781)到达广东番禺。另外,来瞻礼五台山的新罗僧徒多从海路而来,在扬州、登州、楚州等地上岸,使得这些地区汇集了许多新罗僧人。梳理唐代的传奇、小说、笔记和诗歌,便可窥探许多有关新罗僧、高丽僧朝赴五台山的相关记载。

到五代、宋、元、明、清各朝,来五台山瞻礼朝拜的外国僧人更是层出不穷。日僧圆仁、奝然、澄觉、寂照、成寻、邵元,印度僧人苏陀室利、罗悉利、锁喃嚷结,尼泊尔僧人具生吉祥、实哩沙哩卜得罗、释迦也失等,都曾经来五台山瞻礼朝拜。由于元明清时期的政治中心已经转移到北京,这就使得丝路沿线的各国使节、商团、僧侣不得不先沿丝绸之路至西安,继续东行跨过黄河北上,经今天的山西太原、五台山一带再向东越过太行山,经河北定州直至北京。这一段行程,可以看作丝绸之路的东延段。不言而喻,五台山在此段时期对"一带一路"的历史积淀有着不可磨灭的价值。

二、五台山是山西助推"一带一路"建设的国际品牌

五台山不仅仅是推动山西经济社会文化旅游发展的一大品牌,更应该成为中国推进"一带一路"的一大国际品牌。

首先,五台山佛教文化客观上有利于形成一个四海一家、共享繁荣的全球一体化精神平台。有此平台,就更易于推动与"一带一路"所涉及的各国人民在各项领域形成互利合作、共享繁荣。在"一带一路"涉及的异域价值观中,佛教价值观首先彰显出五台山的重要作用。五台山文殊信仰具有深厚的文化内涵,以佛心纠正人心,重建道德,倡导和平、慈悲、中道、圆融,在匡正世道人心、塑造和谐共处格局方面具有独具一格的历史意义和现实意义。历史上,以山西襄垣的法显、并州常愍法师及其弟子等为代表的西行求法僧人,通过丝绸之路将五台山佛教慈悲、智慧、和平、包容的精神播撒到亚洲大陆的各个角落,帮助和促进了不同文化、不同文明的人类群体从对立、冲突中解脱出来,交流互鉴,超越以自我为中心的狭隘的个人主义和极端民族主义,为人类找到一条相互包容、相互理解的出路,体现了佛教服务"一带一路"的独特优势。与此不谋而合的是,习近平到访斯里兰卡时讲到中国和斯里兰卡有高僧法显开启的千年佛缘,说的就是这个意思。

其次,五台山可以激活山西与全中国的文化旅游资源,带动山西乃至全国文化旅游产业的大发展、大繁荣。推动五台山佛教文化走出去,很容易与"一带一路"沿线国家拉近精神距离,在精神上激发感召力、亲和力,使五台山佛教文化成为沿线国家和地区文化交流、民心相通的载体,推动文化产业的发展,赢得广阔的市场空间,从而在根本上扭转当前五台山客源局限于山西周边地区的困局,也有利于以五台山为抓手,推动华夏文明走出国门,走向世界,进而把山西文化服务业引向全球。

再次,五台山文殊信仰历史悠久,深入发掘文殊智慧,能够为全球经济、文化的良性发展提供不竭的智力资源。五台山作为文殊大智菩萨的道场,蕴藏着无数人类需要的智慧资源。特别是在当前贸易竞争激烈、全球性的供给

过剩压力加大的情况下，从以创新发展为首的五大发展理念来看，五台山佛教也可以担当"一带一路"的战略重任，充分发掘佛教的国际性优势，增进山西与"一带一路"沿线国家之间的关联。所以，毫无疑义，应推动五台山佛教文化走出去，借助五台山佛教文化与"一带一路"沿线各国之间的历史文化渊源，讲好山西的故事，传播山西的好声音。可以预见，在五台山佛教文化的大旗下，以经济互利合作为主旋律、以人文交流为重要抓手的良好局面定会实现。

三、文殊信仰是五台山参与"一带一路"建设的核心竞争力

说到信仰，许多人自然会联想到政治信仰、宗教信仰等。信仰虽然是看不见、摸不着的虚拟存在，但是其作为一种精神因子，却可以发挥巨大的正能量。如近代戊戌六君子之一的谭嗣同、杨深秀等人断头取义，靠的就是维新富国的政治信仰，而高君宇、刘胡兰大义凛然、视死如归是由于坚定的共产主义信仰。可见，信仰之力至刚至伟。正因为此，早在东晋时期，山西僧人法显便因执着于对佛教事业的神圣追求，沿着古丝绸之路向西前往印度取经，然后又取道走海上丝绸之路返回祖国，历时15年，成为中国历史上践行"一带一路"的先驱。

社会的良性运转也必须建立在对信仰的认同与追求上。正因为此，千百年来十方世界的佛教僧侣、信众、居士等莅临五台山游览、参拜、学习。当然，这也充分说明了五台山作为佛教圣地"诸宗翘楚，一教首班"的巨大信仰引力。这种信仰引力使得尽管从地理空间上看，五台山位置似乎并不占优势，与"一带一路"规划机缘不大，但它却可以在宗教方面发挥积极的价值观与文化调节作用。倘若没有信仰引力，五台山单论自然风光与有限的地理地貌则很难铸就永久美好的前景。放眼华夏大地，名山大川不可胜数，但都不足以替代五台山在全世界人们心目中的尊崇地位，这种独具一格的信仰引力正是五台山佛教助推社会良性运转的非凡正能量。

五台山是文殊菩萨的道场，据《大方广佛华严经·菩萨住处品》曰："东

北方有菩萨住处,名清凉山。过去诸菩萨常于中住,彼现有菩萨,名文殊师利,有一万菩萨眷属,常为说法。"五台山佛教文化的灵魂是文殊信仰,文殊信仰智慧深广、圆融无碍、普惠众生,它是促进国家统一、社会稳定与和谐发展的精神动力,其民主、平等、自由、慈悲的价值观可以促使不同民族、种族、国家、语言、文化的人类群体自觉践行创新发展、绿色发展、协调发展、开放发展、共享发展的理念。众所周知,"一带一路"涉及三个文化圈,即佛教文化圈、伊斯兰教文化圈、基督教文化圈。其中,佛教文化圈所涉及的人口与面积最广。汉唐时期的丝绸之路与今天的海上丝绸之路就是佛教文化区。如越南、新加坡等地的很多人尊奉佛教,而泰国、老挝、柬埔寨、缅甸、斯里兰卡等国均为佛教文化区。在这些地区,五台山的佛教文化具有很大的信仰号召力。因此,五台山应当仁不让,把文殊信仰的正能量释放到海外。

五台山文殊信仰内蕴深厚、辐射面广泛。自唐宋以来,以文殊信仰为内核的五台山佛教文化便已传到日本、韩国、泰国等丝绸之路沿线国家。时至今日,五台山的文殊信仰更为兴盛,早已遍布全世界。事实上,五台山文殊信仰已经完全超越了僧俗与宗派,超越了民族与国界,超越了地位与身份的差异,进而鲜明地体现出文殊信仰所具有的智慧深广、圆融无碍、普利众生、平等无二的丰富内涵。深入挖掘五台山佛教的信仰引力,不仅仅是当地政府的事情和山西省的事情,更是国家落实"一带一路"的大事。唯有如此,才能使五台山完全凭借其自身的信仰吸引力使五湖四海的信众与游客襁至而辐辏,从而使山西乃至全中国在"一带一路"的时代机遇中分享千载难逢的战略机遇。

四、进一步激活五台山信仰引力的着力点

五台山佛教文化内蕴深厚、历史悠久,是人类独具特色的智慧资源和文化财富。五台山文殊信仰与现实社会生活有着密切联系。认识并充分开发利用这一资源和财富,是一件非常重要而有价值的事情。但就近几年的发展状况而言,其发展明显不足,迫切需要进一步激活五台山的信仰引力,具体来

说要抓住如下几个着力点。

首先，增强内容体验是激活信仰吸引力的关键。要调动国内外颇具影响力的理论人、学术人、文艺人、产业人共同参与内容体验的项目开发。五台山亦可以此作为寻求产业契机的突破口，来促进内容业态多元化，延伸产业链。如五台山的显通寺、菩萨顶等庙宇，在每天的早晚课上，结合香客居士的需求特别加入了延寿、消灾、祈福的法会内容，在祈福之后香客居士还可去白云寺、普化寺、殊像寺佛缘楼品味营养丰富、别具一格的五台山创意素斋；王潮歌导演的佛教情境体验剧《又见五台山》一经上演便在全国引起强烈反响，其突出特点便是观赏时可以让观众有身临其境的感觉，观赏者可以走着看、转着看、闭着眼睛想，并能从室内情境体验区穿梭到360度全景旋转舞台区，从中可以体验到人生百态和菩萨点化。这些可以说是五台山文化产业向内容体验迈出的可喜一步。

其次，要进一步加强理论支持。比如，争取世界佛教大会在山西召开。如果成千上万的外国僧人、学者来五台山，他们都将是五台山的义务宣传员，通过大会成果和各国来宾把五台山佛教文化推向全世界。事实上，单靠五台山自己的力量还不足以弘扬五台山佛教文化。因此，僧才培养是发展五台山佛教文化的当务之急，五台山要兴办男众佛学院，立足全国、全球，邀请高僧到五台山来讲学，吸收世界佛学研究的最新成果。

再次，要继续深化认识，大力发挥五台山对于拉动"一带一路"沿线国家和地区文化旅游的独特价值。要凝聚各方智慧，大打文化牌，深入发掘五台山深厚的宗教文化底蕴，通过产品深挖文化。要旗帜鲜明地突出文化游的产业主题，吸引"一带一路"乃至全世界的眼球，让更多的游客来中国、来五台山体验厚重的佛教文化底蕴，进而全面认识集中了全中国地上文物资源70%以上的文化大省山西。从这个意义上讲，五台山对于山西与"一带一路"的融合必将产生广泛深远的影响。

第十节

马可·波罗——推介山西的中西文化交流盛况的旅行家

一、意大利旅行家马可·波罗

公元13世纪，由于意大利人马可·波罗游历中国前后26年，并在归国后撰写了著名的《马可·波罗游记》，使欧洲与中国的联系发生了关键性转变。尽管亚历山大东征，已经表现出欧洲希望与东方的塞里斯（中国）建立直接联系的强烈愿望，但是，在马可·波罗之前，欧洲人还没有实质上进入中国。其原因有二：一是根据史籍记载，虽然有欧洲人来过中国，但是，并未留下自己撰写的文字资料，也没有产生文化影响，对欧洲人认识东方世界，特别是认识赛里斯即中国没有实质性帮助。二是虽然西方世界，特别是欧洲一直希望能够与东方的中国建立直接的经济贸易及文化宗教方面的联系，频频派人前往东方，但是，这些人或者由于路途遥远，或者由于战争等诸种原因，没有完成使命。少数到达东方者也没有进入中原地区，而是停步于蒙古草原。特别是蒙古崛起后，基督教教会希望与蒙古联合共同对付强大的阿拉伯世界，不断派使者来东方。可惜的是他们往往只到达东方的草原地带，没有进入中原地区。因而马可·波罗从文化影响的层面来说，是欧洲第一个进入中国中原地区的"使者"。

马可·波罗于1254年生于意大利威尼斯。那时正是蒙古蒙哥宪宗四年。据张星烺研究，其祖上在11世纪时才移居威尼斯。他的祖父安得利亚·波罗生有三子，皆经商。其长子名马可，是马可·波罗之伯父，在君士坦丁堡及克里米亚之索尔得亚港有商号。其次子即马可·波罗之父亲，名尼哥罗，三子为马飞。1260年的时候，马可·波罗的父亲尼哥罗与叔父马飞也到了君士坦丁堡经商，后来又到了克里米亚，然后继续北行至伏尔加河畔的萨雷城，再至布哈拉，停留了三年。其间遇到了旭烈兀派往大都的使者，便相随而行，至元上都（开平府，今内蒙古正蓝旗东）觐见忽必烈。忽必烈向他们询问欧洲的有关情况，二人所答使忽必烈非常高兴，便请二人为元朝使者，持元之国书返罗马觐见教皇，希望能够派遣100名教士来元传教，并取耶路撒冷耶稣墓之长明灯中的油若干以作药用。他们兄弟二人负命而返，其间多有延宕。尼哥罗曾回到家乡威尼斯。这时，马可·波罗已经长成15岁的少年。大约在1271年的时候，马可·波罗随父亲、叔父踏上了东行旅程。他们从阿扣港出发，至波斯湾口之忽里模子市，向北经儿曼、呼罗珊、巴里黑、塔里干、把达克（今巴格达），进入帕米尔高原。然后经喀什噶尔、叶尔羌、和阗、罗布淖尔等地。再经沙洲（今甘肃敦煌）、肃州（今甘肃酒泉）、甘州（今甘肃张掖）、凉州（今甘肃武威）、宁夏、天德（今内蒙古呼和浩特市东），到了大同。1275年夏，再至上都开平府觐见忽必烈。①

由于马可·波罗非常聪慧，很快就熟悉了当地的语言、风俗、文字及战斗方法，且通四国语言，使忽必烈甚为器重，常派他出使各地。先后到过云南、缅甸、江南、印度，以及杭州、扬州与山西等。波罗氏三人离乡日久，思念故乡，请求返乡，忽必烈皆不准。公元1286年，伊利汗国王阿鲁浑之皇后卜鲁罕去世，遗嘱必须娶其同族之女继后位。阿鲁浑派使臣往大都迎娶。忽必烈选其族之女阔阔真公主往嫁，并命波罗氏三人为使往送。他们一行六百余人于1292年从刺桐（今泉州）港出发，经苏门答腊、印度等地，历时两年至忽里模子港，完成使命。住数月后往还，于1296年归威尼斯。其间，在中国停留17年，

---

① 张星烺：《欧化东渐史》，商务印书馆，2000，第143页。

前后离家26年。

马可·波罗回国后,由于其在东方所获财富及传奇经历,名声大噪。因其所言东方之事,往往用"百万"之数,故被人称为"百万先生"。当时,意大利之威尼斯、热那亚等贸易城市为争夺海上贸易控制权,常互攻伐。马可·波罗被热那亚所俘。在狱中,他遇到当时著名的传奇小说家鲁思梯切诺。于是,由马可·波罗口述,鲁思梯切诺记录,他们二人共同撰写了影响世界的《马可·波罗游记》,或者应该叫作《寰宇记》。还有一种说法是,"人们甚至还向该囚犯提供了一名类似秘书的人,即比萨城的鲁思梯切诺"①。这样说来,似乎监狱对马可·波罗之著述非常重视。此书一面世,就产生了巨大的影响,各种抄写本、印刷版本、译作、改编本等次第出现,以至于人们难以辨别哪一种是最初的稿本。据1938年穆尔与伯希和的统计,当时已经有各类版本143种,还不包括根据这些版本中的一些翻译出来的各种新译本。②《马可·波罗游记》原本并不分章。后人有各种分法。一般共分为引言及正文四卷。其引言叙述波罗氏一家东行的简要过程及原因。第一卷叙述自小亚美尼亚到中国上都的见闻。第二卷介绍波罗氏一家在中国各地的游历情况,是全书的主要内容。第三卷介绍日本、南洋群岛、印度、斯里兰卡、波斯湾、阿拉伯、东非的情况。第四卷介绍中亚及西亚蒙古各汗国之间的关系。而其中,也记载了他在山西的所见所闻。

二、马可·波罗畅游山西

《马可·波罗游记》记述了他从北京西南之桑干河过卢沟桥,往涿州,然后前往内蒙古和山西的行程。书中讲到从涿州有两条路,一条往草原,另一条往内地。从涿州至太原府,向西行七日,至平阳府(今临汾),往南有

---

① [法]于格:《海市蜃楼中的帝国——丝绸之路上的人,神与神话》,中国藏学出版社,2004,第330页。
② 杨志玖:《马可·波罗与中外关系》,载《杨志玖文集》,中华书局,2015,第34页。

绛州之离宫，再南行至河中府（今永济），然后至京兆府（今西安）。马可·波罗对山西诸地强调甚多。例如，他说太原府都城甚壮丽，工商业十分繁盛。一是其丝绸纺织业发达，到处种桑养蚕。二是其制造业在全国来说十分重要，甚至君主军队必要之武装，多在此城制造。三是其葡萄种植业非常突出。"此地种植不少最美之葡萄园，酿葡萄酒甚饶。契丹全境只有此地出产葡萄酒。"四是其商业发展程度极高。在马可·波罗的叙述中，太原是周边地区的商贸中心、货物集散地。周围各地把自己的产品运送到太原，再转往四面八方。其中对太原地区种植葡萄的记载具有非常重要的史料价值，被很多著作引用，也成为内地种植葡萄这一外来植物的典型体现。如美国学者劳费尔在其《中国伊朗编》中就引用马可·波罗的介绍，并且说"现代中国作家都支持马可·波罗的说法"。《元典章》里也提到葡萄酒。1331年忽斯辉所著的《饮膳正要》有一段记载，说"酒有数等，出哈剌火者最烈，西番次之，平阳、太原者又次之。"[①]哈剌为中亚国家，在今伊朗一带。所谓西番即西域地区。而内地则是平阳、太原所产之葡萄酒最佳。此亦可证明当时马可·波罗所言是实。

三、《马可·波罗游记》的巨大价值

《马可·波罗游记》向西方介绍了东方中国的富庶美丽，其价值和重要性至少表现在四个方面：首先，这是欧洲人首次进入中国内地，并对中国的地理、文化、社会、生产、商贸、民族等诸多情况进行比较详细介绍的著作。这一点奠定了其在东西方文化交流中的重要地位。其次，《马可·波罗游记》标志着欧洲人终于明白了一直以来充满神秘色彩的生产丝绸的赛里斯国是一个什么样的国家，并且终于知道了所谓的"契丹"与"赛里斯"是同一个国家。因此，它对欧洲人的世界地理观有新的拓展。再次，《马可·波罗游记》出版之后，欧洲出现了到东方淘金的热潮。最具代表性的就是哥伦布远航。他由于细读这一著作，受到极大的启发或者说诱惑。也可以说，马可·波罗

---

① ［美］劳费尔：《中国伊朗编》，商务印书馆，2001，第63页。

为一个新的时代拉开了序幕。最后,《马可·波罗游记》也极大地激发了欧洲人的想象力。这一著作中介绍的人事,在欧洲人看来,非常玄妙夸张,但在东方却是现实。欧洲人即使用想象力也仍然难以理解东方的一切。以至于在相当长的时间内,许多欧洲人认为马可·波罗是"吹牛大王",最常见的说法便是,"马可·波罗是一个大骗子"。无论怎么说,马可·波罗的"开放性著作",在世界上产生了一种特殊的震撼。随着时间的推移它产生了更大的吸引力。赴中国的探险旅行家的日益增多,包括众多意大利商人的远征,以及其他神奇故事的出现,都无法使马可·波罗失去对梦想的垄断权。"人们愈是去证实这种美梦,它就会变得愈加神秘。"①

---

① [法]于格:《海市蜃楼中的帝国——丝绸之路上的人,神与神话》,中国藏学出版社,2004,第333页。

第三章 茶叶之路

明清时期，朱明王朝和清政府较长时期实行海禁和限制对外贸易的政策，造成近代中国因为闭关锁国、保守封闭而面临落后挨打的被动局面。明清时期对外贸易局限在两大范围：一是明代在隆庆年间开放东西洋之前一直沿袭中国传统的官方朝贡贸易，隆庆、万历开放以后民间私人海上贸易勃兴。二是清政府在鸦片战争、五口通商之前长期实行闭关锁国政策，清代中外贸易仅有两个口岸，一是岭南的广州，由清政府特许的十三行商经营管理。二是中俄北部的恰克图市场，主要由晋商开拓的万里国际茶路带动中俄和中欧国际贸易。尽管明清封建政府为维护专制统治，较长时期实施闭关锁国的政策，但以晋商、徽商、浙商、闽商、粤商等为代表的中国民间十大地域商帮在明清之际却打破千百年的传统，以开放的视野，大胆冒险，在东西洋、中亚、南亚和俄蒙、欧洲展开广泛的对外贸易。明清晋商的辉煌业绩和巨大成就，正是山西人在思想观念上打破陈旧的农本商末观念，敢为人先、敢领业先、敢为天下先，开拓创业、开放进取的集中展现。

第一节
汇通天下——朝贡贸易与晋商票号诞生及资本规模化

一、以官方管制许可为主的朝贡贸易

明代中国官方的朝贡贸易主要集中在日本、东南亚国家等周边地区。因为中国与日本和东南亚地区本是近邻,东南亚国家又长期受中国东亚文化圈影响,有的又是中国藩属国,所以历史上长期维持着朝贡贸易。

1. 与日本的朝贡贸易以及倭寇在东南沿海接连不断的劫掠

"倭",是中国古代对日本的通称。《汉书·地理志》讲:"乐浪海中有倭人,分为百余国。"颜师古注:"倭在带方海中,依山为岛国。"而"倭寇",则是公元14到16世纪不断侵扰中国东南沿海和朝鲜的武装海盗集团。洪武元年(1368)十一月,太祖朱元璋派遣使者到日本、安南、占城、高丽,意在通知周边君长,明灭了元,君临中华。明使到了日本九州征西将军宫怀良亲王处,亲王看到连名字都未听过的明朝国书中,竟有"尔四夷君长酋帅等,邈远未闻,故兹诏示"等傲慢词句,便断然拒绝接待。第二年,明朝再派七人到日本,并有责备倭寇的侵扰准备征讨等威胁性词句,亲王便杀了使者五人,其余二人扣留三月后放还。洪武三年(1370)明朝派莱州同知赵某送还明朝擒获的日本海盗、僧侣等15人。亲王仍欲杀害，赵泰然自若地说："我大明天子，神圣文武非蒙古比，我亦非蒙古使者后，能兵兵我。"这时亲王才释然以礼相待，第二年（1371）十月，亲王派僧人祖来出使明朝，到金陵，上表称臣，献马匹及方物，并送还倭寇在明州、台州劫掠的明朝百姓70余人。洪武四年，明太祖曾派杨载出使琉球国，从此中国与琉球建立册封与朝贡的外交关系。从那时起500多年间，中国政府向琉球国派出24次册封使。到永乐二年，明日缔结贸易条约。明朝为了区别日本的贸易船和倭寇船，送去勘合底簿一百道，规定：凡是日本商船开往明朝，都要携带勘合，以进贡为名方可贸易。十年一贡，人限二百，船限两艘，不得携带武器，违者以倭寇论。此后，明日之间的勘合贸易长期维持，嘉靖十三年明朝册封使陈侃所著多卷《使琉球录》一书清楚地记载了途经钓鱼岛去琉球的海路，书中指出："过了钓鱼岛，到达琉球姑米山（今久米岛），乃属琉球者，夷人鼓舞于舟，喜达于家。"

史载，从洪武五年起，明朝加强海防建设，又对贡舶贸易进行限制，倭患有所缓和，但并未停息。明朝水师就在包括钓鱼岛在内的山东、浙江、福建沿海巡航，打击倭寇，一直把倭寇驱逐至琉球以外。永乐十七年六月，明朝海军又在辽东半岛取得了望海埚（大连湾东北）大捷，全歼倭寇2000余人，倭寇气焰受到沉重打击，史称"自是倭大惧，百余年间，海上无大侵犯。朝廷阅数岁一令大臣巡警而已"[①]。到了嘉靖时期，随着政治腐败，中日双方关系变化，倭患又严重起来。

2. 嘉靖朝争贡事件

明代倭患，嘉靖年间最甚。这揭示出封建主义的闭锁性与其胎育出来的商业资本的流通性之间的矛盾。同时应当看到，嘉靖后期倭寇祸害较之明前中期洪武、永乐、正统、景泰、成化、弘治诸朝更加严重，直接原因为此前明政府对倭寇不够强硬，游移于"怀柔"与"防御"之间，加之奸商引诱与宁波市舶司的废止，以致酿成"宁波争贡事件"。这是倭患加剧的一个契机，

---

① 《明史·兵志三》，中华书局1974年版，第2244页。

导致嘉靖二十六年到四十三年倭寇空前大规模入犯。

明成化初年,日本进入战国时代,群雄并起,互相攻伐。各诸侯贪图入贡明朝所获厚利,竞相派出贡使。嘉靖二年五月,日本国左京兆大夫内艺兴(大内氏)派使臣宗设入贡,右京兆大夫高贡(细川氏)也派使臣瑞佐和宋素卿入贡,两家贡使先后到达宁波。按明制,外国贡使所带货物的验发及设宴招待座次,均以到港先后为序。宗设之船先到港,理应在先。但是瑞佐的副使宋素卿本是明朝人,深悉国情,他贿赂市舶太监赖恩,结果瑞佐船后到却抢在宗设之前验了货。宗设已是一肚子气没处发泄,偏偏在官方为贡使举行的宴会上,太监赖恩又将瑞佐和宋素卿安排到宗设之上。宗设怒气不平,先与瑞佐发生口角,继而动武,兵刃相向厮杀起来。赖恩暗以兵器授瑞佐。谁知宗设武艺高强,瑞佐一方不是对手,宋素卿就领着瑞佐逃奔余姚江,宗设更恼赖恩不公,遂劫东库,一把火将贡使的嘉宾堂烧毁,然后奔余姚江追赶瑞佐。瑞佐和宋素卿见势不妙,又逃奔绍兴城,让守城军士关闭了城门。宗设追至城下呼叫,让将瑞佐捆绑出来,城中不应,宗设就在返回途中一路杀掠。明军前来围捕,结果不是对手,备倭都指挥刘锦、千户张镗被杀,指挥袁琎、百户刘恩被俘。宗设又从育王岭奔小山浦夺路出海,杀死百户胡源,"浙中大震"。这便是"争贡之役"。该役充分暴露了嘉靖朝政治的腐朽,管理市舶太监贪贿徇私,明军衰弱腐败、不堪一击。"倭自是有轻中国心矣。"①

事发后,巡按御史欧珠、镇守太监梁瑶奏报朝廷。嘉靖帝下旨切责当地军政官员,并让礼部就其入贡事宜当否议报。礼部拟放宋素卿回日本国究治,并按科道官意见将宋素卿和瑞佐等下狱待讯。

宗设等人夺路出海,屯据海岛,明军屡捕不获,同年十月朝鲜海军出海巡逻,捕获了逃到朝鲜海城的宗设党徒并斩33人首级,解送明朝。后将这些人解至浙江与宋素卿对质得实情后将宋论死,瑞佐释还本国。当年十一月,给事中夏言建议派遣重臣去勘察日本通贡之事。嘉靖帝经过二年多的犹豫,

---

① 谷应泰:《明史纪事本末·沿海倭乱》,上海古籍出版社,1974,第217页。

终于按礼部意见下令革浙江市舶提举司①,意图通过断绝朝贡贸易来制止倭患。但是,市舶司的裁革并没遏制倭患,反倒成了催化剂,致使嘉靖朝倭患愈演愈烈。

倭患加剧的间接原因则为嘉靖朝官吏贪污,政治腐败,卫所空虚,军政坏弛,社会动乱,民变蜂起。这是导致嘉靖年间南倭北虏频频入寇,荼毒京城和东南沿海,造成防守不力—倭寇成分复杂—抢掠日益猖獗—防守压力大增恶性循环的重要原因。嘉靖年间抗倭战争的最后胜利是一大批忠君爱国、舍生忘死抗倭将士群策和接力的结果。其中朱纨的"严打"、张经的"力剿"、胡宗宪的"主抚+分化"发挥了各自的功用。最终驱逐倭寇结束倭患的,并非迷信道教的嘉靖皇帝和贵官显宦,而是众所周知出身寒微的民族英雄俞大猷、戚继光、刘显、张元勋、李锡、任环等,其中戚继光最为杰出。

3. 隆庆年间的"封贡互市"和开放东西洋

明初,政府在辽东、大同边镇口堡设有马市,允许蒙汉各族人民进行交易。正统年间蒙古族每次入贡两三千人,贡牛马皮以万计。据《明实录》统计,永乐元年到隆庆四年的160年间,蒙古入贡800多次,贡使最多时达24114人,贡马驼最多达68396匹,贡各种皮186332张。但"土木之变"和嘉靖朝"庚戌之变"后,由于双方关系紧张,马市几度停闭。隆庆四年"把汉那吉"事件发生后,宣大山西总督王崇古在内阁辅臣张居正的支持下,正确应对这一突发事件,促成"封贡互市",结束了蒙汉之间长期兵戈对峙的紧张格局,促成了沿边贸易的繁荣,出现了"九边生齿日繁,守备日固,田野日辟,商贾日通","禾嘉岁登于田野"的和平友好交往局面。

隆庆年间,鉴于北虏南倭平定后周边环境的改善,明政府决定开放东西二洋,准许沿海一带商民前往东洋日本和东南亚等地进行海外贸易。于是海上丝路大兴,民间海外贸易勃兴,广州、汕头、宁波、厦门、泉州、漳州、月港等一批港口迅速发展起来。

---

① 《皇明史概大政记》,江苏广陵古籍刊印社本(上),第409页。

二、以诚信、开放精神著称的晋商开拓的以万里茶路为纽带的国际贸易

清代中外贸易有两大口岸：一是岭南的广州，由清政府特许的十三行商经营管理。二是北部的恰克图，主要由晋商开拓的万里国际茶路带动中俄和中欧国际贸易。

茶叶之路是继汉唐丝绸之路之后兴起于明清的又一条重要国际贸易通道，中国由此向蒙古、俄罗斯及其他欧洲国家输出茶叶、丝绸等物资，其中晋商扮演着重要的拓荒角色。

晋商是开拓型创业创新的标杆。晋商首创票号，汇通天下；首闯新疆、西藏，开内地商人经营高原戈壁先例。他们率先开辟万里国际茶道，拓展国内外统一大市场；率先实施银企互助联动，破解企业发展瓶颈；率先走出国门，投资海外，为全球经济（金融）一体化注入生机和活力；率先实施两权分离、股权激励、劳资共创，为明晰企业产权，破解千百年来企业劳资矛盾纠纷探索了成功的实践经验。具体来讲：

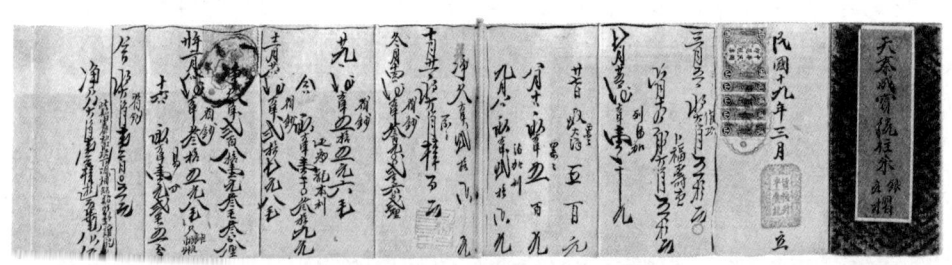

民国十九年晋恒昇庆给大泰成往来银钱折

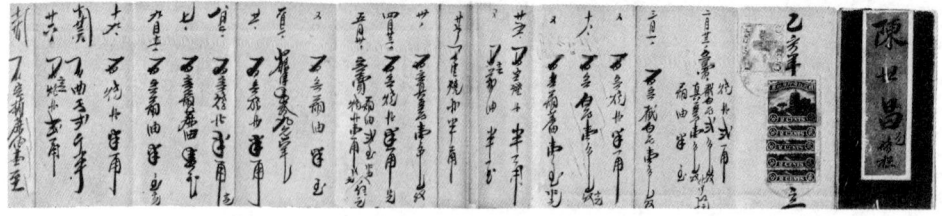

民国二十四年某杂货店给陈世昌取货折

第三章 茶叶之路

北宋纸币交子　　　　　　南宋纸币会子

1. 道光年间实现了产业资本向金融资本的飞跃，首创票号

票号分为祁、太、平三帮，习称"西帮"票号，以区别于红顶浙商胡雪岩后来仿办的"南帮"阜康票号，外国人称票号为"山西银行"。著名的票号有平遥李家日昇昌，侯家蔚字五联号，祁县乔家大德通，渠家三晋源、百川通，太谷志成信、协成乾，太原张家义成谦等。

票号，又称票庄或汇兑庄，是账局之后我国封建社会晚期的一种金融信用机构。因起先大多由山西商人经营，故被西方人称为"山西银行"。开始主要经营汇兑业务，后来逐渐发展成集存、放、汇银行三大业务并兼营代理业务于一身的早期银行。票号作为中国封建社会母体经济产生的一种新生事物，它的产生和发展有着深刻的社会经济背景和主客观条件，具体来讲，可归纳如下：

第一，明清之际社会经济的发展尤其是明中后期资本主义萌芽的出现对商业资本提出了新需求。中国传统工商业在发展中遇到生产规模受资本扩张局限的困难和机遇。即一方面商家自有资本与异地经营所需资本不平衡；另一方面工商业信用的产生和商业汇票的局部流通，为票号专营汇兑业提供了可资借鉴的经验和机遇。

中国封建社会经济发展到明代中叶以后，由于社会生产力的提高、国外白银流入、国内田赋折征银两的实施，商品货币经济有了长足的发展。其显

315

著成果便是东南沿海市镇工商业的勃兴、南北货运的流畅,进而产生资本主义萌芽。这种发展势头经过明清鼎革之际短暂的挫折延续到清代前期,此即通常所说从万历到乾隆,特别是康熙、乾隆时期,国内政局稳定,边疆开发,驿路延伸,民族和睦相处,农业和手工业迅速恢复发展,商品经济较前更为活跃,国内市场扩大,全国各地不仅有为数众多的地方性市场兴起,而且逐渐形成统一的全国性区域流通大市场。

明代,大运河贸易、南北物资交流规模扩大,明人李鼎说:"燕赵、秦晋、齐梁、江淮之货,日夜商贩而南;蛮海、闽广、豫章、南楚、瓯越、新安之货,日夜商贩而北。"①这是明代市场扩大的一个显著表现。到了清代,随着湖南、鄂北、四川的开发,西北、东北的放垦,市场扩大,长距离贸易比明代更加发达。国内形成规模宏大、号称天下四聚的北京、佛山、苏州、汉口四大市场。清人刘献廷在《广阳杂记》卷四曾讲:"天下有四聚,北则京师,南则佛山,东则苏州,西则汉口。然东海之滨,苏州而外,更有芜湖、扬州、江宁、杭州以分其势。"市场的扩大为各地商品的流转开辟了广阔的空间,清代仅粮食的流通,自北而南就有10条运道:①南粮经大运河北运京畿、山西、陕西;②奉天麦豆经海路运天津、山东;③奉天麦豆经海路运上海;④河南、天津麦梁经大运河运临清;⑤汉口麦谷经汉水运陕西汉中;⑥安徽、江西米经长江运江浙;⑦湖

太原馒头巷内钱庄

---

① 李鼎:《李长卿集》卷十九《借箸编》。

南、四川米经长江运江苏；⑧江浙米由上海经海路运福建；⑨台湾米经海路运福建；⑩广西米经西江运广东。可见，长距离贸易确实增加了。据专家估计，清代粮食的长距离运销量年约45亿斤，为明代的3倍。棉布是当时仅次于粮食的第二大宗商品，长距离运销量年约4500万匹，约占全部商品量的15%。①粮、棉这两大宗商品都已形成全国性流通市场。

毫无疑问，长距离的商品贸易自然对金融资本提出新的需求，促使封建金融机构逐步突破地域局限和单纯兑换业务，逐步由单一的汇兑向存、放、汇业务迈进。另一方面，区域市场、埠际贸易的开展使商品流通辐射面扩大，自然出现了不同地区的大额资金调拨、债务清算和物资与现金平衡等新需求，加之当时银两与铜钱并行流通，各地交易的砝码成色千差万别，客观上需要专门的汇兑机构进行专业化运作，以满足社会经济发展的需要。

第二，传统的商业信用和早期金融组织账局、银号、钱庄为票号产生创造了条件，但又不能完全满足工商业经营资本日渐扩大的需求。商业信用和明代工商汇票产生后，对汇兑银两、清算债务发挥了一定的作用，但商业信用并不能增加。尽管在清代康熙、乾隆年间，我国北方地区的北京、天津、张家口及南方的上海都出现了与工商业发生借贷关系的金融组织：账局、银号和钱庄，但这三种金融机构的资金融通渠道主要局限于同城一地的范围，资金链延伸和业务覆盖面十分有限，难以满足长距离异地资金借贷调拨清算的需要。特别是乾隆后期至嘉庆年间，国际国内贸易的发展引起埠际货币流通量不断增大，交易日益频繁，传统的镖局运现、典当放贷和钱庄账局的经营越来越不能适应商业贸易对资金的膨胀需求。

第三，随着市场扩大和长距离贩运的增多，镖局运现已不能适应与日俱增的资金交割需要。事实上，镖局运现本身就是这一需求的产物。明清时期，在商品交易过程中，由于商人异地采购运销的货物现银调拨的次数越来越多、金额越来越大，因此既安全又快速运送现银就成为一个迫切需求。镖局就是

---

① 许涤新、吴承明主编：《中国资本主义发展史》第1卷《中国资本主义的萌芽》，人民出版社，1985，第282页。

伴随这种商业贸易的需要应运而生的专门运现机构。所谓镖局，主营雇用武艺高超的镖师押运现银和贵重货物，称"走镖"或"护镖"，平时则看家护院。山西商帮遍布全国各大商埠，商业交易长途贩运中经常需要运现，故开设镖局者山西人居多，清代各商业重地尤其是晋中都有镖局，著名的如北京无敌镖局、永胜镖局、太谷曹家镖局、平遥同兴公镖局、文水昌德镖局、张家口的三合镖局、河南赊旗广盛镖局、内蒙古三岔口兴元镖局、江苏苏州昌隆镖局、河北张北三合镖局。这些镖局都雇用当地和外地身怀绝技的武林高手。当时人们对华北地区五位著名镖师的赞语是："王（正清）家的枪，戴（二闾）家的拳，左（二把）家的弹腿天下走，安（晋元）家的大弓射出口，大盛魁的镖师不用吼。"

但是镖局运现有两大局限：一是安全性有限，特别是清中期以后由于内忧外患日深，社会动荡不已，土匪溃兵四出，沿途已不安全，保镖并不能万无一失；二是起镖运现不仅费时且数额有限、成本很大，难以适应日益增大的商品交易需要，所以寻求一种更为安全便捷高效的运现方式，解决商业交易中货币交割债务清算的现实问题已经迫在眉睫。

第四，明代商业汇票产生后，由于受到承汇能力和通汇地区的限制，远远不能适应埠际货币流通的需要。明代嘉万年间，南、北二京已在使用商业汇票，但流通区域仅限京师和江南经济发达的局部地区。原因之一是民间没有专门的速递机构。清代嘉道年间，浙江宁波商人创办民信局后，为国内商民提供了快速传递书信包裹和捎寄少量钱物的便利，出现了永利、正和、广大、福润、全盛、协兴、正大等能邮通天下的八家大信局和七家收费较少的小信局。这就为票号投递号信、汇通天下准备了客观条件。

那么，票号为什么首先由山西商人创办？

第一，晋商经过明中叶以来的发展，到了清乾隆年间，可以说已进入兴盛时期，兴盛的标志是：万里茶路开通，晋商足迹遍天下，资本雄厚，汇通天下，社会信誉良好。

在明代，实行开中法后，围绕山西境内的盐、铁、丝、棉生产和流通，以及政府在北部边镇推行的纳粮开中制度、西部边境的茶马制度等，山西商人北至宁夏、宣化、张家口，东北至北京、山东，东南至吴越，西南至四川，西至西宁、嘉峪关，已经足迹遍天下。进入清代，随着清王朝对东北、内外蒙古、新疆地区的统一，晋商在中国所有行省的土地上，无不留下自己的足迹。至于那些大的都会，山西商人之多更为突出。苏州、佛山、汉口、北京是清前期全国四大市场，号称"天下四聚"。山西商人中单在苏州的钱商就有81家。北京是各商帮云集的城市，建立工商会馆亦多。据统计，清嘉庆以前，现存会馆碑刻资料者共23个，其中晋帮会馆13个，江浙帮会馆4个，徽、陕、广、闽帮各1个，行业会馆11个。嘉庆二十四年，在京山西平遥县颜料商就有36家。乾隆三十五年，山西河东烟商在京有532家。如此等等，既说明晋商足迹遍天下，也说明晋商的势力很大。

晋商能够足迹遍布全国，一个重要的条件是他们拥有雄厚的资本。在明代，山西商人的资本就超过徽州商人。清代以后，尽管山西南部富商势力有所削弱，中部富商却迅速崛起。仅介休、祁县、平遥、太谷、榆次等县拥有少则三四十万资产的财主就有14家。有了如此财力雄厚的资本主，采用东（财东出资）伙（经理出人力）合作的办法，就可把商号撒到许多地方。同东的联号或一个字号的众多分号，在山西富商中比比皆是。即使那些不算富有的商人中，少则也在几个城镇设有联号或分号。远出外省的山西商人没有联号的很少。

由于晋商遍布天下，资本雄厚，加之坚守信誉，因而晋商所到之处社会信誉都很好。所以，山西商人的兴盛，为山西票号在机构、资本、社会信誉等方面都准备了条件。因为要由别的行业改营银行业，特别是汇兑业，社会信誉不高，客户不信任，是相当困难的。

第二，晋帮商人为山西票号兴起提供了经营存放汇兑业务的实践经验。晋商是个大的地方商业集团。早在明代，山西商人就既经营商品生产和交换，又经营货币资本借贷这一金融业。金融业由商业中分离出来，是社会分工的一个进步。金融业分两个层次，即依靠自有资本放债的当铺、印局和经营存放款业务起中介作用的银行。在金融业这两个层次的发展过程中，晋商渐渐超过了其他商帮。

典当业起源很早，在中国分布也很广。明万历年间，长江以北典当铺多为徽商所开，晋商在他省开当铺的记载还不多见。进入清代，情况发生了变化，晋商在江北经营典当业已经超过徽商。山西学政幕僚李燧在周游山西各州府时，于乾隆六十年（1795）的日记中写道："全国所设典当，江以南皆徽人，曰徽商。江以北皆晋人，曰晋商。"例如，河南省在清乾隆年间多次发生灾荒，遇灾农民多向晋商求借融通。史载，乾隆五年（1740）灾荒，每有山西等处民及本省富户，专以放债为业。乾隆五十年（1785）河南又一次发生灾荒，山西富户闻风前往放债，"准折地亩"数十万亩。农民丧失土地，引起官方注意，河南巡抚上奏皇帝，请求降旨，令山西富户减利让农民赎回土地。乾隆帝降旨，令富户减利听赎，并令河南巡抚务将谕旨刊刻，遍行宣布。结果，自乾隆五十一年六月十四日（1786年7月9日）至八月三十日（10月21日），据各州县具报，共已赎归三十万五百余亩。

湖北省黄陂、襄阳、光化三县，据清档案资料统计，道光二十三年（1843），有当铺50座，其中，山西商人开设的就有20座。北京是当铺比较多的城市，咸丰三年（1853），京城有当铺159座，山西商人开设的有109座，占68.55%。

上述史实说明，经过明清的发展，晋商已经在江北各省的典当业中占据优势，代替了徽商。山西商人挤进典当业，并在竞争中占优势，这就说明他们具有经营借贷的条件。

票号最初的业务是民间贷款，客户以商人为主，后发生太平天国运动，以及西方资本主义入侵中国的第二次鸦片战争，对票号的发展有所影响，其业务收缩，逐步转向与清政府结合，各省官府的公款以及地方贵族显宦的积蓄成为存款的大多数。因为政府的汇兑数额非常巨大，所以给晋商提供了发展的机遇。另一次机遇就是八国联军进北京之后，慈禧和光绪皇帝西逃，受到山西商人的接待，而且还给了20万两银子作为盘缠。慈禧太后回去以后为了感谢山西商人，把清政府向各国的赔款，大部分交由山西商人经办，本息总额在一亿两白银。所以从1900年一直到1911年清政府垮台之前，是晋商最辉煌的一段时期，晋商也成了中国历史上最大的商帮。

到清末光绪年间极盛时期，晋商在全国各大中城市、集镇有570多家分号，形成"汇通天下"的汇兑网络，并延伸到日本、印度、朝鲜、俄罗斯恰克图等地，标志着中国民间资本和商业汇兑发展到前所未有的高度。经过一百多年的发展，全国一共有51家票号，其中有43家由晋商开办。而票号的英文也被翻译为"shanxi bank"，西方人还将票号称作现代银行的"乡下祖父"，票号的影响之大可见一斑。

2. 出现了一批集商业资本与金融资本为一体、银企互助联动、多元混业经营的巨商家族

临汾亢家，灵石王家，榆次常家，祁县乔家、渠家、何家，平遥李家和侯家，太谷曹家，介休范家、冀家，汾阳牛家，太原张家，襄汾刘家，万荣李家，代县阳明堡刘家等都是拥有数千万两白银资产和大量商号、店铺、票号、茶庄、宅院的垄断财团。清代最大的旅蒙商大盛魁号称集22省货物，拥有上千家分号、上万名员工，其资产据载用50两的银锭元宝从北京可铺到库伦（今蒙古首都乌兰巴托市）。

3. 在实践中积累了一整套用人管理制度、激励机制和风险防范机制

晋商创造了诸如密押、暗码、股俸制、学徒制、标期制、合伙制、顶身股、故身股、龙门账、预提护本、公座厚成、旅行支票、同业拆借、票据扎差清算等一系列符合市场经济规律和自身发展需求，有效协调劳资矛盾的经营管理制度。现代银行的许多原理、规制皆肇始于此。"二战"后日本的松下、东芝等现代企业借鉴晋商的身股制，实行了全员入股分红等管理办法和激励机制，收效颇佳。

4. 拓展了数条重要的连接国内外商业贸易的物流通道

晋商通过长途贩茶、运铜、售皮毛，相继开辟了连接欧亚的万里国际茶叶之路、大（小）西路（陕西—甘肃—宁夏—青海—新疆—中亚一带）、海上商路（江苏、浙江、福建、广东—日本）、张库大道（张家口—库伦）、晋蒙粮油古道（临县碛口—内蒙古包头）。忻州至今流传着"东口到西口，喇嘛庙到包头"的民谣。忻、代走西口者，除走"北路"内、外蒙古外，有

相当一部分人走"小西路"和"大西路"。在河西走廊，由于忻、代帮商人众多，还建造了1.2万平方米的山西会馆。这数条物流通道既加快了国内的人流、物流、资金流、信息流的周转，又拓展了

正在沙漠中行进的晋商驼队，高春平2007年摄于恰克图博物馆

国内外的市场，将民间私营组织的国际贸易扩展到俄罗斯、日本、中亚、东南亚等国家和地区。

5. 带动了一大批商贸城镇的发展和繁荣，推进了城镇化的进程

商业文明与城镇化是一对共生体。城镇是商人之家，商业文化是城镇之魂，晋商带动中小城镇发展，促成一批金融、商贸、文化名城和特色集镇崛起，带动部分军事卫、所向商业化、政区化方向转变。晋商在长期的贩运贸易中，促进和带动了国内外大批城镇的崛起，在中国封建社会后期国计民生，尤其是商贸流通、城镇化方面发挥了重要的作用。民间至今盛传着"先有复盛公，后有包头城""先有晋益老，后有西宁城""先有曹家号，后有朝阳县"的说法。晋商在通都大邑北京、天津、汉口、南京、广州、成都、沈阳、营口等广设会馆、店铺、票号；在交通要道、黄河沿岸的内蒙古河口、包头，山西河曲、保德、碛口、孟门军渡等码头集散货物，有力地促进了国内数十座城镇的兴起和繁荣。加之各地地理、物产、工商业发展的差异，到明清时形成一批特色城镇。明代平阳、泽潞富商大贾甲天下。绛州、代州文化发达，时有"南绛北代"之称。宣府、大同、山西、延绥镇所辖数十卫、所，实行"封贡互市"后，商人大

量前往，边镇人口日增，卫、所逐渐发展为行政区。如今甘肃省山丹县即由明山丹卫演变而成，山西省右玉县由大同右卫与玉林卫合成。清代平遥、祁县、太谷票号兴盛，一度成为全国金融中心。位于黄河边的包头、碛口镇，是晋商在华北贩运牲畜、皮毛、粮油、药材的集散地，号称"水旱码头"。张家口、杀虎口原是军事重镇，由于晋商活跃，成为我国北方著名的贸易商埠和连接中原与草原地区的关税口岸，习称"东口"与"西口"。侯马居晋南的核心区，发展为以商贸为主的物流重镇。长子鲍店镇药材交易闻名国内。长治荫城镇以铁器著名，号称铁货奔流天下。

三、晋商的开放精神和八大创新至今闪耀着智慧的光芒

晋商在长达五百多年的经商实践中，积累了丰富的经验。可以说创新是晋商兴盛的不竭动力，而且是晋商成功的源泉。具体体现在八个方面。

第一，诚信经营，两权分离。晋商在诚信经营的基础上，认识到明晰企业产权非常重要，经过反复实践，大胆实行所有权和经营权分离，破解了困扰企业数百年的产权与经营绩效问题。

第二，注重信用，标期结算。企业间的三角债、多角债纠纷古来有之。晋商注重商业信用，通过合伙经营、东家委托授权经理，通过银行印鉴、密押、暗码、旅行支票、票据扎差清算、标期结算等规章制度解决信用和债务问题，有效防范了金融风险。当时没有工商、税务审批监管部门，晋商在商号店铺之间流动资金结算方面按每年春、夏、秋、冬四季实行标期结算清账，失信顶标违规者自然淘汰，大家就不和他做生意，从而有效防范了金融债务和风险。

高明远收藏的祁县乔家茶坛

第三，构建金融体系，投资三产物流业。晋商先后构建钱庄、账局（同城资金清算）、票号（异地汇兑）、当铺（城乡当物支钱）、

印局（短期借贷，每逢春夏青黄不接之机发放印子钱）、银楼（打造金银首饰，兼发行小额钱票），承担城乡和不同地域的物资流通和资金结算。晋商还利用其开辟的茶叶之路、大小西路、海上商路、张库大道、粮油古道，大量投资三产，通过长途卖粮、贩茶、运铜、出售皮毛、交易丝绸，既加快了国内的人流、物流、资金流、信息流的周转，又拓展了国内的市场，将民间私营组织的国际贸易扩展到俄罗斯、日本、中亚、东南亚等国家和地区，开现代物流运输业的先河。

第四，金融创新、经营期货。晋商以实体店铺起家，但敢于创新。乔家在包头创办了世界上最早的粮食期货雏形"买树梢"，比美国芝加哥农产品期货交易早50年。清代晋中商人在寿阳粮食市场进一步发展了粮食期货贸易。祁寯藻在《马首农言》中将其概括为："买者不必出钱，卖者不必有米，谓之空敛。因现在之米价，定将来之贵贱，任意增长。此所谓买空卖空。"这已不同于传统的以贱买贵卖为特征的囤积居奇而是典型的粮食期货交易。

第五，股份经营，资本增殖。明代晋商在起家阶段，大多实行的是伙计制，一人出资，众人合伙经营。到清代晋商股份制日益完善，有银股（资本）、顶身股（人力股）、故身股（对有重大贡献的人员死后仍定期发股，大德通经理高钰身后子孙仍享受20年股份分红），协调了千百年难缠的劳资矛盾与纠纷。

第六，海外投资，跨国合作。晋商具有全球眼光和开放意识，他们大胆走出国门，进行海外投资，开放经营。雍正五年《中俄恰克图条约》签订后，恰克图边贸勃兴。旅蒙商在中俄贸易口岸恰克图出巨资控股和俄罗斯商人合作开办远东商业银行，后称东亚银行。五口通商后，外资纷纷进入中国，英国汇丰银行、美国花旗银行、德国德华银行、俄罗斯道胜银行陆续来华，他们在沿海便和票号合作，一位在上海的汇丰银行经理曾说："山西商人信誉极好，合作二十余年从无一位不讲信用的山西商人，外国人都把山西人办的票号称为'山西银行'。"祁县商人申树楷瞅准清末中国屡有外交官员出使、留日学生大批东渡商机，率先在日本开办合盛元票号，开了海外投资和创办国际金融的先例。

第七,银企一体,茶叶票号兼营,资金高速流通。晋商以实业起家,靠金融票号业辉煌。但并不是单打一,而是实行混业集团经营,银企联动互济。许多票号把本号的资金贷放于本商号店铺,手续简便灵活;本家商号、

正在恰克图市场过秤打包晋商茶货的俄罗斯商人

茶庄赚的利润又存放于自家票号,资金周转快,经营效益高,有效破解了现代中小企业融资难、贷款审批时限长、成本高、绩效低的难题。清代最大的旅蒙商大盛魁号称集22省货物,拥有上千家分号、上万名员工、两万多头骆驼,既从事"上自绸缎,下自葱蒜"的商业贸易,又经营印局、当铺、钱庄、账局、票号等各类金融业务,其资产经营非常灵活便捷。

第八,投资公益,带动城镇和社会福利事业。商业文化是城镇之魂。晋商的繁荣,推进了城镇化的进程。他们担当意识、社会责任感很强,赚钱后,投资修桥、铺路、建校、盖庙,体恤孤寡穷困之举数不胜数,促成一批金融、商贸、文化名城和特色集镇崛起,带动部分军事卫、所向政区化方向转变,有力地促进了国内数十座城镇的兴起和繁荣。今运城市,明初为潞村,开中法实施后,河东盐产销两旺,聚集全国500多家商贾,成为晋南的政治、经济中心和新兴盐城。明代平阳、泽潞富商大贾甲天下,非数十万不称富。绛州、代州、平定州文化发达,时称"南绛北代,平定不赖"。宣府、大同、山西、延绥镇所辖数十卫、所,"封贡互市"后,商人大量前往,人口日增,卫、所逐渐演变为行政区。

第二节
万里茶道——晋商率先开拓的承接丝绸之路的国际商贸通道

一、晋商率先开拓万里国际茶路

明清之际,地理大发现之后,西方资本主义殖民势力,不断地对东方进行殖民掠夺,汉唐宋元以来兴盛千余年的陆上丝路渐趋沉寂,海上丝绸之路时断时复,代替海上丝绸之路的是以山西商人为主体开拓的茶叶之路。

晋商率先开拓的万里国际茶道萌发于明后期,到清中期进入兴盛阶段。这是一条以晋商为主,包括直隶、河北、陕西等长城沿线地域商帮共同开辟的贯通内外蒙古、俄罗斯、欧洲和中亚各国,沿途经过235个大小城镇,全程总长达1.3万余公里的国际性商道,以茶叶贸易为主,是继汉、唐、宋、元丝绸之路之后开通的又一条纵贯中国南北,连接欧亚大陆,在中外经贸往来、东西方文化交流史上发挥过极其重要的作用的陆上国际商贸走廊。

万里茶道亦称茶叶之路,是晋商历经艰辛开拓的堪与汉唐丝绸之路媲美的南茶北运、水陆兼有、连接亚欧的国际黄金大商道。这条商道是以贯通中国南北的一条主干道为主,从南到北经武夷山、安化、羊楼洞、河口、汉口、岳阳、杭州、苏州、上海、天津、襄樊、赊旗、洛阳、开封、西安、兰州、乌里雅苏台、科布多、塔城、晋城、鲍店、祁县、榆次、清源、太原、青龙镇、崞阳、阳明堡、雁门关、杀虎口、大同、北京、张家口、归化、库伦、恰克图、乌兰乌德、西伯利亚、伊尔库茨克、上下乌金斯克、圣彼得堡、莫斯科 42 个枢纽城镇，235 多个重要村镇集散码头，由 10 条分流线路支撑，集人流、物流、资金流、技术流、信息流为一体的中欧国际商贸网络。晋商率先开拓的这条国际商路，将富庶的江南与广袤的漠北乃至欧洲连接起来，促进了民族大融合，推动了中外贸易大发展，带动了东西方经贸文化艺术大交流。2015年 11 月，在第二届长江文化论坛上，首幅《万里茶道全图》以地图形式发布，该图展示了明清时期晋商率先开拓的茶叶贸易线路，绘制了自武夷山、安化、汉口出发，沿汉水至襄樊向北经河南赊旗镇、洛阳过黄河到山西太行山，穿山西境内至东西口外直至恰克图的贸易线路，与会代表纷纷提问："万里茶道究竟从何始，至何终，一条还是多条？"根据多年来的实地考察和对近年来新的文献和藏品的研究，笔者认为晋商凭借自身敏锐的商业头脑和出众的商业才能，率先开拓的沟通祖国南北、连接亚欧的万里茶路，是一条以茶叶贸易为主，包括直隶、河北、陕西等长城沿线地域商帮共同开辟的一条主干道、多条分支线贯通内外蒙古、俄罗斯、欧洲和中亚各国，途经 235 个城市集镇，总长 1.3 万余公里的国际商道，是继汉唐宋元丝绸之路之后的又一条通过脚夫、鸡公车、船筏、骡马、骆驼、牛偘车转运，连接欧亚大陆，在中外经贸文化交流史上发挥过重要作用的国际商贸走廊。经历了明清两代三百余年历史积淀之后，随着国家"一带一路"倡议的实施和推进，在联合申遗、构建中蒙俄经济文化廊道中，这条伟大的万里茶道定能复兴，并成为新的世纪动脉和国际商贸旅游黄金通道。

二、晋商开拓万里茶道的国内外背景

1. 国际背景

15 世纪地理大发现后，西方殖民势力随着海外市场的开拓，不断地向东方展开殖民掠夺。汉唐以来兴盛 1000 年之久的陆上丝绸之路渐失昔日的光辉，海上丝路时断时续，但有着百折不挠传统的中国商人不断奋起抗争。接替传统海上丝绸之路的正是以晋商为主体开拓的茶叶之路。

16、17世纪以后，沙俄经彼得大帝改革，不断向亚洲东扩，并积极寻求通往中国的商道。1689年9月8日，中俄签订《尼布楚条约》，划定了中俄两国东段边界。该条约第五条规定："两国今既永修和好，嗣后两国人民和持有准许往来路票者，应准其在两国境内往来贸易。"①这是中俄双方第一次以国家的名义允许边贸。

其时，俄国在对华关系上最关注领土扩张和通商。而清朝政府鉴于俄国在外蒙古西北边境筑城诸行为暴露的领土扩张野心，采取了停止通商与要求引渡逃人对策，以便通过谈判划定阿尔泰山同准噶尔、外蒙与俄国的边界。1692年彼得大帝向北京派出商人伊台思带领的第一支商队，向康熙帝提出有关边境、通商和在华建立东正教堂的六条要求，其中第五条明确请求"派遣中国人携带各种货物赴沙皇陛下的俄罗斯国进行贸易"②。

当时清政府对俄罗斯的认识比较模糊，仍以天朝大国、世界中心自居，认为周边民族都是"蛮夷"，把俄国视作"罗刹"③，所以，这些要求被清朝拒绝。同年2月5日理藩院答复伊台斯："举世皆知四夷向中国上表进贡请求通商，但中国向无遣使四夷通商之必要。此事应无庸议。"但1698年以后，俄国政府利用《尼布楚条约》第六条，平均每两年派出一支官方商队赴北京，谋求开展对华贸易。商队持有俄外交部门颁发的路票，其线路初为尼布楚—齐齐哈尔—北京，后改道蒙古地区的色楞格斯克—张家口—北京。除官方商队外，在齐齐哈尔和库伦（今乌兰巴托市）还有民间私营贸易。

17到18世纪，清政府鼓励随军旅蒙商人在驻屯军城堡乌里雅苏台、科布

---

① 高春平主编《国外珍藏晋商资料汇编》序言《晋商与清代中俄恰克图茶叶贸易——纪念伟大的茶叶之路》，商务印书馆，2013，第1页。另见米镇波：《清代中俄恰克图边境贸易》，南开大学出版社，2003。
② 高春平主编《国外珍藏晋商资料汇编》序言《晋商与清代中俄恰克图茶叶贸易——纪念伟大的茶叶之路》，商务印书馆，2013，第5—6页。
③ 罗刹，为满语，带有强盗之意。

多、归化、库伦旁开辟商业区"买卖城"。其中库伦"买卖城"规模较大。康熙年间,最先到此的12家山西商号定居库伦,便在寺院以东10公里的土拉河岸设账房开展贸易。其后,北京、张家口等地旅蒙商号陆续来此开设分号、货栈,并组建"十二甲首"为商董。①

康熙五十六年(1717)五月十二,清朝禁止俄国商队来京,理藩院致俄国西伯利亚总督咨文中,针对俄第九次官方组成的米·雅·古夏特尼科夫商队在京向华商赊销余货引发纠纷事,建议俄商此后隔数年方可再来,"在此期间可于边境地方贸易"②。

鉴于16、17世纪以来沙俄不断东扩领土,在中俄西北边界不断修筑城堡房屋,以及当时西北地区准噶尔问题复杂化的事实,自1717年以来清政府一直致力于解决外蒙古边界问题,并为此采取了限制和停止通商、防范俄国人要求在北京设立领事馆、在中国内地自由通商等措施。从《尼布楚条约》到《恰克图条约》,清政府的最终目的在于通过划定边界,从根本上解决各种纠纷,在此基础上,才准许通商。在清廷的不懈努力下,俄国逐渐认识到清政府要改变停止通商政策必须先解决外蒙古边界问题的意图。尽管俄国政府在边界问题上行动迟缓,但最终还是同意进行正式谈判。双方终于在1727年8月签订了《布连斯奇条约》,1727年10月签订了《恰克图条约》,从而通过外交方式为中俄边贸奠定了和平的外部环境。

2. 国内背景

康雍乾时期,清政府对内统一台湾,东南平定了三藩之乱,西北平定了噶尔丹叛乱和大小和卓之乱,清朝边疆统一,驿道拓展伸长,周边基本安定,长城内外化干戈为玉帛,多民族统一的国家形成,客观上为满足北部蒙古地区和俄罗斯肉食民族不断扩大的对茶叶的巨大市场需求提供了交通便利和安定的周边环境。

---

① 高春平主编《晋商与明清山西城镇化研究》,三晋出版社,2013。
② 中国第一历史档案馆:《清代中俄关系档案史料选编》第一编,中华书局,1981,第378—379页。

万里茶路萌发于明后期"封贡互市"后的北部长城沿线的茶马互市，兴盛于清代和民国前期，由山西商人率先开拓。清政府沿照《尼布楚条约》的规定，对恰克图贸易实行严格的外贸许可准入证制度。凡是入市贸易商人，必须持有理藩院颁发的信票，俗称龙票、部票。无票视为走私，连人带货一块没收，"货物一半充公，一半赏给原缉拿之人，即将该民逐回原籍"①。据

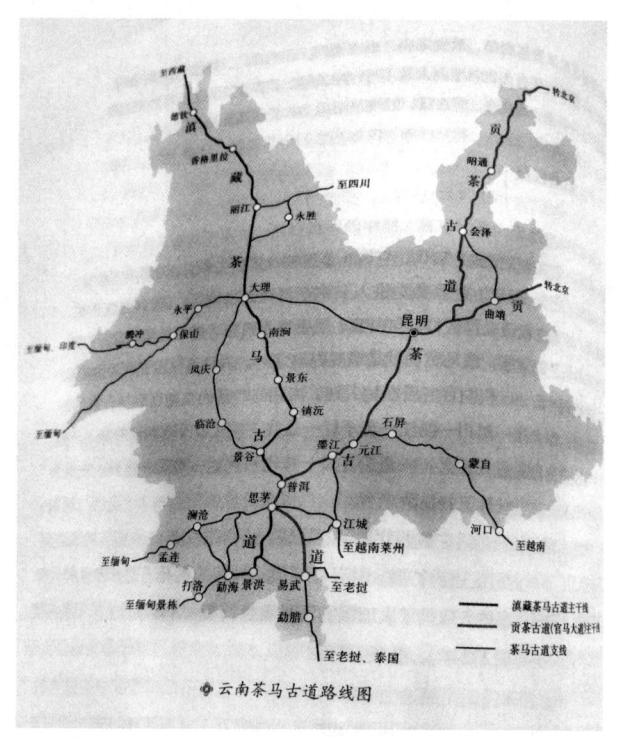

云南茶马古道路线图

目前所见文献记载，最早带着龙票去恰克图贸易的山西商人是汾阳人。雍正十二年（1734）五月十七，尚书查克丹等呈文送军机处文件（满文）记载："经查朱成龙所持票证，签有赴恰克图贸易商曹宽字样……朱成龙系山西汾州府汾阳县民，于去年十月持部颁票证，携带货物由张家口出塞……出塞时运二十车货物。"②其货物有绸缎、黄烟、茶叶、火铲、铜勺、汾酒、纽扣等。苏联专家加·尼·罗曼诺娃在《远东俄中经济关系》一书中也讲："在19世纪中叶前的恰克图贸易中，中国方面为山西商人所独占，俄国方面在贸易中起主要作用的是俄国各中心省份的商人。早在1768年，就建立了6个在俄中边境进行贸易的公司，其中每个公司都固定向恰克图发运某几类货物。"③

---

① 何秋涛：《朔方备乘》。
② 高春平：《晋商学》，山西经济出版社，2009，第265页。
③ （苏）加·尼·罗曼诺娃著，宿丰林、厉声译，郝建恒校，《远东俄中经济关系：19世纪—20世纪初》，黑龙江科学技术出版社，1991，第35页。

三、万里茶道的四大源头

近年来,随着万里茶道申遗的不断升温,学术界有关万里茶路的考证与研究成果不少,[①]大体上理出了不同时期的路线。关于万里茶道的始发地,目前的观点主要有三:一是福建武夷山崇安县的下梅村,二是湖南安化,三是湖北羊楼洞。也有学者提出万里茶路有"三大源头、四条主线、十个重要节点"。事实上,根据近年新发现的文献祁县茶商宝典《行商遗要》《行商纪略》和山西收藏家刘建民先生所藏《曲沃往赊旗镇等行路规程》以及大同茶路文物收藏家高明远先生的藏品,晋商万里茶路还有一大起点,那就是茶马古道普洱茶的主产区云南易武山。

1. 福建武夷山

按照《清史稿》的记载,清初茶法沿袭明代茶马贸易办法,茶政管理相当严格。至今武夷山还能看到至少七处康熙至乾隆年间有关茶令的摩崖石刻。武夷山乃官茶山,官茶由茶商自陕西领引纳税。山陕商人最早来到武夷山,被当地人称为"西客"。民国《崇安县志》记载:康熙十九年,山西茶帮经江西铅山,过分水关,来到下梅和赤石,设栈收购,建厂制茶。[②]《茶市杂咏》讲:"清初茶叶均系西客经营,由江西转河南运销关外。西客者,山西商人也。每家资本约二三十万至百万,货物往还络绎不绝,首春客至,由行东赴河口欢迎。到地将款及所购茶单,点交行东,茶事毕,始结算别去。"[③]附近的星村

[①] 代表性著述文章有米镇波:《清代中俄恰克图边境贸易》(南开大学出版社,2003)、程光《晋商茶路》、陶德臣《外销茶运输路线考略》、黄鉴辉《山西茶商与中俄恰克图贸易》、高春平《晋商与清代中俄恰克图茶叶贸易——纪念伟大的茶叶之路》、庄国土《从闽北到莫斯科的陆上茶叶之路:19世纪中叶前中俄茶叶贸易研究》、石涛《清代晋商茶叶贸易定量分析——以嘉庆朝为例》、许檀《明清时期运河的商品流通》、甘满堂《清代中国茶叶外销口岸及运输路线的变迁》、张亚兰《"万里茶道"线路的新发现》等。
[②] 程光、李绳庆:《晋商茶路》,山西经济出版社,2008,第17页。
[③] 程光、李绳庆:《晋商茶路》,山西经济出版社,2008,第17页。

一度被称为"小苏州",道光年间(1821—1850),有茶行72家,船筏数百艘,船工400余人。而离崇安县城15公里的赤石村,据《崇安县新志》记载"盛时每日竹筏三百艘,转运不绝。红茶、青茶向由山西茶客到县来办,运往关外销售"。由此可见,武夷山崇安县东南20公里梅溪下游的下梅村,早在明末清初的康熙年间就已形成由山西商人经营的重要茶市,这里是公认的万里茶路的始源地。2006年5月《乔家大院》电视剧热播后,晋中市人民政府与武夷山市人民政府达成共识,在下梅村竖起一块"晋商万里茶路起点"纪念石碑。

从康乾时期开始,武夷岩茶从下梅的当溪运出,顺梅溪至赤石,入崇阳溪后逆流北上崇安,再从山路由脚夫挑担或用鸡公车经洋庄、小浆、大安,约行40公里,到闽、赣交界处的分水关①。出关经石塘镇约行50公里到江西省铅山县,过永平镇"大义桥"码头,将茶包装入小船,入铅山河顺流向北,行20公里水路,即到河口镇。

茶船在河口镇进入信江,顺流出黄沙港,向西经弋阳、贵溪,至鹰潭折向西北,过黄沙埠,从余干县瑞洪镇驶入鄱阳湖,沿着烟波浩渺的湖水北驶。晋商歌谣唱道:"开船一走七百里,这才到了吴城县(今江西省永修县吴城镇)。从吴城,装大船,每船就装千二三。装完货,又开船,此船路过九江关。"

自河口至湖口,约5日,顺流行驶300公里,出湖口,进入长江。

同治三年(1864)湘军攻占南京,太平天国覆灭。武夷山茶路恢复,相当一部分销往俄罗斯的茶叶从江西河口溯信江东至上饶,再经玉山县入浙,过衢州北赴淳安,沿富春江顺流至杭州,再由钱塘江进杭州湾,而后北驶上海,自崇明岛出海北上天津。也有一些船只为避免海上风浪和海盗抢劫,从杭州湾去往苏州,顺京杭大运河北上,途经山东聊城,北过天津,西经通州,运到北京。晋商将一部分茶叶留京销售,绝大部分转往张家口,然后沿张库商道,北上库伦、恰克图。

---

① 分水关,是江西、福建两省交界处的著名关隘,山上有一条泉溪,向南流入福建,向北流入江西。

2. 湖南安化

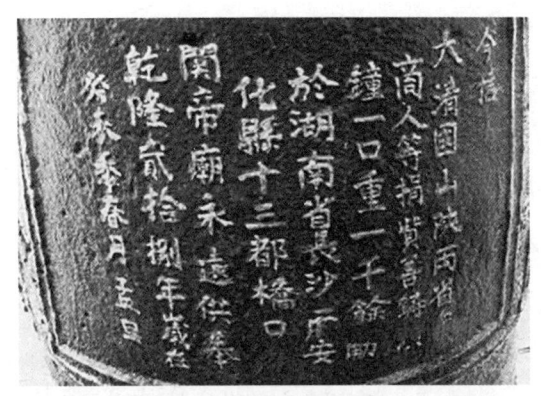

黄沙坪关帝庙乾隆二十八年（1763）山陕商人铸造的千斤重茶钟（上面铸有晋商商号）

1864年后，武夷茶路虽恢复，但晋商茶路主干道起点已转向长江中游的两湖茶区，除武夷山外，湖南的安化和湖北的羊楼洞也是万里茶道的始发地。

安化县，位于今湖南省益阳市西部，雪峰山脉北端，资江横贯全境，该地自唐宋就天然盛产茶叶，"山崖水畔，不种自生"。明代安化黑茶被列为贡茶，隆庆、万历年间"封贡互市"后，安化黑茶远销西北大漠。清代乾隆年间，晋陕茶商已到安化采买黑茶。晋商较早在安化和羊楼洞合作设立的茶庄是天一香。咸丰初年，安化创制的红茶以做工精细著称，年产十万箱，"红茶销于俄国者约占70%，英美仅占30%"[①]。进入光绪年间，晋商在安化经销的"千两茶"船筏日夜不停地往返于资江两岸，盛况空前，安化脚夫多达千余。在安化—资江—洞庭湖—岳阳航道上，资江是安化茶叶水运北上的主航道，沿途有大小险滩72处。

茶船沿资江向东北经兴家河（今新桥河）、益阳县治（今益阳市资阳区）、沙头镇，到湘阴县麟趾口（今临资镇）进入湘江，向北顺流驶至磊石山（今汨罗市磊石乡），而后驶入岳阳县境内鹿角，纵穿气象万千的八百里洞庭，北抵岳州府（今岳阳市）。随后从岳阳楼下向东北行驶5公里，自城陵矶驶入长江，之后顺流驶向汉口。晋商自闽、鄂、湘、徽等地采购，在汉口加工后，经河南、山西到达张家口、归化，请领理藩院龙票，经蒙古草地，贩运至恰克图、

---

① 雷南等：《湖南安化茶叶调查》，载程光、李绳庆著《晋商茶路》，山西经济出版社，2008，第42页。

新疆等地。光绪六年至十二年（1880—1886），仅出口到恰克图的安化红茶就多达6万余箱，安化茶享誉中俄万里茶道。

新疆古城是南路湖茶、北路晋茶集散之地。安化茶行销西北的运销路线是湖北襄河⇌洛阳⇌西安⇌泾阳（压制成块）⇌兰州⇌嘉峪关⇌新疆古城。茶商到古城，又分南北两路，西南达喀什，西北至伊犁、塔城，分路进入俄国。特别是左宗棠任陕甘总督、平定阿古柏叛乱之后，湖南茶畅销西北，甚至经新疆远销俄罗斯和中亚一带。

3. 湖北羊楼洞

位于赤壁西南26公里的羊楼洞，地处湘、鄂交界之要冲，唐宋以来就是茶马古道起点之一。《明史·食货志》载："番人嗜乳不得茶，则困以病。故唐宋以来，行以茶易马法，用制羌戎，而明制尤密。"进入清代，羊楼洞因茶而一跃成为国际名镇，进而发展成为中俄万里茶道的重要源头之一。[①]羊楼洞境内有九眼清泉，素有"观音施水，得天独厚，自古天然宜茶"之说，为"松峰茶"原产地。

咸丰三年，太平军占领南京，受此影响，一部分晋商由福建改购"两湖茶"，以湖南安化、临湘的聂家市和湖北蒲圻羊楼洞、重阳、咸宁为主，就地加工砖茶。咸丰、同治年间，雷姓十四世祖永闻公大量种茶，随而各姓亦随之种植，不久形成规模庞大的产茶区，全国客商纷纷前来采办，有山西、广东、浙江、江苏及湖北武汉等地商人。清末盛时，羊楼洞大小砖茶厂、茶庄达200多家，仅采办红茶的晋商字号就有35家。[②]英、美、日、俄等国洋商竞相来此办厂制茶，国内晋、津、沪、粤、徽、赣茶

羊楼洞青砖茶

---

① 严明清主编《洞茶与中俄茶叶之路（一）》，湖北人民出版社，2014，第18—20页。
② 范维令编著《万里茶道劲旅——祁县茶商》，北岳文艺出版社，2017，第224页。

商蜂拥而至，车有 3900 乘。万商云集，茶业发达，有小汉口之称。[1]常住人口 4 万，流动人口多达 5 万。[2]洋庄销英美、广东、香港、日本，口庄销蒙、俄、哈尔滨。乾隆末年晋商三玉川、大盛川的到来更加强化了羊楼洞作为"洞茶"中心的地位，羊楼洞自此成为 19 世纪中后期中俄茶叶之路的重要起点。

在羊楼洞制作的青、米砖茶，由鸡公车推到赵李桥，送上茶船经蟠河到新店，顺长江至汉口，逆汉水至襄阳，再改水运到赊旗改为畜驮车拉至黄河，一路走东口；一路走西口，北至归化、库伦，最后到达俄罗斯恰克图。由此转销俄罗斯和东欧。这条茶路，较以湖南安化为起点的茶路，缩短近 700 里，较以福建武夷山为起点的茶路，缩短 1170 余里。

4. 云南普洱易武山

根据祁县晋商《行商遗要》和大同收藏家高明远的上百件藏品，早在清代康熙、乾隆年间，云南普洱易武山就生产贡茶。晋商三晋茶庄、乔家、长裕川、同盛源等数十家茶庄在此采买茶叶，熬成茶膏，专供皇宫、寺庙等，也制成砖茶，沿万里茶道出口俄罗斯、东欧、日本等地。由此可见，清中后期，晋商已大量经营云南茶。云南普洱易武山一带也是万里茶路的重要起点之一。

四、万里茶道主干道及其分支

祁县民间收藏的晋商办茶宝典《行商遗要》详细记载了山西商人开拓的这条国际商道各段的长度、运输方式。该书翔实地记录了从万里茶路中国段中转集散站祁县到湖南安化茶道的

高明远收藏的祁县乔家在云南易武山采办茶叶的说明

---

[1] 《贤丰英记》手抄本，载范维令编著《万里茶道劲旅——祁县茶商》，北岳文艺出版社，2017，第 223 页。
[2] 严明清主编《洞茶与中俄茶叶之路（一）》，湖北人民出版社，2014，第 22—23 页。

水陆路程：

1. 万里茶道的北段

万里茶道进入长城之外、大漠以北以张库商道、归化到库伦、归化到新疆驮道为主干道：其中北干线为张家口—库伦—恰克图；西北干线以归化—乌里雅苏台（前营）—科布多（后营），归化—新疆—塔城两道为主。

祁县⇌归化段为：祁县城北二十

高明远收藏的清代万里茶道地毯

里至贾令镇、十里至（清源）西罗城、十里至（清源）尧城、十里至（徐沟）高华、十里至徐沟城、十里至（徐沟）同戈、十里至（徐沟）北格、十五里至（太原）东桥、十里至小店镇、十五里至阴家堡、二十里至省城太原府、四十五里至青龙镇、六十里至石岭关、三十五里至忻州城、五十里至（忻州）新口、三十里至原平镇、四十里至崞县城、四十五里至（代州）阳明堡、三十里至（代州）南口、二十里至雁门关、二十里至广武城边墙、七十里至（山阴）安应铺、三十五里至（怀仁）黄花梁①（此处东西口分路）、四十五里至（左云）吴家窑、七十里至（左云）秦家山、七十里至朔平府右玉县、二十里至（右玉）杀虎口。

---

① 黄花梁是一十字路口，为晋商走东、西口的分界处。一部分晋商茶队由此经大同、万全进东口张家口，而后沿张库商道抵达恰克图；另一部分晋商从此经西口右玉县杀虎口前往归化，然后沿归化、库伦到恰克图。

由西路南行三十里至榆林城、二十里至榆树梁、七十里至和林格尔、五十里至南沙尔沁、七十里至归化城。①

晋商至黄花梁岔路口，向西北经右卫城，出杀虎口，经清水河县，可前往归化或包头，再穿过阿尔泰山脉，北上乌里雅苏台，西去科布多，远赴中亚；向东北经过金沙滩、怀仁县，沿大同、阳高、天镇、万全至张家口。

出雁门关之后，在代县分水岭，也有少数茶商走应县、浑源、广灵，经河北蔚县，去往张家口或北京。②

出口由东路行六十里至宁远厅、八十里至羊盖板河、六十里至归化城北、二十里至大青山。

总之，祁县城北一百四十里至省城太原府、三百六十里至代州雁门关、三百三十里至右卫杀虎口、二百四十里至归化城，共一千零七十里。

2. 万里茶道中段：山西 ⇌ 河南

从茶道水陆行程不难看出，山西晋中正处于万里茶道的重要位置。也就是说如果把福建武夷山、湖南安化、湖北羊楼洞分别定位为不同时期的万里茶道起点的话，山西晋中祁县、太谷、榆次一带则是晋商万里茶道的大本营。祁县号称万里茶道的中心，渠家、乔家、何家都是经营茶庄的大户，仅县城就有茶庄23家。③而河南是晋商

晋城市泽州县的碗子城及羊肠坂道，采自《太行日报》

---

① 光绪十八年《高则裕杂记》手抄本，载范维令编著《万里茶道劲旅——祁县茶商》，北岳文艺出版社，2017，第24页。
② 程光、李绳庆：《晋商茶路》，山西经济出版社，2008，第141页。
③ 范维令：《万里茶道劲旅——祁县茶商》，北岳文艺出版社，2017，第224页。

开拓的万里茶路的中转地。万里茶道从河南进入山西有三条路可走，一条为汾河谷道，另两条沁阳道、济源道均能从河南进入山西晋城。

晋商沿汾河谷道贩运茶叶等货物的线路是黄河平陆茅津渡→张店→东郭→夏县→泊头镇→闻喜→东镇→礼元→侯马→曲沃高显镇→襄汾蒙城→闫店→史村→赵曲→平阳府→乔李→曲亭→洪洞→赵城→辛置→霍州→灵石→介休→平遥→子洪→祁县城→贾令镇→同戈镇→太原→青龙镇→三十里铺→石岭关→忻州→忻口→原平镇→崞县→阳明堡→雁门关→黄花梁，之后从朔州黄花梁分两路：

雁门关—黄花梁 ⟨ 大同→天镇→万全→张家口→坝上→库伦→恰克图
杀虎口→归化→武川→二连浩特→库伦→恰克图

沁阳道，即从孟津会盟渡过黄河向东北到沁阳，自沁阳向北经太行陉[①]进山西。

济源道，济源位于豫西北，北与山西阳城、晋城接壤，向西可通山西垣曲。从孟津向北直行约50公里到济源，从济源往北入晋。从济源往山西，路又分两条：第一条由县城向西，出枳关、其关抵邵亭（今济源邵原镇），再行入山西省；第二条是穿行在太行山间碗子城的茶叶之路。[②] 总的来说，济源道比沁阳道路况稍好，且能省去半天行程。故而济源道整修后，大量驼队便转到济源道。

（1）晋中祁县 ⇌ 泽州 ⇌ 河南黄河南岸

由祁县至泽州陆路五百八十里，具体行程、距离和路线是祁县三十里至

---

① 太行陉，位于沁阳西北17公里处，长20公里，是河南经太行山王莽岭通山西的古道，宽处十余米。最险处羊肠坂，全长900多米，从海拔630米的山腰盘旋到海拔800多米的山巅，九曲弯弯，窄处仅容一马，异常艰险。清朝顺治以来，数次顺山腰整修羊肠坂，部分山路用片石筑了边基，最宽处3米，最窄处仅有1米多。

② 碗子城遗址位于泽州县晋庙铺镇碗城村孟良山顶上，现存建筑为清代风格。在碗子城西南50米二级峭壁上，有清同治年间题刻的"古羊肠坂"四字，每字0.5米见方，羊肠坂道穿城而过，为第四批省级文物保护单位。碗子城因其地理位置险要，战时为兵家要冲，平时为行商孔道。《晋商万里茶路探寻》中描述茶道："入太行陉之羊肠坂，蜿蜒北上三十里至碗子城，入山西泽州府凤台县境。"碗子城古道是太行陉段保存最好的古道，古道及周边环境基本保持原状，真实地反映了万里茶道在太行山区的位置、走向和规模，以及在特殊地形地貌下的运输方式（驴骡驮运）。碗子城是万里茶道进入山西段的重要入口。

子洪、四十里至来远（打尖）、三十五里至土门（宿）、四十五里至西阳（打尖）、六十里至沁州（宿）、六十里至虒亭（宿）、四十里至交川沟（打尖）、五十里至鲍店（宿）、五十里至普头（打尖）、五十里至长平驿（宿）、六十里至乔村驿（宿）、六十里至泽州府（宿）。祁至泽州陆路五百八十里。由泽州过太行山六十里至拦车（宿）、四十五里至邘郘（宿）、五十里至郭村（打尖）、二十五里至温县（宿），由彼早起二十五里至汜水北岸，名平皋。①

北上茶商由荥阳西北23公里的古渡口汜水镇乘渡船，过宽达2000多米的黄河，经平皋（今温县平皋村）西行，至温县住宿。北行40公里，经沁阳至邘（今沁阳市邘郘村），为河南最后一站。

（2）河南汜水 ⇌ 河南赊旗路程

由祁县至河南赊旗镇19站，计陆路1355里。

过黄河南岸汜水县（打尖）、四十里至荥阳（宿）、六十里至郑州（宿）、五十里至郭店驿（打尖）、四十里至新郑（宿）、六十里至石固（宿）、五十里至颍桥（打尖）、四十里至襄县（宿）、四十里至汝坟桥（打尖）、五十里至旧县（宿）、五十里至龙泉镇（打尖）、四十里至裕州（宿）、五十里至赊旗镇。祁至赊一十九站，计陆路一千三百五十五里。赊镇伙食每人钱一百六，酒肉自备。②

赊旗北大石桥，位于镇北，建于清同治元年（1862）。桥长33米，宽6米，高2.5米，25孔，平梁。大石桥跨越潘河，是万里茶道汉水航道过潘河向方城航运的唯一通道。大石桥为县级文物保护单位。

---

① 手抄本《行商遗要》。
② 手抄本《行商遗要》。

南来的部分茶商自郑州花园口渡黄河北上，经新乡、辉县、安阳、定州，直赴北京。另有部分茶商自郑州东行，经开封至商丘、徐州，由大运河北上山东，经聊城临清关，北上天津。

（3）河南赊旗镇 ⇌ 湖北樊城

如唐河（水）小，三天半至樊城。若河内有水，赊十五里至埠口、十五里至兴隆镇、十里至新集、十里至李店、二十里至袁潭、二十里至唐县、二十五里至马店、二十里至上屯、十里至下屯、二十里至郭滩、三十里至苍苔、三十里至阎家埠口、三十里至陈家河、三十里至双沟、三十里至刘家集、十五里至龙坑、十五里至樊城。赊至樊计水程三百四十五里。[①]

总的来说，从山西进入河南要经过的地方大致是：

从泽州过太行山走60里到拦车镇住宿；第二天进入河南境，走45里至河南邘郐住宿；第三天走50里至郭村歇脚，赶25里至温县住宿；第四天早起，走25里至汜水北岸一个叫平皋的地方；第五天渡过黄河南岸，在汜水县打尖歇脚；第六天行40里至荥阳住宿；第七天赶60里至郑州住宿；第八天走50里至郭店驿打尖歇脚；第九天走40里至新郑住宿；第十天赶60里至石固住宿；第十一天走50里至颖桥打尖歇脚；第十二天走40里至襄县住宿；第十三天行40里至汝坟桥打尖歇脚；第十四天走50里至旧县住宿；第十五天行50里至龙泉镇打尖歇脚；第十六天走40里至裕州宿；第十七天行50里至赊旗镇。祁至赊一十九站，计陆路一千三百五十五里。赊镇伙食每人钱一百六，酒肉自备。如果唐河水小，三天半赶至湖北樊城。若河内有水，由赊旗镇走50里至埠口、15里至兴隆镇、10里至新集、10里至李店、20里至袁潭、20里至唐县、25里至马店、20里至上屯、10里至下屯、20里至郭家滩、30里至苍苔、30里至阎家埠口，然后进入湖北界，行30里至陈家河、30里至双沟、30里至刘家集，到达湖北重镇樊城。

[①] 手抄本《行商遗要》。

3. 万里茶道南段：两湖 ⇌ 江西 ⇌ 福建 ⇌ 云南

万里茶道南段以两湖为中心，即从大码头汉口分为东南干线和西南干线。东南干线为汉口—江西—福建武夷山；西南干线为汉口—重庆—云南普洱易武山。具体来讲：

（1）湖北樊城 ⇌ 汉口水路行程 1215 里

樊三十里至东津湾襄河下水十五里至石灰窑、十五里至刘家集、二十里至白家巷、十里至小河、十五里至鸣金店、十五里至宜城、十五里至关庄、五里至芦草州、十里至牙口、三十里至流水沟、十五里至岛口、五里至冯乐河、三十里至周家咀、十里至六官滩、二十里至李河口、十里至碾盘山、二十里至屠家集、十五里至二神庙、十五里至安陆府、三十里至狮子口、二十里至唐巷、二十里至石排、二十里至马良、三十里至旧口、四十里至沙洋、三十里至多宝湾、三十里至长乐园、十里至业家滩、十里至施港、二十里至黄家厂、十里至押口、二十五里至张子港、八里至关帝口、七里至黑牛渡、十五里至鱼泛洪、三十里至岳家口、十五里至洪口、十五里至彭水河、三十里至马羊滩、十五里至陀介河、三十里至仙桃镇、十五里至肖家口、十五里至芦咀、十五里至麦麻咀、十五里至杨林沟、十五里至分水咀、十五里至半湖口、十五里至城隍港、十五里至杨子口、三十里至鸡麻口、三十里至汉川、三十里至石工垱、四十五里至云口、十五里至肖家渡、四十五里至蔡甸、六十里至汉口。樊至汉计水路一千二百一十五里。①

（2）湖北汉口 ⇌ 湖南益州水路 840 里

汉口三十里至专口，汉江上水三十里至金口、四十五里至东瓜脑、四十五里至排洲、九十里至嘉鱼县、七十五里至石头关、十五里至茅埠、十五里至新堤、四十五里至鸭蛋矶对江罗山、六十里至城林（陵）矶、十五里至岳州府过洞庭湖、七十五里至鹿角、六十里至李石山、六十里至云亭、三十里至卢林滩、三十里至麟趾口进小河、上水九十里至茅甲子口、十里至

---

① 手抄本《行商遗要》。

沙头、二十里至益阳。汉至益计水路八百四十里。①

（3）湖南益州 ⇌ 边江水路255里

益三十里至兴家河进山、河上水三十里至桃花庵、二十五里至苏滩、五里至休山、三十里至三滩界、三十里至桐子山、三十里至马家滩、三十里至湖溪、三十里至小淹、十五里至边江。益至边计水路二百五十五里。②

五、万里茶道上的十大枢纽城镇

1. 汉口——"东方茶港"，万里茶道南方总枢纽，中国茶叶对外贸易的重要港口

地处长江水道交汇处的汉口，素有"九省通衢"之称，是中国鄂、湘、皖、赣、滇诸省茶叶的集散地，在清代号称东方茶港、万里茶道总枢纽。1861年汉口开埠后成为中国茶叶对外贸易的起点。经过汉口，茶叶最早是沿汉水运到河南，转陆路到山西，越过雁门关到张家口或归化，再运到中俄边境的恰克图。另一条常走的线路是汉口到上海的长江航道，这是在汉口和上海向外国开放成为通商口岸后开辟的。茶叶由长江航线水运到上海，转海运至天津，再转海运到符拉迪沃斯托克，也有从上海直达符拉迪沃斯托克的，或者从天津陆运

江汉关大楼位于武汉市江汉路。1861年11月，英国政府根据《中英天津条约》设立汉口海关——江汉关。现存大楼建成于1924年，该楼见证了汉口茶叶贸易的兴衰，是研究汉口茶叶贸易和万里茶道的重要实物。2001年被公布为全国重点文物保护单位。

---

① 手抄本《行商遗要》。
② 手抄本《行商遗要》。

到张家口，然后沿张库商道抵达恰克图。1689年，英国东印度公司第一次直接从中国厦门采购茶叶。1699年第一支俄国官方组织的商队进入北京。英国商人则是从汉口走长江航线运茶到上海转海运出口，过去没有开辟这条线时，他们从福建产茶区将茶叶从厦门、福州或湖南运到广州出口。

从汉口分流的茶叶之路还有两条：其一是晋商最早曾走过的，即从汉口船运茶叶到镇江，入京杭大运河抵通州，陆运至张家口。这条线路历史上由官府控制，除漕运粮食、食盐和京师皇室百官所需物资外，只有对俄输出的砖茶可以通行，其余商品和私商运输是被禁止的。另一条是在苏伊士运河通航后，"汉口茶叶水运至上海后南下南海、印度洋，过苏伊士运河到地中海、黑海，最后运抵俄国敖德萨港（今属乌克兰）"[1]。汉口在清后期60多年间一度主宰了中国对外茶叶贸易，由此转运世界各地的茶叶是当时中国最重要的创汇商品，据《江汉关贸易报告》，1895年，茶叶出口货值14965355海关两，占总出口比重的41%，而同期所列其他15种出口商品的货值最多者是丝与丝织品，为2681257海关两，比重7.3%，远远低于第一位的茶叶。[2]再看汉口茶叶出口占全国茶叶出口的比重。1900年，中国出口俄国茶叶468549担，其中汉口出口390200担，占80.9%。1908年汉口茶叶出口983687担，占全国出口茶叶的62.4%。1915年汉口茶叶出口更达1129000担，突破百万担大关，值29277000海关两。[3]可见，汉口的兴起是和晋商经营的茶叶进出口贸易密切相关、相辅相成的。

据祁县民间发现的手抄本《行商遗要》记载，每年春季，祁县茶庄的办茶人员就启程进山采茶，要在立夏以前到达安化。加工后的茶叶由安化水运至汉口，在汉口一部分批发给俄英等国外商，一部分由汉口至襄樊，北上至河南赊旗镇。在赊旗镇改驼队继续北上，经洛阳，过黄河，入太行山，越晋城，出祁县子洪口，在鲁村换畜力车经太原、杀虎口至归化。[4]再换骆驼分三路出发。

---

[1] 严明清主编《洞茶与中俄茶叶之路（一）》，湖北人民出版社，2014，第126页。
[2] 严明清主编《洞茶与中俄茶叶之路（一）》，湖北人民出版社，2014，第129页。
[3] 严明清主编《洞茶与中俄茶叶之路（一）》，湖北人民出版社，2014，第130页。
[4] 范维令：《万里茶道劲旅——祁县茶商》，北岳文艺出版社，2017，第319页。

往东经张家口、多伦、齐齐哈尔到呼伦贝尔;往西由归化、包头、宁夏、兰州、敦煌到叶尔羌,或由归化、库伦、乌里雅苏台、科布多、哈密、乌鲁木齐到塔尔巴哈台;往北则由归化、库伦、恰克图、伊尔库茨克、西伯利亚、莫斯科、圣彼得堡到欧洲。从归化出发到上述地方的这三条茶路全程都在5000公里以上,这就是晋商万里茶路的梗概。

2. 河口镇——江浙地区重要集散码头,茶船从此向西可进入鄱阳湖、长江,向东沿水陆两路北上可达杭、沪、京、津

河口明宣德年间(1426—1435)已有茶市。到万历年间(1573—1619)河口茶被誉为"河红",成为国内最早的品牌名茶。《铅山乡土志》云:"河红繁盛之时,商爱买办,每年不下百万金。"清代雍正五年(1728)恰克图开市后,山陕商人纷纷来河口采购、加工,河口的茶叶贸易步入鼎盛。镇上茶行林立,人口3万。至道光时,河口有4个码头,能出入10万吨以下的商船,茶行48家,以"西客"最多。清后期,山西票号在此设立20多家分号,一片繁华景象。

从河口溯信江东至上饶,经玉山县入浙,过衢州北赴淳安,沿富春江顺流至杭州,再由钱塘江进杭州湾,而后北驶上海,自崇明岛出海北上天津。也有一些船只为避免海上风浪和海盗抢劫,从杭州湾去往苏州,顺京杭大运河北上,途经山东聊城,北驶天津,西经通州,运到北京。晋商将部分茶叶留京销售,绝大部分转往张家口,然后沿张库商道,北上库伦、恰克图。

3. 九江——地处长江黄金水道与鄱阳湖的交汇处,自古以来就是"万商往来之区",是与汉口、福州齐名的三大茶市之一

清代设有茶引批验所,是长江上税关要塞。晋商歌谣唱:"九江关上要报税,每柜上税银三钱。"另据(光绪)《中国经济全书》记载,江西婺源、安徽祁门、福建建德等地所产之茶,"大半以九江为其集散场"。光绪八年(1882),九江茶商增至344家。茶商购买茶引,纳税受检,都需在此办理,然后红茶、绿茶运到上海,加工包装后销往欧美各国,砖茶经汉口转运张家口、恰克图,

销往俄国和东欧。

同治《九江府志》记载："江西茶叶批验大使所址设在九江，名为'茶引批验所'。"办理茶引、茶税、检验等事宜均需到此。茶船经过鄱阳湖老爷庙至姑塘镇税关途中，因水流湍急，多有茶船在此沉没，人货皆无。

4.赊旗镇——水陆大码头，万里茶道由中原进入东西南北的最大集散站

晋商进入万里茶道河南段后，虽说是中州平原，但也至少要走20来天将近1000里，而且要涉黄河、唐河，过水陆两路。其间洛阳、赊旗镇又是水陆两大中转基地。赊旗镇"曾是通过唐河和白河运往汉口的货物集散地。从蒙古和西北来的商队也在那里逗留，将带来的货物装上船；那些从南方来的满载货物的船只，在返回之前先要卸货……总之，赊旗店一直是中国最富有的商业贸易中心之一"①。该镇盛时有72条街，13万人口，山陕商人开店1225家，其中800家以上是山西人所开，曾是晋商由江汉水路转往中原的水旱码头。早在康熙年间，全国客商已云集于此。乾隆二十一年（1756），镇内有工商行业20余个，商号424家，其中银号、钱庄、当铺100多家。商人中尤多"秦晋盐茶大贾"，街上舟骡车马，热闹非凡。粮食、茶叶、棉花、食盐、布匹、煤炭、竹木、桐油、生漆、药材、曲酒等，各种商品汇集，在此贸易、储存、批发、转运，形成一个物流贸易集散中心。谚云："拉不完的赊旗店，填不满的北舞渡。"正可谓"行水路走江湖跋涉艰难，勿华丽学素朴免惹盗窃。晚早宿晨早行以防不测，水陆路

2018年关腊月23日，高春平和好友王灵善再次考察赊旗

---

① （英）贝思飞：《民国时期的土匪》，上海人民出版社，2010。

遇生疏最忌相伴"①。赊旗镇属河南省南阳管辖，"此处码头为车马陆路之首，百货在此聚散。南方水路运来之茶在此换发车马，发货之人更宜精细灵便。由于道路甚多，脚价涨跌不停，尚应思量日期迟早、事情缓急，再思码头存货多寡，务要赶上祁县春季之驼脚，以便早日抵达东西两口为妥"②。

《行商遗要·茶路篇》还记载了"赊镇伙食，每人一百零六文钱，酒肉自备"，而"樊城伙食，每人一百零六文钱，酒肉行备"③。虽然两地的伙食标准基本一致，但赊旗镇是酒肉自备，即茶商自己准备，而樊城却是酒肉行备，即客店替茶商准备。这也反映出运输中转地河南和茶叶生产地湖北同中有异，产茶地为了销售茶叶提供了更多优惠的食宿条件。

《行商纪略》展示了数条鲜为人知的由河南中转的茶路。具体而言，由赊旗中转的茶路有：

（1）赊旗 ⇌ 道口 ⇌ 通州

由赊旗装牛车发舞渡（旱路二百四十里），舞渡装船发朱仙镇（水路四百八十里，旱路二百四十里），朱仙镇装车发柳园口（系四轮车，旱路九十里），柳园口装车发道口（装四轮车旱路一百四十里），道口装车发通州湾（水路一千八百三十里）。④这是一条经河南由卫河进入南运河、北运河直达京师通州湾，再由通州湾运往口外的借漕运通道之茶路。

（2）赊旗 ⇌ 晋城 ⇌ 曲沃

据刘建民先生所藏《曲沃往赊旗镇等行路规程》可以发现一条晋商从河南赊旗到山西曲沃的茶路，该路往程从山西曲沃出发，经晋城、侯马、闻喜、夏县，渡黄河，过茅山、河底镇、韩城、汝州关、汝阳、裕州，再经50里到达赊旗，返程亦然。

（3）赊旗 ⇌ 北舞渡 ⇌ 周口镇

其路线是赊旗—北舞渡—沙河—周口。周口镇又是殷河、沙河与贾鲁河

---

① 《行商遗要·德行篇》，北岳文艺出版社，2017，第4页。
② 《行商遗要·陆脚篇》，北岳文艺出版社，2017，第10页。
③ 《行商遗要·茶路篇》，北岳文艺出版社，2017，第23页。
④ 《行商纪略·洞茶运输》，载范维令编《祁县茶商宝典》，北岳文艺出版社，2017，第17页。

交汇处，东南流经沈丘县入安徽太和境，至颍上八里垛入淮河，再由运河达江浙，是豫西与江南的商品流通枢纽。以周口镇为点放射状展开四条交通网线：第一条周口—贾鲁河—朱仙镇渡口—开封府；第二条周口—沙颍河—淮河—江苏淮安；第三条即上述周口—赊旗；第四条禹州—颍河—周口。清康熙年间，周家口码头开始兴盛，乾隆时繁盛，人口达5万多，会馆20座。据《商水县志》记载："人烟聚杂，街道纵横，周围十余里，三面夹河，舟车辐辏，烟火万家……北通燕赵，南接楚越，东达淮扬……"

河南赊旗店铁旗杆

（4）赊旗 ⇌ 鲁山 ⇌ 洛阳

清初有两条路：一条是方城道，一条是三鸦路。方城道南起湖北江陵，经襄樊渡汉水，经鄂北黄渠河入豫南，走新野，沿白河东岸进南阳，再向东经赊旗镇转北入方城县，再由此而北经鲁山、郏县、临汝到洛阳，全程300多公里。该道从南阳到洛阳，从方城向西绕了一个大弯，是为了避开豫西伏牛山等山脉，以便大部分路程在平原和丘陵区，便于长2.5米、宽约1米，两匹骡马一辕一套，载重750—1000公斤，日行40公里的马车行驶。

三鸦路，又称古鸦路，穿山而行，为宛洛间最近通道。据《南阳地区交通志》记载："其走向由宛沿白河而上，渡鸦河，经鲁山、临汝至洛阳。"该路山高林密，人烟稀少，为防劫匪，晋商大多联号集车马驼队百十人行路，还有武师、镖师护运。

5. 洛阳——中原通往南北各地和山陕、西北、中亚的重要货物集散地

洛阳地处中原，西接崤函，北望太行，为秦晋商人东游齐鲁、北至燕赵、南达吴越的必经门户。从洛阳北上，由孟津渡亦可过黄河，但水流湍急，险滩

较多,一般过济源,东赴沁阳后,北越太行山。从洛阳部分山陕茶商去往西北边境贸易,沿路大多雇用回民驼队,经古城西安,穿越汉唐丝绸之路必经的河西走廊,经西宁,西北走张掖,向新疆的哈密、古城(今新疆奇台县,人称小山西)、迪化(今乌鲁木齐)、塔尔巴哈台(今新疆塔城市),去往哈萨克斯坦、俄罗斯。另一路走伊宁(小祁县),去往阿拉木图。还有一些茶商南走吐鲁番、库车、阿克苏、喀什噶尔,经塔什干(今乌兹别克首都)向中亚进发。①

6. 杀虎口

位于右玉县境的杀虎口是中原通蒙古地区的主要通道之一,也是万里茶道上的商贸重镇。其地在云中之西,扼三关而控五原,自古为要塞。明代在此筑堡,堡周二里,墙高三丈五尺,清代在此设户部抽分署,日进斗金斗银,清末年解关税银13万两。民国元年,甘云鹏任杀虎口监督7个月,征收税银就达83000两,京包铁路开通之前,杀虎口一直是晋北边塞的商贸重镇。"盛时当地居民5000户,加上外地的商人、作坊工匠、官吏、驻军,人口一度超过5万。"②

7. 归化——万驼之城,旅蒙俄茶商北上的大本营

清代归化城是旅蒙俄茶商集聚的大本营。商号云集,驼马成群结队,牙纪往来穿梭,当时中国内地商人与蒙古、俄罗斯进行贸易的商品主要由骆驼运输,除大盛魁等著名商号自家拥有成千上万头骆驼外,归化城也有专业的

右玉县明代古堡

---

① 程光、李绳庆:《晋商茶路》,山西经济出版社,2008,第120页。
② 高春平主编《晋商与明清山西城镇化研究》,三晋出版社,2013,第67页。

运输驼队，是蒙俄边贸的中心。城内著名大商号有大盛魁、元盛德、天义德等。

表一　清代后期归化城12家主要驼队养驼数统计表

字号或姓名	骆驼（峰）
双星德	700峰
天兴恒	300峰
徐德	240峰
徐财	300峰
丁宽	200峰
王茂华	200峰
邵宗	200峰
陈万银	90峰
化柱	100峰
富盛永	100峰
元德魁	500峰
天聚德	400峰
总计	3300峰

8. 张家口——塞上第一商埠，旅蒙晋商基地

张家口是晋商基地，作为中俄贸易的重要口岸始自康熙二十八年（1689）《尼布楚条约》签订。雍正五年（1727）《恰克图条约》签订后，清政府指定喜峰口、古北口、独石口、张家口、归化城、杀虎口和西宁等地为进入蒙古草原经商的贸易孔道。清代后期，晋商在张家口经营的商号达1000多家，茶庄和茶叶批发均为晋商垄断，主要为祁县帮和榆次帮，最著名的茶商是常家四大玉（大德玉、大昇玉、大美玉、大泉玉）和榆次大通玉、大合诚、聚兴顺、义兴、瑞兴，祁县"兴隆茂"永聚祥、长盛川、聚盛川以及渠家大玉川、长裕川等。民国初年中外客商云集，盛况空前，商号多达1600余家，年贸易额高达1.5亿两白银。到民国七年，张家口商业创下历史新高，经商人数达到35000多人，占总人口一半。据《张库通商》记载，对蒙、俄的贸易商号增至

一千六百多家，年贸易额达到1.5亿两白银。① 1937年全面抗战爆发之前，是张家口商贸的鼎盛期，全市共有商号、洋行1700多家，并逐渐形成以张家口为枢纽的数条旅蒙商路：

（1）张库商道：张家口 ⇌ 赛尔乌苏 ⇌ 库伦 ⇌ 恰克图，出雁门关后北段是经张库商道到达恰克图，即自张家口大境门外沿山路北行五十里，入蒙古高原，穿过绵亘塞北、比张家口海拔高2750余尺的蒙古高原，北行五百四十里至滂江，又五百四十里至乌得，又五百八十里至叨林，又五百二十里至库伦，然后抵达恰克图。

（2）张家口 ⇌ 多伦诺尔 ⇌ 乌珠穆沁 ⇌ 海拉尔。

（3）张家口 ⇌ 归化城 ⇌ 漠西蒙古 ⇌ 乌里雅苏台。

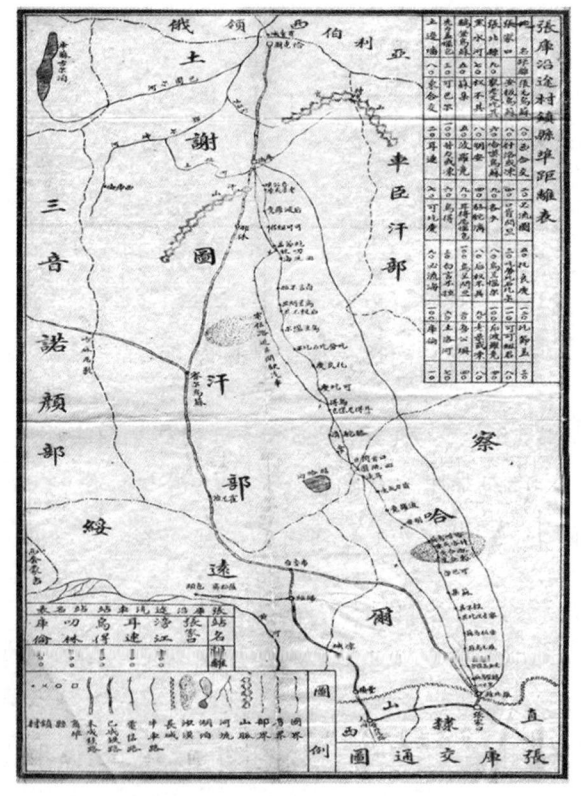

刘建民先生收藏《张库交通图》

---

① 程光、李绳庆：《晋商茶路》，山西经济出版社，2008，第162页。

（4）化城⇌大同⇌张家口⇌北京。

（5）大同⇌张家口⇌多伦诺尔。

9. 库伦

库伦是晋商对恰克图贸易的中心。康熙初年在此设互市，在此经商最早的是汾阳、祁县、孝义、太谷、文水商人，有12家，亦称十二甲首。著名大商号有大盛

库伦——清代晋商的茶叶集散重地

魁、元盛德、天义德等。乾隆时晋商势力居十之七，资本较厚者六十余家，依附之散商八十余家，从商人数达6000多，而京帮不足十之三。清末民初，仅东营区就有以天义德为首的商号263家，其中大商号77家，从业人员1600余人。

10. 恰克图——中俄陆路贸易口岸，万里茶道进入俄国境的第一站

万里茶道出归化后，经武川、二连浩特、库伦进入中俄边贸口岸恰克图，然后沿乌兰乌德、伊尔库茨克、上乌金斯克、下乌金斯克、莫斯科、圣彼得堡进入东欧。

恰克图开市之初，贸易规模较小。中俄贸易只准俄国商队"每间三年来京一次"，雍正六年（1728）8月—9月，中俄只有十个商人在恰克图换货。每年交易额不满一万卢布。到18世纪下半叶，恰克图年平均贸易额由71余万卢布增加到464万多卢布，增长了5.1倍。[①]参看下表：

---

① 西林：《十八世纪的恰克图》，伊尔库茨克俄文版，第68页。

表二　恰克图贸易额（1744—1800）

单位：千卢布

年　代	货　值
1744	580
1755	840
1760	1360
1770	2620
1780	5400
1792	4940
1798	5570
1800	8380
合计	29690

资料来源：（苏）加·尼·罗曼诺娃著，宿丰林、厉声译，郝建恒校，《远东俄中经济关系：19世纪—20世纪初》，黑龙江科学技术出版社，1991年8月版，第124页。

到19世纪上半叶，俄国棉纺织业有了较大发展，不仅不从中国进口土布，还向中国输出棉布，棉布和其他工业品占65.4%，毛皮下降为23.7%。[①]中国输出俄国的产品，茶叶逐年增多，出口茶叶价值从嘉庆年间的228499卢布增至同治年间的5976204卢布，增长25.15倍。详见下表：

表三　俄国的中国茶叶进口额（1798—1850）

单位：千普特

年份	年进口额
1798	47.0
1800	70.0
1801—1810	76.1
1811—1820	96.1
1821—1830	143.2

[①] 李康华等：《中国对外贸易史简论》，对外贸易出版社，1981，第421页。

续表

年份	年进口额
1831—1840	190.2
1841—1850	271.0

资料来源：（苏）加·尼·罗曼诺娃著，宿丰林、厉声译，郝建恒校，《远东俄中经济关系：19世纪—20世纪初》，黑龙江科学技术出版社，1991年8月版，第124页。

道光年间（1821—1850）恰克图买卖城的中俄贸易进入空前繁荣阶段。俄国社会各阶层的饮茶者与日俱增，极大地刺激了茶叶进口量的急剧增长。尤其是西伯利亚一带高寒地区以肉食为主的游牧民族，竟然达到"宁可三日无食，不可一日无茶"的地步。

晋商独慎玉商号东家、伙计与俄商合影

表四　1838年山西茶商在恰克图的经营统计

商号	经销茶叶（箱）			
	花茶	粗茶	茶砖	合计
王宗乔等	1836	862		2698
达兴友	1250	564	314	2128
尤庆源	1220	400	466	2086
宋义成	1242	400	200	1842
达泉友	716	350	250	1316
郭发成	1420	520	200	2140
德兴义	1510	524		2034
奚德察	1510	524		2034

续表

商号	经销茶叶（箱）			
	花茶	粗茶	茶砖	合计
于护国	900	322		1222
于兴龙	914	326	198	1438
席绍胡、席绍春	2400	820	500	3720
梅友康	1648	620		2268
梅友德	1000	360	200	1560
修发成	1060	460	110	1630
董宗永	594	250	240	1084
尤颂乔	1380	489		1869
乔发成	1438	438	200	2076
郭隆国	900	378	160	1438
郭宋隆	440	110	293	843
郭胡兴	1060	400		1460
哈秋友阿	826	324		1150
哈盛察	1080	360	298	1738
恒兴德	1360	524		1884
桑友康	826	280		1106
恒宋成	1200	436	200	1836
桑友成	876	250	340	1466
王胡成	510	158		668
达盛永	134	70	210	414
鄡隆乔	344	136		480
义合美	470	242		712
纳盛胡	140	60		200
兴友号	1540	720	340	2600
合计	33744	12679	4724	83147

1728年丝织品输出额为白银46000两，棉布为44000两。在恰克图输入中国的商品也逐年增加。1777年，恰克图的贸易总额为2868333卢布。1845年增加到13620000卢布，恰克图的中俄贸易达到顶峰，中国成为俄国在亚洲的最大市场。参见下表：

表五　清末民初中俄贸易额统计表（1892—1916）

单位：百万卢布

年份	俄国出口额（中国进口）	俄国进口额（中国出口）	进出口贸易总额
1892	4.78	27.97	32.75
1895	5.04	41.56	46.61
1896	5.50	41.46	46.96
1897	6.43	39.27	45.70
1898	6.26	40.29	46.55
1899	7.53	43.52	51.04
1900	6.70	45.95	52.65
1901	9.71	46.90	56.61
1902	9.31	52.18	61.49
1903	22.44	56.50	78.94
1904	22.97	52.46	75.43
1905	31.59	60.55	92.14
1906	57.54	97.43	154.97
1907	26.44	89.74	116.18
1908	23.29	93.34	116.63
1909	21.78	74.61	96.39
1910	20.16	78.81	98.97
1911	25.6	82.31	107.91
1912	30.69	76.25	106.94
1913	23.80	75.66	104.45

续表

年份	俄国出口额（中国进口）	俄国进口额（中国出口）	进出口贸易总额
1914	28.77	89.56	118.32
1915	20.83	119.51	140.34
1916	20.81	154.81	175.62

资料来源：（苏）加·尼·罗曼诺娃著，宿丰林、厉声译，郝建恒校，《远东俄中经济关系：19世纪—20世纪初》，黑龙江科学技术出版社，1991年8月版，第132页。

道光十七年至十九年（1837—1839）中国从恰克图每年输往俄国的茶叶多达8071880俄磅，价值800万卢布。当时，俄商在恰克图向中国商人购得茶叶后，经莫斯科、圣彼得堡转贩到欧洲可获5倍的利润。

俄罗斯人饮茶：桌边喝茶的农民，中间是一个富裕家庭的象征——大茶炊。谢尔盖·米哈伊洛维奇·普洛库金－戈尔茨基拍摄的彩照，拍摄时间约为20世纪初。美国国会图书馆藏品。

六、万里茶道沿线的山西会馆

据孟伟先生研究，清代全国各类行业会馆共1238座，绝大多数是晋商会馆或关帝庙。据粗略统计，河南会馆有200余座，仅开封就有60多座，因年久失

万里茶道终点圣彼得堡

修、兵祸天灾，河南一省现存会馆 31 座。其中 12 座建于乾嘉年间，10 座建于康熙年间，4 座建于明代。

明清时期会馆作为"叙乡谊、通商情、崇忠义、敬关帝"的场所遍布

山陕会馆

全国通都大邑和商贸集镇，晋商开拓的万里茶道上更是会馆众多，粗略统计有 300 多座。其中，张家口 13 座、张北 6 座、万全 1 座、开封 60 座、洛阳 3 座、汉口 6 座、天津 3 座、北京 14 座。这些会馆多由商人合资筹建，山陕会馆由山西、陕西两省商人合资建立，而山西会馆和关帝庙绝大部分是晋商独资修建。

表六　万里茶道沿途山西会馆（关帝庙）统计表

会馆名称	坐落地点	初建时间、修复情况	备注
库伦关帝庙	乌兰巴托市东营区	不详	存在
多伦山西会馆（关帝庙）	内蒙古自治区锡林郭勒盟多伦县城南	乾隆十年，占地 5200 平方米。农历五月十三举行盛会唱戏庆贺。民国三年又修缮和增建，规模更为宏大	存在
归化关帝庙	呼和浩特市		
奉天山西会馆	吉林怀远关外	不详	
张家口山西会馆	张家口桥西区东关街	清代	
张家口榆次会馆	张家口堡子里粮店街	清代	
张家口孝义会馆汾阳会馆	张家口上堡	清代	
张家口祁县会馆	张家口鼓楼后街	清代	

续表

会馆名称	坐落地点	初建时间、修复情况	备注
张家口太谷会馆	张家口东关街	清初	
银城子关帝庙	张家口坝底村	清初	
大境门外关帝庙	张家口正沟街	清代	
大境门内关帝庙	张家口明德北街	清代	
来远堡关帝庙	张家口	清代	
上堡关帝庙	张家口市第九中学	清代	
堡子里关帝庙	张家口市文昌阁北	清代	
南营坊关帝庙	张家口市南营坊	清代	
万全关帝庙	万全	清代	
张北6座关帝庙	张北	清代	
张掖山陕会馆	甘肃张掖	明代建关帝庙	至今尚存
肃州山陕会馆	甘肃酒泉	乾隆年间	现已毁坏
敦煌山西会馆	甘肃敦煌	清代	已毁
洛阳山陕会馆	洛阳老城南关马氏街东	康熙年间建，道光十五年大修，费银二万五千余两。每年四月初，举行盛大祭奠	保存基本完整
洛阳潞泽会馆	洛阳老城东关新街	乾隆九年建	现为洛阳民俗博物馆
周口山陕会馆	河南周口市	康熙三十二年建	至今完好
亳州山陕会馆	安徽亳州	顺治十三年初建正殿，康熙十五年增建戏台	至今尚存
菏泽山陕会馆	山东菏泽		至今尚存
聊城山陕会馆	山东聊城	乾隆八年至嘉庆十四年，历时66年，耗银6万两，会馆东西长77米，南北宽43米，占地面积3311平方米	至今完好
开封山陕（甘）会馆	河南开封	乾隆中叶，历朝重修，光绪年间甘肃旅汴商人加盟，遂名山陕甘会馆，占地3629平方米，在开封的60多家会馆中最著名	1986年列入河南省重点文物保护单位

续表

会馆名称	坐落地点	初建时间、修复情况	备注
郏县山陕会馆	河南郏县西关外	康熙三十二年建	至今尚存
辉县山西会馆	河南辉县南关大街	乾隆二十五年建	至今尚存
安阳山西会馆	河南安阳水冶镇北街	清代	至今尚存
徐州山西会馆	江苏徐州云龙山东麓	清康熙年间，占地5000平方米	至今尚存
洛阳关帝庙	洛阳老城南关林镇	康熙四十六年，有武楼、大门、仪门、钟楼、鼓楼、大殿、二殿、三殿	
襄城山西会馆	河南襄城城隍庙北	民国初年	1958年扒毁
鲁山山陕会馆	河南鲁山县城西关	乾隆年间建。城外东乡郭家庄、西北乡瓦屋、北乡众兴店、东南乡张良镇、东北乡均曾建有关帝庙	今已毁坏
方城山陕会馆	河南方城县拐河镇	乾隆元年建	现为县级文物保护单位，拐河中学校址
赊旗山陕会馆	河南社旗	乾隆二十一年始建，光绪十八年完工，集宫殿、庙宇、商馆、园林建筑艺术之大成，占地13000平方米（合19亩），铁旗杆高28米，重2.5万公斤，耗银90万两，历时六朝136年，现存戏台、主殿，堪称天下第一会馆	咸丰七年（1857）规模最大的春秋楼被捻军烧毁，现仅存月台遗址
赊旗福建会馆	河南社旗	乾隆年间	今存
沁阳关帝庙	河南沁阳城内西街	清代	已毁
唐河山陕会馆	河南唐河县城	雍正九年始建，乾隆七年重修。四十六年竖铁旗杆，高17.5米	遗址现为唐河二中
开封山陕甘会馆	河南开封市	乾隆三十年	至今尚存
朱仙镇山陕会馆大关帝庙	河南省朱仙镇	康熙十四年	
河底山陕会馆	洛宁市河底乡	乾隆二十六年	
白杨镇山陕会馆	宜阳县白杨镇	康熙年间	
紫关镇山陕会馆	河南淅川县	乾隆年间	至今保存

续表

会馆名称	坐落地点	初建时间、修复情况	备注
韦集村山陕会馆	厚坡镇韦集村	乾隆十四年	至今保存
源泽镇山陕会馆	唐河县源泽镇	雍正九年	至今保存
漯河市山陕会馆（三晋乡祠）	河南省漯河市	乾隆三十四年	至今保存
临颍县山陕会馆	河南省	清代	至今保存
北舞渡镇山陕会馆	河南舞阳县北舞渡镇	康熙六十年	至今保存
山陕会馆（关帝庙）	河南省荥川镇半扎村	乾隆二十七年	至今保存
山陕会馆	平舆县庙湾镇	万历年间	至今保存
山陕会馆	河南省柘城县胡襄镇	乾隆二十五年	至今保存
山陕会馆（关帝庙）	河南省安阳县水冶镇	康熙年间	至今保存
山陕会馆（关帝庙）	河南省辉县	乾隆二十五年	至今保存
大王庙	河南省博爱县清化镇	嘉靖四十五年	至今保存
大王庙	河南省滑县道口镇	万历十八年	至今保存
襄樊山陕会馆	湖北樊城邵家巷	康熙五十二年间建，乾隆、嘉庆年间两次扩修。会馆东西长83米，南北宽27米，装饰之精，曾居全国会馆之首	精美彩绘塑像荷花鱼塘毁于战乱，现仅存正殿、前殿、钟鼓楼和山门
石牌关帝庙	湖北钟祥市石牌镇	康熙五十三年建，道光二十一年修	戏楼现为石牌镇第二中学
荆州关帝庙	湖北荆州	乾隆年间建	至今尚存
岳口山陕会馆	湖北天门岳口镇	乾隆六十年	至今保存
汉口山陕西会馆	湖北汉口市循礼坊	顺治初建关帝庙，康熙二十二年建山陕会馆，是汉口六个会馆之一，耗银30万两，占地26310平方米，合39亩余，建筑精美，规模宏大。咸丰四年毁，同治九年山陕商人集资重修，光绪二十一年建成，费银27万两	"文化大革命"期间被毁坏

续表

会馆名称	坐落地点	初建时间、修复情况	备注
长沙山陕会馆	湖南长沙市坡子街	康熙三年建	
湘潭山陕会馆		乾隆年间	
当阳山陕会馆		乾隆年间	
沙市山陕会馆		乾隆年间	
随州山陕会馆		康熙年间	
钟祥山陕会馆		康熙年间	
郧西山陕会馆		康熙年间	
公安山陕会馆		道光年间	
山陕会馆	河南省北舞渡镇	道光六年	至今尚存
山陕会馆	河南省唐河县源潭镇	乾隆年间	至今尚存
石牌镇关帝庙	湖北钟祥石牌镇	康熙五十三年建，道光二十一年重修	戏台尚在，今为石牌高中
平遥会馆	北京北芦草原	明代	
临襄会馆	北京晓市大街	明代	
临汾东会馆	北京打磨厂	明代	仅存碑记
临汾西会馆	北京大栅栏	明代	仅存碑记
潞安会馆	北京广渠门	明代	
太平会馆	北京南堂子胡同	清初，乾隆四年重修	仅存碑记
襄陵会馆	北京虎坊桥五道庙	清初，嘉庆年重修	
河东会馆	北京广安门大街	雍正五年	仅存碑记
平阳会馆	北京前门外路东	明代	1984年列为北京市重点文物保护单位
三晋会馆	北京前门外虎坊桥	清代康熙年间	碑存北京石刻艺术馆
洪洞会馆	北京广宁门大街	清代	

续表

会馆名称	坐落地点	初建时间、修复情况	备注
曲沃会馆	北京新开路		今已不存
永济会馆	北京顺城门大街	清代	今已不存
平介会馆	北京鹞儿胡同		今已不存
汾阳会馆	北京前门外王广福街		今已不存
忻定会馆	北京前孙公园	清代	今已不存
晋冀布商会馆	北京小蒋家胡同	雍正十一年	仅存碑记
浮山会馆	北京鹞儿胡同	雍正七年	仅存碑记
晋冀会馆	通州教子胡同	雍正十一年	
盂县会馆	北京椿树上二条	嘉庆二年	仅存碑记
平定会馆	北京西柳树井	嘉庆十五年	
襄陵会馆	北京西河沿	不详	仅存碑记
山西会馆	天津河东杂粮店	不详	
山西会馆	天津锅店街		
南京山西会馆	南京颜料坊	乾隆年间	
全晋山西会馆	苏州	乾隆十年	
山西会馆	上海	嘉庆年间	
晋业会馆	上海	嘉庆年间	
山西汇业公所	上海	光绪五年	
山陕会馆	广州	不详	
山陕会馆	佛山	乾隆四十五年	
三晋会馆	保定东大街	清代	改建织绒厂

由上表可见，万里茶道上的山西会馆80%以上建立在清朝康乾盛世期间，而且以河南为多，这与河南地处中原、水陆交通四通八达、商贸物流码头集中有关。其次湖北也不少，尤其是九省通衢汉口，各省商人都在此建有商业会馆。

汉口，素有"九省通衢"之称，号称东方茶港，是万里茶道枢纽，是中国鄂、湘、皖、赣、滇诸省茶叶的集散地，中国茶叶对外贸易的起始港。尤其在清代，一直发挥着万里茶道总枢纽的作用。1689年，英国东印度公司第一次直接从中国厦门采购茶叶。五口通商后，英国商人从汉口走长江航线运茶到上海转海运出口。之前，他们从福建产茶区将茶叶从厦门、福州或湖南运到广州出口。

汉口在清后期60多年间一度主宰中国茶叶对外出口贸易，由此转运中外各地的茶叶是当时中国最重要的创汇商品。据《江汉关贸易报告》，1895年，茶叶出口货值14965355海关两，占总出口比重的41%，而同期所列其他15种出口商品的货值最多者是丝与丝织品，为2681257海关两，比重为7.3%，远远低于第一位的茶叶。[1]再看汉口茶叶出口占全国茶叶出口的比重。1900年，中国出口俄国茶叶468549担，其中汉口出口390200担，占80.9%。1915年汉口茶叶出口更达1129000担，突破百万担大关，值29277000海关两。[2]无疑，汉口近代城市的兴起是和晋商经营的茶叶进出口贸易密切相关的。

表七　清代汉口各省行业会馆统计表

会馆名称	创建年代	创建人	备注
山陕会馆	康熙年间	山西和陕西商人	又名关帝庙
江苏会馆	康熙初年	包容纸商金小泉捐建	原名包容红纸帮公所
（河南）怀庆会馆	康熙二十八年	怀庆药材商建	乾隆时改名覃怀药王庙
（安徽）徽州会馆	康熙三十四年	徽州六邑仕商	又称新安书院
（广东）岭南会馆	康熙五十一年	南海、番禺、新会、顺德四邑商人	

---

[1] 严明清主编《洞茶与中俄茶叶之路（一）》，湖北人民出版社，2014，第129页。
[2] 严明清主编《洞茶与中俄茶叶之路（一）》，湖北人民出版社，2014，第130页。

续表

会馆名称	创建年代	创建人	备注
（江西）万寿宫	康熙年间	南昌等六府商人	即江西会馆
福建会馆	康熙年间	不详	
（江苏）金庭会馆	雍正元年	洞庭西山商人	
（江苏）元宁会馆	乾隆三十六年	上元、江宁两县商人	
（河南）覃怀中州会馆	乾隆四十四年	怀庆府四县西货、京杂货商人	
（浙江）宁波会馆	乾隆四十四年	宁波商人	原名浙宁公所，宣统时改称会馆
（江苏）上元会馆	乾隆年间	上元县杂货、海味、香烛、糟坊、酱园商人	原名天印公所，宣统时改称会馆
（陕西）咸宁会馆	乾隆年间	不详	始名淦川公所，后改名钟台书院，再改名会馆
（江苏）京江会馆	乾隆年间	镇江四县同乡	
（湖南）辰州会馆	乾隆、嘉庆年间	沅陵商人	初名伏波宫，又名辰州会所
（江西）临江会馆	初建年代不详，同治四年重建，故置乾隆间	临江油蜡、药材商人	亦称仁寿宫
（湖南）宝庆会馆	道光，咸丰年间	宝庆商帮	
湖南总会馆	同治七年	湖南旅鄂全省同乡	

300年前晋商凭借自身敏锐的商业头脑和出众的商业才能，率先开拓的沟通祖国南北、连接亚欧的万里茶路，是一条以茶叶贸易为主，包括直隶、河北、陕西等长城沿线地域商帮共同开辟的贯通蒙古、俄罗斯、欧洲和中亚各国，途经235个城市集镇，总长1.3万余公里的国际商道，是继汉唐宋元丝绸之路之后的又一条通过脚夫、鸡公车、船筏、骡驴、骆驼、骡马车、牛倌车、汽车、火车转运，连接欧亚大陆，在中外经贸文化交流史上发挥过重要作用的国际商贸走廊。其中各地的山西会馆发挥了不可缺少的纽带作用。经历了明清两代300余年历史积淀之后，随着"一带一路"的实施和推进，以及联合"申遗"、

构建中蒙俄经济文化廊道,这条伟大的万里茶道定能复兴,并成为新的世纪动脉和国际商贸旅游黄金通道。希望沿线各省能抓住这次机遇,大力推进相关产业的发展。

历史上,恰克图买卖城茶叶贸易的发展兴盛推动了国内外许多城市、一批集镇的兴盛、繁荣和人口的流动。马克思讲:"商业的发展依赖于城市的发展,而城市的发展也要以商业为条件。"①在晋帮茶商从事长途贩运过程中,在主要产茶区及运销沿线兴起一大批市镇,比如江西的河口镇、湖北汉口、河北张家口、山西杀虎口,内外蒙古地区的归化、包头、库伦、乌里雅苏台、科布多、海拉尔、齐齐哈尔、多伦、集宁等中小城市,许多是在茶路贸易的催发下成长和发展起来的。其中河口镇在明中期只有两三户人家,到清代中后期,随着茶叶贸易的兴盛,已成为全国闻名的茶叶集散中心。

表八 因万里茶道兴起的市镇

省县	镇名	备注
福建崇安	星村镇	
江西铅山	河口镇	
江西余干	瑞洪镇	
湖南安化	马路镇	
湖南安化	东坪镇	
湖南安化	江南镇	
湖南安化	小淹镇	
湖南安化	马家滩镇	
湖南安化	休(修)山镇	
湖南益阳	沙头镇	
湖南益阳	麟趾口	
湖北赤壁	羊楼洞镇	

---

① 马克思:《资本论》第三卷,人民出版社,1975。

续表

省县	镇名	备注
湖北蒲圻	赵李桥镇	
湖北蒲圻	新店镇	
湖北武昌	汉口镇	清代全国第一大镇
湖北汉川	城关镇	
湖北天门	岳口镇	清末民初七座码头、十大商帮,有九街十八巷,300家商铺
湖北沙市	沙市镇	光绪二十一年帆船1400艘,商户10万,晋商票号16家
湖北沙洋	沙洋镇	
湖北钟祥	石牌镇	
湖北钟祥	转斗镇	
湖北襄樊	襄樊镇	水陆要冲,七省通衢
河南南阳	南阳镇	
河南唐河	源潭镇	乾隆年间码头日泊商船上千只
河南赊店	赊旗店	康熙四十年至同治十三年,沿河6个泊位,全国客商云集的水旱码头,有72条街,13万人口。乾隆二十一年有工商424家,银号、钱庄、当铺100家
河南舞阳	北舞渡镇	水陆过载码头,行商坐贾500家
河南方城	赵河镇	清代商贸繁华,山陕客商开行设店,建有山陕会馆
河南方城	拐河镇	乾隆元年山陕商人建有山陕会馆,光绪七年有100余家商行
河南叶县	保安镇	清代中州名镇,建有关帝庙(已毁)
河南叶县	昆阳镇	
河南鲁山	张良镇	
河南襄城	襄城镇	茶路要津,以茶叶、木材、布匹、食盐为大宗,建有山陕会馆
河南汝州	颖桥镇	
河南汝州	石固镇	
河南汝州	郭店镇	

续表

省县	镇名	备注
河南安阳	水峪镇	
河南荥阳	汜水镇	
河南新郑	周口镇	
河南洛阳	南关镇	洛阳商业最繁华处,仅山陕商家就有百家之多,水旱码头,前店后坊
山西晋城	拦车镇	晋豫要道,原有长1.5公里、宽6米的街道,骡马店70家,每日来往驼骡数百头
山西晋城	金村镇	府城村关帝庙
山西晋城	高都镇	有乾隆四十八年修的通商万年桥
山西晋城	巴公镇	明嘉靖年间建岳公桥
山西晋城	大阳镇	清代产销钢针,行销海内外
山西高平	长平镇	茶商在此分流,少数由东北过换马岭进入潞安府,多数抄近路入长子
山西长子	普头(大堡头)镇	
山西长子	鲍店镇	晋、豫、秦交通要道,明清全国四大药材市场之一。车马骆驼店有50余家
山西屯留	余吾镇	
山西襄垣	虒亭镇	清代官道,常年茶商车拉、驮运不断
山西沁州	新店镇	
山西沁州	漳源镇	
山西武乡	土门镇(村)	
山西祁县	来远镇	清代货栈、客店遗址众多
山西祁县	子洪口镇	茶路古道
山西祁县	鲁村镇	骆驼转车运站点,有名利泉、丰元、万顺、德业四大车马店
山西祁县	贾令镇	
山西清源	徐沟镇	
山西太原	晋源镇	

续表

省县	镇名	备注
山西阳曲	黄寨镇	
山西阳曲	青龙镇	
山西阳曲	石岭关	存放茶叶货物关口
山西忻州	豆罗镇	
山西崞县	崞阳镇	商业繁盛,有茶商跨越滹沱河的普济桥
山西代县	阳明堡镇	
山西代县	雁门关	九边第一关,南北商旅冲要险塞,商贸发达,是中原和北部少数民族马市交易的中转站
山西山阴	岱岳镇	镇北黄花梁是晋商茶帮东、西口分界处
山西怀仁	金沙滩镇	
山西大同		九边重镇、明代马市
山西天镇	新平堡、平远堡	蒙汉马市
山西右玉	杀虎口	清代晋、陕、冀贫苦农民走口外谋生淘金之地,号称西口,也是汉蒙民族商旅交易、文化交流主要口岸
河北张家口	张家口	旅蒙晋商万里茶道基地,塞上商埠,民国初年中外客商云集,盛况空前

随着万里茶道的繁荣,大批从事运输、建筑、食品、缝纫、旅店等方面工作的人,从内地涌向边疆。欧洲文明和中国中原文明,向这里传递了新的科技成果、新的思维方式和大量的信息。

恰克图茶叶贸易同样使俄国西伯利亚地区发生了巨大的变化。大批的移民从人口稠密的俄国欧洲腹地涌向这里,比斯克、托博尔斯克、新西伯利亚、上乌金斯克、下乌金斯克、伊尔库茨克、乌兰乌德、赤塔……从西到东沿着与中国接壤的边境涌现出一大批繁荣热闹的城市和村镇。恰克图,康熙初年还很荒凉,自辟为中俄互市场所后,乾隆朝已是"百货云集"、市肆喧闹的"漠北繁富之区"。①

---

① 陶德臣:《论清代茶叶贸易的社会影响》,《史学月刊》2002年第5期。

恰克图贸易使昔日寒冷荒凉的西伯利亚逐渐成了富足和自由的象征。革命导师马克思十分关注中俄恰克图贸易。他在《俄国的对华贸易》一文中指出：

> 这种由1768年叶卡捷琳娜二世统治时期订立的条约规定下来的贸易，是以恰克图为主要的（如果不是唯一的）活动中心，恰克图位于西伯利亚的南部和中国的鞑靼（即蒙古）交界处，在流入贝加尔湖的一条河上，在伊尔库茨克城一百英里，这种在一年一度的集市上进行的贸易，由十二个中间人经营。其中六个俄国人，六个中国人，他们在恰克图会商，由于贸易完全是以货易货，还要决定双方所应提供交换的商品比例，中国方面提供的主要商品是茶叶，俄国方面提供的是棉织品和毛织品……由于这种贸易的增长，位于俄国境内的恰克图就由一个普通的要塞和集市地点发展成一个相当大的城市了。

18世纪50年代，俄商对茶叶的需求与日俱增，大致从乾隆三十三年直到道光时期，可谓茶叶贸易的鼎盛阶段。据统计，从张家口到库伦的商道上，中国输往俄国的茶叶1727年为25000箱，1750年为13000普特（每普特折16.38公斤），1810年，增加到57000普特。

表九　1851年—1890年中国对俄的茶叶贸易额统计表

单位：卢布

年代	年平均贸易额
1851—1855	9272000
1856—1860	8306000
1861—1865	5585000
1866—1870	4635000
1871—1875	3984000
1876—1880	2487000
1881—1885	2126000
1886—1890	2186000

七、万里茶道的重大历史意义与现实价值

万里茶道是伟大的，也是辉煌的，它是中国人民勤劳与智慧的结晶，它在经济、政治、文化、民族、宗教等方面留下了宝贵的物质财富与精神财富。

恰克图茶叶贸易历时 200 余年的繁荣，极大地促进了中国内地种植茶业的发展。传统的产茶大省福建、浙江、安徽、湖南、湖北、河南、四川、云南、贵州茶区在清代中叶后，种植面积均有不同程度扩大，晋商在福建武夷山、湖南安化、羊楼洞诸地包买茶山，雇当地茶工加工乌龙茶、千两茶、红茶，形成"川"字牌砖茶、帽盒茶、机制砖茶等一系列品牌，实行生产、加工、运输、销售一条龙服务，深受茶农和俄国人欢迎。其次，恰克图茶叶贸易带动了交通运输业的发展。茶叶运往恰克图，一路水陆兼程，人担、畜驮、船载，可谓万里迢迢，铎声琅琅，远闻数十里。五口通商后，各国争购中国茶叶，1905 年，俄国修通了西伯利亚大铁路。据各种资料估算，西方各国派到中国的各种运茶船约 5000 艘，因而茶叶贸易对交通运输和造船及航海业均起到促进作用。

1.万里茶道的开通和繁荣，对于沿线城镇和商业街区的产生与发展发挥了巨大带动作用

万里茶道，不仅使茶叶的生产、加工、仓储、运输、贸易形成一个巨大的产业链，而且庞大的人流、物流、资金流、信息流也极大地推动了沿线经济的发展，正如马克思所说："商业的发展依赖于城市的发展，而城市的发展也要以商业的发展为条件。"就中国而言，万里茶道的开通和繁荣，对于沿线城镇和商业老街的产生与发展所发挥的作用，主要表现在以下几个方面：

第一，推动了茶及相关产业的发展。由于茶叶从国内走向世界，使得茶叶的种植、加工、包装、仓储、运输、贸易等各个环节都不断创新，不断提高，产业发展日趋完善。

历史上茶马互市格局形成后，不仅茶叶成为特殊的主打商品，而且其他

生活日用品也大量流通,"南来盐、酒、糖、布、茶,北往骆驼、牛、羊、马",粮、油、皮毛、药材、陶瓷、铜器、铁器等都是大宗交易商品。物流必然产生资金流,钱庄、票号、典当行、镖局应运而生,运输业、建筑业、饮食服务业等随之发展,市场因此而不断繁荣。

第二,催生了沿线一座座新兴的城镇和繁华的商业老街。万里茶道沿线许多城镇和老街,可谓因茶而生,因茶而盛,如中国福建崇阳下梅;江西铅山河口、九江;湖南安化、临湘羊楼洞、聂家市;湖北蒲圻、崇阳、汉口、襄樊;河南南阳赊旗、洛阳、开封;山西泽州、潞安、高平、长子、长治、祁县、太谷、平遥、介休、榆次、太原、忻州、原平、代州、阳明堡、杀虎口、大同、阳高、天镇;河北张家口;内蒙古多伦、海拉尔、丰镇、集宁、呼和浩特、四子王旗、包头;蒙古乌里雅苏台、科布多、库伦、买卖城;新疆奇台、哈密、塔城、伊犁;俄罗斯恰克图、乌兰乌德、伊尔库茨克、秋明、下诺夫哥罗德、尼布楚和符拉迪沃斯托克等一批城镇,它们的萌芽、发育、成长、发展与繁荣都不同程度地受到茶路的影响和推动。

第三,推动了经营管理制度创新。这条商道上闽、赣、徽、湘、鄂、豫、晋、冀、回、蒙等商帮不仅国内外贸易做得有声有色,而且用他们的聪明智慧,交流借鉴,不断培育市场意识、竞争意识、风险意识,创立了先进的经营机制和管理体制,建立了配套的物流系统,为现代企业管理开了先河。

第四,树立了文明的经商理念。茶商们恪守中华传统,坚持诚以待人,严守商业道德,塑造了经商有道、做人有德、利以义制等价值观。尽管也有少数不法奸商出现,但绝大部分商人以做"诚商""善贾""良贾"为荣,以做"儒商""智商"为雅,以诚实守信为尊,为中国商业文明增光添彩。

第五,推动了民族文化交流。商人在茶叶贸易的过程中,也扮演了文化交流使者的角色。除茶叶之外,笔墨、纸张、账簿、图书、字画等也属于大宗商品之列。此外,对于民俗、戏曲、文学、诗歌、绘画、收藏、医学等方面也都起到促进和推动作用,使岭南文化、湘楚文化、中原文化、秦晋文化、游牧文化相互交流,民族感情得以沟通,增进了友谊,也有利于扩大贸易。

2. 晋商对万里茶道沿线城镇和商业街区的产生与发展功绩甚大

晋商是万里茶道的开拓者和经营主力军。万里茶道上有众多的商帮在经营，他们的艰辛与智慧，对于万里茶道的形成与发展起到重要作用。其中，晋商在万里茶道上的地位和作用是举世公认的。

晋商对于万里茶道的开拓经营举足轻重。据民国《崇安县志》记载：康熙十九年（1680），山西茶帮经江西铅山，过分水关，来到下梅和赤石，设栈收购，建厂制茶。《茶市杂咏》记载："清初茶叶均系西客经营，由江西转河南运销关外。西客者，山西商人也。每家资本约二三十万至百万，货物往返络绎不绝，首春客至，由行东赴河口欢迎。到地将款及所购茶单，点交行东，茶事毕，始结算别去。"据学者考证，祁县渠家是晋商中最早（康熙十九年）涉足武夷山的家族之一。大盛魁乾隆、嘉庆年间，其分号三玉川在武夷山已有茶山5000亩和茶场7座。介休冀家也在这个时期到武夷山与下梅村李家合作做茶叶生意。榆次常家九世的"万"字辈也从雍正、乾隆年间进入下梅茶市，与下梅邹家联手，后成为茶叶对外贸易世家。清道光年间，江西河口镇有茶行48家，"西客"居多。外地客商兴建的会馆达19家，其中就有山西会馆，遗址现仍存在。山西茶商每家资本在数十万，甚至上百万两，年贸易金额"不下百万金"。山西票号在此还设立了20多家分号，经营借贷汇兑业务，蔚泰厚等四家业务较大。九江也是晋商茶叶采购基地之一，光绪八年（1882）九江有茶庄344家，晋商的茶庄及票号为数众多。晋商在湖南安化采购茶叶的历史要早于太平天国运

太原市商会

第三章　茶叶之路

河南赊旗店晋商常家大昇玉门面

动。据湖南史料记载，乾隆年间晋陕茶商购"茶引"后，就地加工成七个品种的散尖茶。其间山西曲沃茶商曾到安化买茶。祁县乔家大德诚商号嘉庆末年"来安办黑茶"，其下属的分号三合公茶庄与边江村刘姓茶人一起，制成千两茶。湘鄂接壤的临湘、蒲圻、崇阳一带更是晋商的经营基地。据记载，康熙年间有山西客商，每岁至临湘羊楼司一带买茶。戴啸州指出："清咸丰年间，晋皖茶商往湘经商，该地为必经之路。茶商见该地适于种茶，始指导土人，教栽培及制造红绿茶之方法。经营茶庄者，年七八十家，有砖茶厂十余家。统由山西帮经营。"晋商相继在羊楼司、聂家市、羊楼洞设庄办厂，收购制造砖茶。汉口是山西商人的重要基地，经营项目十分庞杂，主要有茶叶、烟叶、布匹、药材、丝绸、瓷器、竹木和桐油等。顺治初年，山陕商人就在汉口建起了关帝庙。康熙二十二年（1683）开始在原关帝庙的基础上兴建山陕会馆。武汉汉口既是晋商转运茶叶的中心，也是金融交易中心。据《汉口山陕会馆志》（光绪二十二年）记载，山陕商帮此时在汉口已会集了上千家商号。汉口18家票号中，有17家是山西财东开设的，其中"平遥帮"8家、"祁县帮"6家、"太谷帮"3家。近代，有的票号还在武汉入股投资铁路、造船、榨油厂、水泥厂等项目。在襄樊，山西商帮以经营当铺、票号、钱庄、茶庄等为主，多是殷实巨贾。山陕会馆旁有一条大同街，是山西大同人的居住区，并置有不少房产。在水陆码头河南赊旗店，明代山西人移民至此，开埠立市。万里茶道开通后，榆次常家、祁县乔家等的大德玉、大泉玉、大昇玉、盒茶社、兴隆茂、蒲茶社茶庄，平遥蔚盛长、蔚盛厚等票号，祁县戴家开设的广盛镖局地位举足轻重。山西尤其是晋中一带乃晋商故里，茶商之都、茶庄总部。茶商、票号东家在总号运筹帷幄,掌控全局,决胜千里,生意做得波澜壮阔,北上走"西口",出"东口",跨草原,穿戈壁,无不留下晋商的足迹。

晋商的茶贸易活动对茶道沿线城镇和商业老街的产生与发展产生了直接影响,发挥了重要作用。他们有胆有识、眼光长远、思想开放,为了自身商业的发展,所到之处积极改善当地环境,参与城镇建设,捐助公益事业,被称为"商业拓荒者"。历史上我国华北、东北、西北、蒙古草原某些城镇和商业街区的开拓,都与晋商在那里的开发有着极为密切的关系,各地流传的民谚:"先有复盛公,后有包头城""先有曹家号,后有朝阳县""先有晋益老,后有西宁城""先有祥泰隆,后有定远营"……都充分说明发达的晋商促进了当地城镇建设和街市繁荣。晋商对买卖城①的开发与建设,贡献是巨大的,经费商人自筹,式样仿制山西,东西一条横街,南北分东、中、西三条巷子,四周用圆木围城。城里兴盛时有120多家商号,晋商居多,用一年时间就造就了一座偌大的国际贸易城。

3. 加强万里茶道沿线古城镇、会馆、老街区的保护与利用

万里茶道沿线目前还保留了大量古城镇、会馆和老街区,从南到北主要有:福建武夷山下梅村及当溪老街、赤石老街;江西铅山县石塘镇、河口镇;汉口山陕西会馆;湖南省安化县黄沙坪古茶市、江南镇老街,洞市老街,临湘市聂家市老街;湖北省赤壁市羊楼洞石板街、新店镇老街,武汉市兰陵路、洞庭街、黄陂路;沙洋县石牌镇老街,襄阳古城及老街;河南省社旗县赊店镇老街;山东聊城山陕会馆;山西省晋城市泽州拦车镇老街;新疆奇台关帝庙;晋中市榆次、太谷、祁县、平遥古城及商业老街;太原市清徐县徐沟镇老街;朔州市右玉县杀虎堡,山阴县新、旧广武堡;大同市古城区,天镇县新平堡;张家口堡子里;内蒙古呼和浩特市玉泉区,包头市东河区;多伦山西会馆;甘肃山陕会馆等。

现在,这些古城镇和老街区大多依然是著名的商业闹市,一派繁荣景象,

---

① 今蒙古国苏赫巴托以北阿勒坦布拉克镇,与俄国恰克图互为口岸。

多年来陆续被定为世界文化遗产,国家历史文化名城、名镇、名村、名街,受到不同程度的保护与利用,并成为这些城市与地区的形象标志,得以传承与发展。

老街的保护与利用也存在诸多不容忽视的问题。一是许多地方政府和部门的领导存在对文物保护工作认识不到位、在职不作为、有时因私乱拆、胡作为的情况,认为破砖烂瓦不值钱。比如吕梁大武镇老街。二是许多城市中的老街区地盘越来越窄小,挤在林立的高楼大厦之中,古风古韵大不如前。还有的老街中间夹着一些新建筑,不伦不类。三是乡镇一级的老街普遍缺乏保护,没有规划,缺少资金,乱拆乱建,处于自生自灭状态。四是文物保护政策法规不健全,也落实不到位,某些地方存在无法可依、执法不严、违法难究、违法不究的问题。例如,长治郊区申家大院。五是从事保护工作的专业技术人员严重不足,时间和精力不够,无暇顾及此项工作。六是宣传教育不够,不少群众普遍缺乏文物保护意识和法律意识,受利益驱动,晋南侯马、闻喜一带盗墓活动即屡不止禁。

中国是茶文化的发祥地,山西是晋商开拓的万里茶道的大本营。大力倡导万里茶道申遗以及茶道沿线古城老街与会馆的保护性开发利用,是一件功德无量的重要工作。

随着中国改革开放政策的实施,我国综合国力强势大增,全国各地发生了翻天覆地的巨大变化,中国成为世界第二大贸易大国,特别是以习近平同志为核心的党中央"一带一路"倡议的实施,更为中国经济的崛起带来了商机。于是人们更加怀念明清晋商历经艰辛开辟的这条万里国际茶路。中、俄、蒙三国已有万里茶道联合申遗并率先发展旅游进而带动这条国际商路恢复的愿望和需求。习总书记第一次出访俄罗斯,在莫斯科国际关系学院演讲时进一步指出:"继17世纪的'万里茶道'之后,中俄油气管道成为联通两国新的世纪动脉。"目前万里茶路八省市联合申遗已经启动,中俄双边贸易2014年已超1000多亿美元,央视新闻记者水均益为此曾专访俄罗斯总理。他预计,到2020年,中俄进出口贸易将实现历史性突破,达到2000亿美元。我们坚信由山西商人率先开辟的这条伟大的茶叶之路一定能复兴。

山西与"一带一路"

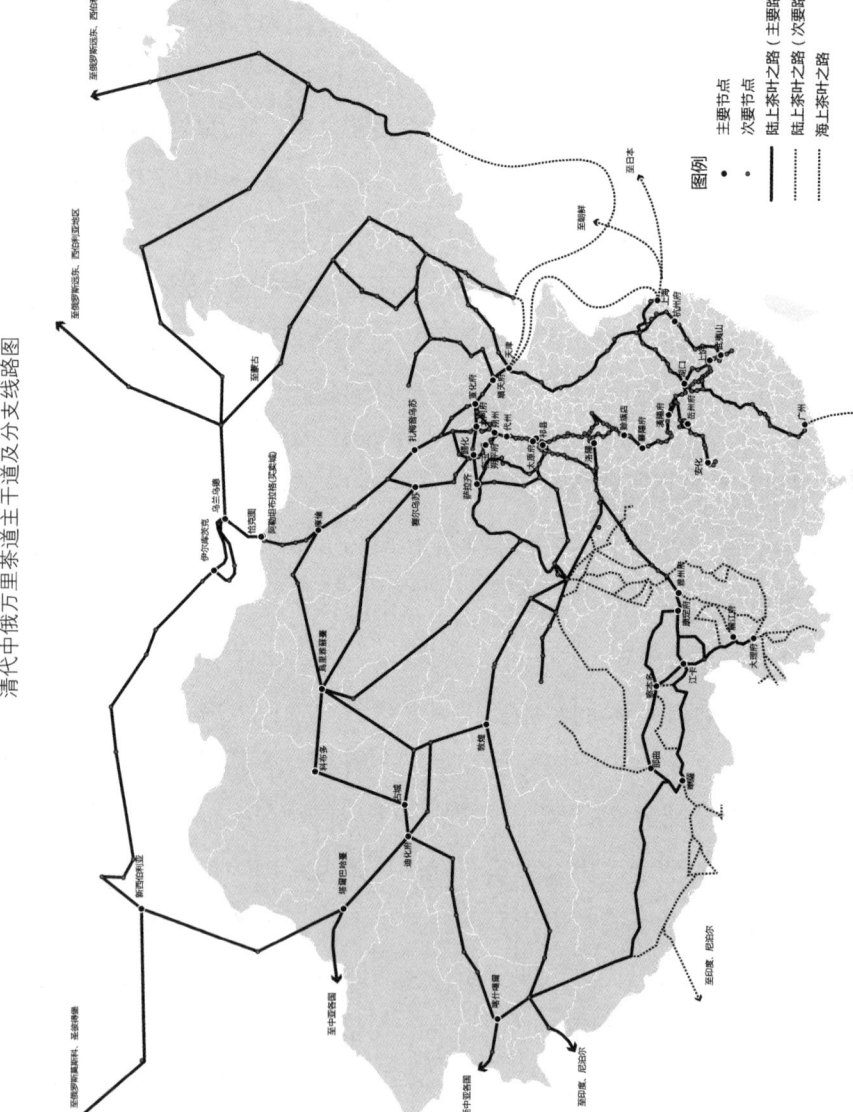

清代中俄万里茶道主干道及分支线路图

该图为中国城市规划设计研究院高广达根据清代中国地图和山西省社科院历史所所长、研究员高春平近年万里茶道最新研究成果绘制

第三节
丝路茶道——清代晋商在新疆的茶叶贸易路径及其历史作用

新疆是我们伟大祖国西北的门户，幅员辽阔，地广人稀，资源丰富，历史上一直与内地保持着密切的经贸往来和文化联系。早在汉、唐时期，它就通过丝绸之路同中原保持着密切的政治、经济和文化交往。到了明清两朝，特别是清代，清政府在新疆设省，加强了对西北地区的管理，新疆得到进一步开发，大批内地商人万里跋涉，出嘉峪关，沿河西走廊、蒙古草原前往新疆、中亚地区贸易，致使天山南北的商业经济日渐兴盛。晋商在这条传统的丝路茶道上也发挥了重要的作用。

晋商崛起于中国封建社会后期明清之际，驰骋中国南北市场500余年，曾以汇通天下、货通天下、足迹遍天下著称于世，被称为和威尼斯商人、犹太商人比肩的国际商人，并独占中俄贸易200余年。其足迹"不仅限于恰克图，即新疆、满、蒙诸地之贸易，鲜不为彼等所垄断"[1]。这一垄断地位的形成与晋商拥有产运销一条龙、贸工农一体化的生产经销机制和完整的茶叶加工、收购网络，掌握了丰富稳定的茶源有密切的关系。延续汉唐传统的丝绸之路，通过成熟的万里茶道，晋商顺利将茶叶贩运到东北、华北、西北、内外蒙古及俄罗

---

[1] 姚贤镐：《中国近代对外贸易史资料》第1册，中华书局，1962，第108页。

斯市场，并在北方销售市场建立起包括张家口、归化（呼和浩特）、库伦（乌兰巴托）、恰克图（买卖城）、乌鲁木齐、奇台、伊犁、塔城、哈密、乌里雅苏台（前营）、科布多（后营）等贸易基地在内的贸易网络。晋商以华北为根据地，深入内外蒙古，西达新疆，北进俄罗斯，大做茶叶生意。晋商在新疆的茶叶贸易大体经历了开拓、兴盛、衰落三个发展阶段。由于受国内外诸多不利因素影响，到清末民初，晋商在新疆的茶叶贸易最终无可挽回地走向衰落。

一、晋商对新疆茶路贸易的开拓（1736—1820）

这一阶段始于清中期乾隆年间，中经平定准噶尔叛乱直至嘉庆末年，前后将近一个世纪。早在明末清初，新疆与内地的茶叶贸易就已经开始，但规模极其有限，在平定准噶尔叛乱过程中，清政府逐渐认识到茶叶贸易的重要作用，并在天山南北大力发展农业生产，扶持商贸，实行移民屯垦实边办法。乾隆二十年（1755）四月，甘肃巡抚陈宏谋奏："近接定西将军永常来文，知准噶尔最重官茶。现大兵进发，投诚甚众，功成后奖赏用茶，较银尤便。"[①]进而要求将西宁贮茶调拨二万封，先运新疆哈密，再转运军营。当时，新疆地域辽阔，边情复杂，需大量军队常年驻防。此外还有厄鲁特、回民等，聚居之人很多，都需用茶。鉴于此，清政府大力鼓励商人运茶进入新疆销售，以满足南北疆各族人民的消费需求，并借此缓解政府财政困难，解决军饷问题。一贯擅长茶叶贸易的晋商，于是利用长期经营商业形成的贸易据点和网络优势，从甘肃、蒙古地区迅速向西挺进新疆，成为新疆茶叶贸易中的主力。

因天山南北不同民族地区茶叶消费之差异，新疆茶叶贸易中的晋商出现西商与南商之分，他们与经营恰克图中俄茶叶贸易及蒙古地区茶叶贸易的北商不同。清政府对两路茶商的经营采取不同的管理政策，《新疆政见》讲：

> 自准部用兵，分南北两道，南军由关陇，北军由蒙古台及草地，而商路亦遂因之。南商川、湖、江、豫、晋、陕，由甘肃出嘉峪关至新疆古城，

---

① 《清高宗实录》卷四八七，中华书局，1986。

北商东、奉、直、晋,由张家口、归化城专行草地,所谓山后买卖路,亦至新疆古城。

南商运销湖南安化之茶,故称"湖茶";"北道晋商运销湖北羊楼洞之茶,在羊楼洞、汉口制造,运至张家口,改称晋茶"①。此处北商包括以后分化出来的西路茶商。西商与北商运销茶叶品类和线路完全不同。西商所购茶是安徽建德朱兰茶,又名千两茶,北商所运茶是福建武夷茶或白毫茶,"张家口商民向贩运武夷茶斤,系福建省土产;程化鹏等向办之货,系安徽省土产,各不相碍"②。西商运茶赴新疆出口,而北商运茶走张家口、恰克图一线。千两朱兰茶卖给欧洲各国,运销路线是建德—河南赊店—洛阳—晋城—祁县—忻州—归化—乌鲁木齐—塔尔巴哈台。"此项千两朱兰茶,惟西洋人日所必需,非俄人之所用,伊亦不买。"③

新疆的南商原分东柜、西柜,两柜茶商中的主力是晋商。同治年间,左宗棠率军西征,平定叛乱。事后招徕商旅,内地商人大批前去贸易,当时内地商人按地域分为晋(山西)、燕(天津、顺天、保定、河间)、湘(湖南)、鄂(湖北)、豫(中州)、蜀(四川)、秦(陕西)、陇(甘肃)八帮。各帮都有商联,各联自有商董,各自结成地域性的商业集团,竞争十分激烈。他指出:"溯甘肃茶商旧设东西两柜,东柜之商均籍山陕,西柜则皆回民充商,而陕籍尤众。"④并认为,"向来甘省茶务,本地商民赀本微薄,不能承引,其力能承引之大商均籍隶山西"⑤。所以,从经营实力来说,东柜中的山西商人实力雄厚,所谓"甘新茶政向由晋商承办,谓之东商口岸,略同盐法"⑥。

---

① 罗迪楚:《新疆政见·新疆茶务利弊原委说略》。
② (清)宝鋆等编:《筹办夷务始末》(同治朝)卷51,《近代中国史料丛刊》第62辑,文海出版社,1966,第4905—4906页。
③ (清)宝鋆等编:《筹办夷务始末》(同治朝)卷51,《近代中国史料丛刊》第62辑,文海出版社,1966,第5528页。
④ (清)左宗棠:《甘肃茶务久废请变通办理折》,《左文襄公全集·奏稿》。
⑤ (清)左宗棠:《变通试办茶务章程》,《左文襄公全集·诗文家书》。
⑥ 陈祖椝、朱自振:《中国茶叶历史资料选辑》,农业出版社,1981,第616页。

新疆地域广阔，需茶甚多，尤其是奇台、伊犁、塔尔巴哈台、乌什、乌里雅苏台、科布多等地，茶叶难以到达，清政府鼓励内地商民到新疆贸易。而且自平定大小和卓叛乱以后，新疆开屯列戍，秦晋商民云集，并下令北路蒙古等地商民愿以牲口到新疆巴里坤、哈密、伊犁等处贸易者，俱由乌里雅苏台将军给予执照，其从归化城、张家口等前往商民，亦照此办理。但上述两地商民，以领照路远迂回，不愿前往。于是乾隆皇帝很快进行政策调整：

> 著传谕直隶、山西督抚及驻扎将军、扎萨克等，旗民愿往新疆等处贸易，除在乌里雅苏台行走之人，仍照前办理外，其张家口、归化城等处，由鄂尔多斯、阿拉善出口，或由推河、阿济行走，著各该地方官及扎萨克等，按其道里，给予印照。较之转向乌里雅苏台领照，程站可省四十余日，商贩自必云集，更于新疆有益。

这一条新商路为晋商就近从南路运茶创造了条件。鉴于乌里雅苏台、科布多有茶而缺粮、新疆产粮而缺茶的供需不平衡状况，乾隆二十五年（1760），清政府饬令乌里雅苏台将军，让贩卖杂货、布匹、茶叶、绸缎之商民，前赴乌鲁木齐、奇台贸易；乌里雅苏台、科布多二处北路商民销售所剩余茶，准赴乌鲁木齐等处交换粮食。这说明"请领部票，交纳官税"并得到乌里雅苏台将军支持的茶叶贸易，是官方允许的合法贸易。张家口、归化城一带是南方茶转蒙古草原西进、销往新疆的中心。"北商奉、直、晋至张家口皆称晋商，并其所运之茶亦名晋茶。"晋商运销的茶类丰富，品种繁多，价廉物美，颇受市场欢迎。"承平时，晋商由蒙古草地兴贩各色杂茶，有红梅、米心、帽盒、

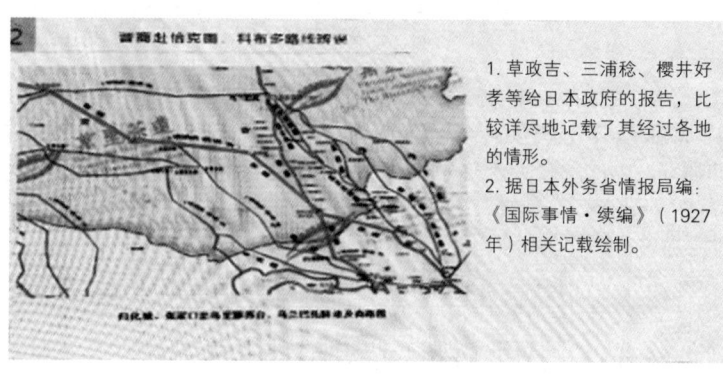

1. 草政吉、三浦稔、樱井好孝等给日本政府的报告，比较详尽地记载了其经过各地的情形。
2. 据日本外务省情报局编：《国际事情·续编》（1927年）相关记载绘制。

桶子、大小块砖茶等名目。"①左宗棠称北路晋商原只运销白毫、武彝（夷）、香片、珠兰、大叶、普洱六色杂茶，这些茶都产自福建、云南，并非湖南所产。该商因茶少价贵，难于销售，潜用湖茶，改名千两、百两、红分、蓝分、帽盒、桶子、大小砖茶出售，以欺而取厚利，实则皆用湖茶冒名诡混也。西商茶叶生意火爆，时人大多公认，在新疆晋茶的行销最为广泛，其原因是"湖茶细而性寒，晋茶粗而性暖。南路天暖，故喜食湖茶，北路地寒，故喜食晋茶。北路伊、塔、蒙、哈诸部落所食牛羊乳茶，非晋茶不可养命。哈萨克兼食红梅、米心，皆晋茶之分类。"晋茶还由伊犁、塔城出行俄境。纵横俄地数千里。晋茶畅销的另一个重要原因是价格有优势，尽管湖茶受到左宗棠的大力支撑，但湖茶不如晋茶价廉物美。

本时期是西商和南商中的晋商开拓新疆茶叶贸易的阶段。当时诸事属草创阶段，又因俄国边界地处荒远，"商埠未开，故茶利未著名"，而清政府意在招商，"凡领新疆之票，皆准行茶"，这样"新疆茶务，湖商晋商向来并行，并未非过"。此种局面一直延续半个多世纪，直到嘉庆年间才发生一些变化。

二、晋商经营新疆茶路贸易的兴盛（1820—1872）

这一阶段始于道光初年，止于新疆内乱，这是晋商经营新疆茶叶贸易的黄金时期。从新疆输入官茶数量增长的情况，可以窥见新疆茶叶贸易的变化状况。乾隆二十九年（1764），伊犁将军明瑞奏明每年由陕甘额调茶叶111500斤，存库收贮。另据甘州茶司所持官配额引折算可知，清朝统一新疆至乾隆后期，新疆每年输入官茶为18万余斤。而嘉庆十年至道光三十年（1805—1850），每年输入官茶20万余封，计100余万斤。道光八年（1828），负责考察新疆茶务的官员那彦成算过一笔账，他说："查官引额销，年例出关二十余万封，竟行销至四五十万封之多，其为藉官引行私茶无疑，而无引私茶从中影射，

---

① 王树楠（又作王树枏）：《新疆图志》卷三三《食货志二·茶法》

亦可概见。"姑且以当时每封茶重5斤计,四五十万封茶折合200万斤—250万斤,倘若再加上从乌里雅苏台、科布多输入新疆古城的晋茶砖茶7000余箱,每箱以100斤算,计70万斤,两者合计即为270万斤—320万斤。除此之外,晋商还向新疆地区输入砖茶、朱兰、白毫等茶,转售给俄罗斯商人。仅奇台一地,就有晋帮、津帮、甘肃帮、两湖帮、中州帮、福建帮、四川帮、本地帮八大商帮在贩茶竞争,晋商在奇台修建有会馆、学堂、中医铺,所建春秋楼是当地最高大的标志性建筑。

19世纪20年代,中亚浩罕商人是南疆茶叶的最大买主。道光八年(1828),官府查获喀什、和田、叶尔羌、乌什、阿克苏等地侨居10年以下的浩罕商民277户,囤积茶叶6.9万斤。1832年,从叶尔羌到布哈拉的茶有950驮载,也就是约20万磅的茶叶。其后,俄国自新疆进口茶叶量大增,1836年只有1420普特(每普特合16.38公斤),而1854年俄国6个海关从新疆进口茶叶46336普特(折合1517967.36斤),增长31.63倍。茶叶出口货值从1842年的59.588千卢布,增长到1854年的1569.3千卢布,增长25.34倍。晋商除参与将官茶从南路运销新疆外,还继续以华北、蒙古为根据地,将茶从蒙古草原运往新疆尤其是北疆进行销售。晋茶无论在对外贸易还是对内贸易中均占有明显优势。当然,新疆茶叶内外贸易的巨大发展与晋商的苦心经营有关,而且充满了激烈的市场竞争。

新疆茶叶对内贸易中,晋茶与湖茶,亦即晋商与湘商的竞争十分激烈。湖茶是山陕官商从湖南安化一带采购运销至新疆的官茶。左宗棠说:"谨案陕甘官茶均由湖南采运而来。"湖南安化茶以散茶装筐,其运销路线是湖北襄河—西安—泾阳(压制成块)—兰州—嘉峪关—新疆古城。晋茶由北商采自福建、湖北、湖南、安徽等地,在当地自行收购加工后,经河南、山西到达张家口、归化,请领理藩院龙票,经蒙古草原,贩运至新疆各地。北商的主体是晋商,故而北商运销新疆的茶叶习惯上被称为晋茶。

新疆古城是南路湖茶、北路晋茶集散之地。茶商到古城,分南北两路,西南达哈什,西北进伊犁、塔城,分路进入俄境。湖茶在与晋茶竞争中处于劣势,究其原因是湖茶品种少、价格高、质量差,不适合消费者的消费需求,

第三章 茶叶之路

而晋茶品种多、价格低、质量好、选择余地大，适合消费者的消费习惯。左宗棠谈到晋商经营的茶类很多，并反映了经营西北茶叶贸易的晋商将收茶重心从福建向湖广特别是湖北羊楼洞转移的过程。从左宗棠整顿新疆茶务后的情况看，事实确实如此。许多史料都反映了一个基本事实，即新疆南暖北寒，湖茶性寒宜南，晋茶性暖宜北，故北路皆喜食晋茶。"近来南路亦行，伊、塔、蒙、哈以晋茶为乳茶，哈萨克兼食红梅、米心等，皆晋茶之分类。俄人通商，尤惟晋茶是赖，是为晋茶大行之原因。"此外，晋茶径行草原，费轻而又迅速，最终使晋商能够"抵御湖商，获利尤厚"。

新疆茶叶对外贸易如同国内贸易，同样被晋商掌控。该阶段新疆茶叶对外贸易的对象主要有二：前期以安集延为主，后期以俄罗斯为主。不论安集延商人还是俄罗斯商人，都把合作对象选为晋商，把眼光瞄准晋茶。安集延商人来自乌兹别克族建立的浩罕汗国。浩罕本为清朝藩属，长期与清朝通商纳贡，借以取得了在喀什噶尔经商和设置阿克萨卡尔的特权。阿克萨卡尔本意是"商约""商头"，由浩罕封建主任命，但其下配有警察、法官以及由大汗任命的经纪人，俗称"汗多拉里"。浩罕商人居住在南疆，主要从事茶叶过境转手贸易，把包括茶叶在内的货物从喀什噶尔等地运回浩罕，再销往布哈拉，是南疆茶叶的最大买主。浩罕商人还见缝插针，利用地缘优势，将茶叶转销西边的俄罗斯。史书上讲："从浩罕运往布哈拉的货物主要是大米、砖茶、绿茶、银锭、瓷器和质量上乘的'齐利亚'丝绸等。"砖茶在中亚尤其受到热烈欢迎。浩罕商队从中国南疆经过和田来到叶尔羌，再到喀什噶尔，他们带有"粘合着的、烧不

乌鲁木齐

着、和砖一样形状和硬度的加了工的茶，丝织品，褥子，陶器和其他种种物品。但是，茶是输入的大宗。茶的消费，在整个中亚是普遍的"。显然，浩罕商人运出的茶叶中，砖茶占有举足轻重的地位，这种茶即由晋商制造运销。道光八年（1828），上谕讲道：

> 向来卡外如霍罕诸回部落多食杂茶、细茶，往往私贩出卡，有流寓伊犁之安集延，预用重价购买，每俟哈萨克贸易事竣时，混杂携带，以致每年茶叶私贩出卡者，竟有十余万及二三十万余斤之多……现在出卡者多系细杂茶，皆北商自归化城私贩，由古城转运伊犁等处，为安集延偷贩出卡之用，著即严行禁止，不准贩入伊犁及塔尔巴哈台境内，以绝安集延私贩之弊。其大茶、斤茶，安集延外夷向不兴贩，亦系北商运卖，便于兵民，嗣后准其贩运。

从中可知，晋商垄断了新疆与安集延的茶叶贸易。

同治年间，左宗棠率军西征，平定新疆。事后招徕商旅，以兴商业，商人大批前去贸易。当时新疆的内地商人主要分为燕（顺天、保定、天津、河间）、晋（山西）、湘、鄂、豫、蜀、秦、陇八帮。各帮都有商联，各联自有商董，互不关属，各自结成地域性的商业集团，竞争十分激烈。天津商人分布在天山南北，他们经营的特点是"肆无常货，居无常贾，五都之所会，海国之所供，莫不备致，因时俯仰，动不失宜"①。但天津商人急功近利，喜夸诈，到处结纳官吏权贵，生活奢侈无度，外强中干，名不符实者很多。湖南商人从征功多，依权仗势之风很盛，可是不擅长经商。因此，凭借虽厚而不能大有所为。而山西商人则最为出众，时称："晋商富贾也，工会计，利析毫芒，营业资本卒至十数万，握圜府之轻重，官中协饷不断，犹时时资以挹注。"②可见当时山西商人是极善于经营的，可以垄断市场，有时还资助政府解决兵饷问题，因此"官茶引课咸属诸晋商，谓之晋茶"。总体上讲，山西、天津商人以赶

---

① 高春平：《晋帮商贾 威震新疆》，《商业职工》1987 年第 2 期。
② （光绪）《新疆通志·商贸》。

大营的方式靠从军贸易起家，势力最大，以至于其他各帮商人则"与燕晋商人不可同日而语"。①

俄罗斯商人从新疆进口的中国茶更是来源于晋商。所谓"俄人通商，尤惟晋茶是赖"便是真实写照。历史上俄国与中国并不接壤，随着俄国东扩而来，伏尔加河流域和人口较为稠密的部分中亚地区并入俄国，已经嗜茶成性的俄国人从新疆输入茶叶成为现实生活消费需要。俄国从新疆进口的茶叶以砖茶为主，白毫次之，其他茶很少。这一茶类结构是由中亚民族的消费能力、消费习惯决定的。

俄国自新疆输入的茶货，砖茶与白毫茶的发展趋势正好相反。白毫茶的数量从微不足道到19世纪50年代超过砖茶的输入数量，进而占据绝对优势；砖茶的输入量却从占绝对优势到19世纪50年代首次落后于白毫茶的输入数量，两者地位此升彼降。需要指出的是，俄国进口的这两种茶，就是左宗棠在《变通茶务章程》中提到的北路晋商运销的杂茶。史料清晰表明，俄国自新疆输入的茶主要是北商中的晋商所提供的。罗迪楚《新疆政见·新疆茶务利弊原委说略》总结道：

> 晋茶又由伊、塔出行俄境，凡近伊、塔纵横俄地数千里，皆食晋茶者也……晋茶特有护符，故北路诸边无所不至，浸浸至于南路，由哈什正西出俄，又由南出北印度，湖茶受困不过。

在新疆俄商还从西路晋商手中购买朱兰茶运销欧洲。1851年，在俄国一再施压下，清政府被迫与俄国签订《中俄伊犁塔尔巴哈台通商章程》。通过该条约，沙俄取得了新疆伊犁、塔尔巴哈台免税贸易以及领事裁判权等一系列特权。根据1860年的《北京续增条约》，沙俄最终取得了新疆喀什噶尔的通商权。新疆对俄茶叶贸易得到快速发展，吸引了晋商中的西路茶商即西商运茶前往。西商在安徽建德采办朱兰茶，从蒙古草原运往新疆出口。

进入19世纪60年代，新疆发生内乱，继而阿古柏入侵，经营西路茶叶

---

① （光绪）《新疆通志·商贸》。

贸易的西商受阻，不得不改道运销。同治六年（1867），晋商程化鹏、余鹏云、孔广仁等，呈请绥远将军准予"由俄边假道通商"，所经之路，归化城—喀尔喀部落—库伦—恰克图—伊尔库茨克—彼得堡—莫斯科—欧洲，即由俄商转卖与欧洲诸商。考虑到西商经营茶类与北商不同，贸易没有冲突，清政府最终同意将西路之茶改由北路出恰克图一带销售，俟西疆收复，改照旧章。同治十年（1871），沙俄侵占伊犁地区，进行长达10年之久的殖民统治。在这一时期，复兴西路当然无望，"改照旧章"也不可能。同治十一年（1872），署伊犁将军荣全奏"饬下绥远城代买挂锡裹箱，重约六七十斤红梅茶二百箱、上细朱兰茶二百箱"，解赴科布多，储存备用。尽管如此，西商改道恰克图后已难召集。但不管怎么说，新疆内乱前，晋商主宰了新疆茶叶贸易是事实。罗迪楚《新疆政见·新疆茶务利弊原委说略》评论道："新疆茶类以晋、湖为大宗，他茶零星不足计也。"且这两大类茶在新疆以晋茶之行销为最广，影响最大。从归化城的情况也可概见晋商兴盛时在新疆茶叶贸易中举足轻重。"归化城为商民辐辏之区，向来贸易者，均系往喀勒喀四部落及新疆乌鲁木齐、塔尔巴哈台一带行商。自同治三年新疆各城沦陷，不惟本地商民大半歇业，而西疆逃归者，日如归市。"不但西商难以召集，经营湖茶的商人也遭厄运，经营新疆茶叶贸易的茶商遭毁灭性打击，均无法恢复往昔市场繁荣、供需两旺的场景，出现了新疆官茶片引不行的艰难困境。

三、晋商新疆茶叶贸易的衰落（1870—1911）

自新疆内乱到1911年辛亥革命后清朝灭亡是晋商经营新疆茶路贸易的衰落阶段。无论经营官茶的晋商还是经营晋茶的西商，经过阿古柏之乱的猛烈冲击，都元气大伤。虽然左宗棠整顿西北茶务成绩很大，到宣统二年，茶务日盛，但仍难以挽回咸同年间西北茶销停滞之全局。一个不争的事实是，左宗棠对于巧妙利用引商断档的有利时机，大力扶助家乡茶商湖商垄断西北茶市的兴趣极大。他首先介绍了"甘肃行销口外之茶，以湖南所产为大宗，湖北次之，四川、江西又次之"，接着又说"兹既因东西两柜茶商无人承充，应即添设南柜，招徕南茶商贩，为异时充商张本"。"招徕南茶商贩"的要义在于"将新疆并入湖南引地之内，以资补苴，然彼时亦仅行销南路，北路蒙、哈仍食晋茶"。左宗棠建立起一套以湖茶、湖商为中心，以票代引为核心的茶务政策制度，无非是看中了茶叶专卖的巨大经济利益。他说："窃思国家按引收课，东南惟盐，西北惟茶。军兴以来，引茶被焚，道梗商逃，茶务因以废弛，欠课不下四十余万两，各商委因匪扰无力呈交。"这不能不引起进军西北、急需军饷的左宗棠高度关注。因此，恢复引地，打击私茶，消除晋茶竞争，独揽茶利就成为必然。

左宗棠一方面扶植湖商垄断西北茶叶市场，另一方面倾全力驱逐晋商，以收一劳永逸之效，彻底解决新疆茶叶市场上湖茶与晋茶之争湖茶居于下风的局面。他大造舆论，对晋茶、西商横加指责，甚至说口外官茶向由陕甘茶商领引，行销北口、西口，但道光初年，奸商请领理藩院印票，贩茶至新疆等处销售。他还进一步说："而所销湖茶，又系甘商例销之引，甘商被其侵占，得以有词，且茶价一贵一贱，无以取信远人，于政体实亦不协。"显然，左宗棠整顿西北茶务的矛头指向了经营晋茶的西商。从他把西商称作"奸商"来看，确保陕甘总督对新疆茶叶专卖的最高管辖权是他整顿西北茶务的重要目的。如果说道光年间（1821—1850）对西商经营新疆茶叶贸易的争论，反映了西商身份的尴尬，那么，左宗棠则干脆将领理藩院引票、运销新疆的晋茶定性为私茶。"湖茶出行新疆，既经复有引票，曰官茶，凡草地晋商未经复引之晋茶到疆，湖商官茶局辄指为私，查拿充公。于是真正晋商不敢行茶新疆，而假冒晋商之私茶，乃遂乘而大入，是为私茶行疆之始。"光绪八年（1882），清朝收复伊犁后，虽然冒着巨大市场风险，晋商还是一如既往地运茶入疆。光绪十一年，清政府在新疆建立行省。巡抚刘锦棠治邮驿亭障以通商路，于是商贾四至，四方之物并至而会。当时地处四塞之地的古城，东自嘉峪关至哈密为一路，陕西、甘肃、湖南、湖北、四川商人多从此来，东北自归化向蒙古为一路，天津、山西商人多从此路而来。新疆的古城成为南北商货的中转地，商业十分兴盛，关内绸缎、茶、纸、瓷、竹、漆木之器应有尽有。山西商人每次多是联结长长的驼队，从归化城沿蒙古草原前往古城，常于夏五月、秋八月到达目的地，每年运去大量内地各省的工农业产品及外国的商品，"其值逾二三百万……而私运漏货不在此数"[①]。当时在新疆贸易的除了内地商人与当地商人外，还有外国商人。伊犁是天山北路第一都会，有俄国商人在此，西南的喀什噶尔则有自印度北部翻越因都库什山，经塔什库尔干而来的英国商人。山西商人在与外商打交道中更显示出自己的聪明才智和卓越的经商才能。他们不仅能在新疆立住脚，站稳市场，而且后来还把商业经营活动扩展到莫斯科等欧洲地方。

> 伊犁自俄人手收还后，晋商沿于旧习，仍贩私茶……湖茶来伊发卖，虽严禁晋茶，不准入境，无如汉、蒙、藏、哈均不惯食，且因湖茶价昂，不如晋茶价廉，以致私茶不能禁止，湖茶不能畅行。

然而，晋茶再次进入新疆市场，却受到清政府的严厉查处。

> 光绪十二年，以山西商人在理藩院领票，诡称运销蒙古地方，实私贩湖茶，侵销新疆南北两路，一票数年循环转运，往往逃厘漏税。经部奏准，嗣后领票，注明"不准贩运私茶"字样。如欲办官茶，即赴甘肃领票，缴课完厘，倘复运销私茶，查出没官。

面对私茶充斥，禁之则食茶无出，非所以厚民生，不禁则厘课虚悬，实无以裕国计的窘境，首任新疆巡抚刘锦棠曾提出一个折中办法，即让湖茶、晋茶并行于新疆。他力主"化私为官"，把北路私茶纳入官茶运行体制，在哈密设局抽东来货税，将肃州出口茶厘改在哈密代收，每百斤收银二两，晋商从归绥道衙门请部票，每引按照甘肃完纳课厘 4.44 两，由古城局征收。"如该商情愿办茶，请令来甘请票采办，以符定章。"这一办法经户部议准，嗣后领票注明"不准贩运私茶"字样，如欲办官茶，即赴甘肃领票，缴课完厘，与甘商一律办理。这个较为合理的办法却不为陕甘总督谭钟麟所欣赏。他秉承左宗棠旨意，从新疆是南商引地的借口出发，坚持不让晋茶在新疆行销，

---

① （光绪）《新疆通志·商贸》。

并以擅发茶票罪名奏参归化同知,导致其被撤职,"化私为公"之议最终无果而终。

其后,伊犁将军、塔尔巴哈台参赞大臣虽多次上奏陈情,巡抚潘效苏也奏请准许晋茶票课银可拨归甘肃,但均未得到户部同意。从此,晋茶不能运销于新疆,但晋茶并未绝迹,而是以私茶的面目继续出现。"迨新疆建省后,晋茶运至古城,官茶号指为私茶充公,从此真正晋商始不敢贩茶,而乘时射利者转纷然以起,潜销默运,规避多方,包运绕越,无所不至。"尽管地方官多方严令查禁,但效果依然不大,官茶商深知湖茶不如晋茶便于民食,价格又高,故晋茶食者如故,贩者照旧,以至于当时有人称这个时期"是为私茶专利时代"。官茶商极不甘心,故在甘引之外,"另请新票,赴湖北羊楼洞采办茶砖,运至关外各处行销"。这一包揽全疆茶利的企图很快落空,试办晋茶二年,不但"运到寥寥,不敷民用",还造成其他严重后果,茶价"一加再加","茶缺价昂,私销益甚,外人因而乘之夺我利权,官民交困,湖商亦无利益"。于是,私商之黠者,"假官力以噬同类,串通军府,乃创为官茶之说,以夺私茶之利。官茶以将军主名,做藉军饷,用官钱局帖,贵买俄币,由俄行折兑现银,周转内地。其始派员张家口采买晋茶,运到伊犁,倍价勒卖"。继之有担心"私茶不能谢绝,乃派兵堵塞伊犁山后果子沟,名曰缉私。凡来私茶一概拦截勒买,七十里运到伊犁,即名官茶,价卖如前,否则绳以公茶,按律科罪,留难倒地,茶归霉烂,私商始就范围。至是私茶变为官茶专利矣"。

晋商经营清代新疆茶叶贸易长达一个半世纪,最终却以失败告终,其因主要有四:

首先是俄国的长期侵略、掠夺。新疆是丝绸之路的桥头堡和重要通道,正是通过新疆,中国茶叶源源不断流向中亚、西欧。清代的中亚各国迫切需要从中国内地进口茶叶,当时茶叶的消费,在整个中亚十分普遍。华商转贩内地大黄、茶叶、硝黄,与外商贸易,不仅获得大额利润,而且其他获益很多,引起俄商的艳羡。于是,俄商不惜乔装打扮,浑水摸鱼,插脚中亚商人阵营,进入新疆,违规走私贸易。这成为公开的秘密,俄罗斯暗中贸易已难掩人耳

俄国对华贸易路线图

目。俄国从新疆进口的茶叶数量不断增加,但仍难以满足俄国贪得无厌的侵略要求,因而不断地向清政府施压,一再要求清政府开放伊犁、塔尔巴哈台、喀什噶尔。这三个城市是新疆最重要的边贸城市,尤其是伊犁、塔尔巴哈台"为西北繁庶之区,需茶甚多",更是新疆茶叶出口重要基地。1851年8月,俄国迫使清政府签订《中俄伊犁塔尔巴哈台通商章程》,根据1860年的《北京续增条约》,沙俄又取得了喀什噶尔的通商权。至此,沙俄终于打开了中国西北的大门,方便了对新疆的进一步侵略。俄国驻新疆领事官鲍戈亚夫连斯基得意地说:"1851年《伊犁条约》是一个转折点,从那时起,侨居在中国西部地区的俄国臣民,开始改善了自己的地位。"另一位俄国官员巴布科夫更露骨地说,章程对于俄国不仅是在商务上,而且在政治上也具有重要意义。凭借上述不平等条约,沙俄取得了在新疆贸易的优势。又依照1860年11月2日和14日的《北京续增条约》,在某些限制之下,贸易可以进一步深入外蒙古的库伦和直隶的张家口。1863年起,俄商非法在汉口、九江、福州等产区建立了近代中国最先进、规模最大的砖茶厂,大量生产砖茶,自运回国,晋商受到严重冲击。1881年,中俄改订《陆路通商章程》,为俄国侵占新疆茶叶市场大开方便之门。该条约规定,两国边界百里内任何贸易,均不纳税,俄商在新疆全境贸易暂不纳税,俄商从嘉峪关运土货经新疆回国,减税三分之一。这就为俄商掠夺西北茶叶提供了"法律依据"。俄国人大喜过望,在中国西部地区,从中俄边界直到长城,俄国人都享有免税贸易权,这种权利却是中国人自己都享受不到的。此时,俄国对茶的需求量大,盖自哈萨克、浩罕诸部新属于彼,地加广,人加众,需物加多。俄商在嘉峪关大肆收购茶叶,数量最多时每年达10余万担,几乎占中国对俄出口茶叶总量的三分之一。俄商所购茶叶并非全数运回国内,而是不顾清政府蒙古地区外国人不得任意行走禁令及俄商运土货回国不得沿途洒卖的条约规定,公然把相当一部分茶叶运到新疆各地抛售,这实际上是一种公开的茶叶走私活动,是公然侵犯中国内地贸易权、损害中国主权的严重事件。无论按何种中俄通商章程,俄商均无权在新疆从事茶叶贸易,但由于有俄国政府撑腰,俄商有恃无恐,大搞茶叶走私活动,以致清末新疆地区"中俄商务交涉最纠纷者,莫如茶叶一端"。

　　1907年,中俄签订《俄商借道伊塔运茶出口章程》,并没有解决日趋严重的俄茶洒卖、倒灌等非法活动,反而使问题更加严重。中国内地俄商砖茶厂具有强大生产能力,仅汉口俄商三大砖茶厂全盛时的年产量即达40万担以上。俄商集茶叶收购、生产、运输、销售于一体,并利用蒙古、新疆地区"地方荒远,本难稽察"的特点,大肆洒卖茶叶,其零星散售,更属无从查阻,基本上处于失控状态。此外,俄商还利用清政府对新疆茶务管理失措,造成"晋私既禁,湖茶不来,民食甚缺,茶价较前增加一倍,尚无茶可购"的混乱局面,大肆把原从中国出口的茶再从新疆输入中国,这就是所谓的"俄茶倒灌"问题。俄国在19世纪末20世纪初虽在黑海一带进行茶树试植,取得了一些成绩,但出产的那点茶叶对庞大的俄国消费需求来说,连杯水车薪都谈不上,根本不可能有所谓"俄国茶叶"出口中国的事情。罗迪楚《新疆政见·新疆茶务利弊原委说略》讲得十分明白:"俄国不产茶,五洲皆认同。"俄商把从恰克图出口的中国茶,用火车运至中亚,再输入新疆。除了税负重、制茶成本高外,中国茶因为运输的距离太远,还要经过沙漠地带,运费太贵,用骆驼运输出口俄国的茶遇到从恰克图沿西伯利亚铁路运去的优质茶叶的竞争,造成俄茶倒灌新疆的严重问题。《俄商借道伊塔运茶出口章程》虽是一个禁止俄商在新疆走私茶叶的规定,但令人大跌眼镜的是,这个规定非但没有一点效果，反而使问题更加严重，俄商在购茶"借道"回国的幌子下，公开疯狂洒卖、倒灌茶叶。宣统二年十二月（1911年1月），伊犁将军广福谈道："从前甘肃湖南运茶，行销蒙古、哈萨克各部落及俄国沿边一带，销场尚旺。嗣光绪三十二年，订有俄商运茶假道伊、塔回国新章，不独俄境不能运销华茶，且有俄商贩运华茶在伊、塔境内洒卖。此外，影射偷运者，更不知凡几。私茶充斥，销场疲滞。"俄商将采购自汉口等地的中国茶叶，运回俄国后，另加制造，印有俄字，手段更加狡猾，再销往新疆，中国官员很为难，不得不认为俄茶亦复无法阻止。

鉴于从新疆输入的砖茶、茶叶均为晋商控制，1864年底俄国政府禁止砖茶从西边边界进口，结果使得砖茶贸易大部分落入汉口的专走恰克图的俄国商人手中。恰克图的晋商竞争失败，原先有100多家商号的晋商，1868年左右仅剩下4家老的行庄。以经营砖茶为重点的山西商人境况可想而知。由于俄商长时间大规模进行茶叶洒卖、倒灌走私活动，至宣统末年，俄商已侵占伊犁民间大半茶市，官茶销量大减，已不及旧额十分之三四。由此可见，俄国对晋商衰落负有主要责任，是晋商经营新疆茶叶贸易失败的罪魁祸首。

其次是清政府的压榨、摧残，左宗棠借口整顿茶务，不断打压晋商。清朝是中国最后一个封建王朝，自乾隆至道光再到光绪，基本上走过了盛世、衰落、深渊三个十分鲜明的发展阶段。与这三个发展阶段相对应，清政府对晋商尤其是西商经营北疆茶叶贸易的态度也走过了从支持、限制到取缔的过程。不同阶段，封建政府紧紧围绕茶利，对晋商采取不同的管理态度和政策。这种态度和政策的变化，直接导致晋商尤其是西商政治地位和经营环境的巨变，成为西商经营绩效的重要影响因素。乾隆盛世，封建政府支持晋商经营新疆茶叶贸易，经营环境良好。乾隆时期，清政府对准噶尔分裂势力、大小和卓分裂势力取得决定性胜利。为巩固边防，发展经济，清朝对进入新疆贸易的商人持支持态度。对经营茶叶贸易的商人来说，不管是在归化领理藩院票还是在甘肃领甘司引票，均可进入新疆贸易。具体而言，伊犁、塔尔巴哈尔、乌什搭放官茶，乌鲁木齐、巴里坤、吐鲁番、库尔喀喇、乌苏、喀什噶尔、英吉沙尔、阿克苏、叶尔羌、和阗、喀喇沙尔、库车12个城市为甘司引地，准许蒙古乌里雅苏台、科布多北路商民以余茶赴乌鲁木齐易换粮食，原因是"乌里雅苏台、科布多距甘司过远，势难搭放官茶"，即非实行茶叶专卖之地，"向设北路商茶"，与甘商不同。新疆"南北两路，除乌里雅苏台、科布多二城，向食北路商茶。伊犁、塔尔巴哈台、乌什三城，向例兵饷搭放茶封外，其余十二城均系甘司引地"。这时候因新疆"开辟之初，诸事草创，又其时俄界尚远，商埠未开，故茶利尚未著名"，茶商经营环境比较宽松。道光转衰，封建政府限制晋商经营新疆茶叶贸易，经营环境较差。"而嘉庆时，户部则例，古城即有应征茶税，此为新疆经理茶务、茶统税征之始。"道光中期，新疆茶务多变，其中心思想就是以官茶湖茶垄断新疆茶叶市场，通过建章立法，限制晋茶。为此，道光三年（1823）那彦成上疏奏请制定新疆行茶章程，严禁北路商人私贩茶叶入疆。那彦成的方案代表陕甘地方利益，这与一向行销北路商茶的伊犁地方利益发生严重冲突。那彦成借口甘司行销茶引，"本有一定地面，因北路商民请票贩卖杂货、布匹，夹带茶封，渐致充斥官引，自应严行禁止"，实质上其根本目的在于驱逐北路商茶。他认为晋茶就是私茶，"夷民之于茶斤，既一日不可缺，商人之于引地，又国课所攸关，自应筹全两益，事重远久，方为尽善"，其"安边便民通商裕课"的核心是确保湖茶的垄断地位。那彦成驱逐北路商茶的方案遭到有关当地官员的反对，尤其是伊犁将军庆祥、乌里雅苏台将军果勒丰阿的反对，属不同利益集团的较量。斗争的结果，伊犁、乌里雅苏台利益攸关方取得一定胜利，北路商茶得以保留，但往往被指为私茶，受到不公正待遇。道光六年（1826），官府在伊犁设立税局，抽茶作税，道光八年（1828），伊犁将军德英阿制定北路行茶章程，禁止北商将杂茶、细茶贩入伊犁、塔尔巴哈台境内，是又一次对晋茶的限制。道光九年（1829），那彦成又疏请"严禁奸商私贩并设局稽查"，是对商品流通的再次限制。

同治年间（1862—1874），左宗棠对西北茶务的整顿，是以彻底取缔晋茶、扶助湖商为核心进行的。"予湖商以行茶，而不许湖商以专利，故湖商之在新疆原属不能垄断，亦未尚分过商名，划过引地，定有区域。"从中可见，左宗棠建立新的西北茶务章程后，湖商垄断时代得以建立，晋茶完全被指为私茶，成为打击目标。

再次，经商环境恶劣，社会动荡不安。进入近代以来，在西方列强不断侵略下，中外黑暗势力勾结，腐败无能的清政府日益沦为西方侵略者的统治工具。它抵御外敌无能，保护民族经济无力，榨取人民血汗有方。尖锐的民族矛盾、深刻的社会危机体现为多次外敌入侵及国内激烈反抗，社会动荡不安成为历史的必然。没有安定稳定的政局，商贸活动就失去了基本条件。张格尔叛乱、太平天国、捻军、陕甘回民起义、新疆人民反清起义及嗣后的阿古柏入侵，特别是沙俄强占伊犁等一系列事件的发生，都集中在1820—1872年这半个世纪之中。太平天国运动、捻军活动影响到长江中下游和东南沿海中国最著名的产茶区。陕甘回民起义则影响到茶叶运输必经之地河西走廊。其他事件都发生在新疆。这些事件的发生，必然对晋商经营茶叶贸易的采购、运输、销售环节产生重大影响，是茶源不继、茶运不畅、茶销不利的直接因素。在动乱因素影响下，晋商的正常经营活动受到严重干扰，破产、歇业现象频发，尤其是沙俄入侵造成西商改道、东柜逃散，最终均无法招集的严重后果。张格尔叛乱，影响也非常大。再加上新疆爆发反清起义，史称"甘回一啸，而全疆七千里商民荡丘墟"，新疆茶叶贸易中的晋商受到毁灭性打击。

最后，封建政府盲目保引增课，扼制晋茶。官吏贪渎，观念落后，官商勾结，经常互相争权夺利，钩心斗角，借口查禁私贩，暗中却与私商狼狈为奸，假公济私，中饱私囊，营商环境日坏，新疆茶叶贸易中的晋商与晋茶一起伴随着清政府的衰亡而走向衰落。

晋商与清代新疆茶叶贸易的兴衰，是近代新疆社会经济发展中的一个重要缩影。从中折射出清朝政府对新疆经济发展的重视，左宗棠的整顿茶务带有明显的地域观念色彩，同时也暴露出封建政府及其官员的腐败无能以及对新疆政治、经济、社会的严重负面影响，给后世留下了值得铭记的深刻教训。尽管这样，清代晋商在新疆的茶叶贸易，也有力地推动了当地商贸市场的繁荣，对于加强边疆与内地的经贸文化联系，巩固祖国的西北边防发挥了重要作用，同时也为21世纪"一带一路"的建设提供了有益的历史启迪。

第四章 海上丝路

明清之际,西风激荡,欧洲工业文明与传教士接踵东来,与古老的中华文明产生激烈的碰撞、交融。清代近三百年的中国与世界,开始了真正的互动。西方资本主义国家非常渴望揭开中国这个"东方大国"的面纱,进入这个市场巨大的神秘世界掠矿取宝;中国人在被动"回应—挑战"模式下一点一滴地认识着广袤纷乱的寰球。山西,在清朝前期,几乎还是死水一潭。但有实学传统的山西人,凭借各种机缘,接受新的知识,认识新的世界。《守圉全书》《身见录》《瀛寰志略》打开了一扇扇新知的窗户。天主教入晋,新式机器工业出现,山西大学堂创办,一系列新鲜事物的出现,终于使古老的三晋大地融入世界大潮。张之洞首倡洋务,刘笃敬、胡聘之举办实业,渠本翘爱国保矿,阎锡山实施"六政三事"折射出中西碰撞、传统与现代交融、变革与开放萌生的格局。他们是山西乃至中国接受欧风美雨、迈向近代化的先驱,其中最杰出的代表就是徐继畬。

山西与"一带一路"

《内府地图》九幅之一《山西全图》

第一节

西风东渐——坚船利炮与传教士
血火并喷的双刃剑

一、明末清初——传教士东来入晋

所谓西教，一般泛指基督教。基督教又有广义、狭义之分。广义的基督教包括天主教、东正教、新教，为各教派的通称。狭义的基督教是指称为新教的那一部分教派，在中国与天主教并列而被称为基督教的即其狭义所指，民间多称为耶稣教。

基督教19世纪初传入中国。清嘉庆十二年（1807），英国伦敦雍道会派遣罗伯特·马礼逊来华，是为来中国大陆的第一位基督教传教士。由于清政府严格禁教，陆续东来的英美基督教传教士大都集中在南洋一带，少数人曾深入中国内地活动，但影响有限。鸦片战争后，基督教传教士迅速扩大在中国的活动范围。1858年签订的《天津条约》规定：耶稣教同天主教均可入内地自由传教。从此，基督教传教士也以不平等条约为护身符，涌入中国内地。

"天主"一词为明末耶稣会传教士进入中国后，借用中国原有崇敬上天的习俗，对所信仰神明的译称，意谓"至高无上之主宰"。公元635年（唐贞观九年）天主教的聂斯脱里派由叙利亚人阿罗本等经波斯传入中国长安（今西安）。到德宗时，这个教派被称为大秦景教，并立有《大秦景教流行中国碑》，此教派至唐末逐渐消失。元代，意大利人孟高维诺以罗马教廷特使身份到大都，受到敬重，获准传教。该教当时称"也里可温教"，曾在大都建立总教区，元亡后消失。明万历十年，耶稣会教士意大利人利玛窦、郭居敬、龙华民等先后来华传教，同时传播西洋天文、历算等科学知识，结交了明廷上层官吏礼部尚书徐光启等人，并发展其入教，至明末教徒达4万余人。清代，外籍教士相继来华，康熙帝下诏允许百姓信仰天主教，一时间教徒发展至30万人。

据考证，天主教传入山西约在明万历末年。当时，山西绛州（今运城市新绛县）乡试解元韩霖在京为官，与徐光启相交，遂受洗入教。在京的绛州绅士段扩与韩霖同时入教。韩、段二人于万历四十八年邀请意大利耶稣会教士艾儒略到绛州传教，并让其家属18人接受洗礼，其中有韩霖之兄韩云、弟韩霞，段扩之弟段袭。天主教由此传入山西。①

二、意大利传教士艾儒略

16世纪中期，天主教开始向中国内地派遣传教士传教。其中最有影响力、最著名的是意大利耶稣会传教士利玛窦。而在利玛窦之后，最有影响力的传教士之一即艾儒略。

艾儒略（1582—1649），出生于意大利布雷西亚。他于1609年被派往中国。经里斯本至果阿，在1611年初到达澳门，开始学习中文，并娴熟地掌握了中文的阅读写作。明万历四十一年来到北京，结识徐光启等人。后曾往上海、扬州、杭州等地传教。天启四年到福建，在福州一带传教24年。这也是艾儒略传教事业最辉煌的时期。他精通汉学，交结名士，常常即席发表介绍西方科学文化知识的演讲，并深入社会底层，与当地普通百姓往来，支持皈依者建立教会，适应当地文化风俗。特别是他在传教过程中，研究利用儒学中与天主教教义的共同之处来吸引民众，取得极大的成功。据说，他在中国30多年间，共建大教堂22座，小教堂不计其数，受洗者万余人。

---

① 《山西通志·民族宗教志》，中华书局，1997，第367页。

他是西学东渐的重要人物,也为沟通东西方文化做出了非常突出的贡献。除了传教之外,艾儒略还撰写了大量的科学、神学著作。这些著作介绍了西方天文、历法、地理、医学,以及神学、哲学,其中最为著名的是《职方外纪》五卷,于1623年出版。该书是继利玛窦《坤舆万国全图》之后,详细介绍世界各国地理文化的著作,成为19世纪之前国人了解西方地理的重要著作。《万国全图》为艾儒略与杨廷筠合作编写的世界地图册,于1623年出版。《西学凡》介绍了西方的文学、哲学、医学、法律、神学等,可以说是一部西方文化的百科全书。此外,还有《口铎日抄》《西方答问》《五十言余》等众多的著作。由于他学识广博,传教得法,故在社会上产生了广泛的影响,被誉为"西来孔子"。清顺治二年,艾儒略在福建延平病殁,葬于福州。

艾儒略在去福建之前,曾来山西传教。明万历四十八年,艾儒略随绛州人士韩霖来到山西,在绛州传教一年左右。韩霖偕艾儒略来到山西被视为天主教最早进入山西的标志性事件。艾儒略在山西传教时具体做了什么,史书较少记载。仅说他授洗教徒20人,其他不详。艾儒略之后,传教士先后进入山西。仅在绛州一地者即有比利时传教士金尼阁、意大利传教士高一志等。据张星烺研究,意大利米兰之罗雅谷亦曾在绛州传教。他还与徐光启、汤若望等合撰《西洋历法新书》三十六卷。[①]康熙时,法国传教士白晋等亦至山西测量地理等等。总之,山西是欧洲传教士活动的重要地区之一。

三、金尼阁、高一志、张安当

继艾儒略入晋传教的是比利时耶稣会教士金尼阁,他于万历三十八年来华,先活动于南昌、建昌、韶州、杭州、开封等地,天启四年到绛州建立教堂定居,开展传教活动。

天启五年,意大利人高一志入绛州传教。此人原名王丰肃,1604年来华传教于韶州、南京。到绛州后,他在韩霖、段衮的推介下,以西学修身,取

---

① 张星烺:《中西交通史料汇编》第一册,中华书局,2003,第487页。

得绛州知州曹某的支持，教务兴盛，当年即收教徒200余人，其中举贡生员80人，占到40%。崇祯三年绛州教徒增至2000人。1631年，高一志又应蒲州（今山西省永济市）大学士韩爌的邀请，到蒲州传教，建立教堂，授洗150名书生。1637年再次授洗

在晋传教士与教徒合影

1600人。高一志在山西传教15年，先后授洗8000余人，建教堂15处，1640年卒于绛州。

1635年，高一志派金弥格往太原建堂，设立会口，为太原第一任本堂神父。1638年，高一志派德国人万密克到蒲州传教。高死后，万密克主持晋南教务。1644年，万氏因抗拒农民起义军，被杀于蒲州。此后，由金弥格主持山西全省教务，直至清康熙四年。

康熙三十五年，罗马教廷在中国划分北京、南京两大教区，同时建立九个代牧教区，山西是其中之一。山西首任代牧主教是意大利耶稣会教士张安当。张安当在职数年，于1705年卒于太原。当时全省有教徒3000余人，分属太原、绛州两个本堂。张安当死后，山西主教告缺11年。康熙五十五年，山西与陕西教区合并为山陕教区，山西教务归陕西主教方济各会意大利籍教士安多尼·拉基兼管。从此，山西教区不再由耶稣会教士管辖。山陕教区历时128年，更替主教16人。

天主教传入中国后，曾在雍正元年遭到禁止。鸦片战争以后，帝国主义列强打开了中国的大门。道光二十四年十月初二（1844年11月11日）中法《黄埔条约》签订，清廷被迫同意天主教弛禁。1846年2月20日，道光帝又下令，不许各地官吏再查禁天主教，违者加以论处。同时又命令各地将康熙年间所

建造的天主教堂除改为庙宇民居者外，其余一律发还教徒。从此，传教士大批来华，深入各地，建立教堂，分疆划界，各据一方，在不平等条约的庇护下，利用各种手段传教。

19世纪末太原圪瞭沟教堂外貌

1844年，罗马教廷另设山西代牧区，任命意大利方济各会教士杜喜伯为山西教区代牧，山西教会脱离陕西主教管辖。杜喜伯于1845年7月13日在文水新立村领受晋升主教祝圣仪式。当时山西有外籍教士4人，中国籍神父16人，教徒8000人。杜在职17年，编纂了不少通用经文和要理，于1870年退职回国。

继任主教为意大利方济各会教士江类思。江类思于1870年就职，1872年在太原北门街东三道巷建立主教堂。1872年江类思申报罗马教廷，委任意大利方济各会教士张保禄为山西教区助理主教。张保禄于同年5月被祝圣，三年后死于视察潞安教务途中。1876年，江类思再次申报，任命意大利方济各会教士艾士杰为助理主教。由于江类思已年老多病，山西教务皆由艾士杰负责。

1890年，由于教徒增加，教务繁忙，罗马教廷遂划分山西教区为南、北圻两教区。北圻教区包括大同、太原、朔县、五台、阳曲、榆次、汾阳等51县，①为意大利方济各会教士所管。因主教堂设于太原，也称太原教区。1898年江、艾二人为便于开展教务，通过罗马教廷又任命意大利方济各会教士富高乐为第二助理主教，富于同年8月在法国巴黎被祝圣。1900年，江类思卒于太原，艾士杰接任北圻教区主教职务。当时，该教区有教徒1.7万余人，

---

① 《山西通志·民族宗教志》，中华书局1997年版，第368页。另一说为93县，见《山西文史资料》第二辑，第32页。

外籍教士10人,中国神父21人,大小教堂200余座,大小修道生37名。①南圻教区包括长治、晋城、洪洞、绛州、蒲州、临汾等54县,教徒9000余人,归荷兰籍方济各会教士管辖。②首任主教为荷兰籍方济各会教士艾定禄。主教堂设于潞安,也称潞安教区。

义和团运动失败后,山西信教者日益增多。罗马教廷遂将山西南、北圻教区划分为若干新的教区。主要有:大同教区,管理大同、阳高、天镇、浑源、广灵、灵丘6县,总堂设在大同城内;汾阳教区,管理汾阳、孝义、平遥等15县,总堂设于汾阳县城;朔县教区,辖朔县、宁武、偏关等15县,总堂设在朔县米西马庄村;榆次教区,辖榆次、平定、清源等10个县,总堂设于榆次县城内;新的太原教区,辖太原、阳曲、五台、定襄、崞县和忻县(今忻州)地区,总堂设在太原;洪洞教区,辖洪洞、临汾、隰县等13县,总堂设在洪洞;绛州教区,辖绛县、稷山、吉县等32县,总堂设于绛县;新的潞安(今山西省长治市)教区,辖潞安、屯留、武乡等19县,总堂设于潞安。

天主教传入山西后,为了扩大影响,往往兴办一些文化、慈善事业,例如办学校、医院、孤儿院、孤老院等。1894年,中国神父张若山于朔县沙塄河教堂创办朔县教区保赤会,曾养婴儿213名,其中男孩34名,女孩179名。1902年,太原创办保赤会,专收被弃女婴和无人养育的女孩,兼收一些无人赡养的老妇,由太原白衣会修女管理,地址在太原修女院南院。1902年,北圻教区主教凤朝瑞在太原创办若瑟医院。该医院经费由教区拨给,委白衣修女会管理。设门诊、住院二部,分内科、外科、妇科、眼科。若瑟医院由于医术较高,服务较好,在当时社会各界颇负盛名。1903年,潞安教区中国神父高聿修在潞城县羌城村原修道院院址上创立潞城安多尼学校。

同治八年至九年,代表苏格兰圣经会在华活动的英国伦敦会牧师韦廉臣和理一视游历中国北部,其间,曾涉足山西。③1876年,英国内地会牧师特

---

① 《山西文史资料》第二辑,第32页。
② 《山西通志·民族宗教志》,中华书局1997年版,第369页。另一说为46县,见《山西文史资料》第二辑,第32页。
③ 张子荣:《基督教何时传入山西》,《山西地方志》1990年第4期,第60—61页。

纳和詹姆斯由南京来山西，在泽州府（今山西省晋城市）、平阳府（今山西省临汾市）等地活动。由于经费不足，这两人次年初南下汉口。不久，他们重来山西，此时正值1877年山西大旱，饥民遍地。他们由南到北，沿途借赈灾布道。抵达太原后，即以此为"大本营"，几个月内到过周围许多城镇。后詹姆斯染疾，他们再次离开山西，到沿海地区疗养。

山西旱灾严重的消息传至各通商口岸，基督教会立即在上海组织起赈灾会，向海内外募捐，并邀请英国浸礼会牧师李提摩太赴晋负责赈灾工作。1877年12月，李提摩太携银两及李鸿章发给的执照，由山东抵晋。在太原，他拜访了山西巡抚曾国荃，与天主教会协商赈灾方案，最后决定亲赴晋南考察灾情。两个月后，他综合了考察所得和天主教会的调查结果，寄往上海赈灾会。1878年春，上海赈灾会派特纳、美国循道会牧师李修善，到山西协助李提摩太放赈。随后，一批批基督教士进入山西。1879年夏，华北普降大雨，山西旱情缓解，基督教会赈灾工作基本结束，但传教活动已于赈灾时展开，并继续进行。

英国浸礼会先在太原修建教堂、住宅，兴办医院、学校、孤儿院等。之后，向北发展到忻州，向南发展到榆次、交城等地。基督教内地会起初在太原，

后来分成三个大教区。英国内地会向南发展到晋中、临汾、晋东南、运城北部及晋北、晋西北的大同、呼和浩特、保德。瑞典圣洁会在雁北朔平府（今山西省右玉县）、浑源县和应州（今山西省应县）开辟了教区。瑞华会在运城南部也开辟了教区。此外，内地会系统的挪威会在永宁（今山西省离石）等地开展活动，瑞华盟会则在晋蒙交界处活动。以后，基督教宣道会进入归化、保德等地，并从英国内地会手中接管了这些地区。华北圣公会牧师史嘉乐和吴梅里二人在山西开辟传教点。美国公理会派牧师冕路德夫妇及其他教士在太谷和汾州（今山西省汾阳）开辟教区。在寿阳，原英国内地会、浸礼会的一些传教士，脱离原属差会，成立寿阳县耶稣教自立会，后该会与英国浸礼会发生较多联系，在太原、阳曲等地以山西耶稣教自立会的名义进行活动。

这一时期基督教在山西的活动，主要是巡回布道、散卖圣书、医疗患者、创办戒烟会、兴办学校等。在上层社会则进行介绍西学、传播福音的活动。当时，官员士子志在八股取士，传教士们在上层社会的活动收效甚微，但在下层社会则取得一些进展。到1898年，在山西的基督教传教士已有151人，正式教徒1513人。[①]20世纪初，在山西103县中，基督教至少在48个县开辟了教区。

义和团运动后，基督教会势力在山西迅速发展。1901年至1920年的20年间，是该教发展最为迅猛的时期。

为恢复山西各地教务，英国内地会总教士戴德生亲临洪洞、介休等地巡视。1906年后，该会把活动的重点放在太原以南，特别是晋南和晋东南各地教区。瑞华会不仅恢复了原有教区，还传至夏县、临晋等地。瑞典圣洁会也迅速恢复原有教区，1901年还接管了原宣教会在晋北的教区，后又接管英国内地会在晋北的教区，教务发展到雁北各县和忻州一些地方。挪威会除恢复永宁教务外，又发展到晋西的临县、静乐等8县和宁武县。瑞华盟会也恢复在晋蒙交界地的布道，并在丰镇和萨拉齐设立总堂。

英国浸礼会先后接管山西耶稣教自立会和寿阳县耶稣教自立会在太原和寿阳的教务。又向南发展到榆次、文水等地，向北发展到五台县东冶一带。

---

① 《山西通志·民族宗教志》，中华书局1997年版，第427页。

1908年，属于浸礼宗的美国友爱会接管了英国浸礼会在寿阳的教务，1910年传至平定，后又传至辽县（今左权）、昔阳、盂县、阳泉、太原等地。

美国公理会在晋教士，全力振兴教会，教务工作和医疗、教育等事业迅速恢复和发展，并以太谷、汾州为中心，向四周辐射，设立支会，发展至文水、中阳、石楼等地，以及陕北一带。

义和团运动后，华北圣公会中止了在山西的活动。属于长老宗的北美长老会一度传入繁峙，但发展有限。

这一时期基督教其他宗派在山西也有活动。1902年，司米德在泽州独创神召会，该会组织自成体系，曾发展至高平、阳城、陵川、沁水等县。美国神召会传入平定，以后又发展至太原、五台、繁峙、榆次、徐沟等地。该会在大同设立布道点，又传至崞县（今原平）、山阴、灵丘等地。1910年，信心会传入浑源，又发展到阳高、大同、应县等地。基督教青年会也于宣统年间传入山西，以城市青年会和学校青年会的名义在各地活动。1914年，上帝教会传入太原，但发展缓慢。1918年，基督教救世军转入大同，后又发展至太原等地。此外，1908年挪威教士史兰德在平定创办基督教自立会。1913年，原内地会牧师傅约翰在祁县创办基督教自立会。到1920年，山西各基督教会共设有正式教堂29座，布道区296个，有外籍传教士287人，中国神职人员566人，教徒8340人。①

赈济事业：1877年，山西旱情严重，酿成大灾。在此次山西大旱中，基督教会共发放赈银10余万两，救济灾民数万人。进入20世纪后，每当山西发生较大灾荒，一些基督教传教士就受教会派遣，或受救济团体委托，前往灾区活动。1901年汾阳大旱，公理会牧师文阿德进行赈济，不少灾民为解除饥馑而入教。1913年清源发生水灾，公理会也募捐救济。

慈善事业：山西基督教会的慈幼事业包括设置孤儿院、育婴堂、婴儿院、贫儿院和瞽目学校等。儿童被收入慈幼机构后，完全受教士支配，接受宗教教育，年纪稍大者还要参加无偿劳动。1878年，李提摩太等在山西赈灾时，在太原城内设立男女孤儿院各一所，这是基督教会在山西举办慈幼事业之始。次年，

---

① 《山西通志·民族宗教志》，中华书局，1997，第430页。

英国浸礼会在太原东夹巷办孤儿院，收容无家可归的婴幼儿。义和团运动后，瑞华会也在晋北创办过孤儿院，收容弃婴。1909年，朔县南关盲人段祥受洗入教，两年后圣洁会万尔恩牧师从上海带来凸字瞽目文字《圣经》，教授段祥学习。几年后，段祥掌握了瞽目文字。圣洁会在朔县开办瞽目学校，由段祥教授来自晋北各县及内蒙古、陕西、河南的盲人学习瞽目文字。同时，学校还向学生传授一些针织、编织等手工技术，以便学生毕业后有一技之长，养身糊口。

医疗事业：医疗"作为福音的婢女"，在扩大教会影响、博得人们好感方面起了巨大作用。同时，它对传播西方医学，建立现代医院制度和医学教育，发展山西医疗事业有一定的作用。1880年，英国内地会哈罗德·斯科菲尔德医生在太原开办了最早的教会医院。稍后，威尔逊、毕翰道和肯普姐妹参加医院工作。三年中，医院治疗病人1500人次以上，住院病人45人次，并为病人实施白内障切除术。1891年毕翰道到寿阳，开辟新教区，并在东关教堂内附设诊所和药房，重症患者可留居诊所治疗。同一时期，内地会威尔逊医生到平阳府自费创办一所教会医院。1903年，自立会并入英国浸礼会，叶守真重新修复太原东夹巷耶稣施医院。其后，随着医务活动的扩展，又分设耶稣男施医院和女施医院。同时，浸礼会还在代州、忻州、神池开办教会医院或诊所。民国以后，基督教会在山西开办的医疗机构更多，规模更大，主要有太原博爱男女医院、太谷仁术医院、汾阳宏济医院、平阳教会医院、平定友爱男女医院、辽州友爱男女医院、大同首善医院等。在一些较大的教会医院，还附设护士学校，培养医护人员，推广医学知识。

教育事业：基督教会在山西兴办的教育事业中，高等教育有山西大学堂西学专斋和太谷铭贤学校大学预科。李提摩太于1902年在太原开办中西大学堂。由于当时山西已成立山西大学堂，李提摩太遂提议将两校合并，中西大学堂并入山西大学堂，改为西学专斋。1916年，公理会太谷铭贤学校增设大学预科，以后又陆续增设农科、工科。1943年在四川扩充为铭贤学院。基督教在山西兴办的中等教育有公理会太谷铭贤学校、内地会霍县崇真女校中学部、内地会洪洞普润中学、公理会汾阳铭义中学、公理会汾阳崇德女校初中班等。初等教育有公理会太谷福音小学、公理会太谷贝露女学校、自立会太原女子学校、自立会寿阳教士子弟学校（吸收非教士子弟入校学习）、浸礼会交城崇实小学等。到1918年，基督教会在山西浑源、灵丘、左云、应县、朔县、大宁、曲沃、孝义、永济、辽县等地共开办初级小学139所，高级小学26所。此外，基督教会还在山西开办了学前教育、神学教育、主日学校、夏令儿童学校、畜牧学校、成人女校、英文补习班等。

辛亥革命以后，国内宗教界人士民族意识增强，五四运动又进一步推动了各界人士的反帝爱国思想，在一些爱国的基督教徒中兴起了基督教自立运动。1911年太原发起教会自立运动。次年，乔义生在太原创办中华基督教自立会。随后，忻县、大同、孝义、阳城、晋城、朔县、洪洞等地都出现同类组织。

至中华人民共和国成立时，天主教在山西有教区8个，教徒11.5万人。[①]

四、英国传教士李提摩太与山西

李提摩太（1845—1919），英国威尔士人，基督教浸礼会传教士。1870年受派来到中国，在山东一带传教，并学习中文。1876年至1879年间，华北大旱，李提摩太积极从事赈灾活动。后移居北京。1890年，受李鸿章之聘，至天津任《中国时报》主笔。次年，至上海主持广学会事务，直到1916年回国。1919年在伦敦去世。

李提摩太在中西文化交流方面影响重大，贡献突出。他认为要想拯救占人类人口四分之一的人的灵魂，必先拯救他们的肉体，主张更多地控制主要的大学、主要的报纸、主要的杂志和一般的新读物，通过控制意识形态及中国的宗教领袖，就控制了这个国家的头脑和脊梁。因此，其在传教过程中，一方面适应中国文化，以扩大对社会普通民众的影响，另一方面结交上层人士，通过他们来影响中国的发展。所以李提摩太与孙中山、康有为、李鸿章、梁启超、张之洞、左宗棠、曾纪泽、庆亲王奕劻、恭亲王奕訢等都保持了比较密切的往来。他曾任曾纪泽家的英文教师，梁启超亦一度任其中文秘书。他还向李鸿章、张

[①] 《山西通志·民族宗教志》，中华书局1997年版，第2页。

之洞等人提出许多政策建议，认为应该给予某一外国处理中国对外关系的绝对权力，由该国的代表控制中国的铁路、矿山、工业等各个部门，甚至希望由英国来"保护"中国。这些观点表现了李提摩太的殖民使命。除传教外，李提摩太对中国的现实政治也十分关心，被维新派人士认为是维新之精神领袖。他撰写了许多文章讨论中国的政治，其意见也多被康有为等接受。戊戌变法开始后，光绪帝甚至决定聘他为私人顾问，帮助决策维新。清政府还赐其头品顶戴等。

从1891年至1916年的25年间，李提摩太一直负责主持广学会的事务，目的就是要从宗教的小圈子走出去，以影响中国知识界的发展，进而影响中国政治的进程。通过他的努力，广学会成为当时最重要的新式出版社，也是中国出版史上影响最大的出版机构之一。其出版范围包括图书、杂志，也印发单页的宣传品等。先后出版了《万国公报》等十几种报刊，以及两千余种图书与小册子。与此同时，李提摩太自己也从事撰写翻译工作。其著作有20多种，其中他与蔡尔康合作翻译了英国人麦肯齐所著的《泰西新史揽要》，介绍了欧美各国变法图强的历史，是光绪帝非常看重的参考书。其主要著作有《七国新学备要》《天下五大洲各大国》《百年一觉》《欧洲八大帝王传》《新政策》《时世评论》等。回国后又撰写了《在华四十五年》。可以说，李提摩太在政治、外交、宗教、教育、文化等诸多方面都对中国产生了重要影响。

李提摩太与山西关系甚大。主要有三件事：一是在山西赈灾，二是协助处理山西教案，三是主持创建山西大学堂。

1876年至1879年，华北地区大旱，赤地千里，民不聊生。特别是1877年，山西大旱成灾，颗粒无收。李提摩太认为："赴晋赈灾，乃是耶（稣）教徒义不容辞之事。第一，为了饿肚子的人；第二，推开山西的大门，引进耶（稣）教的真理，以后为饥民提供精神食粮。"①为此，李提摩太大力筹措资金，并向英国浸礼会写信，请求拨款。他还向中国政府提出救灾之策，希望向粮价低的地方移民。特别是他还直接到受灾地区发放赈灾款物，开展救助活动。由于他的积极推动，使许多受灾民众得到救济，缓解了灾情，对恢复生产、

---

① 杜学文主编《三晋史话·综合卷》，山西人民出版社、三晋出版社出版，第252页。

稳定社会秩序产生了重要作用。

随着传教活动的开展，内地民众入教者日增。但是，教士与教民依托公使馆的势力，横行乡里，掠夺土地，欺压百姓，干涉地方政务，使民、教之间的矛盾日趋激烈，以致义和团运动爆发。山西地区的民众在时任巡抚毓贤的支持下，也发生了杀教士、灭洋人的群体性事件。其中尤以太原"西辕门灭洋事件"影响最大，造成严重的后果。列强用武力干涉，要求赔款。山西被命五年内不得举办科考，并单独承担巨额赔款。巡抚毓贤被流放新疆正法。因李提摩太在山西广有影响，且善外事，故被命协助处理山西教案。1901年4月，李提摩太由上海至北京，在与基督教各教会代表商讨后，提出了《上李傅相办理山西教案章程七条》，面呈李鸿章。其中提出由山西出资白银五十万两，兴办中西大学堂。李鸿章命李提摩太负责，并命新任山西巡抚岑春煊与教会协商办理。而1902年，岑春煊已奏准成立山西大学堂。李提摩太到山西后，就建议将中西大学堂与山西大学堂合并。

合并后的山西大学堂，由原中西大学堂与山西大学堂两部分组成。中西大学堂为西学专斋，只设预科，科目有英文、算学、物理、化学、博物、历史、地理等，教学方式搬用英国模式。原山西大学堂为中学专斋，初设经、史、政、艺四科，1904年改为除保留经学外，增加英、日、俄、法等国语言，及数学、物理、化学、地理、历史、博物、图画、体操等课程，基本与西学专斋相同。可以说合并后的山西大学堂已经逐步建成一所近代大学。

作为基督教传教士，李提摩太十分成功，是基督教在清末最重要的代表。一方面，他积极参与救灾，发展中国教育、医疗、出版等事业，特别是在帮助中国政府处理外交事务、倡导学习发达国家治国之策、推动中国变法维新等方面，产生了重要影响。但是，同时，我们也要认识到，李提摩太首先代表的是基督教教会的利益，承担的是欧洲列强的使命。他的殖民主义思想、政策等并不符合中国的利益，也无助于中国的改革。

山西作为丝绸之路的重镇之一，一直以来，就有许许多多的西方人士，包括欧洲人士往来。历史上之所以在山西地区活跃着众多的域外人士。首先是出于战争的原因。山西地处内地农耕民族与草原游牧民族交锋交融的交接地带，具有非常重要的战略地位。游牧民族欲控制中原，必先控制山西；内地政权要巩固政局，必先巩固山西。山西成为双方争夺的咽喉要地。各族人士争战互市，均以山西为支点。内地政府安置游牧民族也常以山西为要。其次是出于经济的原因。山西地区气候适宜，物产丰富，具有重要的区位优势，商贸往来、货物流通，山西成为必经之地。所以丝绸之路上的商人多有进入山西进行贸易的需要。特别是隋唐时期，在山西地区形成重要的"胡人"聚落。再次是出于地缘的需要。山西地处战略要地，而且诸如大同、太原、临汾、河东等地都是京师的屏障，或者本身就是都城、别都、辅京。许多域外人士诸如使节、商人、质子、教徒等往往在此集聚。而内地政权也多依靠域外人士或做文职，或为武士，或带兵将。最后是出于文化的原因。如各种宗教在此传播，也有许多艺术家等往来于此。总之，山西地区是一个中外人士聚集的重要地区。

五、山西大学堂的创办

山西大学堂创办于清光绪十八年，是继京师大学堂之后我国近代最早设立的新型大学之一。成立时即以原任晋阳书院山长谷如墉为中学专斋总理，所以山西大学的历史，"可以上溯到明清时的晋阳书院"。[①] 晋阳书院是明朝设在山西太原的最高学府。万历九年冬，山西按察司副使陈讲倡议利用已经迁走的巡抚衙门旧址，增建号舍，挂起"河汾书院"的牌子，祀奉生长并讲学于河汾的王通、司马光、薛瑄三位先贤。万历七年张居正当权，为钳制思想，诏毁天下书院，河汾书院暂停。万历二十一年，山西巡抚魏允贞建三立祠于太原府，人们将书院叫作三立书院。

早在戊戌变法时期，康有为、梁启超、严复等人就倡议改良教育，创办新式学堂以开启民智。1898年百日维新期间，光绪皇帝采纳维新派的意见，在北京创办了京师大学堂，并谕令各省开办学堂。山西巡抚胡聘之随即奏请将本省原有的令德书院"量加扩充，改为晋省学堂，书院院长改为学堂总教

---

① 郝树侯：《源远流长的山西大学》，《山西大学学报》1981年第2期。

习，再延聘精于西学者一二人作为副教习，按照京师大学堂章程，中西并课，以期明体达用，蔚为通才"①。不久，戊戌变法失败，所有维新举措除京师大学堂得以保留外都被废止。山西创设大学堂的计划也告流产。

1900年，义和团运动在山西得到各地人民积极响应，全省反洋教斗争迅猛发展。1901年春，山西巡抚岑春煊接受山西洋务局督办沈敦和的建议，电请英国耶稣教浸礼会传教士李提摩太来山西协助解决教案问题。同时，清政府议和全权大臣李鸿章也邀请李提摩太赴北京商办山西教案。

1877年山西大旱，李提摩太曾应上海洋人赈灾会之约来山西赈灾、传教，先后在太原修建浸礼会教堂、医院、小学、孤儿院等。他曾给时任山西巡抚的曾国荃上书，建议以工代赈，修建铁路、开发矿藏、创办大学，也曾给山西官绅士子讲学，传播西方科学文化。1886年李提摩太离开山西。1890年李鸿章聘他任天津英文《中国时报》主笔，1891年他到上海担任广学会总办，1895年在北京加入"强学会"并聘请梁启超为私人秘书，参与维新活动。

1901年4月，李提摩太由上海到达北京，经与耶稣教各会代表商议后，拟定《上李傅相办理山西教案章程七条》，面交李鸿章。其中第三条是：山西出银五十万两，"每年交银五万两，以十年为期。但此款不归西人，亦不归教民，专为开导晋省人知识，设立学堂，教育有用之学，使官绅庶子学习，不再受迷惑。选中西有学问者各一人总管其事"②。李鸿章当即表示赞同，并将学校筹办事宜交李提摩太负责，同时电告山西巡抚岑春煊与各会教士商办一切。7月9日，耶稣教会教士代表敦崇礼、史密斯、文阿德、叶守真等来到太原与岑春煊商谈实施办法。一时未能达成协议。此后，李提摩太从上海函电往返，叠次催促。岑春煊于8月令洋务局提调周之骧到上海与其面议。经多次磋商，李提摩太坚持"订课程、聘教习、选学生均由彼主政"。为尽早了结教案，山西方面对此让步，双方于10月议定《创办中西大学堂合同八条》。其中除载明"十年之后，学堂房屋及一切书籍仪器，概归晋省，并不估值"外，

---

① 《光绪朝东华录》，中华书局，1984，总第4214页。
② 《皇朝经世文新编续集》卷十九，1901年上海日新社石印本。

又特别声明"中西大学堂与晋省大学堂一样看待",以强调教育主权。

就在与李提摩太商议创办中西大学堂的同时,山西根据清政府1901年8月"各省所有书院,于省城均改设大学堂"的上谕,准备在省城原有书院的基础上创办山西大学堂。1902年初岑春煊奏准设立山西大学堂。3月委派山西候补道姚文栋为督办,高爕曾为总教习,谷如墉为副总教习,以文瀛湖南乡试贡院为临时校址,接受令德堂和晋阳书院的教师和学生,筹备开设山西大学堂。

4月,李提摩太偕中西大学堂总教习敦崇礼、分教习新常富及六位中国教习抵达太原,开办中西大学堂。发现山西已经成立山西大学堂,李提摩太便多次函商,建议将中西大学堂并入山西大学堂,成立西学专斋,并将拟改合同底稿送达岑春煊审议。

岑春煊以为两校合并事关创举,未敢率允。他饬令布政使吴廷斌、署按察使胡湘林、署冀宁道沈敦和,会同大学堂总理在籍户部主事谷如墉暨省城绅士共同商议归并有无流弊。又就李提摩太送达的拟改合同,详细察酌,看是否权限分明。经过官绅详细讨论,并遍询大学堂学生,多数赞成合并。1902年6月7日,以山西官绅代表沈敦和、谷如墉为一方,以李提摩太和拟聘之西学专斋主持敦崇礼为另一方,草签了新合同共23条,呈由巡抚盖印立案,并报请皇帝批准。[①]按照修订后合同的规定,中西大学堂改为西学专斋并入山西大学堂,按照奏定的山西大学堂章程办理。合同规定以十年为限,山西以司库平纹银50万两作为西学专斋经费,请李提摩太代为经理。此项费用1901年已付10万两,1902年再付10万两为开办经费,余30万两从1903年起,每年付5万两,至1908年全部付清。如未届十年,50万两之款项用尽,即作为期满,交由晋省官绅自行经理。已届十年,无论款项有无剩余,均交由山西官绅经理。十年限内,西斋教务由李提摩太和敦崇礼主持,各西人教习,由李提摩太举荐,总分教习进退去留,及平日课程卒业考校,均由巡抚或大学堂总理核定。学生由巡抚选定,所有交涉事宜,概不函电公使等官与闻其事。合同虽没有具体写明禁止在校传教的内容,但却强调西学专斋只讲授各种有

---

① 《光绪朝东华录》,中华书局,1984,总第4884—4885页。

益之新学，与指定各学科稍有违背，或增立别项名目，巡抚可立将合同作废，并停交应付之款项。比起在上海所订合同，修订后的合同更多地维护了中国的办学主权。

中西大学堂并入山西大学堂后，原山西大学堂改为中学专斋，其经费每年为5万两白银。原任督办姚文栋辞职，另委沈敦和任督办。中西两斋各设总理一人，原晋阳书院山长谷如墉任中斋总理，主持大学堂日常校务，另设提调和堂舍监督，总管两斋事务。西斋学生的膳食住宿等也由中斋主办。西斋总理由李提摩太担任，两斋教务分离，各在总理之下设有总教习、副总教习和分教习。中斋为全校之中心。

建校之初，山西大学堂校本部、中学专斋以及两斋学生食宿都在贡院。另借皇华馆学台衙门西院的皇华别墅为西斋办公场所、讲堂和教习宿舍。李提摩太返回上海后，西斋教务由英国人敦崇礼代理。刘嘉琛学台从各县新旧生员中择优调入学员400人，每斋200名，每名月给膏火银4两。中斋教职员由刘学台调用或聘请，西斋教员由敦崇礼推荐。一切准备就绪，1902年6月26日，西斋校舍工程完毕，西学专斋正式开学上课，岑春煊和省城重要官绅出席了开学典礼，山西大学堂正式成立。

1903年春，山西大学堂于太原侯家巷购得民地200余亩兴建校舍。次年秋落成，两斋学生同时迁入。

山西大学堂中学专斋成立之初并没有设置专门分科，只有一高等科，课程只有经、史、政、艺四科。既不分班，也无教室，讲课也无定时，以贡院原有的"丰树堂"为听讲大堂，教学方式一仍书院旧习。西学专斋则只设有预科，课程内容较中斋充实。学习科目分英文、算学、物理、化学、博物、历史、地理等课，以英文、算学为主要科目，没有国文。教学方法照搬英国模式，由外国教员讲授，中国人任翻译。1904年，新任学台宝熙对学堂教育进行改革，根据《奏定学堂章程》将中斋高等科分为一、二两类。第一类以文为主，第二类以理为主。对学生应学科目，仿照西斋办法，一改经、史、政、艺四门旧制，除保留经学外，还增加了英、日、法、俄等国语言以及数学、物理、化学、地理、历史、博物、图画、体操等新课程。由此，中西斋学生学习科目，渐趋一致。

为解决教学所需教材和适应当时全国兴办学堂的要求，李提摩太于1902年在上海江西路惠福里口120号设立了山西大学堂译书院，先后聘请李曼教授和美国人窦乐安主持，

山西大学堂旧址

由夏曾佑、许家惺、朱葆琛等人担任翻译，每年经费银一万两由西斋费用中拨出。译书院曾先后翻译和出版了数十种教学用书和名著。其中主要有《迈尔通史》《最新天文图志》《最新地文图志》《欧洲商业史》等，为引进和传播西方先进的科学技术知识和学术思想作出了较大贡献，在当时影响很大。

山西大学堂成立头十年，共毕业学生500余人，其中中斋毕业高等科36人，高等预科46人；西斋毕业专门科22人，其余313人为预科毕业。中西两斋预科毕业考试在省城举行，由布政使、按察使和冀宁道负责主持，巡抚还亲临视察。凡中斋毕业学生，奖给"贡生"名分。西斋预科毕业生考试及格者，奖给"举人"名分。各专门科毕业生，须赴京参加考试，及格者授"进士"名分。

1902年颁布的《钦定学堂章程》和次年颁行的《奏定学堂章程》规定，将大学教育分为高等学堂（大学预科）、分科大学和通儒院三级，各省大学堂须设有三科才能称为大学。1903年，各省都遵章将大学堂改为高等学堂。山西大学堂因与外国人订有合同得以继续存在。同年10月，天津中西学堂改为北洋大学堂。此后直到辛亥革命，全国由中央和地方政府设立的大学堂，只有京师大学堂、山西大学堂和北洋大学堂三所。

山西大学堂的成立，是我国省立新型大学的开始，不仅开创了山西教育的新纪元，而且在近代中国高等教育史上也具有重要意义。

六、入教山西人士

1. 韩霖与军事著作《守圉全书》

(1) 韩霖家世及其西学背景

韩霖,字雨公,号寓菴,山西绛州人。父韩傑,为富商;兄韩云曾任徐州知州、汉中推官及遵州知州等职,为明末山西著名的天主教徒;弟韩霞,字九光,亦为天主教徒。关于韩霖的生平,山西地方志有多份传记介绍,但对其宗教信仰、奉教经历文献记载较少。韩霖何时受洗奉教,在各种文献中记载迥异。目前至少有三说:一种说法是1620年艾儒略授洗说。此说主要见金尼阁《1621年耶稣会中国副省年报》。该报称,艾儒略乃去山西为韩氏兄弟全家授洗。第二种说法是1624年高一志授洗说。巴笃里(Daniell Bartoli)《中华耶稣会史》称:"1624年,高一志至绛州,为两名宦授洗,其一名韩云,其一为韩霖。"①

上述两种说法均为一家之言,并无更多的证据。萧若瑟《天主教传行中国考》称:"绛州有名孝廉韩霖者,字雨公。初在北京与徐光启善,因闻道受洗,圣名多默,归家后,邀高公至绛,劝其亲戚族党同奉教焉。"②据萧若瑟所言,韩霖奉教以后才邀高一志到绛州,与天启四年高一志到绛州后韩霖受洗说不合。又高龙鞶《江南传教史》称:"1620年因徐光启之请,艾儒略曾随某大员赴陕西,而山西的绛州城中,这时已有在北京受洗的士大夫数人,艾儒略因此前往。……时山西绛州也有文士二人,在北京受洗,洗名斯德望与多默。这时二人回到绛州,也屡请教士来省,乃由高一志至山西。"③此说可信,则知韩霖奉教应在万历四十八年以前,此为第三说。

---

① (法)费赖之著、冯承钧译《在华耶稣会士列传及书目》上册,第92页。费书称,韩云的洗名为 Etienne,但萧若瑟《天主教传行中国考》卷四、高龙鞶《江南传教史》上编第1册均称韩云洗名为 Vital。Fortuna Margiotti, Il Cattolicismonello Shanxi dale Origini al 1738 称韩云的洗名为 Stefano 或 Stephan。
② 萧若瑟:《天主教传行中国考》卷四,第119页。
③ (法)高龙鞶:《江南传教史》上编第1册,第163—165页。

可见，韩霖受洗在万历四十八年之前，受洗地点应在北京，影响其受洗的人主要应是徐光启。徐光启与绛州韩氏兄弟关系极为密切，康熙《绛州志》卷二《韩霖传》有记载。

（2）《守圉全书》的主要内容

韩霖的《守圉全书》是明末极为重要的一部军事著作。韩氏三兄弟均好读书、好藏书、重学术，其中尤以韩霖为最。"前先后购书数万卷，法书数千卷。"①在家乡建起了晚明时期山西著名藏书楼——卅乘藏书楼，明代大文豪董其昌为韩氏藏书楼撰文题记。韩霖家境虽富，但其科场屡屡失意，天启元年中举，以后屡试不第，一直未能进入仕途。《守圉全书》卷首梁以樟言："雨公挟可以用世之才，而局量深沉，恒退然不果用。"韩霖的后半生主要是讲学、著书，康熙《平阳府志》称韩霖："谈道著书，教授后学，所著书有《守圉全书》《救荒全书》《铎书》《二老清风》《士苑》《俎谈》《群言》……《炮台图说》《神器统谱》《山西添设兵马议》《燕市和歌》《维风说》，《寓庵集》四十卷，《书札》二十卷。"

乾隆《直隶绛州志》则称："生平著书数十种，历遭兵，存者亦仅矣。"除上书外，韩霖还有军事著作《慎守要录》二卷、史学著作一部《购募西铳源流》未分卷、教史著作一部《圣教信证》，②神学著作两部《敬天解》《辨教论》，目录书一部《卅乘楼书目》及诗集一部《虫加园诗集》，另外还有一部李盘、周鉴与韩霖三人合撰的《金汤借箸十二筹》十二卷③。韩氏著书虽多，但大半亡佚，今存世者计有《守圉全书》《慎守要录》《二老清风》《铎书》《圣

---

① （清）张成德（乾隆）《直隶绛州志》卷十一《人物传》。
② 徐宗泽《明清间耶稣会士译著提要》卷五《教史》，第223—224页。吴相湘《天主教东传文献三编》收《圣教信证》一书，作者为韩霖、张庚二人，韩霖并有"顺治丁亥阳月"之序，但检索全书，书中所记人事，多是韩霖逝世后之事。故知此书"或由韩霖起意并作序"，但主要编纂之作应由后来之人完成。
③ 苏州市图书馆藏有署名李盘、周鉴、韩霖三人《金汤借箸十二筹》十二卷，为清初抄本。据乙卯（崇祯十二年）李嗣京（盘）《序》称："韩子雨公有《守圉全书》，予为删其繁，增其缺。周子台重加考订。"可以说明韩霖并未参与此书的编纂，而是李盘参考了韩霖的《守圉全书》，而挂韩霖之名。该书卷六《望远镜》连图带文字说明均录自《守圉全书》。

教信证》《辨教论》及《金汤借箸十二筹》等七部，而《守圉全书》不论从文献意义及史料价值上，还是在西学传播上，均为其所存书中最重要的一部。

《守圉全书》虽然"卷帙浩繁"，但全书之编纂工作，基本出自韩霖一人之手。其门人屈必伸称：

> 吾师雨公闭门著书，网罗百氏，归于天人合一，将相兼备。于兵农礼乐诸大典，必欲穷究精微，成一家言，不欲使一人出其右，此书不过经世一端，恐览者以边才将略相推许，非知先生也。①

据《守圉全书》总目，该书共有卷首1篇，正篇8篇，卷末1篇。而刊印后，则分订为14册，即有些篇是一篇为一册，而有些篇则是一篇为上、下两册，如《制器篇》即分为上、下册，各册厚薄不等，但每册均以唐人诗句"天涯静处无征战，兵气销为日月光"中的一字为册号，意为"止戈为武"，即申明编纂《守圉全书》这一军事著作的最终目的就是"无征战""销兵气"。韩霖编纂此书的目的即介绍军事学中的"防守"，故称"详守略战"，而且防守还主要是"守城""守堡"及"守边"等，至于"江防""海防"等则不是此书要介绍的内容。显而易见，这部书的编纂完全是为了满足当时明朝与后金之间战争的需要，防守明朝东北边境的领土、城堡已成为崇祯朝的头等大事。

关于各篇的具体内容，拟作简略介绍：

①卷首《序言篇》。该篇共收韩爌等序跋11篇，还有《守圉全书》凡例24条及《采证书目》。

②卷一《酌古篇》。主要收录陈际泰序言1篇，前代军事家及兵书有关守城之议论，当代军事家守城之法亦载其中，包括吕坤等9人的奏疏和文章。

③卷二《设险篇》。该篇分为卷二之一和卷二之二两卷。其中收录张挚民和夏允彝序各1篇，主要论及明季军事工程铳台的修建，包括当时人徐光启等33人的奏疏和文章及所绘图册。

④卷三《制器篇》。该篇分为卷三之一和卷三之二两卷。收录有王懋官

---

① （明）韩霖：《守圉全书》（上本）卷首《屈必伸题记》。

与韩的序言1篇,该篇主要介绍传统兵器、军中旗帜、灯火、望楼、望远镜、风车、吊车、绳梯、炮车、狼牙拍、绞车等器械,均绘有图。最重要的是保存了李之藻等一批明末中西人士关于制造西洋火器的51篇奏疏和文章。

⑤卷四《豫计篇》。该篇主要论及城防守卫的种种方法与制度。引录当时人茅元仪等人的奏疏和文章24篇。

⑥卷五《协力篇》。该篇分为卷五之一、二、三、四。其中卷五之三收米寿都序言1篇。《协力篇》主要论及防边守城的士兵、壮丁、练兵、练将、阵法、乡兵及山西地区的守边防御等问题。收录有明朝军事家及政治家孙传庭等人的奏疏和文章94篇。

⑦卷六《申令篇》。该篇分为卷六之一、二,该篇主要介绍守城诸法令、挑选士兵、练习武艺之方法规则。引录文章多为"前辈城书",其署名文章有奏疏和文章共8篇。

⑧卷七《应变篇》。该篇主要介绍防边守城之应变诸法。计有《御石炮》《借火炮》《防排圈》《女扮男》《备火饭》《诡夜鼓》《认贼首》《偃月城》《火月城》《防水》《守法三条》《应变器具》《无城守法二条》《出战决计二条》《斫夜营》《详计》《烛奸》《结援二条》《追敌》《出围》《伪出》《侦探》《察机》《感激》等24篇。

⑨卷八《纠缪篇》。该篇主要针对明朝军队中筑城、制台、建桥、制器、造炮、制药中出现的错误方法进行了纠正。其中还收有韩霖之友浙西屠象美序言一篇。

⑩卷末《赠策篇》。该篇主要收录了王征与韩霖的书信往来,并将王征在《守圉全书》首卷完成后,寄赠韩霖的几篇文章收入其中。

(3)《守圉全书》的文献意义与史料价值

韩霖一生著述甚多,但《守圉全书》应为其代表作。《守圉全书》是一部中国古代专门论述防边守城的军事著作。在韩霖之前,论述防边守城的专门著作仅有宋代陈规的《守城录》。到明朝后,关于守城之著作渐多,戚继光《纪效新书》《练兵实纪》中均有守城筑台之论述;郭子章有《城书八章》,张朴有《宁城机要》,此二书已佚,仅见于韩霖《守圉全书》之《采证书目》。

王鸣鹤《登坛必究》中亦有专门守城一章；吕坤《救命书》为守城之专书，但仅有《城守事宜》《遇变事宜》及《预防事宜》3篇，十分简略：茅元仪《武备志》之《军资乘》有专门的"守部"，共为6卷。

与韩霖《守圉全书》几乎同时的还有范景文的《战守全书》，全书共18卷，而"守部"仅占9卷，该书成书于崇祯十一年，其中很多内容与《守圉全书》相似，但并非摘抄《守圉全书》，条目标题相同，但所引书目内容完全不同，所引西学内容与韩书有异曲同工之妙。而全面论及军事上防守之道者，当自韩霖始。正如雨公所言：以往之兵书"谈守者，寥寥数言；谈战者，博而寡要"。故其"广采兼收，拨尤汰冗"，奋起而编纂《守圉全书》数十万言。《守圉全书》在文献分类上应属古兵家之类。因此，全书中征引文字九成以上为明代史料，故可以称之为研究晚明社会极为重要的军事、经济、社会文献，史料价值极高。

（4）《守圉全书》与西学传播

韩霖有《购募西铳源流》，介绍明朝入澳门购炮募兵之始末。据法国学者伯希和（Paul Pelliot）介绍，张焘与孙学诗还合撰过一部《西洋火攻图说》。可见，自西洋军事科学技术传入中国后，中国已有不少学者接受西洋之法，或翻译，或撰述，已出现了为数不少的介绍西方军事科学技术的著作，但保存下来的仅见赵士祯《神器谱》（又称《火攻神器图说》）及孙元化《西法神机》两种。汤若望口授，焦勖撰述《火攻契要》（又名《则克录》三卷）虽是保存下来的一部介绍西洋军事技术十分重要的著作，但该书刊刻于崇祯十六年，要比《守圉全书》晚六年。因此，从明末最早介绍西洋军事科学技术的一批典籍来看，《守圉全书》是仅存的数部文献之一，又是现存几部介绍西洋军事科学技术著作中规模最大的、内容最丰富的一部。他的书中不仅有极强的经世致用思想，而且有很明显的提倡西学、学习西方坚船利炮之目的。所以，在他征引的文献中及他编纂的诸家议论疏章中，有很多是当时已在一定程度上掌握或了解西学的士大夫的著作或文章，有些甚至就直接是欧洲人的著作或文章。所以从当时西学的传播与推广角度而言，特别是对西洋造城法、西洋大炮、望远镜及其他西洋器械在中国的传播与使用，《守圉全书》所载之珍贵文献及丰富内容就更显重要。

2. 樊守义与第一部旅欧游记《身见录》

樊守义（1682—1753），字利如，山西绛州人。绛州是山西最早有传教士的地方。樊守义少年时就成了"虔事天主"的教徒。1624年，罗雅谷到绛州传教，直到1631年到北京修历。王丰肃传教亦至绛州，1640年葬绛州南门外。其时全国天主教堂计35处，其一在绛州。清康熙三年（1664）全国统计教徒数目，山西绛州有教徒3300人。

樊守义是清朝康熙年间中国与欧洲文化交流的见证者与传承者。在中西文化交流的过程中，由于东西方文化的差异，导致交往中的礼节问题始终是一个关键，而且常常成为双方矛盾焦点所在。康熙皇帝就是为了弄清楚罗马使臣铎罗来华的一些礼节问题，派遣来华的修士艾若瑟等人西去考察。

16世纪初，葡萄牙人发现新航路后，中国与欧洲的关系进入一种新的局面。随着西方侵略者的开拓，中西人士的往来亦逐渐频繁。就资料所见，清代最早去欧洲的是郑玛诺。

郑玛诺是澳门人，字维信，自幼随意大利人卫匡国学习，随后跟他去欧洲。顺治十一年（1654）到罗马，学格物穷理探源之学，于康熙十年（1671）东归。①

康熙四十四年（1705），因为"礼节问题"，罗马派铎罗来华，处理纠纷。清廷以宾礼优遇，但是铎罗作风不正，于康熙四十六年（1707），自南京发布"禁约"，康熙非常不满，亲笔批"禁约"说："览此告示，只可说得西洋人等小人，如何言得中国之大理……"②为了将是非澄清，康熙便在同年，派艾若瑟西去，而山西人樊守义就是唯一的中国随行者。

康熙四十六年（1707）冬，樊守义奉清廷命令，随艾若瑟从澳门出发，去欧洲。这时，樊守义还是一个25岁的青年。康熙四十七年（1708）秋八月，到达葡萄牙。居此四月，遂赴意大利，约于1709年初到罗马，晋见教皇。之后，

---

① 费赖之：《入华耶稣会士列传》，法文本。
② 故宫博物院编《康熙与罗马使节关系文书影印本》，第十四件。

他又先后到过意大利中部和西北部的许多城邦。初学于意大利的都林，继学于罗马，纵使体质不强，仍笃志好学。康熙五十八年（1719）三月，他从葡萄牙启程，偕艾若瑟东还。舟行至好望角附近，艾若瑟病故。康熙五十九年（1720）六月十三日回到广州，樊守义独归中土。康熙重视所遣使臣，命两广总督赵弘灿向粤海关及香山县探查。樊守义回广东后，随即至北京。九月十一日到热河见到康熙皇帝。此时距他出国已经13年了。[①]康熙六十年（1721）夏，京城很多达官贵人询问欧洲的风土人情，樊守义遂将其亲身经历，写成这篇《身见录》。这是国人写的最早的一部欧洲游记，不论其内容如何，都是有特殊意义的。

樊守义归国后，并无什么可叙述的地方，乾隆十八年（1753）去世。

《身见录》原稿未分段，未断句，也未曾刊行，藏在罗马图书馆中，夹在《名理探》书内。阎忠临先生于1937年将原稿摄回，共14页，并按照原文加以分段，且加以注释。这篇旅欧的记录，就内容来说没有什么特殊的地方。但是，樊守义旅欧将近13年，将他的观感记录下来，也反映了当时欧洲的情况，如意大利封建割据的状况，充满了中世纪晚期的气息。其次，明末西方传教士东来，自然于文化交流起了一定的作用，但是对于以后帝国主义的侵略也产生了一定的影响，这是无可否认的。所谓"礼节问题"，也是文化侵略的开端。

樊守义在《身见录·自序》中，简要陈述写作的宗旨经过，提及不是自己亲历之地，一概不予记录，即便是自己的经历，也难以悉数记录。他说："凡所过山川都邑，及夫艰险风波，难更仆数。其或耳闻而目有未睹者，我姑弗道；即所亲历，亦竟未尝笔载一端。……至辛丑孟夏，蒙王公大人殷殷垂顾，询以大西洋人物风土。余姑以十余年之浪迹，一一追思，恍如昨见。爰举往返颠末，为记其略云。"《身见录》虽属事后追忆，记叙也颇简略，但内容却是相对真实的。

樊守义对他在欧洲13年的见闻的记录，折射出一个普通中国人当时看世界的视角，反映了中世纪晚期欧洲政治、经济、文化诸方面的情况，比如意

---

① 钟叔河：《走向世界——近代中国知识分子考察西方的历史》，中华书局，2000，第40页。

大利的分裂和割据、中西礼节问题等。尽管记录并不详细,但对于当时的中国人认识西方世界还是发挥了积极作用。

第二节

《瀛寰志略》——正眼看世界的徐继畬与伟大的开放名著

在半封建半殖民地的中国近代社会，闭关锁国，朝野上下普遍夜郎自大，国民闭目塞听，对世界局势盲目无知，欧风美雨远未波及的中华大地内陆地区山西五台县，却走出去一位胸怀祖国安危、具有全球视野、正眼看世界的正直清廉封建官员徐继畬，并写下了一部惊世骇俗的伟大开放名著《瀛寰志略》。《瀛寰志略》是鸦片战争后继魏源《海国图志》后的又一部全面、系统、客观地介绍世界地理及各国概况的图文并茂的名著，更主要的是这部书开了介绍西方资产阶级的民主政治制度的先河。出版后，风行一时，翻刻本较多，与魏源《海国图志》均传入日本，对日本后来的明治维新起了推动作用。此书在国内曾产生重大影响，但由于时代的局限，他个人的命运及此书的际遇却一波三折，令人扼腕叹息，更感改革开放的重要与迫切。

一、徐继畬的生平事迹

徐继畬（1795—1873），字健男，号松龛，山西五台县人。祖籍山西马邑，15世祖迁五台县东冶镇。祖父徐敬儒，乾隆年间举人。父亲徐润第，乾隆末年进士，与续修《红楼梦》的高鹗同榜，且有深交。徐润第学问渊博，且有经济之才。治学鄙弃训诂,崇尚陆王,是一位理学家、易学家。历任内阁中书、储济仓监督、施南府同知,为官清廉,做官20余年,衣服都不满两箱。早早就辞官归乡,在崞县、晋阳、介休等地授徒养家。徐继畬的叔父徐寅第,嘉庆初年拔贡,也是一位清官。徐继畬自幼聪颖,博览群书。道光六年(1826)中进士,朝考以《政在养民论》为文,获第一名,选庶吉士。1830年授翰林院编修,1833年补陕西道监察御史,后官至福建巡抚、闽浙总督、总理各国事务衙门大臣上行走、总管同文馆事务大臣,是中国近代的一位启蒙思想家、睁眼看世界的先行者,也是鸦片战争后向西方学习的先驱。

徐继畬初拜台谏,正值道光帝下诏求直言。他不畏强暴,接连上疏,参劾山西贪官。首先,上《特参州县入省钻营疏》,参劾山西忻州知州史梦蛟和保德知州林树云,要求道光帝严惩这些投机钻营之官,刹住奔竞之风。[①]又上《特参借端科敛疏》,揭露山西平阳镇总兵邰费音、荣河(今属万荣)知县武履中,要求道光帝严行查办,以儆官邪而苏民困。[②]继而又上《请整顿晋省吏治疏》,揭露当时山西历任道府州县官吏,利用词讼,收取贿赂,致使百姓倾家荡产,官吏累万盈千收入私囊,上官因得其所欲,对下官不但不参劾,反而包庇、调动甚至异地提拔。为此,徐继畬请求道光帝下诏,对声名狼藉的官吏严加参劾、解任,对受贿的官吏严加追究,"必使尽情败露,置之重典,不得发交本管道府任其消弥"。[③]他建议对操守廉洁、百姓爱戴的官吏加以奖励,优先提拔,务使贪廉分明,以达到整贪奖贤的目的。

徐继畬认为,贪风盛行,在于纲纪不振,要振纲纪,必须杜绝督抚庇护和大臣调停的积习。为此,又上《请除大臣回护调停积习疏》,力陈各省巨案迭出,皇上权衡轻重,虽然将案件交督抚查办,或交钦差大臣查办,但结果查办之事竟没有水落石出。道光帝每得徐继畬上疏,多所采纳,并再三称善,屡降谕旨,责备内外诸臣上疏空文无实,不切中时弊。

---

① 《特参州县入省钻营疏》,《松龛全集·奏疏》卷上,1934年山西文献委员会版,第1页。
② 《特参借端科敛疏》,《松龛全集·奏疏》卷上,第2—3页。
③ 《请整顿晋省吏治疏》,《松龛全集·奏疏》卷上,第4—5页。

道光十六年，徐继畲针对当时政令多、科条密、有令不行、有禁不止等社会弊端，又上《政体宜崇简要疏》，提出三方面建议：（一）教令宜简。认为诸臣条奏繁多，应选事关切要者降旨。这样，教令所出"坚如金石，信如四时，而不至于壅遏而不行"[①]。（二）条例宜简。徐继畲认为，六部则例，乱如棼丝，头绪纷繁，首尾乖舛，堂官茫然，任凭书吏颠倒蒙混，无弊不生。他建议道光帝下诏，选娴熟例文能知大体者数人，从现行事例中，精审详定另为一编，"切于事理者存之，琐屑无味者去之，纲领取其分明，文法取其简净，事省其十之五，文省其十之七"，名曰"简明事例"。[②]使留心公事之堂司各官，知其梗概，不至于听命于狡猾的书吏。这样，就可以遵照执行，剔除丛弊。（三）处分宜简。徐继畲认为，议功议过，目的是使百官各知劝惩，而现行处分则例，愈增愈密，规避之方亦愈出愈奇，书吏乘机上下其手，无以励官方。此为六部条例中最大的弊端。徐继畲建议，各官处分，凡有关于国计民生，或有关于官箴品行者，不妨从重从严，使之知儆，其余事涉细微、无关治体者，大加删削，务使劝惩之条严明郑重，使吏议者自悔，而贤能者得以施展才干。以上三条皆因其太繁而宜从简，"简则重，繁则轻，简则实，繁则虚"。[③]只有这样，才能杜绝社会弊端。道光帝阅后，大为感动，决定采纳，并立即召徐继畲入京奏对。徐继畲议及时事和民间疾苦，"至为流涕"。[④]第二天，道光帝便授徐继畲为广西浔州（今桂平市）知府。数月后，擢为福建延建邵道道员。由上述不难看出徐继畲不畏强暴，参劾贪官，关心民间疾苦。

鸦片战争前夕，朝野上下在禁烟问题上有两种对立的观点。徐继畲坚决站在抵抗派一边，积极支持禁烟运动。为此，他撰写《禁鸦片论》，详细论述了鸦片之害与禁烟之方，主张：杜来源，绝兴贩，严吸食，以弭大患，复元气。徐继畲认为鸦片走私贸易，"是英夷之剥我元气而富强其国者"。[⑤]不过，他

[①] 《政体宜崇简要疏》，《松龛全集·奏疏》卷上，第8—9页。
[②] 《政体宜崇简要疏》，《松龛全集·奏疏》卷上，第9—10页。
[③] 《政体宜崇简要疏》，《松龛全集·奏疏》卷上，第10页。
[④] 《清史稿·徐继畲传》。
[⑤] 《禁鸦片论》，《松龛全集·文集》卷一，第7页、第8页。

认为禁烟首先要严以吸食，宽以自首，给予期限。若不改，则视为顽民，便可诛之。他认为严吸食之法，先贵而后贱，先富而后贫，先内而后外，先豪猾而后良弱。①访其平素行为可诛，而兼有吸食者诛之，借以惊众。至于"英夷虽强甚，然鸦片输入纯系偷卖，若吸食者少，兴贩者绝，英夷数万里载鸦片而来将有何用，虽含怒蓄怨，终不能藉为兵端"。这样，"外以伐强寇之阴谋，内以消奸民之反侧，所诛者少，所全者众"，"弭大患于无形，而复凋敝之元气计无有良于此者"。②他还驳斥了投降派的反动论调，斥责那些将英国扰乱海疆归咎于禁烟，认为吸食者判绞刑太重，欲从轻典的论调是因噎而废食。

1840年5月，英舰驶入穿山洋。6月，封锁珠江口，8月，徐继畬奉命调署汀漳龙道。是时，英舰进犯厦门，与漳州只隔70里，居民一日数惊。徐继畬沉着备战，连夜在辖区筹划加强防御，召集兵民，采集大木排桩塞各港口，指挥军民扼险固守。英国侵略者知有防备，未敢进犯漳州。1841年8月，璞鼎查率英舰攻陷厦门，形势危急，徐继畬誓守漳州，督率兵勇昼夜把守，誓与城门共存亡。他对夫人说："城如不保，陈忠愍公祠内，吾尽节处也，卿且奈何？"夫人笑曰："死耳，此事岂待商量！"③表现了徐继畬与夫人赤诚的爱国之心。

1841年，鸦片战争期间，清军的惨败促使徐继畬认真地探究西方列强的国情。11月19日，他在致友人的信中写道："二百年全盛之国威，乃为七万里外之逆夷所困，致使文武将帅，接踵死绥，而曾不能挫逆夷之毫末。"④是年5月26日，徐擢两广盐运使，旬日，复迁广东按察使。1843年5月1日，迁福建布政使。赴任前，召京觐见，道光帝询问海外形势与各国风土人情，徐继畬奏对甚悉，道光帝很满意，遂责成徐继畬采辑纂书进呈。尔后，徐继畬往来福州、厦门之间，兼办通商事务。1846年12月2日，授广西巡抚，未赴任。是时，道光帝知徐继畬堪当重任，次年2月10日，调补福建巡抚，令办通商事务。

---

① 《禁鸦片论》，《松龛全集·文集》卷一，第7页、第8页。
② 《禁鸦片论》，《松龛全集·文集》卷一，第8页。
③ 徐继畬：《徐氏本支叙传·续夫人家传》。
④ 《鸦片战争》第2册，神州国光社，1954，第598页。

长期任职闽粤为徐继畬了解世界大势，究心洋务，精心著述《瀛寰志略》提供了良好条件。但是书刊行后，竟然成为守旧派弹劾徐继畬的依据。自 1843 年接受道光帝命纂书进呈的面谕后，他领悟到，中国的士大夫急需一个能够放眼世界的更准确的视角，开始在浩如烟海的地理资料中探察，以便向人们提供新的国际社会的真面目。1843 年，徐继畬驻厦门，会晤懂闽语的美国传教士雅裨理，从而了解到一些外国历史和地理情况，并借雅裨理所携绘刻极细的世界地图册，钩摹十余幅。次年，再至厦门，多方搜得地图两册，较雅裨理所携地图尤为详密，并觅得西方人汉字杂书数种。每与来华的外交官、商人、传教士、医生等接触，他总要打开地图册参考，对各国之地形时势稍有所得，便依图立说，并采中外地理书籍、舆图、地方志及报纸新闻之可信者，扩展为篇，初名《舆地考略》。1844 年初稿完成，改名《瀛寰考略》。1845 年，英国驻福州领事的夫人，应徐继畬的要求绘了一幅世界地图，用不同颜色标出受英、法、俄控制的各地区。徐继畬收到此图后，发现图上无阿富汗国，立即致函查询原因。他的真知灼见，使一些外国人感到吃惊。其后，续采西方杂记，询问西方官员，参阅《海国图志》，"每得一书，或有新闻，辄窜改增补，稿凡数十易，自癸卯至今，五阅寒暑，公事之余，惟以此为消遣，未尝一日辍也"[①]。终于使《瀛寰考略》日臻完备，又更名为《瀛寰志略》，定为 10 卷，于 1848 年在福州抚署初刊。该书依类附图 44 幅，其体例先总后分，先图后说。总述全球概貌，包括各大洲大洋简况。分述亚洲、欧洲、非洲、美洲各主要国家的地理位置、建置沿革、面积人口、军备器械、政治时势、物产气候、风俗人情、种族语言、城市港口、船舶贸易、宗教信仰、国家盛衰、重要人物等。在每篇后附按语加以考释，所引书籍内容皆注明所出。该书还广泛介绍了欧美资产阶级民主制度，并高度推崇美国资产阶级民主制度的创始人——华盛顿。"华盛顿，异人也，起事勇于胜、广，割据雄于曹、刘。既已提三尺剑，开疆万里，乃不僭位号，不传子孙，而创为推举之法，几于天下为公，骎骎乎三代之遗意。其治国崇尚善俗，不尚武功，亦迥与诸国异。

---

① 徐继畬：《瀛寰志略·自序》，1848 年刻本。

余尝见其画像，气貌雄毅绝伦。呜呼，可不为人杰矣哉！"①"米利坚合众国以为国，幅员万里，不设王侯之号，不循世及之规，公器付之公论，创古今未有之局，一何奇也！泰西古今人物，能不以华盛顿为称首哉！"②上述推崇美国资产阶级民主制度和资产阶级的革命领袖人物华盛顿之文，后于1853年7月12日浙江宁波府镌碑赠送华盛顿纪念塔，砌于第10级内壁，保存至今。1868年3月29日，美驻华公使蒲安臣，将美国总统特地让国务卿请一位卓越的艺术家创作的华盛顿画像赠送给徐继畬，并致辞说："今天，我以美利坚合众国全体人民的名义，带着一切美好的祝愿，赠送这幅画像。殷切地希望，今后你和你的同胞，在看到这件有价值的纪念品的时候，永远能够回忆起美国人民对你们国家的友谊，以及对你的热爱和崇敬。"③徐继畬答曰："华盛顿……已成为全人类的典范和导师。他的贤德，已经成为联结古代圣贤和他以后的各代伟人的一条纽带，因此，必将永远活在人们心中。"④

《瀛寰志略》是鸦片战争后继魏源《海国图志》后的又一部介绍世界地理及各国概况的图文并茂的名著，更主要的是这部书开了介绍西方资产阶级的民主政治制度的先河。出版后，风行一时，翻刻本较多，与魏源《海国图志》均传入日本，对日本后来的明治维新起了推动作用。此书在国内也产生了重大影响。闽浙总督刘韵珂称徐继畬："综贯百家，淹通七略，智绝舆地之学，识精形势之言。"⑤福建巡抚刘鸿翱赞誉此书是"百世言地球之指南也"！⑥福建道员陆泽长说该书"于国家抚驭之策，控制之方，实有裨益"。⑦彭蕴章称《志略》为"宇宙之钜观，古今之绝业也"⑧！郭嵩焘初以《瀛寰志略》

---

① 《瀛寰志略》卷九。
② 《瀛寰志略》卷九。
③ 《蒲安臣在赠送华盛顿像仪式上的致辞》，原载《纽约时报》1868年3月29日第10版，转引自（美）德雷克著、任复兴译《徐继畬及其瀛寰志略》，第166页。
④ 《徐继畬在赠送华盛顿像仪式上的答辞》，原载《纽约时报》1868年3月29日第10版，转引自（美）德雷克著、任复兴译《徐继畬及其瀛寰志略》，第168页。
⑤ 《瀛寰志略·序》。
⑥ 《瀛寰志略·序》。
⑦ 《瀛寰志略·序》。
⑧ 《瀛寰志略·序》。

述英法诸国之强，以为过，后出使英国，才叹曰："徐先生未历西土，所言乃确实如是，且早吾辈二十余年，非深识远谋加人一等者乎？"董恂在1866年版《瀛寰志略》的序中也推崇徐书：只有读过此书以后，才对"天之所覆，地之所载"有了全面了解。董恂希望更多的人读这部书。①正由于董恂的大力推荐，《瀛寰志略》才得以在1866年重版。此书对资产阶级维新派亦有重大影响，康有为读《瀛寰志略》后说："始知万国之故，地理之理。"②并把《瀛寰志略》列为他讲授西学的教材之一。梁启超读《瀛寰志略》后感慨道："始知五大洲各国。"③并以为中国研究外国地理是从徐继畬著《瀛寰志略》和魏源著《海国图志》"开始端绪"。④

《瀛寰志略》初刊问世，云贵总督吴文镕写信鼓励徐继畬修改后进呈御览。未及进呈，1850年2月，道光帝去世，咸丰帝继位。《瀛寰志略》中论述英法诸国之强，尤其是对美国资产阶级民主制度及其领袖人物华盛顿的推崇内容，被守旧派看作影射中国封建君主专制制度和皇帝的大逆不道的犯罪行为，被作为弹劾徐继畬的主要依据。

徐继畬被弹劾的导火线是发生在1850年的神光寺事件。此事起源于英国驻福州领事馆代理领事金执尔要求让一名英国籍传教士和一名英籍医生在福州城内乌石山上的旧庙神光寺租屋居住，得到侯官县令兴廉盖印批准。6月26日两名外国人住进了神光寺，开了鸦片战争后外国人入城的先例。徐继畬得知此事后，立即对兴廉严厉申斥，并饬令兴廉设法劝英国人搬出神光寺。但金执尔以此事需待英国香港总督文翰批复处理为辞予以拖延。数日后，福州便出现了绅士的第一封公呈，要求英国人立即退出神光寺。英国人看到《致英吉利夷官公信》后，要求徐继畬保护。徐继畬将计就计，立即派兵役在神光寺附近巡防，其目的是想既能避免外交上的冲突，又能设法迫使英国人搬出神光寺。为此，徐继畬一面劝阻百姓不找英国人就医，一面阻止匠人不为

---

① 《瀛寰志略·序》，1866年版。
② 康有为：《康南海自编年谱》，神州国光社1953年版。
③ 梁启超：《梁启超年谱长编》，第22页。
④ 《清代学术概论》，《梁启超论清学史二种》，复旦大学出版社，1985，第46页。

英国人修复已破旧漏雨的房屋。但当时退职在籍养病的原云贵总督林则徐急欲驱逐英国人出福州城,对徐继畬的处理颇有看法。8月25日,翰林院侍读学士孙铭恩向咸丰帝上奏,陈述了福州绅士的观点,在北京对巡抚徐继畬和总督刘韵珂发起了攻击。9月4日和6日,代表福州士大夫一方的两个御史接连上奏,林祖扬上第一道奏章,引用了林则徐等人致徐继畬的公信,强烈抗议徐继畬对神光寺事件的处理方式。接着何冠英上第二道奏章,直接攻击徐继畬。11月21日,何冠英再次上奏,进一步谴责徐继畬。于是朝廷命宠臣两广总督徐广缙追查这一事件。徐继畬采取断然措施,于12月2日和23日,迫使两名英国人先后搬出神光寺,住在英领事馆附近山上的道观。1851年4月23日,新任闽浙总督裕泰据实上奏说刘韵珂、徐继畬"实无措置失宜",为他们清洗了罪责。然而在同一天,守旧派徐广缙,说福州士大夫认为两名英国人迁出福州城的行动太迟缓,并把《瀛寰志略》的有关内容用作攻击徐继畬的口实,反复要求罢免徐继畬。咸丰帝便以徐继畬"身赝疆寄,抚驭之道,岂竟毫无主见,任令滋扰"为理由将徐革职,并召回北京,剥夺了他处理外交事务之权。

徐继畬被撤职,西方人迅速做出反应,认为这是中国外交倒退的信号。《中国丛报》的编辑们评论说,徐继畬的撤职是"由于他分散了对公务的注意力——也可以理解为他出版的书籍使有偏见的中国人讨嫌,而且他还看重与有才智的外国人之间的伙伴关系"。

谒见召对时,徐继畬的爱国热忱使咸丰皇帝深受感动。咸丰帝环顾左右以足顿地叹息说:"徐继畬乃老诚人,何谓欺诈?"命留京供职,授太仆寺少卿,主管蒙古东南的马群和牧场。虽说是降级,但咸丰帝指示他,什么时候想向朝廷提出建议,就尽管说。1852年,咸丰帝下诏求直言,5月,徐继畬上《三渐宜防疏》:一为土木之渐,力陈国库空虚,恳请皇上非万不得已之工程,一切停罢。①二为宴安之渐。列举历史上典故,劝咸丰帝不要贪图安逸享乐。建议咸丰帝务使"清明之志气,在宫无改于在廷。肃穆之风裁,在内无殊于

---

① 《三渐宜防疏》,《松龛全集·奏疏》卷下。

在外"。① 三为雍蔽之渐。他期望咸丰帝"听纳之勤，长如今日，则言路永无壅蔽之患，而直言极谏之士，且接踵而起矣"。② 咸丰帝读后十分高兴，朱批曰：置之座右，特旨褒奖。是岁，壬子科乡试，特授为四川乡试主考官。试毕未复命。8月，御史们又重新提出徐继畬的案件，请求吏部严加议处。吏部以追议徐继畬前在闽抚任内起解犯官何士邠迟延为借口，将徐继畬再次革职归里。

徐继畬第二次被罢官，回五台县东冶镇不久，其母去世，守孝。1853年5月8日，太平军从扬州拔营北伐。7月打到河南怀庆府（今河南沁阳），清廷诏谕河南、河北、山东、山西、陕西办团练，诏令山西罢官在籍巡抚徐继畬奉命总办山西团练，驻潞安府（今长治），防堵太平军北上。徐继畬奉命督率官绅总办山西各府州团防。

1856年，徐继畬应平遥官绅聘请，任平遥超山书院山长，首尾十年，他曾向友人说："弟虽外任十余年……家中并未置有田产"，"在平遥主讲……馆俸每月二百四十金，不足供家中……微薄之产，年来拆变供餐，亦已殆尽。"③ 竟到了贫困潦倒的境地，其廉洁可见一斑。徐继畬在超山书院的岁月里，制定了"书院章程"，培养了数百名生员。在教务之暇，评点撰写了大量古代文化著作。例如，朱墨批注《后汉书批注》手稿，除文字注释外，多为评论及阐述己见之批语，十分珍贵。他在研究《汉书》《后汉书》的基础上，又与《大清一统志》互相考证，间以己意，开始撰写《两汉郡国今地考略》，惜未完成全书，至1858年已撰成《两汉幽并凉三州今地考略》1卷，接着又撰成《沿边十郡考略》1卷。

在平遥超山书院主讲之余，徐继畬还深入研究了方志学，对地方志撰写与编排体例提出了自己的看法，并按自己的观点重新撰写《五台新志》。至1865年，撰成初稿3卷，第4卷有目无书。是年被召入京，以所作《五台新志》3卷付侄孙弟子耘田（字实甫）曰："此余未竟之书，所缺乡善、列女、

---

① 《三渐宜防疏》，《松龛全集·奏疏》卷下。
② 《三渐宜防疏》，《松龛全集·奏疏》卷下。
③ 《致瑞五园廉访书》，《松龛全集·文集》卷三。

艺文之类，尔遵余文续之，他日贤父母修邑志，呈之以供采择。"①《五台新志》仿李寒支之志宁化例、康对山之志武功例，一洗前志繁芜，独具别裁。全书以叙事体，行文畅活，独具匠心。如叙治所，则历叙街衢；叙山川，则兼及物产；生计门，详述农工商贾之生活状况而不举物产。是志还纠正了水道一门疏舛之处。光绪初，曾国荃抚晋时，阅徐继畬手稿，赞赏"综核简明，义精文赡，诚著述家当奉为准绳"，并命县令依原目补辑全书。②杨笃赞赏"是书质实简严，不屑铺张粉饰，诚古法也"。③1865年6—7月（同治四年闰五月），徐继畬奉召入京，以三品京堂候补，任总理各国事务衙门大臣上行走。1867年2月，以"老诚望重，足为士林矜式"，诏授总管同文馆事务大臣。但徐继畬已年迈体弱，自感所蓄难展，郁郁不自得。而外国使臣闻其至，则相庆得人。复出居官春秋五年，于1869年3月，"以老病乞休"。④1873年8月，在家乡东冶镇病故。

二、徐继畬开放思想的形成

出生内陆偏僻之乡——山西五台县东冶镇的徐继畬，竟能写出《瀛寰志略》这样的惊世之作，他的开放思想是怎样形成的呢？

徐继畬的四方游学经历，或许有助于他解放思想且形成广阔的学术视野。

他6岁起在母亲续夫人教养下开始读书认字，9岁时在本宅的私塾读书。11岁跟随父亲徐润第进京，在徐润第及其好友王月潭等教诲下读《史记》《汉书》和唐宋八大家古文。22岁时，徐继畬偕夫人随父至河南光州，治学4年。他有着与普通乡里少年不同的经历和开阔的眼界。徐继畬求学，受父亲的影响极大。"继畬父润第，治陆王之学。继畬承其教，务博览，通时事。"（《清史稿·徐继畬传》）父子皆治陆王之学，推崇"知行合一"的认识观和实践观。

---

① 光绪《五台新志》，徐耒田跋，1883年（光绪九年）刻本。
② 光绪《五台新志》，曾国荃序。
③ 光绪《五台新志》，徐耒田跋。
④ 《清史稿·徐继畬传》作"（同治）五年，以老病乞归"。误。

后人总结徐氏父子皆进士登科,皆好读群书、博学多闻,皆考注《后汉书》,皆好傅青主学问,相同之处甚多。另一个给徐继畬巨大影响的是叔父徐寅第。其母续夫人病逝后,其父徐润第从此弃官课徒,笔耕糊口,先后设教于东冶镇、晋阳书院、介休贾村等处,直至病逝于书馆,享年67岁。徐继畬19岁参加乡试,考中举人。31岁考中进士。其间,嘉庆二十五年(1820)秋,堂叔徐寅第任顺天西路同知,徐继畬随往顺天求学,这一年他26岁;道光二年(1822)冬,徐寅第调任河间知府,28岁的徐继畬仍跟从读书。"先生勤政经史,不舍昼夜。东堂先生谓曰:汝殆昌黎所谓'焚膏继晷,兀兀穷年'者。可取《周礼》'经牧田野'之义,亦字牧田。"①徐寅第署直隶通永道办理运粮,徐继畬仍从其读书。直至道光六年(1826),徐继畬考中丙戌科二甲八十名进士,朝考获第一名。20余年在各地游学,对其开放思想的形成,是有很大影响的。

徐继畬的思想,以宋明理学为基础,承继山西"实学"传统,讲究经世致用。道光初年考中进士后,因父亲去世,徐继畬在籍丁忧,专心批注《后汉书》,著《尧都辨》和《晋国初封考》,以务实的态度,用大量史料论证了尧都在平阳而不在太原,在顾炎武观点的基础上,廓清了《汉书》问世以来关于晋国建都何处的历史悬案。他曾致力于作《两汉郡国今地考略》,后来只写成的《两汉幽并凉三州今地考略》。无疑,

2008年山西省社科院在太原晋祠召开徐继畬及其开放思想与实践研讨会

---

① 方闻:《清徐松龛先生继畬年谱》,台湾"商务印书馆",1987,第29页。

史地考证有利于开阔视野。道光十年（1830）他任翰林院编修，道光十三年（1833）转任陕西道监察御史。徐继畲在地方任职，特别留心世务，对地方利弊莫不深究，上书言事，一月数章。当时道光帝对内外大臣言事空文无实十分不满，看到徐继畲的奏章，再三称善。徐继畲在70岁的高龄时，仍然对新的知识、新的学科入迷。同治四年（1865），美国传教士丁韪良到北京同文馆任教习，同治七年春，同文馆刻印丁韪良介绍自然科学知识的《格物入门》，徐继畲热情为此书作序。序中还回忆起当年与雅俾理的交往，说那时急于了解世界历史、地理，来不及学习自然科学，这次读了《格物入门》，知道书中讲的道理闻所未闻，都能见诸实事。[①]

"洋务"经历是徐继畲开放思想形成的最直接原因。

道光十七年（1837）秋，徐继畲被提升为福建延津道道台。在任上，他督率部属，严治盗匪，擒杀巨盗，不期年而境内肃然，治绩卓著。更重要的意义是"他从内地调到多事之秋的东南沿海地区，使他有机会展示其治民、卫国、认识外敌的杰出才能与远见卓识"[②]，开始了他生命中最为光辉的一个时期。

这期间，徐继畲获得"通晓外事"的美誉，在耆英向道光皇帝推荐"通晓外事"的人员名单中，就有山西人徐继畲和两广总督祁贡。徐继畲对世界的了解程度，甚至使一些外国人感到吃惊。1845年12月访问福州的传教士乔治·史密斯记述："在对世界各种各样的情况了解上，在思想的解放程度上，该省代理巡抚（徐继畲）都远远超过当地政府其他任何官员……他比他的国人要进步得多。"史密斯还谈到徐继畲对英国、法国、美国等国家的熟悉程度："一连好几个小时，他兴趣盎然地谈论地理。在一本价格昂贵的美国出的地图册上，他贴遍了中文名字。这本地图册是他在广州时的一位下属官员馈赠的。"

徐继畲的务实与干练，得到当时主政福建的要员刘鸿翱、颜伯焘、怡良

---

① 龙夫威：《徐继畲与美国：一种特殊的关系》，引自任复兴《徐继畲与东西方文化交流》，中国社会科学出版社，1993，第26页。
② 徐士瑚：《清廉明达、有守有为、坚决抗英、放眼看世界的先驱——徐继畲》，见《徐士瑚著译选集》，北岳文艺出版社，1994。

的敬重,均"以国士待之",在"荐牍"中称他"清廉明达,有守有为"。徐继畬也是主张禁烟的,他曾上《禁鸦片论》,历陈鸦片之危害,提出杜来源、绝兴贩、禁吸食。道光二十二年(1842)四月,道光皇帝提升徐继畬为广东盐运使(从三品),后又改广东按察使(正三品)。但到九月就迁任福建布政使,移驻厦门,兼办通商事务。不到半年,连升三级,道光皇帝对他的倚重可见一斑。

道光二十六年(1846)授广西巡抚,赴任途中又调福建巡抚,令办通商事务。道光三十年(1850),闽浙总督刘韵珂因病乞假,徐又兼代总督。

在抚闽5年间,他与总督刘韵珂相处融洽,对于外事,根据条约均抱稳健持重的态度,两人多次联名上疏,请求拨款增强防务,先后修建了长门及闽江南北岸的炮台。徐继畬熟练地办理通商事务,与洋人建立了较好的关系,对写作《瀛寰志略》帮助很大。

徐继畬不耻下问,向美国传教士雅裨理、医生甘明,英国领事李太郭、阿可克及其夫人玛丽等了解世界各国情况。他还向水师提督、去过南洋的老航师、熟悉日本的官员请教。他广求西方汉字杂书,参考过的书有:古兹拉夫的《万国地理书》《世界地理导论》《英国史》以及何理文的《美利坚合众国志》。总之,他"每晤泰西人辄披册子考证之,于域外诸国地形时势稍稍得其涯略,乃依图立说,采诸书可信者,衍之为篇,久之积成卷帙。每得一书,或有新闻,辄窜改增补,稿凡数十易。自癸卯至今,五阅寒暑,公事之余,唯以此为消遣,未尝一日辍也"。他还把手稿本寄给同乡好友张穆征求意见。经过反复修改增补,历五年而终成《瀛寰志略》一书。

道光二十八年,《瀛寰志略》在福州问世,两年后又刻印一次。

三、《瀛寰志略》的世界观

中国与世界的交往其实很早。汉代的张骞到过中亚,取经的法显、玄奘到过南亚印度等地,其中法显还是山西人。金元之际的浑源人刘郁著《西使记》,记蒙古西征背景下的中亚情况;清朝的平阳人樊守义甚至随传教士到意大利罗马见过教皇，并写了《身见录》一书记其观感。山西人认识世界的步履极其缓慢。整个中国又何尝不是如此！在鸦片战争之前，中国人的世界观就是：我天朝大国为世界中心，外部不过是蛮夷小邦。

鸦片战争后，一批在战场上与列强直接交锋、战后又亲自处理"夷务"的沿海官吏，才痛切地看到中国与西方的差距，渴望了解西方、了解世界，在当时形成一股"开眼看世界"的社会思潮。在这种背景下，出现了魏源《海国图志》与徐继畬《瀛寰志略》两部不朽的著作，力图帮助中国人建立一种全新的世界观。"这种挑战标志着无论多么痛苦，中国人的世界观即将改变。"（雷颐《徐继畬的命运》）

《瀛寰志略》10卷，首列《皇清一统图》，后备分图44幅，总述世界为四土、五洋，首先以地球为引子，介绍了东、西半球的概况；之后按亚洲、欧洲、非洲、美洲的顺序，每洲先有总叙，后有分叙，第一次较系统、全面、客观地介绍了世界概况以及世界各国的地理位置、历史沿革、气候条件、物产资源、疆域形势、典章制度、军事力量、经济概况、社会生活、风土人情、杰出人物及其与中国的交往情况等。叙述有详有略，常加按语表达其独立见解。对各国的历史有较详细的介绍，这正是史地之学的套路。复旦大学教授周振鹤称誉徐继畬为中国"当之无愧的正眼看世界的第一人"。

所谓"正眼"，他解释："鸦片战争把中国推入世界之中，使中国出现了一批睁眼看世界的先进人物。但是由于中华沙文主义思想的长期禁锢，使得这些先进人物的大多数不能不带着主观意识的框架来看世界。他们的眼睛是睁开了，但映入他们眼帘的却是一个比过去大大扩展了的新'天下'，而不是一个全新的世界。在这个新'天下'里，四夷被推向全球，而中国仍被当成是主宰天下的天朝大国。他们之中只有极少数的几个人能够跳出这个局限，而以极其冷静客观的眼光来看待新世界，徐继畬就是这极少数几个人中的佼佼者，我们可以毫不夸大地说，他是近代第一个正眼看世界的人物。"

所谓"正眼"，就是徐继畬突破了传统中国的"夷夏"世界观，客观、平等地认识世界，对待世界各国。徐继畬最伟大之处，即教会了国人通过认识世界来认识自身。

他首先认识到世界文明古国不止中国一个。在《瀛寰志略》中，徐继畬讲道：在中国传说中的虞舜时代，两河流域的古巴比伦国建立，"始聚人民，造宫室，是为西土第一国"，"其人习天文，善测星度，西土推步之学由此起"。在相当于夏代帝芒之世，"犹太人最讲文字，西国各种书籍，多犹太人所译解，故其国纪载独详。欧罗巴文士游学者，不于希腊即于犹太，盖泰西弦诵之区也"。古埃及建国于厄日多，"始教民以稽事，设职官、造文字"，"文物之盛，诸国无与比。都城有大库，藏书七十万册，称西土艺林"。古希腊建于中国夏朝中叶，到商朝中叶时，雅典城邦国家建立，"始织羊毳为衣，酿葡萄为酒，取橄榄为油，铸金锻铁作刀刃末耜，又以文字传其土人。欧罗巴之开淳闷通文学，实自希腊始"。古罗马帝国于西汉中叶后强盛起来，成为地跨欧亚非三大洲的大帝国，都城罗马"诸国仰之如周京"，"全盛时文物声名为西洋第一大都会"。

其次，徐继畬认识到世界各国各有优长，言外之意是说，中国应该取长补短，才能唯我独尊。无论自然条件、人物、经济还是文化，西方一些国家都有优势，世界上并不是我们中国最强。《瀛寰志略》介绍：欧罗巴地势平坦，海岸线长，"物产丰阜"，并赞扬欧罗巴人"性情缜密，善于运思，长于制器"。英吉利三岛出产石炭、铜、铁、铅、锡等，采用大机器生产，城市经济发达，出现了"街市之中，袵帷汗雨，昼夜往来如织"的繁盛景象。法兰西为"欧罗巴强大之国也"。西班牙，"其俗长于泛海，善于行远"，在海外殖民贸易中愈益富饶。他还把瑞士比喻为"西土之桃花源"。徐继畬对美国更倍加青睐，用十分赞叹的笔触写道："南北亚墨利加，袤延数万里，精华在米利坚一土。天时之正，土脉之腴，与中国无异"，"生聚两百余年，骎骎乎富溢四海"。徐继畬对西方文化教育之发达有清醒的认识。《瀛寰志略》称希腊"藏书之富甲于西土，人多博览，各操铅椠述事立言"；英国伦敦"有大书院曰屋度，文儒所萃"；法国"佛郎西颇重读书，学优者超擢为美官"，巴黎为欧洲第一大都会，"城内有大书院，藏印本书三十六万册，钞本书七万册，游学之士许住院借读。又设医院十四所，选名医居之，每岁收疗病者一万四千人，各国学医者皆裹粮赴巴勒，三年或五年学成然后归。

又有繁术院居各项艺术之师,如学兵法、开河道、造器物之类,学者各就所愿,群居讲肆焉"。对基督教的介绍十分客观:"摩西十诫,虽浅近而尚无怪说。耶稣著神异之迹,而其劝人为善,亦不外摩西大旨。周孔之外无由宣之重译,彼土聪明特达之人,起而训俗劝善,其用意亦无恶于天下。"其对域外文化的肯定,影响很大。关于这一点,美国人德雷克在其《徐继畬及其〈瀛寰志略〉作者自序》(文津出版社1990年版)中讲:"因为他对中国之外世界的开明观点,摇撼着中国文化至高无上的传统观念,他变成了守旧的反动派的靶子。"

再次,他在客观的记叙中探寻西方世界强国的强盛原因。

一是对西方政治制度的赞美。他在《瀛寰志略》中对法国、英国、美国议会制作了详尽介绍。如在谈到英国议会制度时,称英国公会所"内分两所,一曰爵房,一曰乡绅房",即今之所谓上院、下院,主持商讨刑赏征伐条例以及增减课程,筹办币饷诸事。并称"此制欧罗巴诸国皆从同,不独英吉利也"。他对美国的民主共和制情有独钟,赞不绝口:"米利坚合众国以为国,幅员万里,不设王侯之号,不循世及之规,公器付之公论,创古今未有之局。一何奇也。"对华盛顿更是非常佩服,对其称道不已:"华盛顿,异人也。起事勇于胜、广,割据雄于曹、刘。既已提三尺剑,开疆万里,乃不僭位号,不传子孙,而创为推举之法,几于天下为公,骎骎乎三代之遗愿。其治国崇尚让善俗,不尚武功,亦迥与诸国异。余尝见其画像,气貌雄毅绝伦。呜呼!可不谓人杰矣哉!""泰西古今人物,能不以华盛顿为称首哉!"欣赏之情和向往之心溢于言表。这两句话在咸丰三年(1853),被浙江宁波府传教士镌碑赠送给美国,至今仍镶嵌在华盛顿纪念馆第十级的内壁。1868年,美国总统约翰逊将一幅华盛顿画像赠送给徐继畬,美国驻华公使蒲安臣举行隆重的赠送仪式,徐继畬受到世界的重视与尊重,由此可见。

二是对重商可以立国的认可。中国历来重农抑商,欧洲诸国则奉行重商主义,"彼土以贸易为亲生,嗜利如命","以商贾为本计,关有税,田无赋。航海贸迁,不辞险远,四海之内,遍设埔头",正是繁盛的工商业促进了欧美各国的富强。《瀛寰志略》讲到英国,说其人善于谋生,"商民遍四海,积资多在数万外"。因为占有北美洲和印度,进行殖民贸易,英国骤致富强。

荷兰也因同样的原因而"富甲于西土"。通过了解西方各国的历史与现实，徐继畬认识到工商可以强国，明确提出"以商制夷"的主张。道光三十年，徐继畬在《揣度夷情密陈管见疏》中称：英国人远在六七万里之外，难于制伏；而我国有七千余里海疆，难于防守。但是，"彼以贸易为生……即使空我海滨数城，割而与之，彼亦不敢居不敢守也。而一绝其贸易，即如婴儿之断乳，有不可终日之势"。他看到了列强各国不断实施军事侵略的本质和最终目的在于发展资本主义经济，扩展对外贸易，因此主张"以商制夷"，即用经济手段制裁列强入侵。当国人对西方人用极简单的方式加以驱逐之时，徐继畬认为可"停止贸易，以伐敌谋"，把开通或关闭对外贸易视为克敌制胜之关键所在，这表现出徐继畬的过人胆识和新颖思维。

三是对西方科技之进步的赞叹。《瀛寰志略》赞叹欧洲人对火器技术的推陈出新以及法国人对钟表技术的精益求精，说欧罗巴"金木之工，精巧不可思议。运用水火尤为奇妙。火器创自中国，彼仿而为之，益加精妙；铸造之工，施放之敏，殆所独擅。造舟尤极奥妙，篷索器具，无一不精；测量海道，处处志其浅深，不失尺寸。越七万里而通于中土，非偶然也"。佛朗西"其人心思精敏，工于制器，自来火之枪、火轮之车船大半皆其所创"。都城内的钟表工匠，工艺精湛，"其法时时变易，奇幻出人意表"。还详细记载了欧美诸国发明和使用火轮织布机、火轮船和火轮车的经过。虽没有像魏源一样明确提出"师夷之长技以制夷"，但言外深意不言自明。

作为一个史地学家，徐继畬的叙述尽量客观、平和，几乎没有明确表达自己的政治见解，但读者很容易读懂他的言外之意。美国现代史学家费正清就指出："特别是魏源和徐继畬，在改变中国人关于外部世界的地理观方面是有贡献的。他们在进行这项工作时曾起过重要作用，因为他们不仅介绍了关于西方的新知识，而且指出中国实际上不是'中心王国'，因而也就消除了那种以中国为中心的观点。"[1]中国人的世界观应该改变了。

改变中国人的世界观当然不是一件容易的事情。《瀛寰志略》是鸦片战

---

[1] 费正清：《剑桥中国晚清史》下册，中国社会科学出版社，1985，第172—173页。

争时期继魏源《海国图志》后的又一部介绍世界地理及各国概况的图文并茂的专著，是近代西方资产阶级民主政治被介绍进中国的标志。初版时，虽闽浙总督刘韵珂称徐继畬"纵贯百家，淹通七略，智绝舆逊之学，识精形势之言"，两江总督彭蕴章称其为"宇宙之巨观，古今之绝业也"。但仍然"甫经问梓，即腾谤议"。道光皇帝一死，徐继畬失去庇护，被咸丰罢官，《瀛寰志略》就受到攻击，"见者哗然，谓其张大外夷，横被訾议，因此落职"，"但轻信夷书，动辄铺张扬厉。……于华盛顿赞其以三尺剑取国而不私所有，直为寰宇第一人；于英吉利尤称其雄富强大，谓其版宇直接前后藏；似一意为泰西声势者，轻重失伦，有伤国体。况以封疆重臣，著书宣示为域外观，何不检至是耶"？直到咸丰八年，近代中国极有影响的中兴名臣曾国藩于五月三十日致左宗棠信中还称："往时徐松龛著书，颇张大英夷。筠仙归自上海，亦震诧。"①可见当时主流社会意识对《瀛寰志略》是排斥的。这种状况持续了近二十年。

《瀛寰志略》的再版是在同治五年（1866）。前一年，徐继畬被征调入朝，以三品京堂在总理各国事务衙门行走。总理各国事务衙门刻印《瀛寰志略》。同治六年，徐继畬升任同文馆总管。尽管徐继畬在同治八年就告老还乡，但《瀛寰志略》由此一发不可收拾，一版再版。改良与洋务思潮的兴起，是其背景。连一般中国人都知道了中国羸弱，不变革就没有出路。中国人的世界观真正开始改变了。重印的《瀛寰志略》，对中国社会尤其是上层知识界产生了较大影响。中国的第一位驻外使节郭嵩焘，在光绪二年出使英国之前，也认为徐继畬叙述英、法诸国强盛过当，但到了英国，才感叹："徐先生未历西土，所言乃确实如是，且早吾辈二十余年，非深识远谋加人一等者乎！"梁启超（《中国近三百年学术史》）对《海国图志》和《瀛寰志略》做了比较，说"魏书不纯属地理体，徐书较整。当时中国士大夫之稍有世界地理知识，实自此始。"而在此之前，《瀛寰志略》在日本已经多次翻刻，对日本明治维新起了推波助澜的作用。民国四年，出版《山右丛书》之《松龛全集》，阎锡山作序，

---

① 《曾国藩全集·书信》，岳麓书社，1995，第622页。

他甚至认为,《瀛寰志略》是因为在日本大热才在中国广泛流行开来。

综观徐继畬一生,他不仅是晚清一位深谋远虑、勤政爱民、热心教育事业的廉洁官吏,更是一位反抗外国侵略的爱国主义者和杰出史地学家,是鸦片战争后中国向西方学习的先驱者之一,是中国近代最早介绍西方资产阶级民主政治的伟大启蒙思想家。

第三节

经世致用——实学思潮与西北史地之学的兴起

明代的思想家薛瑄，开启了理学的实学思潮。薛瑄是明代中叶的理学大师，他开创了理学中的"河东学派"。薛瑄的学术主张，虽秉承程朱理学，但更重视"躬行"，强调"千言万语，只在实"，"为学不实，无可据之地"。（《读书续录》）薛瑄的"实学"思想在明代影响很大，与王阳明的"心学"分庭抗礼。"近水楼台先得月"的山西后辈学者，深受"实学思潮"影响而求真务实者，大有人在。勇于接受新的东西，崇尚经世致用，是"实学"的一个侧面。

明末的韩霖所著《守圉全书》，正是针对明末战乱而写的一部军事学著作，它阐述了历代的战争理论和战略战术方面的问题，为明王朝的军事防守服务。

明末清初的傅山，是一位与顾炎武、黄宗羲、王夫之并驾齐驱的启蒙思想家。他经历明亡之痛，深感空谈误国，力主为学要经世致用，提出"市井贩夫可以平治天下"的著名进步观点。他推崇诸子之学，对《管子》的经济之学尤为重视。他还是一位杰出的诗人、书法家、医学家，一生不仅治学成就非凡，而且医治了无数病人。

清初对山西学风产生重要影响的另一个伟大人物是顾炎武。顾炎武是江苏昆山人，被誉为"清学开山"。顾炎武认为："士当求实学，凡天文、地理、兵农、水土及一代典章之故，不可不熟究。"（《亭林文集·三朝纪事阙文序》）他一生跋涉万里，传播自己的学术主张。顾炎武主张反清复明，曾举兵抗清失败，以后常年往来南北，终身不仕。他的著作有《日知录》《天下郡国利病书》等。他曾避居山西，在雁门关之北和五台之东垦田和讲学，又曾在山西曲沃县韩村和陕西华阴久住，并死于曲沃。顾炎武与山西学界人物如傅山等多有往来，他的学术主张为山西带来一股清新的风气。

清朝嘉道之际，国内阶级矛盾、民族矛盾日益尖锐，边疆问题也更为突出。在沉重的内忧和外患之下，一部分士大夫的经世致用思想觉醒，他们欲以自己的满腹经纶来匡济天下，力挽狂澜。经世致用反映在学术上，一是在经学领域借今文经学议政，倡言变革，呼吁培养可济国危之用的人才；另一方面就是在史学领域开展西北史地和域外史地研究，以期为发展边疆经济、平定边疆叛乱、反抗外来侵略服务。

梁启超在《中国近三百年学术史》中概括西北史地与域外地理学派代表人物有：祁韵士、徐松、张穆、魏源、何秋涛、其中，山西籍学者祁韵士、张穆、祁寯藻、徐继畬从史学经世的角度出发，相信"引古筹今，亦吾儒经世之用"，从而走上了诵史鉴、考掌故的史地研究道路。在他们的身上，可以明显看到受过"实学"思潮的影响，祁韵士就认为："夫记载地理之书，体裁近史，贵乎简要。倘不足以信今而证古，是无益之书，可以不作。"

一、祁韵士——清末西北史地学开山祖

祁韵士（1751—1815），字鹤皋，又字谐庭，别号筠禄，山西寿阳人。乾隆年间考中进士，授翰林院编修，又任国史馆纂修官，还精通满文。他在国史馆主持编纂《蒙古回部王公表传》一书，这是一部卷帙浩繁的著作，奠定了祁韵士西北史地之学与蒙古史学的学术根基。嘉庆年间，因揭露和鞭挞了官场的贪污舞弊之风，祁韵士受到和珅为首的贪官们的陷害，因宝泉局的亏铜案入狱，发配伊犁。在新疆，祁韵士幸遇爱才的蒙古族伊犁将军松筠，松筠对他研究西北史地之学非常支持，使他不仅能够寻访、阅览有关史地资料，还亲身考察伊犁的山山水水，感受异乡民情风俗，这对他的学术研究帮助极大。在此期间，他编写出一系列有关西北史地的著作，其中《皇朝藩部要略》是《蒙古回部王公表传》的精编版。新著《伊犁总统事略》《西域释地》《西陲要略》《万

里行程记》等，均在史地学界享有盛誉。这些著作，介绍了我国西藏、蒙古、新疆等边疆地区的历史地理和鲜为人知的政教习俗，还涉及中国与俄国以及中、西亚地区的关系。祁韵士是我国历史上第一个系统、完整、深入地对边疆史地进行研究的人，他的学术活动具有极大的开拓性，具有划时代的意义。他为我国建立起初步的边疆史地学研究体系，开拓了一个新的研究领域——西北史地之学。

二、张穆与《蒙古游牧志》

张穆的西北史地学研究是从整理祁韵士的遗著入手的。

张穆，初名瀛暹，字石舟，亦字石州，山西平定县人。张穆出生于一个文化世家，世居大阳泉村，其祖父张佩芳，字荪圃，亦字公路，号卜山，7岁读经，旁及子、史，手不释卷，能过目成诵。乾隆二十一年（1756）中举，次年中进士。历任安徽歙县、合肥县令，寿州、泗州知州。在担任歙县县令期间，兴学宫，建书院，修邑志，筑社仓，析疑狱，恤穷民，惩豪奸，毁淫祠，深得当地人民的拥护和爱戴，绅士为作《入政颂》称扬他的功绩。张佩芳不仅具有卓越的政治才能，而且学问渊博，通晓天文、地理、历代制度沿革，精于考据，喜好藏书。从政之余，一心著书立说。其主要著作有《陆宣公翰苑集注》二十四卷、《平定州志考误》一卷、《歙县志》一卷、《黄山志》一卷、《公余杂谈》三十卷、《社仓考》一卷、《春秋世系》、《榆关考》等。乾隆四十九年（1784）续修《平定州志》时，张佩芳为各卷撰写了序言。乾隆五十八年（1793）病逝，葬于大阳泉祖茔。张穆写过《先大父泗州府君事辑》。其父张敦颐，嘉庆年间进士，官至翰林院编修。

张穆自幼聪明，11岁时丧母，由继母李氏抚养。继母过门次年，父亲张敦颐在升任福建正考官途中暴病而亡。后继母携张穆离开平定古州，到京投靠舅父莫晋。莫晋也是进士出身，官至内阁学士。由此，张穆与京城学术界建立联系，学术视野得以开阔。19岁时成婚，继母去世，张穆回到故土读书8年之久，通五经六艺，精训诂、天算、舆地之学，打下了很好的学问基础。

道光十二年（1832），张穆以优贡任正黄旗官学汉教习。道光十九年（1839）应顺天乡试，因与监考吏争吵，被诬怀挟入场，虽经辩白获释，却被判永不许参加科考。张穆由此鄙薄仕宦功名，一心著述。在京城，结识了龚自珍、魏源、何绍基、徐继畬等诸多名流。

早在道光十七年，与张穆有姻亲关系的山西籍大官祁寯藻署户部侍郎，提督江苏学政，邀请张穆随行佐校阅，主要任务是校订祁韵士的西北史地学著述——《西域释地》二卷、《西陲要略》四卷。张穆的认真态度和学术功力，受到学界的高度赞扬，由此声名鹊起。他专心致志从事学术研究，贡献很大，被阮元推崇为二百年来未有之"硕儒"。

张穆对顾炎武十分敬仰。鸦片战争后，他深感国家危难，作为一个文人，虽不能效力疆场，但表彰顾炎武、大力倡导爱国精神，也是匹夫之责。他仿效翁方纲在世时每年聚集文人学士为苏轼过生日而形成宣南诗社的壮举，与何绍基等人集资在北京慈仁寺西侧建成"顾亭林先生祠"，张穆亲自撰写祭文，召集在京名流学者举行顾祠公祭。并著《顾亭林先生年谱》。顾祠公祭一直延续到张穆死后近30年，是当年北京文化界的一件盛事。顾炎武的"实学"精神对张穆的影响当然也很深远。祁寯藻高度评价《蒙古游牧记》的史学价值和社会功用："是书之成，读史者得实事求是之资，临政者收经世致用之益，岂非不朽之盛业哉！"张穆究心于西北史地之学，大的背景就是清朝的边防危机。

张穆是一位学术大师，他的主要学术贡献是在西北史地学方面，特别对蒙古史研究贡献卓越。他曾根据《永乐大典》画出《元经世大典西北地图》，送给魏源刻入所辑《海国图志》中。徐松也曾以此图校补其所著《西域水道记》。他还从《永乐大典》中抄出《元朝秘史》（译文十五卷），并对其作了仔细的校勘。还校勘过记述成吉思汗西征经历的《长春真人西游记》。在校订《西域释地》《西陲要略》的基础上，道光二十五年，张穆又审校祁韵士《皇朝藩部要略》。"近因为祁太公校刻《藩部要略》，自成《蒙古游牧记》数卷，其书恰好补星伯《水道记》所未及。"正是在校订《藩部要略》的过程中，鉴于"其书详于事实而略于方域"，"内外蒙古隶版图且二百余载，而未有专书。

《钦定一统志》《会典》虽亦兼及藩部，而卷帙重大，流传匪易；学古之士，尚多懵其方隅，疲于考索"，一般人更难掌握，于是，张穆便滋生了别撰《蒙古游牧记》以补其缺的念头。此事曾得到时已任户部尚书的祁寯藻的赞同和支持。张穆为《蒙古游牧记》"致力十年，稿草屡易"，他的目的是"缀古通今，稽史籍，明边防，成一家之言"。全书十六卷，记蒙古族各游牧部落的分布及发展，兼及人物、各部落与内地的交往。书中注释及考证文字居多，所考重点为各游牧部落所辖境内历史地理沿革，包括疆域、山川、都会、要塞等，考证精而不浮、确而有据。《蒙古游牧记》是史志体，正如他自己所说："今《要略》，编年体书也，请为地志，以错综而发明之。"祁寯藻对《蒙古游牧记》赞赏有加，说"拟诸古人地志，当与郦亭之笺《水经》、赞皇之志《郡县》并驾齐驱"，认为他可比肩作《水经注》的北魏郦道元和著《元和郡县图志》的唐人李吉甫。并说："海内博学异才之士尝不乏矣，然其著述卓然不朽者，厥有二端：陈古义之书，则贵乎实事求是；论今事之书，则贵乎经世致用，二者不可得兼，而张子石州《蒙古游牧记》独能兼之。"①

---

① 《蒙古游牧记·序》

结　语

三晋大地——古代欧亚文明的交通枢纽

　　山西是《禹贡》冀州的中心区域，华夏农耕文明的摇篮，南接中原腹地，北与内蒙古相接，历史上是中原农耕文明与草原游牧文明的交接地带，是民族融合的大舞台，也是游牧民族南下中原的第一站。在古今欧亚的交流中，第一条就是玉石之路。第二条是丝绸之路，这是19世纪由德国著名地理学家李希霍芬提出的。他把公元前127年至公元前114年之间，中国与河间地区，即中亚阿姆河与锡尔河两河之间的地带以及中印之间的以丝绸贸易为媒介的交通线称为丝绸之路。其后在20世纪初，又由法国的另一位学者巴特·赫尔曼进一步表述为中国经由西域到希腊、罗马的交通线。第三条是欧亚大陆桥，具体指欧、亚两洲将海上运输线联系起来的便捷的铁路运输线。现已开通两条，一条是中华人民共和国成立之初就已开通的西伯利亚大陆桥，由北京经二连浩特、莫斯科到荷兰的鹿特丹；另一条称"新欧亚大陆桥"，东起连云港，中经河西走廊、新疆、中亚，西止于鹿特丹。

　　苏秉琦先生的大作《中国文明起源新探》，已经提出中国两大史前文化，即东北西辽河地区的红山文化与中原地区的仰韶文化互动和交流的高见，特别是提出太行山地区充当着北方与中原交流的大通道的见解。但是由于缺乏对晋北地区的地理和交通情况的切身体会，对此观点多数学者缺乏做出合理判断的基础，只知其然而不知其所以然。

山西与"一带一路"

世界欧亚大陆文明带或称世界大国带是历史学界研究层面的认识,该带西起地中海东部,东到黄河流域。它分为

汉代平陆牛耕图

四个地区,古代的欧洲,西至大西洋,南至非洲,东到乌拉尔山脉、高加索山脉以及里海北岸的达达尔海峡;古代的西亚,即现在的西南亚,主要指里海、黑海、咸海、阿拉伯海、红海、地中海六海之间的地区;古代的中亚,主要指以位于哈萨克斯坦的锡尔河和位于乌兹别克斯坦境内的阿姆河为中心的地区;古代的东亚,以帕米尔高原为顶点,然后一组向东北通鄂霍次克海,另一组向东南伸展直通中国南海。这个带之所以被称为文明带,是因为它是欧亚众多古文明的发源地,包括两河流域、意大利半岛、巴尔干半岛、伊朗高原、印度河流域、恒河流域、长江流域、珠江流域、黄河流域。在这些地区产生了许多大国,亚述、波斯、希腊、罗马、阿拉伯、古印度、奥斯曼和中国,故亦称为世界大国带。

一、伊吾、雁门关——丝绸之路上的双子星

从历史进程看,最早的东、西通道是草原丝路。草原丝绸之路有两重镇,一是进入中原的雁门关,一是由草原进入西域的伊吾,即今新疆哈密。隋代裴矩在《西域图记》中指出当时去西域有三道,一道是北道,从伊吾到西域;一道是中道,从高昌出发过葱岭,但中道从敦煌出发也要经过伊吾;一道是南道,山鄯善出发达西海。三道之中,北道和中道都要经过伊吾。

20世纪中期学术界有一个值得重视的成果,即"玉石之路"概念的提出,最早提出这个概念的是日本宝石学家近山晶。20世纪90年代,杨伯达先生对此进行了深入的探讨,他说:"和田玉造就了东西交流的第一条大动脉。"在4000到5000年之前,运送和田玉的路线即由新疆、甘肃,经宁夏、内蒙古到山西北部,此后由山西雁门关转输至中原。考古发现说明,山西境内的雁门关,是玉石之路进入中原的第一站。到了战国,人们经哈密到巴里坤,然后东行,穿越大草原到达阴山、河套地区,再南下进入雁门关,找到一条更为便捷的西玉东输道路,其具体路线是,玉石从和田起运,沿和田河和克里雅河,穿过塔克拉玛干沙漠至塔里木河,再从天山南口,穿银山道或兴地沟到哈密,再由哈密到巴里坤,然后东行,穿越大草原到达阴山、河套地区,再南下长城、雁门关进入中原。

这条线得到文献的印证,《太平寰宇记》引《冀州图》称:自周、秦、汉以来,有三道,三道之中之正道,即北发太原,经雁门、马邑、云中,出五原塞,直向龙城,即匈奴单于祭天之处。

《史记·赵世家》载苏厉遗书赵惠文王说:"秦以三郡攻王之上党,羊肠之西,勾注之南,非王有已。踰勾注、斩常山而守之,三百里而通于燕,代马胡犬不东下,昆山之玉不出,此三宝非王有已。"这里说的三宝即代马、胡犬、昆山之玉,均出自塞北、西域,而此三宝转输至中原的主要通道是位于勾注山的雁门关。

相关记载最早、内容最为详细的史籍是《穆天子传》。这部书是西晋太康年间在河南汲县战国魏王墓中出土的,学术界长期以来对该书所记载内容的真实性持怀疑态度。这种怀疑,主要来自对书中所涉及地名、族名的解释,尤其是对地名的解释,各家意见分歧很大,达成共识的地方很少。近年来,由于考古学研究的进展和中西交通史研究的深入,学者们在对该书疑难问题探讨上的契合点越来越多,对该书所载史实的认识也发生了根本性转变。

根据学术界新的研究成果,对《穆天子传》所叙周穆王的西征路线可作如下的表述。穆天子由关中入河南,渡过黄河,过太行山,至勾注山,过雁门关,到达内蒙古南部,继续西行至阴山,然后进入昆仑山[①]东端,又至科布多河,转行至昆仑山西端,最后到斋桑泊(今哈萨克斯坦境内),会见西王母以后,返回洛邑,往返三万五千里。书中提到的漳水、盘石、钘山、虖沱、当水,据考证皆为山西境内的地名。更值得注意的是周穆王往返都经过雁门关。西出"绝隃之关隥",东归入塞又"升于髭之隥",此二隥都在今勾注山。

总之,太行山西侧的汾河河谷与东侧的河北平原都是古代交通要道,而这两条交通要道,最后都经过古雁门关一带,因此古雁门关对于古代玉石的运输来说极为重要,故而《战国策·赵策》中有"踰句注禁常山而守"这样的战略建议。

二、北魏时期丝绸之路的东延

学界对丝绸之路东延持有异议,笔者认为这个问题本身毋庸置疑。因为正如都城迁至洛阳,洛阳必然成为东端的终点一样,拓跋氏建都平城,并统一黄河流域,其交流中心也必然东移平城。现提三点供参考。

其一,南北朝时重开西域通道的是太武帝拓跋焘。西域道路自西汉开通后,由于匈奴、柔然等少数民族的出没,其后时通时绝,到三国时期,史籍上几乎看不到曹魏对西域的经营。据有关专家对西晋出土文献考证,该时期有40年的交往空档。十六国时,西域道路先为吕光建立的后凉控制,继而又被沮渠蒙逊的凉政权控制,此后西域的控制权又操在西凉李玄盛手中,李玄盛死后,其孙李宝北奔伊吾,援附柔然,柔然控制西域。北魏神䴥二年(429),拓跋焘出兵西域伐柔然,取得胜利,太延二年(436),西域九国遣使来献。其时,北魏也派使者出使西域。太平真君六年(445),拓跋焘又派兵伐西域鄯善国,西域一度为北魏控制。拓跋焘死后,西域又陷入高车、柔然、北魏三方角逐中,孝文帝太和年间,北魏从高车手中取得伊吾。伊吾的取得,奠定了北魏在西域的统治地位。

---

① 当时的昆仑山即今之阿尔泰山。

其二，北魏时期是自西汉开通西域以来，又一个中西交流的高峰。据《魏书》记载，拓跋氏都平城时，同中亚、西亚和新疆地区一百多个国家有外交往来，其中包括今乌兹别克斯坦、巴基斯坦、阿富汗、伊朗、印度等。另一个值得注意的现象是，当时中国去西域各国的路程皆以代（平城）为坐标，如说鄯善国"去代七千六百里"，波斯国"去代二万四千二百二十八里"，安息国"去代二万一千五百里"等等。

其三，在大同周边考古发现了几批西方丝路遗物。20世纪80年代在大同南郊北魏墓出土萨珊玻璃碗和鎏金刻花银碗；20世纪90年代在大同南郊北魏墓出土萨珊鎏金高足铜杯、八曲银杯和刻花银碗。另外，在大同的东面天镇发现了60枚萨珊银币。此外，在云冈石窟、五台山寺院保存了许多由佛教传播带来的印度、希腊、罗马等西方文化元素。

丝绸之路东延是指陆路即张骞开凿的丝绸之路东延至平城。由于北魏同柔然、高车、嚈哒等族在西域的长时期角逐对峙，使此陆路交通时常断绝。后来，草原丝绸之路再度复兴，并逐渐形成一条较为稳定的丝绸草原道。这条线从新疆伊犁、吉木萨尔、奇台、哈密，经额尔济纳、河套、呼和浩特、大同、张北、赤城，到朝阳、义县、辽阳，东经朝鲜到日本，为联结西亚、中亚、东北亚的国际大通道。

三、草原丝路在齐周、隋唐时的兴盛

从历史记载看，晋阳作为东魏、北齐的陪都，国际贸易兴盛。但因周、齐对立，北齐经由长安出西域已经不太可能。那么，晋阳的繁华缘何而来？史载不详，但仍可看出一些端倪。

东魏、北齐时，柔然仍是漠北的一支劲旅。柔然阿那瓖为可汗时，曾归诚于东魏，并以其女嫁高欢，双方结成盟好。这种关系一直保持至天保三年（552）。这一年，柔然被突厥土门首领攻破，从此齐、周势力对比发生了变化。突厥俟斤可汗时，联周绝齐，在木杆可汗时又两次与北周联手进攻北齐。高洋以前东魏、北齐之所以强于西魏、北周，其中一个重要原因是北齐与柔然结成联盟,而在柔然被突厥攻灭后,西魏、北周则结好于突厥,同突厥联手对付北齐,齐周对峙形势迅速逆转。

伊吾之地向为草原民族所占据,先是乌孙,继为月氏,其后为匈奴,再为柔然、高车、突厥。乌孙、月氏后来西出中亚。匈奴占领伊吾后,以此为根据地向天山以南的西域伸展,汉代所谓断匈奴右臂,即夺取天山以南匈奴的领地,把匈奴逼回天山以北,并且进而取得伊吾。但西汉一朝,始终未取得伊吾。伊吾随后被后凉、北凉、西凉占据,后又为柔然据有。北魏曾一度占领伊吾,但由于六镇起义,实际上停止了对西域的经营,致使柔然复据伊吾。伊吾是草原丝绸之路在西边的桥头堡。东魏、北齐时之所以使草原路畅通,主要就得力于柔然的归附。柔然以后,北周同突厥结好。隋炀帝时,又有突厥启民可汗臣属,这样就使草原之路从东到西畅通。

山西由于其承东启西的独特地理位置,成为东迁粟特人在中原地区一个重要的中转站。从交通来说,山西西经银州、夏州,与灵州相通;向南经晋州、绛州,可达古都长安,或经潞州、怀州到达东都洛阳;向东则经蔚州直达河北地区,向北经代州、云州到达漠北突厥。大量粟特人进入山西地区,并逐渐定居下来,到隋唐之际太原地区已形成粟特人居住的聚落。这些聚居的粟特人遂以并州太原人自称,例如,洛阳出土的《翟突娑墓志》记载:"君讳突娑,字薄贺比多,并州太原人也。父娑摩诃,大萨宝。"当时来华的粟特人大多数信奉祆教,《隋书》卷七《礼仪志》中载:北齐"后主末年,祭非其鬼,至于躬自鼓舞,以事胡天"。这里的"胡天",是指粟特人信仰的祆神。祆教是粟特商队及其聚落凝聚内部的重要纽带,政府为了便于管理,便在粟特人所形成的聚落中建立祆祠,并设立萨宝府加以管理,而大萨宝则是其聚落的政教大首领。关于萨宝及萨宝府,在《隋书·百官志》中有相应说明:"后齐制官,多循后魏……鸿胪寺掌蕃客朝会、吉凶吊祭。统典客、典寺、司仪等署令、丞。典客署又有京邑萨甫二人,诸州萨甫一人。""雍州萨保,为视从七品……诸州胡二百户已上萨保,为视正九品。"由上可见,萨宝又作萨甫、萨保。陈垣先生认为:"萨宝,及萨宝府祆正、萨宝府祆祝、萨宝率府、萨宝府史,皆为唐朝特为祆祠所设之官。官秩虽微,然视流内外九品之官，开元初一切罢之，其存而不废者，唯此数职；其有特别关系，可断言也。时方有事西域，欲以此怀柔二部分人心，亦政治作用所应而也。"任萨宝府职务者，绝大多数来自中亚诸国。太原的粟特等"胡人"，其中部分人后来迁到洛阳，如籍太原的粟特人翟突娑、安师、康达、康武通、何氏、安孝臣等人的墓葬都先后在洛阳发现并出土。这与并州是东魏、北齐政权的重心，北魏孝文帝将政权核心转移到洛阳，而后洛阳又成为隋唐政权的政治中心之一有很大关系。

北朝隋唐时，大批进入山西的粟特等外国人，不仅在此长期居住，有的甚至居官任职。例如，山西汾阳发现唐代粟特人曹怡墓，其墓志中写道："君讳怡，……祖贵，齐壮武将军。父遵，皇朝介州萨宝府车骑骑都尉。"[1]

1999年，太原市晋源区出土了隋代虞弘墓葬。据墓志载，墓主人虞弘，祖籍鱼国。曾在柔然、北齐、北周、隋两地三朝为官。先后出使波斯、吐谷浑，后转使北齐。他本为使节，北齐文宣帝却"弗令返国"，反而委以重任。此后一直留居内地，曾任北齐之轻车将军、直斋将军、直荡将军、使持节都督凉州诸军事、凉州刺史、射声校尉、假仪同三司、游击将军。北齐亡后，虞弘又入仕北周，任北周之使持节、仪同大将军、开国伯，后兼领并、代、介三州乡团、检校萨保府，隋之仪同三司、领左帐内。不过引起学术界注目的，并不是虞弘作为一个外国使节，能在三朝任官，而主要是该墓中有一具装饰图案纹饰颇具异域风格的石椁，石椁四周皆为雕绘，由五十多个单体图案组合而成，有宴饮图、乐舞图、射猎图、家居图、往旅图等，这些图像所反映的是风格浓郁的异域文化。墓中人物形象具有典型的胡人特征，至少包含了波斯、粟特和突厥三个民族。画中有的人物头戴王冠，王冠或呈雉堞形，或呈日月冠，均高高耸起，这与萨珊波斯银币正面的国王形象十分相似。人物有的身着长帔，或头后饰以飘带，在图像中甚至有的动物身上也饰有飘带，这是典型的萨珊特征。萨珊贵族生活极其奢侈，最喜爱之事，一是狩猎，二是宴饮，两种图案在虞弘墓石椁图案上均有发现。图像中的纹饰和画面也如

---

[1] 王仲璋主编：《汾阳博物馆唐代墓志选编》，三晋出版社，2010。

娄睿墓壁画中一样，出现了大量的联珠纹、葡萄枝、吉祥鸟等，展示了浓郁的异域风情。椁座前壁下排中的画面，是国内发现的波斯萨珊王朝银币中常见的祆教的祭祀场面。画面中部是一个灯台形火坛，中心柱较细，底座和火盆较粗，火坛上部呈三层仰莲形，上有熊熊火焰。在其左右两边有两个人首鹰身的人相对而立。该图像中的人首鹰身，颇似姜伯勤先生在《山西介休祆神楼古建筑装饰的图像学考察》一文中所述的伊朗大酒杯纹饰中的鸟头异兽的图像。此图像与2000年在西安出土的北周大象元年（579）祆教徒后周萨保安伽墓石门额绘制的祆教祭祀图中的神祇十分相似。而虞弘正是来自信奉祆教的西亚地区，并任职"检校萨宝府"，专门管理祆教事务。

隋唐时期，山西因粟特聚落众多，在习俗上也颇受粟特祆教影响，如《旧唐书》卷一一二中载："太原旧俗，有僧徒以习禅为业，及死不殓，但以尸送近郊以饲鸟兽，如是积年，土人号其地为'黄坑'。"这种丧葬习俗与信仰祆教的粟特人在死后，将尸体运于专门暴尸的高台上，让狗和飞禽来把肉吃掉，然后再把骨头放在"骨瓮"中埋入地下的做法极其相似。

美国学者裕尔有一部名著《东域纪程录丛》，该书提道："匈奴分布于山西省到巴里坤湖的广大地区。"[①]巴里坤在伊吾之北，向为伊吾属地。裕尔先生把匈奴的活动定格在山西省和伊吾之间，揭示出一个深刻的历史事实：匈奴西迁前的栖息地包括山西雁门以北的漠北地区。这样看来，山西的雁门关同新疆的伊吾确为草原丝道上的东西两大重镇。

综上所说，秦汉魏晋以来直至明清，山西长期是欧亚两大文明的交通枢纽，是万里国际茶道的大本营。历史上，占据东西重镇雁门关的北魏、东魏、北齐政权，一旦打通西边的伊吾，就使原来的草原民族所走的草原路变成丝绸之路国际交通主干道。隋唐时期这条主干道更加繁盛通达，而这个工程主要是由山西境内的少数民族政权完成的。北魏丝路的东延奠定了盛唐中外丝路贸易兴盛的根基。进入21世纪，山西在"一带一路"开放大潮中必将焕发新的生机，重铸丝路茶道辉煌。

---

① （英）H. 裕尔撰，（法）H. 考迪埃修订，张绪山译：《东域纪程录丛》，2002，第29页。

参考文献

[1] 马克思.资本论.北京：人民出版社，1975.

[2] 张廷玉.明史.北京：中华书局，1994.

[3] 赵尔巽.清史稿.北京：中华书局，1994.

[4] 黄鉴晖.山西票号史料（增订本）.太原：山西经济出版社，2004.

[5] 黄鉴晖.中国钱庄史.太原：山西经济出版社，2005.

[6] 黄鉴晖.明清山西商人研究.太原：山西经济出版社，2002.

[7] 黄鉴晖.山西票号史.太原：山西经济出版社，2002.

[8] 严中平.中国近代经济史.北京：人民出版社，1989.

[9] 山西省政协委员会编.山西晋商史料全览（十卷本）.太原：山西人民出版社，2006.

[10] 张海瀛，张正明，黄鉴晖，高春平.中国十大商帮·山西商帮.北京：中华书局，1995.

[11] 张正明.晋商兴衰史.太原：山西古籍出版社，1995.

[12] 张正明.晋商与经营文化.北京：世界图书出版公司，1998.

[13] 张正明，孙丽萍，白雪.中国晋商研究.北京：人民出版社，2006.

[14] 张正明，薛慧林.明清晋商资料选编.太原：山西人民出版社，1989.

[15] 郝汝椿.乔家堡人说乔家.太原：山西古籍出版社，2006.

[16] 邓九刚.茶叶之路——欧亚商道兴衰三百年.呼和浩特：内蒙古人民出版社，2000.

[17] 山西旅游景区志丛书编委会.晋商文化旅游区志.太原：山西人民出版

社，2005.

[18] 董继斌，景占魁．晋商与中国近代金融．太原：山西经济出版社，2002.

[19] 孙丽萍，高春平．晋商研究新论．太原：山西人民出版社，2005.

[20] 穆雯瑛．晋商史料研究．太原：山西人民出版社，2001.

[21] 寺田隆信．山西商人研究．太原：山西人民出版社，1986.

[22] 张家口政协文史资料委员会．张家口文史．内部资料，2004.

[23] 张家口市政协文史处．张家口市晋商资料．内部资料，2006.

[24] 李希曾．晋商史料与研究．太原：山西人民出版社，1886.

[25] 胡寄窗．中国经济思想史简编．北京：中国社会科学出版社，1981.

[26] 吴景平，马长林．上海金融的现代化与国际化．上海：上海古籍出版社，2003.

[27] 杨涌泉．中国十大商帮探秘．北京：企业管理出版社，2005.

[28] 张桂萍．山西票号经营管理体制研究．北京：中国经济出版社，2005.

[29] 卢明辉，刘衍坤．旅蒙商．北京：中国商业出版社，1995.

[30] 邓九刚．大盛魁商号．天津：百花文艺出版社，1998.

[31] 史若民．晋商刍议．北京：中央文献出版社，2006.

[32] 国彦兵．新制度经济学．上海：立信会计出版社，2006.

[33] 孙耀君．管理思想发展史．太原：山西经济出版社，1996.

[34] 刘建生，等．明清晋商制度变迁研究．太原：山西人民出版社，2005.

[35] 清华大学中国工商管理案例库编写组．中国工商管理案例集．北京：高等教育出版社，2002.

[36] 约翰斯顿．运营管理案例．北京：经济管理出版社，2005.

[37] 盛华仁．工商管理概论．北京：人民出版社，2002.

[38] 钱德勒．看得见的手——美国企业的管理革命．北京：商务印书馆，1987.

[39] 克里斯托弗·博根，迈克尔·英格利希．竞争性标杆管理．北京：经济科学出版社，2004.

[40] 威廉·配第．赋税论．北京：华夏出版社，2006.

[41] 亚当·斯密.国富论.北京：华夏出版社，2005.

[42] 大卫·李嘉图.政治经济学及赋税原理.北京：华夏出版社，2005.

[43] 约瑟夫·阿洛伊斯·熊彼特.经济发展理论.北京：华夏出版社，2015.

[44] 约翰·康芒斯.制度经济学.北京：华夏出版社，2009.

[45] 凯恩斯.就业、利息和货币通论.北京：华夏出版社，2005.

[46] 路德维希·艾哈德.来自竞争的繁荣.北京：商务印书馆，1983.

[47] 约翰·邓宁.国际生产与跨国公司.北京：中国社会科学出版社，1981.

[48] 唐内拉·梅多斯.增长的极限.北京：机械工业出版社，2013.

[49] 加里·贝克尔.家庭论.北京：商务印书馆，2009.

[50] 霍华德·M·瓦赫特尔.梦想大道.北京：中信出版社，2005.

[51] 许涤新，吴承明.中国资本主义发展史（第一卷）.北京：人民出版社，1985.

[52] 吴晓求.中国资本主义市场分析要义.北京：中国人民大学出版社，2006.

[53] 千家驹，郭彦岗.中国货币演变史.上海：上海人民出版社，2005.

[54] （美）哈罗德·科兹纳.项目管理.杨爱华，杨敏，王丽珍，等，译.电子工业出版社，2006.

[55] 戴相龙.领导干部金融知识读本.北京：中国金融出版社，1997.

[56] 李树林.中国企业管理科学案例库教程·战略管理.北京：光明日报出版社，2002.

[57] 李树林.中国企业管理科学案例库教程·市场营销.北京：光明日报出版社，2002.

[58] 李树林.中国企业管理科学案例库教程·生产运作管理.北京：光明日报出版社，2002.

[59] 李树林.中国企业管理科学案例库教程·财务管理.光明日报出版社，2002.

[60] 姚裕群.人力资源管理.北京：中国人民大学出版社，2005.

[61] 沈志先.金融纠纷案例精选.上海：上海人民出版社，2005.

[62] 刘志伟.识人选人用人.北京：中国纺织出版社，2006.

[63] 罗宾斯，贾奇.组织行为学.孙健敏，等，译.北京：中国人民大学出版社，2005.

[64] 郎咸平.突围.上海：东方出版社，2006.

[65] 史若民、牛白琳.平、祁、太经济社会史料与研究.太原：山西古籍出版社，2002.

[66] 张国辉.晚清钱庄和票号研究.北京：社会科学文献出版社，2007.

[67] 高春平，李三谋.山西通史·明清卷.太原：山西人民出版社，2001.

[68] 马可·波罗.马可·波罗游记.梁生智，译.北京：中国文史出版社，2006.

[69]（美）查尔斯·P·金德尔伯格.西欧金融史.徐子健，何建雄，朱忠，译.北京：中国金融出版社，2007.

[70] 牟复礼，崔瑞德.剑桥中国明代史.北京：中国社会科学出版社，1992.

[71] 傅淑训，郑际明.［万历］泽州志.

[72] 李中白，周再勋.［顺治］潞安府志.

[73] 张正明，科大卫.明清山西碑刻资料选.太原：山西人民出版社，2005.

[74] 李桢.［光绪］长治县志.

[75] 项龙章，等.［康熙］阳城县志.

[76] 胡广，等.明实录.

[77] 清实录.北京：中华书局，2008.

[78] 李侃.［成化］山西通志.

[79] 俞廉三.［光绪］代州志.

[80] 周弘禴.［万历］代州志.

[81] 李裕民.山西古方志辑佚.山西省地方志编纂委员会办公室，1991.

[82] 山西旅游景区志丛书编委会.雁门关志.太原：三晋出版社，2010.

[83] 古方.中国出土玉器全集·山西卷.北京：科学出版社，2005.

[84] 张长寿.记沣西新发现的兽面玉饰.考古，1987（5）.

[85] 崔彦华.魏晋北朝陪都研究.太原：三晋出版社，2012.

[86] 赵云旗. 论隋炀帝经通西域. 新疆大学学报（哲学社会科学版），1986（2）.

[87] 杨宪光. 裴矩与《西域图记》. 三晋测绘，2002（34）.

[88] 蓝淇. 裴矩在开拓西域中的作用. 贵州大学学报（社会科学版），1998（2）.

[89] 邢培顺. 裴矩与隋朝经略西域. 滨州学院学报，2015（3）.

[90] 赵永伦. 论唐朝在西域的都护府制度. 凯里学院学报，2011（2）.

[91] 王守青. 武则天与北庭都护府. 历史教学，2001（10）.

[92] 卞蓉荣，韩海梅. 丝绸之路上唐与中亚粟特的文明交流. 西安文理学院学报，2015（4）.

[93] 李书吉. 张壁古堡的历史考察. 太原：三晋出版社，2013.

[94] 姚贤镐. 中国近代对外贸易史资料：1840—1895. 北京：中华书局，1962.

[95] 罗迪楚. 新疆政见.

[96] 沈云龙. 近代中国史料丛刊（第62辑）. 台北：文海出版社，1966.

[97]（清）左宗棠. 左文襄公全集.

[98] 陈祖椝，朱自振. 中国茶叶历史资料选辑. 北京：农业出版社，1981.

[99] 沈云龙. 近代中国史料丛刊（第21辑）. 台北：文海出版社，1966.

[100] 王树楠. 中国边疆丛书（第1辑）. 台北：文海出版社，1965.

[101] 蔡家艺. 清代新疆茶务探微. 西域研究，2010（4）.

[102] 穆相林. 新疆民族贸易. 北京：中国商业出版社，1993.

[103]（日）佐口透. 18—19世纪新疆社会史研究. 乌鲁木齐：新疆人民出版社，1983.

[104] 郭蕴深. 论新疆地区的中俄茶叶贸易. 中国边疆史地研究，1994（4）.

[105] 魏长洪，何汉民. 外国探险家西域游记，乌鲁木齐：新疆美术摄影出版社，1994.

[106] 潘志平. 中亚浩罕国与清代新疆. 北京：中国社会科学出版社，1991.

[107] 张寿镛. 清朝掌故汇编内编. 扬州：广陵书社，2011.

［108］陶德臣.左宗棠与西北茶务.安徽史学,2005(1).

［109］徐方干.历代茶叶边贸史略.边政公论,1944,3(11).

［110］刘锦棠.刘襄勤公奏稿.北京:书目文献出版社,1986.

［111］刘锦藻.清朝续文献通考.上海:商务印书馆,1935.

［112］马大正,吴丰培.清代新疆稀见奏牍汇编.乌鲁木齐:新疆人民出版社,1996.

［113］(俄)尼·维·鲍戈亚夫连斯基.长城外的中国西部地区.北京:商务印书馆,1980.

［114］(俄)伊·费·巴布科夫.我在西西伯利亚服务的回忆.北京:商务印书馆,1973.

［115］孙毓棠.中国近代工业史资料.北京:科学出版社,1957.

［116］沈云龙.近代中国史料丛刊续辑(第48辑).台北:文海出版社,1977.

［117］钟镛.西疆交涉志要.台北:台湾"商务印书馆",1965.

［118］高春平.晋商学.太原:山西经济出版社,2009.

［119］李留澜,高春平.晋商案例研究.北京:中华书局,2007.

［120］高春平.国外珍藏晋商资料选编.北京:商务印书馆,2013.

［121］高春平.晋商与明清山西城镇化研究.太原:三晋出版社,2013.

后 记

开放是一个国家、民族发展、富强、繁荣的必由之路，也是内陆地区加速崛起赶超之路。2019年适逢中华人民共和国成立70周年，太原明史国际学术研讨会召开30周年。当前我国在"一带一路"倡议引领下，对外开放、经贸合作、互联互通、文明交融互鉴合作的步伐越来越大。为认真学习贯彻习总书记2017年6月21日视察时关于山西是"一带一路"大商圈组成部分的重要指示，把山西历史文化底蕴挖出来、丝路特色亮出来，进而大力提高全省领导干部的开放意识和能力，优化全省营商环境，扩大山西对外开放，山西省社科院在中共山西省委宣传部指导下，联合中国明史学会、大同市人民政府于2019年6月21—23日在大同市召开"一带一路"与山西对外开放暨明史国际学术研讨会。

五千年文明看山西。山西是中华文明的发源地，自古就是中原农耕文明与草原游牧文明的连接带。魏晋南北朝时期太原、大同曾是丝绸之路的东起点和亮点，明清时期晋商更是率先开拓了万里国际茶叶之路。因此，无论尧、舜、禹、三晋、强汉、盛唐、大明各朝，还是抗日战争时期，乃至当今"一带一路"倡议实施中，山西均占有重要的历史地位。近年来，作为山西省社科院历史所科研人员，笔者深感责任重大，2010年以来在从事明清晋商和万里茶路研究30多年的基础上，陆续在《经济问题》《全球史评论》上发表《晋商率先开拓万里茶路研究》《晋商与中俄恰克图茶叶贸易——纪念伟大的茶叶之路》，针对一些地方无视山西在丝路茶道上的重要历史地位作用，想把山西与晋商在万里茶道申遗中边缘化的倾向，依据大量历史文献和考古实物梳理出山西与"一带一路"在古代的演进脉络：玉石之路—丝绸之路—茶叶之路，尤其是学习了习总书记2017年6月视察山西时肯定山西历史上是"一带一路"大商圈有机组成部分的重要讲话和省十一次党代会精神后，我更坚定了对"山西发展不足，很大程度上是开放不足"的认识，感觉到作为史学工作者必须为讲好山西故事、宣传山西形象、扩大全省对外开放献智献力，这对促进转型发展具有非常重要的学理价值和现实意义。在2018年初稿基本成型的基础上，得到山西工商学院牛三平院长的大力支持与合作，以山西省"1331"工程"工商管理优势特色学科建设院校合作项目"的方式推出此书，作为庆祝中华人民共和国成立70周年的一份小薄礼奉献给社会。

　　本书在写作过程中，得到山西省委宣传部主要领导，山西省社科院党组书记、院长杨茂林，副院长宋建平，山西省委宣传部省社科规划办部务委员杨建军，全国人大代表、山西工商学院院长牛三平，副院长张中华、李和平，山西省作协党组书记、主席杜学文，山西省版权局重点办主任王灵善，山西出版传媒集团总经理胡彦威，山西人民出版社总编辑姚军，三晋出版社原社长张继宏，现负责人闫文凯，北岳文艺出版社社长、总编辑续小强，山西人民出版社编辑蒙莉莉、郭向南，山西大学历史学院李书洁，山西省考古研究所张庆捷，山西省社科院王云、赵向东、赵俊明、赵文江、崔云鹏、陈国伟、冯素梅、董永刚、陕劲松、李冰、王劼等的大力支持和协助。在此，对所有为本书的出版提供了帮助的领导和同志们表示衷心的感谢！

　　学海无涯、知识有限，书中难免有不当疏漏之处，敬请读者加评指正！